언어접촉과 유럽언어의 변화
(THE Changing Languages of Europe)

언어접촉과 유럽언어의 변화
(THE Changing Languages of Europe)

초판 인쇄 2017년 10월 25일
초판 발행 2017년 10월 30일

저자 BERND HEINE & TANIA KUTEVA | 역자 조서형·김원경
펴낸이 박찬익 | 편집장 권이준 | 책임편집 강지영
펴낸곳 ㈜ 박이정 | 주소 서울시 동대문구 천호대로 16가길 4
전화 02) 922-1192~3 | 팩스 02) 928-4683 | 홈페이지 www.pjbook.com
이메일 pijbook@naver.com | 등록 2014년 8월 22일 제305-2014-000028호.

ISBN 979-11-5848-336-4 (93700)

* 책값은 뒤표지에 있습니다.

언어 접촉과 유럽 언어의 변화

THE *Changing* Languages *of* Europe

BERND HEINE & TANIA KUTEVA

조서형 · 김원경 옮김

(주)박이정

Wim Blockmans와 NIAS 회원 분들께
이 책을 바칩니다.

책머리에

한 언어의 문법적 의미를 표현하는 방식은 인접한 다른 언어들이 문법적 의미를 표현하는 방식과 놀랄 만큼 유사하다는 것을 다수의 학자들이 지적해 왔다. 이런 현상은 형태적인 면에서 차이가 큰 언어에도 나타날 뿐 아니라 계통적으로 관계가 적거나 아예 계통적인 관계가 전혀 없는 언어들 사이에도 나타난다. 이 책의 주요한 목표는, 첫째로 학자들의 이러한 관찰이 우연의 일치가 아니며 우리가 알고 있는 것보다 더 보편적이라는 것을 증명하는 것이고, 둘째로 그러한 언어 간의 유사성을 설명할 수 있는 원칙적인 방법이 있다고 주장하는 것이며, 셋째로 이러한 유사성은 마치 문화의 교류와 전이와 같이 개념화 과정(processes of conceptualization)의 결과라는 것을 주장하는 것이다.

이 책은 유럽에서 일어나는 문법적 변화에 주목한다. 우리는 다수의 동료 학자들과의 토론, 그들의 조언, 그들의 분석 자료에서 큰 도움을 받았다. 특히 다음에 열거할, Sasha Aikhenvald, Walter Bisang, Peter Blumenthal, Natalia Bugay, Irma Canovic, Michela Chennamo, Hilary Chappell, Ulrike Claudi, Bernard Comrie, Eva Csató, Östen Dahl, Andrii Danylenko, Ulrich Detges, Bob Dixon, Bridget Drinka, Carola Emkow, Zygmunt Frajzyngier, Victor Friedman, Jost Gippert, John Haiman, Martin Haspelmath, Daniel Jacob, Lars Johanson, Christa Kilian-Hatz, Christa König, Yaron Matras, Luca Melchior, Maj-Britt Mosgaard-Hansen, Salikoko Mufwene, Ulrich Obst, Lukas Pietsch, Karl-Heinz Röntgen, Suzanne Romaine, Peter Siemund, Thomas Stolz, Elvira Veselinović, Nigel Vincent, Irma

Vuckovski, Andreas Wesch, Debra Ziegeler와 그 외 많은 분들로 부터 도움을 받았고, 기술적인 면에서 말로 다 할 수 없는 도움을 준 Monika Feinen, Meike Pfaff, Barbara Sevenich에게 특별한 감사를 전한다. 또 4분의 익명의 심사위원들이 이 책의 이전 버전을 재판할 수 있도록 공들여 준 모든 노력에 감사드린다.

우리는 또한 그동안 도움을 받았던 연구 기관, 즉, 스탠포드 행위 과학 고등 연구센터(Center for Advanced Study in the Behavioral Sciences, Stanford)와 고등 연구소(the Institute for Advanced Study), 라트로브 대학(LaTrobe University)과 멜버른 언어 유형학 연구 센터(the Research Centre for Linguistic Typology in Melbourne)와 번드 하이네에게 이 책의 제 1 저자라는 특혜를 제공해 준 책임자 Directors Bob Dixon과 Sasha Aikhenvald에게 감사를 드리며, 제 2 저자는 저자에게 경제적인 지원을 아끼지 않고 지속적인 격려를 보내 준 라이프치히의 막스 플랑크 진화 인류학 연구소(the Max Planck Institute for Evolutionary Anthropology, Leipzig)와 막스 플랑크 협회(the Max Planck Gesellschaft)에 감사드리며 이들 연구 기관이 저자에게 보내 준 이해와 지지에 감사한다. 그리고 제 1 저자에게 학문적으로, 연구 방법적으로 많은 도움을 준 우리의 동료, 2002년 3월부터 6월까지 우리에게 방문 학자로 와 준 다츠머스 대학의 Lenore Grenoble과 Lindsay Whaley에게도 감사를 전한다. 마지막으로 특별히 2005년과 2006년에 이 책의 마무리 단계를 집필할 수 있도록 도움을 준 네덜란드 협회(Netherlands Institute for Advanced Study (NIAS))와 회장 Wim Blockmans에게 감사를 전한다.

차례

표 목차

지도 목차

그림 목차

약어 번역

(대격 언어의) 주격(NOM nominative)

SOV 어순(SOV subject-verb-object word order)

SVO 어순(SVO subject-verb-object word order)

VSO 어순(VSO verb-subject-object word order)

가시적인(VIS visual)

서상법(IRR irrealis)

가정법(SB subjunctive)

계사(COP copula)

공동격(COM comitative)

과거(PAST past)

과거(PRET preterit)

과거 수동 분사(PPP past passive participle)

부정과거(AOR Aorist)

관계(ELA relative)

관계절 표지(REL relative clause marker)

관사(ART Article)

기원법(OPT optative)

남성(M masculine)

내격(INE inessive)

능격(ERG ergative)

능동 완료 분사(PPA active perfect participle)

단수(SG singular)

대격(ACC Accusative)

대과거(REM.P remote past)

도구격(INSTR instrumental)

동사(V verb)

동사 접속, 접속사(CONJ conjugational verb, conjunction)

약어 번역

명령(IMP imperative)

명사화(NMZ nominalization)

명사화소(NOMIN nominalizer)

목적격 표지(OM object marker)

목적어(O object)

반복상(FREQ frequentative)

발음상의(ENZ enunciative)

보고된(REP reported)

보충어 접속사(COMPC complementary conjunction)

복수(PL plural)

부분격(PART partitive)

부사 불변화사(AP adverbial particle)

부정(NEG negation)

부정사(INF infinitive)

분사(PPLE participle)

분사(PTCP participle)

불변화사(PTC particle)

불완료 과거(PRT preterite)

비(非)—(NON non-)

비교급(COMP comparative)

비종결(NF non-final)

부정법(INDF indefinite)

비한정(NFIN non-finite)

사격(OBL oblique)

사동사(CAU causative verb)

양태(MOD modal)

속격(GEN genitive)

약어 번역

소유격(POSS possessive)

단복혼합(TRN transnumeral)

수혜격(BEN Benefactive)

술보(FACT factitive)

시제, 동작상, 양태(TAM tense, aspect, and modality)

여격(DAT dative)

여성(F feminine)

연속(CONT continuous)

완료(PERF perfect)

완료상의(PFV perfective)

유정성(ANIM Animate)

의문(INTER interrogative)

의문(Q question)

의문표지(IM interrogative marker)

의문표지(Q question marker)

자동문 주어; 주어(S subject of intransitive clauses; subject)

자동사화소(INTR intransitivizer)

잠재적인(POT potential)

장소격(ADE Adessive)

장소격/향격 일치 표지(AL Allocutive)

저자 주(a.n. authors' note)

전기 서오세아니아어(PWOc Proto Western Oceanic)

전방 조응 재귀 표지(LOG logophoric marker)

절대격(ABSOL Absolutive)

제 1, 2, 3인칭(first, second, third person)

조건절(COND conditional)

종속 접속사(SR subordinator)

약어 번역

주제(TOP topic)

중성 명사(N noun, neuter)

지소어(DIM diminutive)

지속상(DUR durative)

지시사(DEM demonstrative)

직설법(INDIC indicative)

직접 목적어(DO direct object)

직접적인(DIR directive)

서술 표지(PM predicate marker)

진행상(PROG progressive)

처소격(LOC locative)

추론적인(INFR inferred)

타동 접미사(TRS transitive suffix)

타동문 주어(A subject of transitive clauses)

타동사화소(TZ transitivizer)

탈격(ABL Ablative)

표의음(IDEO ideophone)

표준 유럽 언어(SAE Standard Average European)

핀란드어의 지시 한정사 se(SE demonstrative determiner se in Finnish)

한정사(D determiner)

한정사(DET determiner)

한정적인(DEF definite)

향격(ALL Allative)

현재(PRES present)

현재(PRS present)

1

언어역으로서의 유럽

    지난 50년간 유럽은 국가 간 정치적 공동체를 이루는 과정을 겪어 왔다. 이 책에서는 지난 50년보다 더 오랜 기간 유럽에서 일어난 공동체의 형성 과정에 대해 설명하려 한다. 그것은 국가와 지역의 경계를 넘어 문화, 사회, 경제, 정치적 교류의 결과로 유럽의 언어와 방언들이 점점 유사성을 보이는 언어 공동체를 이루는 과정이다.

    유럽을 하나의 언어역(言語域)으로 보는 것에 동의하는 학자들은 모두 언어의 발생학적인 계보 관계가 유럽 언어의 구조적 유사성을 기술하는데 적합하지 않다는 것에 동의하며 유사 구조를 가진 언어의 지역적 분포가 발생학적인 언어 계보의 경계를 빈번히 초월하여 존재한다는 것을 지적한다. 유럽 언어의 단일화 과정은 언어적 균형(balancing)과 균일화(*Ausgleich*) 또는 첨가(superposition)의 과정으로 설명할 수 있는데 이 과정을 어떻게 정확하게 정의할 것인가에 대해서는 많은 부분이 미제로 남아 있다.

이 장에서는 이에 대한 기존의 연구와 그 결과에 대해 간략하게 살펴보고 이 연구와 관련된 문제에 대해 토론해 보기로 한다. 그리고 이후의 장에서 이용될 연구 방법에 대해서도 설명하기로 한다.

1.1 유럽 언어의 다양성

유럽에서는 몇 가지 언어가 모어로 사용되는 지에 관한 질문은 아주 쉽게 대답할 수 있는 질문인 것 같지만 실제로는 그렇지 않다. 유럽에서 사용되는 언어의 정확한 숫자는 유럽의 범위를 어떻게 한정할 지에 따라 결정되는데 유럽을 정확하게 정의하는 것에 대해서는 아직 통일된 의견이 없다(자세한 논의는 Stolz의 원고 참고). 유럽을 지리적, 정치적, 역사적, 문화적 공동체로 나눌 수 있을까? 코카서스에서는 40종 이상의 언어가 사용되고 있는데 코카서스(Caucasus)의 남쪽 끝과 북쪽 끝의 경계를 확실히 나눌 수 있을까? 이는 결코 사소한 문제가 아니다.

또한 유럽의 범위와 유럽 언어의 다양성을 확실하게 한정하는 것은 지리적, 사회, 경제적, 혹은 어떤 다른 특성의 문제만이 아니다. 그것은 언어를 어떻게 정의할 지에 대한 문제로 부터 시작한다. 그렇다면 어떤 언어학적, 사회언어학적, 혹은 다른 기준에 따라 언어를 정의해야 할까? 과거 상당한 영향력을 가졌던 Décsy(1973: 2)의 연구에서는 유럽의 언어를 62종으로 나누었다. 그의 분류에서는 카탈루냐어(Catalan)과 사르디니아어(Sardinian)같은 언어를 배제했는데 이것은 이 언어들의 사회적 지위를 이유로 하나의 완전한 언어로서의 자격을 박탈한 것이다. 그 외에 다른 언어학자들도 Décsy와 또 다른 이유로 유럽의 언어가 50종 내지 60종을 넘지 않을 거라는 의견을 고수하고 있다(Nelde, Ureland & Clarkson 1986: 1). 한편 van der Auwera(1998b: 6)와 같은 학자들은 유럽의 언어가 수적으로 훨씬 많을 거라고 하는데 그는 유럽이라는 지리적 범위 내에서 발견한 140종의 언어를 모두 열거하였다.

그의 조사 결과에서도 나타나듯 발생학적인 계보 관계를 기준으로 유럽의 언어를 분류한다면 유럽을 하나의 언어적 단위로 정의할 수 없다. 표 1-1은 현재 통용되는 유럽 언어의 주요한 발생학적 계보를 개관한 것이다. 유럽을 지배하고 있는 것은 확실히 인도-유럽 어족에 속하는 언어들이다. 이는 언어 사용자의 숫자를 보면 더욱 명확해 지는데, 비인도-유럽 어족에 속하는 언어를 모어로 사용하는 인구는 5%를 넘지 않는다. 또한 서유럽 지역은 바스크 지역을 제외하고는 모두 인도-유럽 어족의 언어를 사용한다. 하지만 그럼에도 불구하고 유럽에는 발생학적으로나 구조적으로 다양한 언어가 존재한다. van der Auwera의 표에 나오는 유럽의 140종 언어에는 74%, 즉 절반을 조금 넘는 언어만이 인도-유럽 어족에 속하는 언어이다.

[표 1-1] 유럽의 어족과 주요 언어 [1]

어족	어파	지파	주요 언어
인도-유럽	로맨스어	서부	포르투갈어, 스페인어, 카탈루냐어, 프랑스어, 오크어(Occitan), 로만시어(Romansch)
		동부	이탈리아어, 루마니아어 사르디냐어
	게르만어	서부	독일어, 네덜란드어, 프리슬란트어(Frisian), 영어
		북부	스웨덴어, 덴마크어, 노르웨이어, 아이슬란드어, 페로어(Faroese)

---

1) 역자 주: van der Auwera(1998b: 6) 참조.

어족	어파	지파	주요 언어
	켈트어	고이델어 (Goidelic)	아일랜드어, 스코트 게일어(Scots Gaelic)
		브리소닉어 (Brittonic)	웨일즈어, 브르타뉴어(Breton)
	발트어		라트비아어, 리투아니아어
	슬라브어	서부	폴란드어, 소르브어, 체코어, 슬로바키아어
		동부	러시아어, 우크라니아어, 벨라루스어
		남부	슬로베니아어, 세르비아어, 크로아티아어, 마케도니아어, 불가리아어
	그리스어		현대 그리스어
	알바니아어		알바니아어
	인도-아리아어 (Indo-Aryan)		롬어
핀우그리아 (Finno-Ugric)	핀어(Finnic)		핀란드어, 카렐리야어(Karelian), 에스토니아어, 리브어(Livonian), 바트어(Votic), 잉그리아어(Ingrian) 벱스어(Veps), 사미어(Sa(a)mi), 모르드바어(Mordvin)
	우고르어 (Ugric)		헝가리어
	사모예드어 (Samoyed)		네네츠어(Nenets)
알타이	튀르크어		터키어, 타타르어, 바시키르어(Bashkir), 카라임어(Karaim), 추바슈어(Chuvash)
코카서스 ('Caucasian')			조지아어, 압하지야어(Abkhaz), 체첸어(Chechen), 레즈긴어(Lezgian) 등
아시아-아프리카	셈어(Semitic)	마그레브어 (Maghreb)	몰타어(Maltese)
바스크			바스크어

1.2 주요 연구 주제

최근에는 유럽 언어의 유형적 다양성에 대한 적지 않은 연구가 있었다. 이러한 연구들의 결과는 다수의 언어적 특징이 발생학적인 계보의 경계를 뛰어넘고 있으며 따라서 언어의 발생학적인 계보 관계가 유럽 언어들의 구조적 유사성을 기술하거나 설명하는 데 적합한 요소가 아니라는 것을 보여 준다. 유럽을 언어적으로 정의된 단위로 분류하기 위해서는 많은 의문점이 발생한다. 유럽 언어에 대한 지역적인 연구사를 살펴보면 학자들이 다음과 같은 의문을 제기했었다는 것을 알 수 있다.

(i) 유럽 지역과 같이 언어적으로 정의할 수 있는 곳이 있는가? 만약 있다면, 그 범위를 어떻게 결정했는가?

(ii) 유럽 언어의 지역적 중심이라고 정의할 수 있는 곳이 있는가?

(iii) 세계의 언어들과 유럽 언어의 경계를 구분할 수 있는 언어적 특징이 있는가?

(iv) 만약 유럽이 하나의 언어 지역이라면 어떤 힘이 이런 지역적 관계를 구성했는가?

(v) 발생학적인 관계를 배제하고 유럽의 언어를 더 작은 단위로 분류할 수 있는가?

이러한 의문들은 연구 과정에서 더 구체적으로 언급되기도 하는데 이 의문들에 대한 주요한 결론들을 살펴보기로 한다. 그 전에 이 장에서 사용될 몇 가지 용어에 대해 알아보자.[2]

---

2) 역자 주: 다음 장 이후의 용어에 대해서는 2.1 참조.

이 장에서 자세히 토론할 개념은 반세기 전 Murray Emeneau에 의해 정의된 '언어역(言語域 *linguistic area*)'이다.[3] Emeneau에 의하면 언어역은 "서로 다른 어족에 속하지만, 최소한 그 중 한 어족에 속하는 다른 언어들에는 없는 특징을 공유하고 있는 언어들이 있는 지역"으로 정의될 수 있는데 Emeneau 이후 다수의 대체 개념이 제안되기도 했다.[4] 그리고 다양한 종류의 언어 분류는 아마도 공통적 특징을 보이는 언어 접촉을 기준으로 분류된 결과인데 우리는 이러한 모든 분류를 언어역으로 지칭할 것이다. 독일어에서 기원한 '언어역(*Sprachbund*)'은 Nikolai Trubetzkoy에서 소개되었는데,[5] 우리는 이 용어를 발생학적인 계보 관계, 언어 간 수평적 발달 변이 parallel development(drift), 세계 언어에 공통적으로 나타나는 언어 구조적 제약, 혹은 우연의 일치 등으로 설명할 수 없는 공통된 특성을 가진 조합으로 정의되는 언어역이라는 의미로 사용할 것이다. 또한 언어 중에서는 언어 간 양방향 번역이 더 쉬운 언어가 존재하는데 이러한 언어로 구성된 언어역 그룹을 Ross의 용어를 빌려[6] '메타티피(*metatypy*)'로[7] 지칭하기로 한다.[8] 마지막으로 동일한 역사적 변천 과정과 동일한 문법화 과정을[9] 거친 언어를 '문법화역

---

3) 역자 주: Emeneau(1956: 16, fn. 28) 참조.
4) Emeneau의 정의에서는 언어 '접촉'이 언급되지 않았기 때문에 다른 학자들은 언어역을 정의하는 데 있어서 '접촉(contact)'의 개념을 제안하기도 한다. 현재 광범위하게 사용되는 Sherzer는 언어역을 "언어역은······ 몇 가지 언어적 특성을 공유하는 언어들이 존재하는 지역이며 그보다 더 중요한 것은 언어 사용자들이 이러한 언어적 특성을 확산(spread)하고 유지하며, 그것에 의해 그 지역 내의 언어적 통일성이 증가하는 데 공헌하는(언어적, 비언어적) 접촉의 증거가 있는 지역을 말한다."라고 하였다. Sherzer(1973: 760) 참조.
5) 역자 주: Nikolai Trubetzkoy(1923) 참조.
6) 역자 주: Ross(1996: 200)의 원고 참조.
7) 역자 주: 이중 언어 화자에 의해 언어가 형태적, 통사적으로 변천하는 것. 주 10과 12 참조.
8) 메타티피(Metatypy)란 언어 접촉으로 인하여 한 언어의 의미적, 통사적 구조 전체가 재구성되는 것을 말한다. 메타티피를 통하여 복제어(replica language)에서는 새로운 유형적 특성을 형성하게 되고, 모델어(model language)와 복제어 사이에 상호 번역성(intertranslatability)을 높이는 효과를 가져 오게 된다(Ross 1996: 182).
9) 문법화에 대해서는 1.5에서 상세하게 토론하기로 한다.

(*grammaticalization areas*)'으로 칭하기로 한다.[10]

1.2.1 언어역의 관점으로 보는 유럽

유럽 언어 간의 지역적 관계는 오랜 시간 토론 주제로 다루어져 왔다. Lewy는 19세기 유형론의 개념을 빌어 많은 학자들이 언급했던 내용을 요약했다.[11]

가정컨대 유럽의 모든 언어는 굴절어로 요약될 수 있는데 그것이 세계의 모든 언어에 적용되는 규칙은 아니다(Lewy 1942: 26).

Lewy의 요약 내용과 같이 과거 다수의 학자들이 Lewy가 지적한 이러한 특성을 제안했었을 뿐 아니라 유럽 언어들의 공통적인 특성이 형성된 기원에 대해 발생학적인 관계로는 설명할 수 없고 지역적 확산을 원인으로 하는 유럽의 언어 공동체 같은 것이 존재한다고 제안했다. Lewy의 관점으로 보면[12] 유럽의 역사는 '유럽의 인도-유럽 어족화(Indo-Europeanization)'와 같다. 그리고 다른 학자들은 이러한 유럽의 역사가 일반적으로 종합적-굴절적인 언어 구조로 부터 분석적-고립적인 언어 구조로 변화하고 있다는 입장을 고수한다.[13] Becker(1948)은 유럽의 언어를 기본적으로 언어들의 비교적 중요한 통사 구조에서 유사성을 보이거나 구별되는 단위로 취급할 것을 제안했다. Thomas(1975: 47)에서는 차용(calquing, 또는 차용을 통한 번역 loan

---

10) 역자 주: Heine & Kuteva(2005) 참조.
11) Becker(1948)와 Wagner(1959; 1964)의 내용 참조.
12) 역자 주: 출처는 위와 같다.
13) 예를 들면 Hinrichs(2004)가 그렇다.

translation)이 이러한 언어 공동체 단위를 형성하는데 결정적인 역할을 했을 거라고 설명하고 그 언어 공동체에서 유럽 언어의 어휘적 의미적 체계의 수렴이 일어났을 거라고 보았다. 여러 학자들의 설명에도 이 언어 공동체를 어떻게 정의할 지에 대한 의문은 여전히 남는다.

1990년대 시작된 '유럽 언어 유형론(Typology of Languages in Europe)' 프로젝트로 부터14) 유럽의 지역적 관계의 양상을 정의하기 위한 연구의 중요한 방향성이 제시되었다. 이 프로젝트에서 알 수 있는 것은 유럽을 하나의 지역적 단위로 보는 것은 사실상 적절하다는 것이다.15) 이후의 토론에서 우리는 기존의 행해진 연구들을 완전히 설명하는 데는 턱없이 부족하지만 유럽을 하나의 지역적 단위로 간주하는 패러다임 내에서 제기되었던 비교적 확실한 가설들을 몇 가지 골라보기로 한다.

기존의 연구들에서, 특히 van der Auwera(1998c)에서는 핵심적 단위로 분류된 지역으로서의 유럽에 초점을 맞추었다.16) 다른 학자들의 연구에서는 다시 유럽 내부의 언어 지역적 단위를 조금 더 큰 단위로 확장하려고 했다.17) Kortmann은 통사적 기준으로 핵심 지역과 주변 지역을 나눌 것을 제안했다.18) Kortmann이 분류한 핵심 지역의 언어는 로맨스어, 서부 게르만어, 스칸디나비아계 게르만어, 슬라브어, 헝가리어, 알바니아어, 그리스어 등이며, 핵심 언어에 대비되는 주변 지역 언어로는 스칸디나비아 반도의 북부 게르만어, 바스크어, 켈트어, 발트어, 아르메니아어, 알타이어, 헝가리어를 제외한 우랄어, 코카서스어, 인도-이란어, 셈어 등이 있고, 이들 주변 언

---

14) 일반적으로 EUROTYP 프로젝트로 부른다. König & Haspelmath(1999) 참조.
15) 특히 Bechert et al.(1990); Bernini & Ramat(1996); Dahl(1990; 2000b); Kuteva(1998); Haspelmath(1998; 2001); van der Auwera(1998b); König & Haspelmath(1999); Stolz(forthc) 참조.
16) 1.2.2 참조.
17) Kortmann(1998a; 1998b: 507ff) 참조.
18) 통사적 기준에 대해서는 1.2.3 참조.

어는 핵심 언어와는 다른 이질적인 특성을 보유하고 있다.

Kortmann은 더 나아가 유럽의 핵심 언어 지역을 동서로 나눌 것을 제안한다.[19] 즉, 유럽 언어에서 부사 종속절 표지는 대개 부사, 부치사, 보문소, 의문사, 관계사의 다섯 가지의 요소를 기초로 성립되었으며, 고대 언어에 속하는 라틴어와 그리스어의 (격표시가 된) 의문사와 관계사가 가장 중요한 부사 종속절 표지의 기원이라는 것이다. Kortmann은 이 두 언어에서 원인, 조건, 양보를 나타내는 종속절 표지가 시간을 나타내는 종속절 표지와 대립되며 그 비율이 다른데 이것이 현대 유럽어에서 보이는 비율과 일치한다는 것이다. 즉, 라틴어가 전체 현대 유럽 언어에 원형 모델이라고는 하지만, 부사 종속절 표지의 기원에서는, 핵심 언어 중 서부에 속하는 언어들은 라틴어의 세력권 아래에 있고 핵심 언어의 동부에 있는 언어들은 고대 그리스어의 비율을 반영한다는 것이다. 이에 대한 Kortmann의 결론은 다음과 같다.[20]

과거에 관찰된 바와 같이,[21] 통속 라틴어에 비해 교회 라틴어와 고전 라틴어는 서부 로맨스어의 단일화에 가장 중요한 역할을 했다. 또한 그리스 교회의 언어는(고대의 교회 슬라브어를 통하여) 직간접적으로 발칸 반도의 언어에 중요한 영향을 미친 것은 잘 알려진 사실이다(후략)(Kortmann(1998b: 535).

Haspelmath와 Buchholz는 동등 구문과 유사 구문에 대한 연구를 기초로 표준 유럽 언어(Standard Average European)(이하 SAE 언어) 지역을 다르게 분류할 것을 제안했다.[22] 이른바 핵심 언어 지역에서 그들의 4가지

---

19) Kortmann(1998a: 214-5) 참조.
20) 1.2.4, (iv)의 내용 참조.
21) Solta(1980: 73)의 연구 참조.
22) Haspelmath and Buchholz(1998: 326-7) 참조.

기준을 모두 만족시키는 언어는 로맨스어, 이디시어를 포함한 서부 게르만어, 대부분의 슬라브어, 리투아니아어, 인도-아리아어의 롬어, 그리스어이다. 핵심 언어에 포함되지 않는 언어는 북부 게르만어, 슬라브어 중 세르비아어, 크로아티아어, 마케도니아어, 알바니아어, 핀우그리아어의 핀란드어, 에스토니아어, 헝가리어이다. 그들의 4가지 기준을 하나도 충족시키지 않는 언어는 바스크어, 몰타어, 터키어 그리고 조지아어와 아르메니아어를 제외한 극동 유럽어들이다.

이러한 연구에서 알 수 있는 것은, 유럽 언어들이 하나의 언어역을 형성한다고 볼 수 있다는 믿음이 널리 받아들여진다는 점이다. 이 언어역은 헝가리어를 제외하고는 거의 모두 인도유럽어를 구성하고 있다. 그러나 자세한 논의에서는 학자들마다 이견을 보이는데 특히 유럽 언어역에 속하는 언어가 정확히 무엇인지, 핵심 언어 지역에서 어떤 언어가 중심 언어이고 어떤 언어가 주변적인 언어이고 어떤 언어가 제외되어야할 언어인 지에 대해서는 일반적으로 일치하는 의견이 없다.[23]

더욱 중요한 이견은 다음의 예에서 제안된다. 즉, Hock는 섬 게르만어(Insular Germanic, 즉 영어)를 핵심 게르만어로, 대륙 게르만어를 과도기적 언어로 분류하였다.[24] 그런데 어떤 학자들은 슬라브어를 핵심 언어에서 제외한 반면,[25] 다른 학자들은 슬라브어가 핵심 언어라는 입장을 고수하고 있다. 특히 Déscy(1973)는 러시아어를 프랑스어, 독일어, 이탈리어와 같은 'SAE 언어'로 보고 있다. 가장 뜨거운 논쟁의 중심에 있는 아일랜드어, 브르타뉴어, 웨일즈어와 같은 켈트어는 핵심 유럽어로 분류되기도 하고[26] 제외

---

23) van der Auwera(1998c: 816) 참조.
24) Hock(1986: 508-9) 참조.
25) Haarmann(1976b: 123-7) 등 참조.
26) Ramat & Bernini(1990) 참조.

되기도 한다.[27)]

만일 언어역으로서 유럽의 범위를 어떻게 한정할 것인가에 대하여 학자들이 공통된 의견을 보인다면 이는 한편으로는 유럽이라는 언어역을 정하는 것에 있어서 경계선에 위치하는 바스크어와 몰타어의 귀납과, 다른 한편으로 극동 유럽의 언어 중 특히 코카서스어와 터키어, 레즈긴어(Lezgian), 마리어(Mari), 우드무르트어(Udmurt), 타타르어(Tatar), 터키어의 분류에도 유의해야 할 것이다. 그러나 이렇게 언어역의 범위를 한정하는 것에 문제가 있더라도 유럽 동부에 위치한 조지아어와 아르메니아어는 언어역에서 제외시키지 않는 것이 일반적인데 이 두 언어는 van der Auwera(1998c: 823)의 부사절에 의한 분류에서도 그리스어, 알바니아어, 스페인어와 같은 그룹에 속해 있으며 다른 학자들 역시 일반적으로 유럽의 핵심 언어로 분류한다.

위에서 살펴 본 몇 가지 연구들은 모두 좀 더 범세계적인 관점을 제안하고 있는 것을 알 수 있다. 예를 들면 유럽 지역을 더 유동적이고 거시적으로 분류하는 것은 또한 유럽 언어들 간의 관계 양상을 이해하는 데도 도움이 된다는 것이다. 같은 맥락에서 Koptjevskaja-Tamm(2002: 215)은 발트 지역의 언어가 인도-유럽 어족의 세력 하에 있는 SAE 언어와 통일성을 보이는 한편, 다른 한편으로 튀르크어, 몽골어, 드라비다어, 우랄어 등의 어족들도 대표되는 중앙 유라시아형 언어와도 일치를 보인다는 것에 주의한다.

지난 세기말부터 언어의 다양성에 대한 분석을 넘어선 유럽 언어의 통일성에 대한 연구가 주목을 받아왔고 특히 유로타입 프로젝트는 유럽 과학 재단(European Science Foundation)의 후원 하에 유럽 언어의 유형적 정보 수집 방면에서 전례 없는 방대한 양의 성과를 이루어냈다. '유로언어학('Eurolinguistics' 혹은 *Europäistik*)'과 같은 용어는 언어 공동체로서의 유럽

---

27) Hock(1986: 508-9); Haspelmath(1998: 273; 2001: 1505) 등 참조.

언어에 대한 연구를 활성화하기 위해 제안되었다.[28] 따라서 Pottelberge(2005)가 제기한, 이러한 연구가 어떤 사회정치적인 목적이나 이데올로기적인 지향이 있는 것은 아닌가에 대한 문제는 이 장에서 요약한 언어 연구의 결과들과는 관계가 없을 것이다.

1.2.2 유럽의 중심역 찾기

과거의 연구에서 언어역으로서의 유럽은 중심과 주변부라는 내부 구조를 가졌다고 가정했다. 처음으로 유럽의 중심 언어역을 제안한 사람은 Déscy(1973: 29-30)인데, 이후 Whorf(1941; 1956: 138)는 이 중심 언어역을 'SAE 언어역(SAEBund)'이라고 명명했으며 여기에는 프랑스어, 독일어, 영어, 이탈리아어, 그리고 놀랍게도 러시아어가 포함된다. Déscy의 분류는 여러 종류의 다른 기준을 적용함에 따라 달라지곤 한다. 그는 언어역의 범위를 정할 때 언어적 특징보다 사회언어적인 특징을 우선했다. 예를 들어 스페인어, 포르투갈어, 네덜란드어는 언어 구조로 보았을 때 마땅히 SAE 연맹에 귀속되어야 하지만 그는 이들 언어의 사용자가 5천만 명이 되지 않는다는 이유로 이들을 배제하였다. 같은 이유로 그는 러시아어를 SAE 연맹에 포함시킨다.

최근 유로타입의 연구에서는 유럽의 언어 중심지를 찾기 위해 좀 더 엄격한 분류 원칙을 적용하고 있으며 이로 인해 가장 중심이 되는 '유럽어(European)'를 탐색하기 위한 연구가 학자들 사이에서 더욱 활발해 지고 있다. 즉, van der Auwera(1998c: 823-5)에서는 방대한 양의 부사절 구조 자료를 기초로 '샤를마뉴 언어역(Charlemagne *Sprachbund*)'을 제안한

---

28) Hock(1986: 508-9); Haspelmath(1998: 273; 2001: 1505) 등 참조.

다. 이 작은 공동체에는 프랑스어, 네덜란드어, 독일어가 포함되어 있고 이 탈리아어와 폴란드어가 이 중심역에 근접하는 언어로 분류된다. '샤를마뉴' 라는 이름은 현재 프랑스어, 독일어, 이탈리아어, 네덜란드어 사용 지역을 통치한 대제(大帝)의 이름에서 유래하였다. Thieroff(2001: 228)는 van der Auwera가 20종의 유럽 언어를 시제, 상, 서법 등의 14종의 특징을 기준으로 분류했으며 이들 특징이 프랑스어, 독일어, 이탈리아어에서는 주로 발견되지만 네덜란드어에서는 그렇지 않다는 것을 발견했다.[29] van der Auwera의 이 분류는 최근에 이루어진 유럽 언어역의 분류와 일치하는 부분도 있지만 다른 학자들이 제안한 유럽 중심역과 완전히 일치하지는 않는다. Haspelmath는 van der Auwera의 샤를마뉴 언어역 개념을 차용하지만 그의 핵심은 van der Auwera와 또 다르다. 한 가지 예를 들면 여기에 전체 이탈리아어를 포함시키는 대신 북부 이탈리아 방언을 경계로 한정하여, (표준) 이탈리아어와 폴란드어는 체코어, 세르비아어/크로아티아어, 불가리아어와 같은 슬라브어에 귀속하였다.

Haspelmath는 이후의 분류에서는 또 다른 개념이 출현했는데 39종의 유럽 언어를 9종의 형태-통사적인 특성으로 분류하여 유럽의 핵심 언어는 프랑스어와 독일어 단 두 가지뿐이라는 결론을 내렸다. 네덜란드어와 이탈리아어는 이 특성들을 모두 가지고 있지 않아 사르디냐어와 알바니아어와 같은 그룹으로 분류했고 폴란드어는 상당히 주변적인 위치로 밀려났다.

이러한 Haspelmath의 프랑스어와 독일어를 핵심으로 정의한 분류와 van der Auwera의 샤를마뉴 언어역은 매우 흥미로운 가설이 아닐 수 없다. 그러나 여기에도 문제는 있다.[30] 첫 번째로 Haspelmath의 중심역과는

---

29) 그러나 여기서 밝혀야 할 것은 Thieroff의 분석의 초점이 독일어 쪽이 유럽의 중심 언어가 되는 데 유리한 방향으로 치우쳤다는 것이다.

30) Van Pottelberge(2005)는 반복되는 유럽의 핵심 언어에 대한 개념 정의가 사실은 유럽 연합의 전신인 유럽 경제 공동체(European Economic Community)의 성원국인 독일, 프랑스,

달리 van der Auwera의 분류는 본질적으로 부사절 구조와 관계된 특징들의 조합만으로 이루어진 것이다. 두 번째 문제는 이들 분류가 어느 정도 양적으로 모호한 증거들을 기반으로 성립되었다는 것이다. van der Auwera(1998c, [지도 6] 참조)가 제공한 분석 자료를 보면 프랑스어, 네덜란드어, 독일어는 부사절 영역의 다섯 가지 특징에서 최대치를 가지고 있는 반면 이탈리아어와 폴란드어는 네 가지 특징에서 더 낮은 수치를 기록하고 있다. 이러한 수치를 기초로 본다면 만약 이탈리아어가 '샤를마뉴 언어역'에 귀납된다면 폴란드어 역시 동일하게 귀납되어야 함을 알 수 있다.31) 세 번째 문제는 van der Auwera가 Thieroff(2000)의 여덟 가지 기준을 기초로 유럽 언어의 상에 대한 특징을 분석하였는데 여기에서 프랑스어와 독일어는 기타 언어와 대립하여 여덟 가지의 특징을 모두 보였고 이탈리아어는 일곱 가지 특징을, 네덜란드어는 다섯 가지 특징을 가진 반면 폴란드어는 세 가지 특징을 가져 가장 주변부에 위치한 것으로 나타났다.

그러나 Haspelmath의 중심역 가설에서는 간단한 이유로 그 어느 쪽도 찬성하지 않는다. 즉, 그동안 다른 많은 학자들이 유럽 언어의 특징을 집중적으로 보여주고 있다고 정의한 네덜란드어와 이탈리아어가 단지 하나의 특징이 다르다는 이유로 중심역으로 분류되지 못한다는 것은 납득하기 어렵다는 것이다.

결론적으로, 유럽에 어떤 중심역이 존재한다는 것은 광범위한 동의를 얻고 있지만 어떤 언어가 그 중심역에 속하는지에 대해서는 아직도 많은 부분이 밝혀지지 않고 있다. 그러나 대부분의 학자들은 같은 언어적 특징을 공유

이탈리아, 네덜란드, 벨기에, 룩셈부르크에서 사용되는 언어라고 밝히고, 이는 학자들이 의식적으로 겨냥한 방향대로 이루어진 연구의 결과가 아닐까 추측했다.

31) van der Auwera(1998c: 824) 역시 이러한 사실을 인정하고 프랑스어, 네덜란드어, 독일어는 '매우 중심에 위치한(at the very center)' 언어로, 이탈리아어와 폴란드어는 '중심에 매우 근접한(very close to the center)' 언어라고 하였다.

하고 있는 유럽에서 중심 위치를 차지하고 있는 언어가 존재하고 그 언어들이 대부분 유럽 대륙의 서쪽에만 위치하고 있다는 것에 동의하고 있으며 만약 지역적 인접 관계와 관련된 언어적 특성을 공유한 소수의 핵심 언어라는 것이 존재한다면 거기에는 독일어와 프랑스어가 포함될 거라는 것에도 동의하고 있다.[32] 네덜란드어와 이탈리아도 다른 주변적 로맨스어와 함께 핵심 언어에 포함될 가능성이 있는데 영어는 이러한 가능성에서 제외된다.

하지만 지역 분류에 사용되는 기준과 관련해서는 여전히 의문이 남는다. 위에 언급된 학자들이 언어 지역의 분류 기준을 확장해서 적용할 때 어떤 기준을 선택하는가에 따라 그 결과는 달라진다. 예를 들면 Stolz는 어떤 특정한 언어 특징들의 조합으로 언어를 분류하여 유럽 언어의 중심은 프랑스어, 네덜란드어, 독일어가 아닌 러시아어가 되는 것을 관찰하였다.

1.2.3 '유로버설(유럽 언어의 보편적 특성)' 찾기

유럽 언어라는 개념을 정의할 수 있는 언어적 특성에 대한 탐색은 일찍부터 유럽 언어 지역 유형론의 주요한 목표 중 하나가 되어왔다. 과거 19세기의 형태 유형론은 언어 간 비교에 유용한 중요한 요소들을 제공했는데 그 중 하나는 우리가 1.2.1에서 논의했던 Lewy([1942]1964: 17)의 분류, 즉 유럽의 모든 언어를 굴절어로 분류한 것이 그것이다. Haarmann은 Lewy의 이러한 관점을 한정적으로 해석하여 역시 유럽의 모든 언어에 굴절적 성분이 있다는 입장을 고수했다. 다른 한편에서는 통합 언어학과 언어 외적 관찰이 시도되어 다수의 언어 분류 결과에 영향을 미쳤는데, 그 중 Déscy(1973)는

---

32) 그러나 통일된 견해가 없더라도, Lewy(1942)에서는 프랑스어를 애틀랜틱 어군으로, 독일어를 중심역에 속하는 언어로 분류하였다.

언어, 역사, 문화 등의 기준들을 기초로 하여 언어를 분류했다. 그 외에 유럽 언어역를 탐색하기 위해 문헌학적인 모델을 결합하는 방식도 고려되었다. 이를 테면 고대 언어인 그리스어와 라틴어에서 온 파생적 성분과 같은 어휘와 통사 형식의 차용이 유럽 언어를 단일화하는 데 중요한 요소가 되었다는 것이다.[33]

같은 시기에 유럽을 하나의 유형론적인 단위로 분류해 낼 수 있는 열쇠가 되는 특징을 찾기 위한 연구가 진행되었고 유럽 언어에서만 볼 수 있는 특징을 가리키는 '유럽소(Europeme)'라는 용어가 제안되었다.[34] Haarmann은 그의 연구에서(코카서스어를 제외한) 65종의 유럽 언어의 구조적 특성을 반영한 16종의 유럽소 목록을 제안했다. 유럽어를 확정짓는 데 사용되는 기준은 매우 일반적이어서, (많은 비유럽어를 배제하더라도) 유럽어가 아닌 세계의 다른 많은 언어들에도 적용할 수 있을 정도였다.[35]

Hock(1986: 505-9), Thomason과 Kaufmann(1988: 315-25)은 또 다른 유럽 언어의 특징들을 제안했고 van der Auwera(1998c: 815-6)는 지난 30년간의 유형론 연구에서 언급된 내용을 요약하여 12가지의 언어 특징으로 정리하였다.

---

33) Blatt(1957), Pagliaro & Belardi(1963)의 연구 참조.
34) Décsy(1973: 196) 참조.
35) 예를 들어 Haarmann(1976a: 108)의 첫 번째 두 가지 유럽소는 다음과 같다. 즉, 모든 유럽 언어에서 분절음의 수는 10가지에서 110가지의 사이에 분포한다. 또한 자음 음소의 수는 모음 음소의 수보다 많다. 그러나 이러한 일반적인 규칙은 유럽 언어 뿐 아니라 세계 모든 언어에도 적용된다.

(i) 분석적 표현 형태,

(ii) 단순화된 격굴절,

(iii) 정관사와 부정관사의 유무,

(iv) 'have' 동사와 'be' 동사를 조동사로 사용하는지 여부,

(v) 비 pro-탈락 특성,

(vi) 동사가 문장의 제2위치에 상대적으로 고정된 정도,

(vii) 구의 어순: 전치사와 후치 소유격,

(viii) 대격성,

(ix) 정동사와 주어의 일치,

(x) 동작주를 허용하는 수동,

(xi) 동작주와 주어가 일치하지 않음,

(xii) 어휘와 어법의 유사성.

van der Auwera는 유럽 언어에서 광범위하게 발견되는 특징을 12가지
로 정리했지만 유럽 언어의 정확한 특징을 전면적으로 완전히 반영하는 기
준으로는 아직 부족하다. 예를 들어 12가지 특징 중에서 다른 것도 마찬가지
이지만 (vi), (viii), (ix), (x)는 세계의 다른 언어에서도 찾아 볼 수 있는 것
이다. 이러한 특성들은 비유럽 언어로부터 유럽 언어를 특화해서 분리해 내
기에는 적절하지 않아 보인다.[36]

한편 Kortmann(1998a; 1998b: 507ff)은 유럽에서 언어 중심역을 정의하
기 위하여 광범위하게 분포하는 특성 대신에 고도로 제한된 언어 특성의 조합
을 기준으로 분류하였다. Kortmann의 중심역에 속한 언어는 로맨스어, 서게

---

36) 예를 들어 스와힐리어와 같은 아프리카 언어는 위의 12가지 특성에서 9개를 공유하는데, 이는
유럽 안에 존재하는 몇 언어들을 유럽 언어로 인정하게 할 만한 정도이다. 특히 12번째 특성은
스와힐리어가 한 세기 동안 영어와 접촉하면서 영어로부터 어휘와 몇 가지 구문 패턴을 수용
한 결과라는 점에 주목해 보자.

르만어, 북게르만어(스칸디나비아 주반도), 슬라브어, 헝가리어, 알바니아어와 그리스어인데, (a) SVO 어순(SOV 어순인 헝가리어 제외), (b) 전치사가 주요한 어순(헝가리어 제외), (c) 주요하게 정동사 종속절을 채용하고 의미적으로 구분되는 절 앞자리 자유 부사 종속절 표지 항목들을 의미 있게 다수 보유하고 있는지를 기준으로 분류되었다. 여기에서 Kortmann의 연구가 부사절 종속 표지를 중심으로 행해졌다는 것을 알 수 있다.

Kortmann은 언어역으로서의 유럽을 정의하는 것과 유로버설을 찾는 것은 다른 것이며 따라서 이 둘을 구분해서 다루어야 한다는 의견을 제시했다. Kortmann에 의하면 첫째, 유럽의 언어역을 정의하는 것의 경우는 위에서 제시한 세 가지 기준으로 유럽 언어의 중심역을 정하는 것과 관계가 있고, 둘째, 유로버설을 찾는 것의 목적은 그가 정의한 언어 중심역과는 관계없이 유럽 대륙에서 사용되는 코카서스어, 알타이어, 셈어를 포함한 모든 언어의 부사 종속절 표지의 특징으로부터 유래된 25종의 유로버설을 몇 가지 준유로버설과 함께 제시할 수 있다는 것이다. 따라서 이 유로버설 중 어떤 것은 유럽 언어의 고유한(Europespecific)인 특징이라기보다 범세계적으로 존재하는 일반적인 특징인 것으로 보인다. 아래의 예에 주목해 보자.

(1) Kortmann의 유로버설(1998b: 545)

유로버설 19.2: 만약 어떤 유럽어가 절끝 종속절 표지를 주로 사용하고 그 언어에 부치사가 존재한다면 그 언어는 대부분 후치사 언어이다.

유로버설 20.2: 만약 어떤 유럽어가 절끝 위치에 부사 종속절 표지를 사용한다면 그 언어는 SOV 언어이다.

그런데 Kortmann이 정의한 유럽 언어 중심역을 결정하는 것은 SVO 어순, 전치사, 절 앞자리 위치의 부사 종속절 표지이기 때문에 위의 두 가지 유로버설은 그의 언어역과 부합하지 않는다.

특정 학자들이 언어 유형 비교를 위해 선택한 몇 가지 기준은 기존의 다른 학자들의 분류와 다른 언어 분류를 제시하는 것으로 보이는데 그 중 부정법에 대한 Ramat & Bernini(1990)의 연구가 주목할 만하다. 몇 가지 유럽 언어를 관찰해 보면, 프랑스어의 '*Je ne sais pas*(I NEG know NEG) 'I don't know''에서와 같이 불연속 형태로 표시되는 부정문, 프리슬란트어의 '*Jan is der net*(Jan is here NEG) 'Jan is not here''와 같은 동사 후 부정을 발견할 수 있다. Ramat & Bernini는 이들 두 가지 부정 표현 중 하나를 보유한 언어를 유럽의 핵심 언어라고 부를 것을 제안한다. 그 결과 발칸 반도의 제 언어들, 슬라브어, 핀우그리아어는 중심역에서 제외되는 반면 켈트어의 브르타뉴어와 웨일즈어는 중심역에 포함되게 된다. 이들 학자들이 주목한 한 언어의 부정문 형성 전략은 유럽 지역의 역사를 이해하는 데는 매우 적절하지만 유럽 지역을 전체적으로 분류하는 기준으로는 불충분하다.

현재 진행되고 있는 연구는 일정 정도 초기 학자들의 연구를 직접적으로 계승하고 있는데 '유로버설'이라는 신조어도 이전에 사용되던 '유럽소[37]'를 대체하기 위해 만들어진 것이다. Kortmann은 양적인 개념으로서의 유로버설을 도입했는데 이것은 80%가 넘는 현대 유럽어가 공유하고 있는 부사 종속절 표지의 형태-의미적 특징들을 확인하기 위해 사용되었다.

유럽 언어역을 연구하는 학자들 모두가 유럽소나 유로버설 같은 용어를 사용하지는 않는다. 예를 들면 Haspelmath(1998; 2001)는 이런 용어보다 'SAE(Standard Average European)'의 특징을 나타내는 '특질'이라는 간단한 용어를 사용한다.[38]

---

37) 유럽소에 관해서는 van der Auwera(1998b: 11-2; 1998c: 813), Kortmann(1998b: 536ff.), Ramat & Ricca(1998)의 연구 참조.
38) 1.3 참조

유로버설과 유럽소는 두 가지 다른 정의로 해석될 수 있고 사실상 두 가지로 해석되었다. 첫 번째로 유로버설과 유럽소는 대부분의 혹은 모든 유럽 언어에서 발견되고 비유럽 언어에서는 발견되지 않는 언어 특징을 말한다. 두 번째로 유로버설과 유럽소는 세계의 다른 언어들로부터 유럽 언어를 분리하기 위한 유럽 특유의 언어 특징이다. 많은 학자들이 첫 번째 정의를 많이 사용했지만 이 정의는 범언어적 특징과 유로버설을 어떻게 나눌 지에 대해 명확한 답을 내리지 못한다는 점에서 모호한 부분이 존재한다. 즉, 첫 번째 정의로 부터 도출된 일반화 규칙은 세계의 대부분 혹은 모든 언어에도 적용될 수 있다는 것이다. 사실 이와 관련된 학자들은 이런 문제에 대해 인지하고 있었다. 그러나 표면적으로 이 문제를 해결하기 위해 고심하지 않는 것 같아 보였는데 그 이유는 van der Auwera가 평한 바와 같이 그들은 그들이 연구한 대부분의 언어 현상에 대해 그 현상이 범세계적으로 어떻게 분포하고 있는 지 충분한 자료를 갖고 있지 못했기 때문이다.[39)

유로버설이라는 용어가 이전 내용에서 언급된 학자들에 의해 명시적으로 사용되는지의 여부와 관계없이 그것은 모든 혹은 대부분의 유럽 언어를 정의하기 위해 주장되어 왔다. 그러나 소극적이고 단정적이지 않은 화법으로 말하면 일부 유로버설은 세계의 모든 언어에서 볼 수 있는 특징일 가능성이 있다. 특히 의미적이고 (혹은) 기능적인 요소를 가진 유로버설일수록 범세계적인 특징을 반영한 것일 가능성이 높다. 그러나 범세계적인 특징을 가진 유로버설이 존재한다고 해도 여기에서 그것을 예측할 방법은 없고, 그런 유로버

---

39) Kortmann은 유럽의 부사절 종속사에 대한 그의 연구에서 van der Auwera와 본질적으로 같은 결론에 이르렀다. 즉, "이러한 유로버설의 지위는 더 많은 수의 유럽 언어와 대표성을 가진 비유럽 언어의 부사절 종속사에 대하여 동일한 방법으로 연구한 결과를 기반으로 좀 더 정확히 정의될 필요가 있다. 이러한 방법만이 그로부터 도출된 결과가 범세계적인 언어의 보편적인 특징인지 아니면 진정한 유럽 언어 특유의 특징인지 결정할 수 있다고 하겠다(Kortmann(1998b: 551) 참조)."

설을 찾아내는 유일한 방법은 세계 언어의 표본을 추출하여 연구하는 것인데 여기서는 그 임무를 완수하기 어렵다(van der Auwera 1998c: 813-4).

위에서 언급한 이유로 유형론과 관계된 학자들 대부분은 두 번째 정의를 비교적 유연하게 사용한다. 언어역으로서의 유럽에 대한 연구는 유럽 언어에 대한 정보를 수집하는 것에 초점을 맞추기 때문에 범세계적으로 유럽 언어에 대응하는 정보를 기대하는 것은 원래의 연구 범위를 초월하는 것이다. 그러나 연구자에 따라 범세계적인 시각으로 연구에 임하기도 하는데 그 중 가장 눈에 띄는 사람은 Haspelmath(1998; 2001; 1.2.7 참조)이다. 두 번째 정의에 대해 정확히 일치된 의견이 없기 때문에, Haspelmath는 유럽에 널리 분포하나 세계의 다른 곳에서는 흔히 볼 수 없는 특징을 찾는 것에 주력했고 이것은 적어도 개념상으로는 두 번째 정의에 부합하는 면을 가지고 있다. 흥미로운 점은 위의 내용에서 알 수 있는 바와 같이 Haspelmath는 유로버설이나 유럽소와 같은 용어를 사용하지 않는 학자 중 하나라는 사실이다.

유럽 언어의 언어 구조적 특징을 범세계적인 특징과 연결 지어 연구한 학자는 Haspelmath만이 아니다. TAM(시제, 동작상, 양태)에 관한 교차 언어적 연구에서 Kuteva(1998)는 문법화 과정에서 주목할 만한 유형적 특징을 발견했다. 즉, 유럽의 동사가 조동사로 문법화하는 과정에서는 일반 사건 도식에서만 조동사화가 이루어진다는 것이다. 여기서 일반 사건을 나타내는 동사란 'be', 'have', 'go', 'come' 등이다. 반면 다른 세계의 언어에서는 일반 사건 도식의 예시화와 특정 사건 도식의 예시화가 모두 조동사가 될 수 있는데, 특정 사건 도식의 예시화와 관련된 동사로는 어휘적으로 좀 더 구체적인 내용을 담고 있는 'walk', 'think', 'taste', 'bury' 등을 들 수 있다.

1.2.4 지역적 관계를 이끌어 내는 힘

유럽의 지역적 관계를 연구하는 데 있어서, 언어적인 그리고 언어 외적인 요소들과 관련되고 유럽의 지역적 관계를 명확하고도 일반화하여 설명할 수 있는 유일한 요소는 바로 언어 접촉(language contact)이다. 그러나 이러한 연구에도 불구하고 우리는 아직 유럽의 사회언어학의 역사와 유럽 언어의 역사를 특징짓는 교차 언어적 상호작용의 패턴에 대해 조금밖에 알고 있지 못하다.

Haspelmath(1998: 272)는 우리가 SAE에서 발견되는 놀랄 만큼 유사한 패턴의 성립 과정을 재구하기 위해서는 다음 다섯 가지 특별한 역사적 요인에 대해 주목할 필요가 있다고 말한다.

(i) 원시 인도-유럽 어족의 언어적 구조 보존과 비인도-유럽 어족의 인도 -유럽 어족으로의 동화 과정

(ii) 유럽에서 전기 인도-유럽 어족 기층어(substratum) 사용 인구의 영향

(iii) 유럽의 고대 후기로부터 중세 전기까지의 대변혁 기간 동안 이루어진 언어 접촉

(iv) 라틴어와 보편적인 중세 유럽 문화

(v) 르네상스부터 근대 계몽화 시기까지 유럽의 보편적 문화

아래에서는 이 다섯 가지 요인들에 대해 차례대로 설명하기로 한다.

(i)번 요인에 대해 Haspelmath는 원시 인도-유럽 어족의 언어적 구조의 보존이 현재 범 유럽적 형태-통사적 특성의 출현을 설명할 수 있다는 가능성을 다음과 같이 언급하며 부정하였다.

따라서 인도-유럽 어족에 속하는 SAE 언어는 원시 인도-유럽 어족의 언어가 소멸된 후, 그리고 해당 SAE 언어가 유럽에서 이미 사용되고 있었던 시기에 그 고유의 특성이 발달되었을 것이다(Haspelmath 1998: 284).

그러나 이것을 타당성 있게 설명하는 것은 그렇게 간단하지 않다. 유럽을 하나의 언어역으로서 규정할 때 기술했던 12가지 특징 중에서 '여격 외치 소유자'[40)]로 알려진 특징은 영어에서는 발견되지 않는 특징이기 때문이다. 다음은 독일어에 나타난 예인데 양도불가적(inalienable) 소유자인 '아이(child)'가 여격(DAT)으로 표시되며 외치(분리)된 참가자로 나타나고 있다.

(2) 독일어

Die　Mutter　wäscht　dem　　　Kind　die　Haare.
the　mother　washes　the.DAT　child　the　hair
"Mother is washing the child's hair."
"어머니가 아이의 머리를 감기고 있다."

Haspelmath(1998: 284)는 이러한 특성이 고대 인도어, 고대 이란어, 호메로스 시기의 그리스어, 라틴어, 고트어(Gothic), 고대 슬라브 교회어 등의 모든 고대 인도-유럽 어족에서 발견되는 "원시 인도-유럽 어족의 특성을 나무랄 데 없이 반영하는 것 같다"는 의견을 고수했다. Haspelmath의 이러한 의견에 대해, 혹자는 여격 외치(분리) 소유자가 인도-유럽 어족을 연결하는 유일한 특성이라 할지라도 위에 인용한 Haspelmath의 언어와 그가 다다른 결론은 좀 더 신중을 기할 필요가 있다고 말한다.

---

40) 이 특징에 대한 비판은 Van Pottelberge(2005) 참조.

(ii) 현대 유럽 언어들이 전기 인도-유럽 언어의 사용자들에 의해 형성되었다는 것은 오랫동안 논쟁이 되어왔던 가설이다. 이 가설을 뒷받침하는 새로운 연구 결과가 증거로 제시되고 있지만(예를 들어 Vennemann(1994)과 Nichols(1995)의 연구), 우리는 이러한 증거들이 현재 유럽의 인도-유럽 어족 출현 시기 이전에 존재했던 기층 언어가 유럽을 하나의 언어역으로 형성하게 하는 데 중요한 역할을 했다는 것을 증명하기에는 부족하다는 Haspelmath의 견해를 지지한다. 이러한 기층 언어 가설은 특히 많은 유럽 언어의 특징들이 지난 10세기 동안 출현했다는 것을 설명하지 못하고 있다. 이에 대해서는 이후 내용에서 설명하기로 한다.

(iii) Haspelmath는 유럽 언어의 구조적 통일성을 결정짓는 대부분의 특징들이 유럽의 고대 후기로부터 중세 초기까지의 기간 동안 혁신적인 변이를 일으켰을 거라고 가정한다. 실제로 기원 후 400년부터 1200년 경 사이에 유럽에서는 서로마 제국의 쇠퇴, 게르만, 로맨스, 슬라브계 이민에 의한 섬 켈트어, 게르만어, 로맨스어, 슬라브어의 출현과 같은 몇 가지 극적인 변화가 이루어졌다.

그러나 Haspelmath가 인정한 바와 같이 이 가설은 강력하나 모든 유럽 언어와 관계된 모든 특징을 설명하지는 못한다. 이후의 내용에서 볼 수 있듯이 많은 수의 유럽 언어 간의 전이 과정은 중세 초기를 경과하고 난 이후의 시간 동안 이루어졌다. 예를 들어 5장에서 설명할 언어 접촉에 의한 공동격과 도구격을 표시하는 다의어의 증가 현상은 많은 수의 유럽 언어에서 중세 이후 시기에 일어났고(Stolz 2001, Stolz, Stroh and Urdze 2003: 71 참조), 아일랜드에서 발생했던 언어 접촉의 결과로 출현한 아일랜드 영어(Hiberno-English)의 다수의 유형적 특징은 대략 1700년부터 1900년 사이에 형성된 것이다

(Siemund 2004a; 2004b, Pietsch 2004a; 2004b; 2004c 참조).

(iv) 유럽의 언어적 특징이 지역적으로 확산되는 과정을 설명할 때 라틴어와
그리스어와 같은 고대 언어의 요소가 자주 동원된다(1.2.1 참조). 이중
라틴어는 유럽 언어 특징의 지역적 확산에 가장 큰 영향을 미친 언어이며
그리스어는 그보다 영향력이 조금 적었다. 신흥 유럽 국가와 그들의
언어에 라틴어, 특히 문어를 보급하는 중요한 수단은 교회, 문화, 문학,
로마법, 학술 등의 분야였다. Kortmann(1998b: 523)은 그가 분류한
유럽 핵심 지역의 대부분의 언어들이 300년 이상 되는 풍부하고 긴
문어적 전통을 가지고 있다는 사실에 주목했다.

더욱이 오랜 문어 전통을 가진 언어들은 의미적으로 정교하게 분화된 부
사 종속절 표지 목록들을 가지고 있고 문어 전통이 부족한 언어들은 (중략)
절 단위의 아주 적은 수의 종속절 표지 조합만을 가지고 있다(Kortmann
1998b: 523).

이 두 가지 고전적인 언어가 현대 유럽 언어에 구조적인 영향을 미쳤다는
것은 특히 초기 연구와 기록들에서 더욱 두드러졌다. 예를 들어 Blatt(1957:
473)는 현대 유럽 언어의 통사 구조가 '라틴의 우성 인자(the stamp of the
Latin genius)'를 품고 있다고 가정했다. 1.2.1에서 언급한 바와 같이
Kortmann(1998a: 214-5)은 부사 종속절 표지의 구조를 근거로 흥미로운 상
관관계를 제시했는데 라틴어의 영향이 그리스어보다 월등하다 하더라도 유럽
언어의 핵심 지역을 라틴어의 영향을 받은 서부 지역과 그리스어의 영향을
받은 동부 지역으로 이분할 수 있다는 것이다.

라틴어와 고대 그리스어가 현대 유럽 언어의 어휘에 깊은 영향을 미쳤으
며, 유럽 언어의 구조 변화에 전반적으로 기여했다는 것은 의심의 여지가 없

으나 이 과정에는 아직 밝혀지지 않은 것들이 많다. 그런데 또한 확실한 것은 이 문제에 대해 여러 학자들이 지적한 바와 같이 유럽 언어에서 상당수의 일반적인 변이 과정이 라틴어와 고대 그리스어의 영향만으로는 설명되지 않는다는 것이다. 예를 들어 Kortmann(1998b: 476-8)은 부사절의 구조가 지난 2천 년간 크게 변화했다는 것을 발견했다. 그 기간 동안 부사 종속절 표지의 구조는 점점 더 복잡해졌는데 고대 언어에서 한 단어 이상으로 이루어진 종속절 표지는 전체의 23.3%이었으나 현대 언어에서는 그 비율이 45.2%에 이른다. 동시에 부사 종속절 표지는 통사와 의미의 다중 기능을 잃게 된다.

그 외에 라틴어와 그리스어의 구조적 영향에 대해서는 더욱 확실하고 많은 수의 예시가 있지만 그것들은 모두 한계를 가지고 있다. 게다가 유럽 언어에 보이는 다수의 언어 구조는 거의 혁신적 변이의 결과이다. 예를 들어 라틴어에는 관사 범주가 없었는데 이는 원시 게르만 어족에도 그대로 적용된다. 따라서 현대 로맨스어와 게르만어에 출현한 정관사와 부정관사의 존재는 고대 언어로부터 유전적으로 계승된 것일 가능성이 없는 것이며 많은 이들에게 유럽을 하나의 언어역으로 규정하기에 유리한 논의 주제로 간주되는 것이다(제3장 참조).

그러나 유감스럽게도 현대 유럽 언어들을 특정 하는 모든 특징들이 라틴어의 영향을 받지 않은 확실한[41] 혁신적 변이임을 보여주지는 않는다. 한 가지 이 문제에 대해 만족할 만한 설명을 할 수 있는 예가 있다면 그것은 제6장에서 자세히 살펴볼 영어의 *who, what, where, which* 등과 같이 의문사와 종속절 표지의 기능을 함께 가진 다의어이다. 이들은 현대 언어에서 대개 같은

---

41) 이 책의 초기 버전을 접한 익명의 검토자는 공정하게 논평했다. 즉, "새로운 변이는 이전의 구조를 소멸시킬 수 있다. 이러한 변이는 내부적 변이일 수도 있고(좋은 예로는 영어와 다른 많은 유럽 언어에서 발생한 OV에서 VO로의 유형적 교체이다), 접촉에 의한 변이일 수도 있다. 공시적인 언어 상태는 언제나 변이의 결과이고 극소수만이 '확실한' 기원을 가지고 있다."

범위 내의 기능을 가지고 있으며 따라서 범유럽적인 특징을 가지고 있는 확실한 예로 볼 수 있는데 이의 기원에 대해서는 라틴어로 거슬러 올라갈 수 있다. 로맨스어에서 이러한 다의어의 출현은 아마도 유전적인 요인에서 기인한 것일 것이다. 그러나 라틴어는 또한 중세 기간 동안 이러한 다의어들의 비로맨스 언어 지역으로의 확산에도 일정한 역할을 했을 것으로 보인다.

Haspelmath(1998: 275)는 이러한 예가 현대 유럽 언어에서 광범위하게 발견되는 모든 언어적 특징에 적용될 수는 없다고 지적하면서도 이 두 가지 특징의 출현에 대해서는 인정했다. 부정 관사를 통한 동사 부정과 굴절되는 회생 관계 대명사를 가지는 명사 후치 관계절은 라틴어가 이미 다양한 변이로서 존재하고 있던 언어들 가운데 그 구조를 강화하는 역할만을 했을지 몰라도, 아마 라틴어의 영향으로부터 비롯된 것일 것이다. 이러한 관찰들은 다시 한 번 우리에게 가능하고 의미 있는 일반화 규칙이 없어 보이는 곳을 떠날 것을 제안한다.

(v) Haspelmath(1998: 272)는, 300년에서 500년의 시간으로는 범유럽적인 언어 특성이 출현한 것을 설명하기에 부족하기 때문에, 그가 제안했던 범유럽적인 특성이 르네상스와 근대 계몽화 시기와 관계된 일반적인 유럽 문화적 요소로부터 기인했을 가능성이 없다고 하면서, Haspelmath의 이러한 주장을 받아들인다고 하더라도 이후의 내용에서 우리는 지난 5세기의 기간 중에 유럽에서 언어 접촉의 결과로 새로운 언어 기능의 범주가 탄생하는 극적인 변화가 발생한 것을 보게 될 것이다. 그리고 이런 변화 중에는 Haspelmath가 토론했던 여러 가지 범유럽적인 특징들도 포함되어 있을 것이다. 이러한 이유로 우리는 Haspelmath가 포기했던 유럽 역사 단계를 수용하게 될 것이다.

(v)와 기타 위에서 언급된 요소들에 더하여 Betz(1944)는 한 언어가 지속적으로 다른 인접 언어의 방향으로 조정되는 균일화 과정인 '유럽의 언어 균일화(*europäischer Sprachausgleich*)'에 대해서 언급했다. 이것은 수천 년간 같은 지역에서 사용된 언어 간에 한 언어의 구조적 특징이 다른 언어에 다량 축적되어 일어난 결과이다. 이러한 균일화 과정은 강한 언어 접촉이 일어날 수 있는 상황과 그러한 지역에서 더욱 두드러지게 나타나게 되는데 유럽의 역사는 이러한 상황이 광범위하게 일어나기에 좋은 조건을 제공했다. 언어 접촉에 의한 언어의 균일화는 사회언어학적으로 나타나는 언어 불균형의 상황과 유사하다. 즉, 약소어가 지배어에 노출될 때 언어 균일화는 다른 사회언어학적 규칙을 따른다(제7장 참조). 위의 내용에서 도출된 결론에서 보면 유전적이고 발생학적인 언어 특징과 언어 접촉의 혁신에 의한 언어 특징을 구분하는 것은 논의되어야 할 어려운 문제이며 앞으로 학계에서 좀 더 주목해야 할 문제이다.

1.2.5 유럽 내의 지역 구분

유럽 언어의 지역적 관계에 주목한 연구의 초기 단계에서 부터 학자들은 유럽을 뚜렷하게 구분되는 몇 개의 지역으로 나누는 것을 목표로 하였다.[42]
그동안 유럽에서 언어역의 예로 인정된 지역은 발칸 지역 뿐인데 학자에 따라서 발칸 지역을 하나의 언어 단위로 인정하는 것에 대해 이의를 제기하기도 하지만 그럼에도 불구하고 하나의 전형적인 언어역으로 광범위하게 인정되고 있다.[43] 이 지역에 속한 언어로는 알바니아어, 현대 그리스어, 루마

---

42) Stolz(원고)는 이러한 학자들의 분리적 접근에 의한 연구 전통에 대해 기술하였다. 이러한 관점에 의하면 모든 유럽의 언어들이 같은 정도로 유사하지는 않다.

43) 이에 대한 간략한 개요는 Joseph(1992), Feuillet(2001); Bahner(1986) 참조.

니아어, 불가리아어, 마케도니아어가 비교적 확실하다고 보고 그 외에 인도
-유럽 어족에 속하는 발칸-롬어와 세르비아/크로아티아 최남단 지역의 여
러 변이 언어가 여기에 속한다고 보기도 하는데, 이들은 모두 인도유럽어이
다. 언어역을 결정할 때 모든 학자들이 같은 언어 특징들을 기준으로 하지는
않는데 대부분의 학자들이 언어역을 정의하는 기준으로 인정한 것들은 다음
과 같다(Sandfeld 1930; Schaller 1975; Solta 1980; Joseph 1992; van
der Auwera 1998a; Hinrichs 1999 등 참조). (a) 강세를 가진 반고 중모
음, (b) 음의 질감, 개방도, 또는 음화에서 음운 대립이 없는 모음 항목, (c)
소유격과 여격의 통합형, (d) 'want' 동사에 기초한 우언적 특징, (e) 후치
정관사, (f) 완형 명사구에서 대명사 가목적어 사용 여부, (g) 숫자 '11'과
'19' 사이의 수사들에 대한 재위격 표지('on') 사용 여부, (h) 부정사의 소실
과 정동사절의 대체, (i) 분석적인 형태의 형용사 비교급이 종합적 형태의 형
용사 비교급을 대체함, (j) 동사의 확언형과 감탄형의 존재. 이 발칸 언어역
은 1500년이 넘는 기간 동안 변화를 거쳐 왔는데 특히 기원후 800년부터
1700년의 기간 동안 중점적으로 변화했다.

그 외에 Lewy(1942)의 연구를 기점으로 유럽의 다른 지역에 대한 분류도
시도되었다(Stolz 참조). Lewy는 형태-통사적인 기준을 종합하여 18종의
언어를 다섯 그룹으로 나누었다[표 1-2].

[표 1-2] 유형론적 지역적 특징을 기준으로 유럽 18종 언어를 분류(Lewy 1942)

	통사적 특징	지역 분류	언어
I	굴절의 고립	대서양 연안	바스크어, 스페인어, 이탈리아어, 프랑스어, 아일랜드어, 영어, 스웨덴어
II	단어 굴절	중앙 유럽	독일어, 헝가리어,
III	지시적	발칸 지역	루마니아어, 알바니아어, 그리스어,
IV	어간 굴절과 종속 관계	동부 유럽	라트비아어, 러시아어, 핀란드어, 모르스바어(Mordvin), 체레미스어(Cheremis)
V	완전한 종속 관계	극지역	유락어(사모예드어)

Lewy의 이러한 분류는 발칸 지역 분류를 제외하고는 이전에 Sandfeld(1930)에 의해 분류되었던 것인데, [표 1-2]에 제안된 분류 그룹 중 어느 것도 후속 연구자들에 의해 중요한 언어역으로서 인정받지 못했다. 하지만 Lewy의 분류에서 특히 대서양 연안 지역에 대한 분류는 이후 유럽의 언어 접촉 연구와 언어 선사학 연구에 영향을 미치게 된다(특히 Wagner 1959; 1970; Ureland 1978 연구 참조). Lewy에 이어 Déscy(1973), Haarmann(1976a, 1976b), Ureland(1985b), Sarhimaa(1991), and Wintschalek(1993) 등의 학자들이 유럽의 언어를 지역적으로 분류하기 위해 시도했다. 예를 들어 Déscy(1973)는 62종의 유럽 언어를 분석하여 10개의 지역으로 나누었다. 그 가운데에는 프랑스어, 독일어, 이탈리아어, 러시아어를 그 구성원으로 하는 SAE 언어도 포함되어 있다(1.2.2의 관련 내용 참조). 그러나 Déscy(1973)가 유럽 언어를 분류하는 데 사용한 기준은 Becker와 Wagner(1959; 1964)가 사용했던 기준과 같이 여러 가지로 미심쩍은 부분이 존재한다. Déscy의 연구는 Stolz(forthc)에 의해 "민족심리학(*Völkerpsychologie*)과 매우 유사한 다소 이론적이고 인상적인 접근"에 근거한 분류라는 평가를 받았다.

최근에도 유럽의 지역적 관계에 관한 연구에서 몇 가지 유럽 지역의 분류가 제안되었다. 그 중 발트 주변 지역과 볼가 중부 지역(혹은 볼가-카마 언어역), 지중해 주변 지역은 학술적으로 특별한 주목을 받고 있다. 지금까지 이들 중 어느 하나도 언어역으로 인정받고 있지 못하지만 이러한 분류는 언어 지역 분류에 대한 연구가 시작된 초기 단계부터 1990년대에 이르는 시기와는 본질적으로 다른 특징을 가지고 있다. 즉, 유럽의 특정 지역의 언어를 분류함에 있어서, 언어 유형론적인 새로운 개념과 체계적인 대비 방법을 기초로 하여 새롭고 풍부한 지역적 연관 패턴을 발견하게 된 것이다.

발트 주변 지역, 혹은 '언어 중첩 지역'에 속한다고 일컬어지며 지금까지 분류되고 있는 어파에 절대적으로 귀속될 필요는 없는 몇몇 언어가 있는데 그것은 발트어의 리투아니아어와 라트비아어, 슬라브어의 북카슈브어(North Kashubian), 게르만어의 스웨덴어, 핀어의 리브어, 에스토니아어, 핀란드어 등이다(Stolz 1991; Nau 1996; Dahl & Koptjevskaja-Tamm 2001b; Koptjevskaja-Tamm & Wälchli 2001; Koptjevskaja-Tamm 2002; Jakobson [1931] 1971: 137-8; Décsy 1973: 68; Haarmann 1976b: 106 등 참조). Dahl과 Koptjevskaja-Tamm(2001b: xviii-xix)에서는 30종이 넘는 언어 및 방언들이 이 지역에 속한다고 분류하였고 이 지역의 "언어적 상황의 특징은 언어역의 개념으로는 충분하지 않다"고 하였다. 언어역과 구분되는 이 지역의 신분에 대해서는 사실상 상반되는 몇 가지 개념이 존재하고 더욱이 이 지역의 모든 언어에 적용할 수 있는 유형적 특징이 하나도 없기 때문에 많은 논쟁이 되고 있다(Koptjevskaja-Tamm 2002: 212) Nau(1996)는 이 지역을 긴 역사 기간에 걸쳐 소규모 혹은 대규모로 많은 층위의 언어 접촉이 일어났고 또한 다양한 종류의 상호 영향이 발생한 곳이기 때문에 언어적으로 고도의 복잡성을 보이는 지역이라고 결론지었다(Koptjevskaja-Tamm and Wälchli 2001: 627; Koptjevskaja-Tamm 2002 참조).

중부 볼가 지역은 마리어, 우드무르트어, 몰도바어 등의 핀우그리아 어족의 언어와 타타르어, 바시키르어, 추바슈어 등의 튀르크 어파의 언어가 혼재되어 있는 곳이다. 핀우그리아 어족은 토착어에 속하지만 튀르크어 사용자들은 8세기를 전후로 하여 이 지역으로 유입되었다. 러시아어는 1552년 러시아가 볼가-카마 지역을 병합한 후부터 언어 접촉과 언어 전이를 형성하는 예로 추가되었다. Johanson(2000c)는 다른 여러 가지 다양한 특징 중에서도 튀르크어로부터 핀우그리아 어족으로, 핀우그리아 어족으로부터 튀르크어로 양방향 전이가 이루어진 이완 모음의 체계가 이 이 지역의 언어에서 보이는 가장 큰 특징이라고 하였다. Wintschalek(1993) 역시 볼가-카마 언어역을 제안했는데 그는 Johanson(2000c)의 분류에 나타나는 모든 언어 외에 다른 언어도 이 지역에 포함시켰다.

지중해 주변 언어역의 존재에 대하여 기술하는 몇 가지 시도에서는 예상치 않은 많은 유형론적 유사성이 발견되었다(Cristofaro & Putzu 2000; Cristofaro 2000; Grandi 2002; Ramat & Stolz 2002; Stolz 2002a; Stolz 2002b 참조). 이 유사성에는 (a) 단어 중첩, (b) 유정성 유무에 따른 목적어 표지 선택, (c) 불변 관계사, (d) 소유격 접어 또는 대명사적 접사, (e) 논항적 접사(Stolz 2003-4 참조) 등을 들 수 있다. 이와 같이 역사적으로 하나의 언어 단위로 정의된 것이 직관적으로 타당해 보이고 발생학적인 경계를 초월하는 몇 가지의 통사적 등어선이 사실로 증명되었음에도 불구하고 지중해 주변 언어역이라는 증거가 되기에는 아직 불충분한 점이 있다. 마지막으로 van der Auwera(1998c: 828-9)는 유럽 언어역을 세 가지로 분류할 것을 시험적으로 제안했는데 그것은 별로 논쟁할 것이 없는 발칸 언어역, 그가 이전에 분류했던 '샤를마뉴 언어역'과 많은 부분 일치하는 네덜란드어, 프랑스어, 독일어, 이탈리아어, 폴란드어를 포함한 지역, 영어, 덴마크어, 노르웨이어, 페로어 등을 포함한 지역 등이 그것이다. van der Auwera가 분류 기준으로 삼았던 것은 모두 부사 영역에 집중된 것이었다. 결론적으로 그동안 제안되었던 모든 유럽의 언어역, 심지어 발칸 언어역조차도 다른 지역, 적어도 인접한 다른 지역에서는 전혀 발견되지 않는 그 지역만의 유일한 언어 특징의 조합으로만 그 지역을 정의하려고 하는 가능성은 충족시키지 못하고 있다(Campbell et al. 1986: 561에서 비판적으로 제기한 의견 참조).

1.2.6 언어 지도 작성

최근 유로타입의 관점에서 이루어진 유럽 언어의 유형학적 연구에서는 방대한 양의 언어 구조적 다양성에 대한 정보를 얻을 수 있었다. 이러한 연구의 주요한 목표는 개별 언어와 그들의 집합인 언어 그룹의 특징을 지리적으로 분류하여 유럽 언어의 지역적 관계를 연구하는 것이다. 따라서 이 분류에는 유형론적이고 지리적인 두 가지의 변수가 참여하게 된다. 유형학적인 변수는 예를 들어 언어 L_1의 특징인 P_x가 언어 L_2의 특징인 P_y와 같은지 혹은 다른지를 측정하는데 적용되기 때문에, 몇 가지 예에서 서로 분리된 특징을 가진 것처럼 보이는 개별 범주가 점층적인 성격을 가진 범주로 인정되더라도, 이는 개별 범주를 기초로 하여 교차 언어적으로 적용되는 변수라고 볼 수 있다. 여기서 점층적인 성격이란, "언어 L_1은 P_x의 특징을 언어 L_2보다는 더 많이 가지고 있는" 것을 말한다. 지리적 변수는 유형적 일치와 차이의 분포를 보여주기 위해 적용되는 것으로 유형적 패턴과 지리적 패턴에는 체계적인 상호 연관 관계가 있다. 이러한 연구 활동은 언어 특징의 지역적 분포를 보여주는 광대한 범위의 지도를 만들어 냈다.

여기서 말하는 지도는 두 가지로 나눌 수 있는데 하나는 등어선 지도를 만드는 것이고 다른 하나는 등치선 지도를 만드는 것이다. 등어선 지도 작성은 어떤 한 지역 내에서 같은 특징을 보이는 언어들을 지역적으로 동일하다고 (즉 같은 등어선이라고) 표시하는 것이다(van der Auwera[1998b: 15]의 '명명 지도(name map)' 개념과 비교하여 참조). 등어선 지도는 유로타입 시기의 지역 유형론 연구의 대부분을 주도하여 다수의 지도를 만들어 내게 되었다(특히 van der Auwera 1998b; Haspelmath 2001의 공로가 크다). 등어선 지도를 작성할 때 언어적인 분류 요소를 우선하는지, 지리적 요소를 우선하는지에 따라 여러 가지 다양한 변화를 보이게 된다(van der Auwera 1998b: 19-20 참조).

등치선 지도(또는 양화 등어선 지도) 작성은 그동안 언급된 많은 연구에서 함축적으로 적용되었는데(Haspelmath와 Buchholz 1998: 327 참조) 별로 논쟁이 되지 않는 남아시아(Masica 1976), 발칸 지역(van der Auwera

1998a), 중미 지역(van der Auwera 1998a) 등의 언어역에서는 명시적으로 적용되었다. 등치선 지도는 언어역의 언어들이 공유하고 있는 언어 특징들의 상대적인 숫자를 기초로 작성된다. 즉, 어떤 특징을 공유하고 있는 지와는 관계없이 같은 수의 특징을 공유하고 있는 언어들은 동위체(isotope) 혹은 지역 단위로 분류된다. 그리고 한 언어가 몇 가지의 특징을 가지고 있는가에 따라서 그 언어와 대비되는 언어 지역 내의 다른 언어들과의 상대적인 위치가 결정된다.[44]

등치선 지도가 이룩한 성과는 언어역을 구성하는 언어 특성들의 상대적인 숫자의 지리적 분포를 보여준다는 것이다. 예를 들어, van der Auwera (1998a: 261-3)는 발칸 언어의 특질이라고 알려진 10종의 언어 특성에 기초하여 불가리아어가 발칸어의 가장 중심이 되는 언어라는 것을 발견하였다. 즉 불가리아어는 '모든 등어선에 속하는' 언어로 그가 적용한 10종의 발칸 언어의 특질을 모두 보여주는 언어들이다. 등치선 지도는 언어역들을 분류할 때 그 경계선이나 내부의 핵심 구조와 같은 구조적 특성을 정할 때 편리한 방법이며, 언어역에 속한 개별 언어 간의 관계를 기술하는 데는 큰 도움이 되지 않지만 언어역에 속하는 언어 중에서 그 언어역을 규정하는 특징을 언어 L_2보다 더 많이 가지고 있는 언어 L_1을 확립할 때는 도움이 되는 방법이다.

1.2.7 Haspelmath의 언어 지도 이론(2001)

2001년에 이루어진 Haspelmath의 연구는 유럽을 언어역으로서 연구하는 역사의 새로운 한 획을 그었다. 그의 연구가 이전의 연구와 특히 다른 점

---

44) 이러한 지도의 구분선들을 등치선이라고 부르며, 같은 특징을 가진 언어 지역들을 보여주기 위한 것이라기보다는 같은 수량의 특징이나 또는 과량의(*plethora*) 특징들을 가진 지역들을 보여주기 위한 구분선에 가깝다(van der Auwera 1998a: 260 참조).

은, 첫째, 그의 연구는 명사성 구조에서 동사성 구조까지, 형태적 요소에서 통사적 요소까지, 절 내부 구조에서 절의 연결까지 확장한 광범위하고 다양한 특성들을 기초로 진행되었다. 둘째, 다른 연구자들에 비해 Haspelmath 가 이용한 언어 특성의 목록은 유럽 언어들의 특징을 진단하는데 가장 효과적인 것이었다. 셋째, Haspelmath의 연구는 세계적으로 광범위하게 분포하고 있는 다량의 분석 자료에 근거하여 진행되었다. 따라서 다른 학자들과는 달리 그는 유럽의 언어 구조들을 세계의 다른 언어에서 보이는 구조와 관련하여 파악하였다. 넷째, 그는 39종의 유럽 언어에서 특정한 아홉 가지 특성을 나타내는 종합적인 데이터를 제공하고 이를 근거로 독자들에게 그의 가설에 대한 진위 여부를 판단할 수 있게 하였다.

Haspelmath는 유럽을 하나의 언어역으로 정의할 수 있다고 결론을 내리고 그 명칭에 대해서는 SAE(Standard Average European)라고 하였다. 이는 Whorf(1941; 1956: 138 참조)에 의해 처음 사용된 용어이고 이후 다수의 학자들에 의해 사용되었다(Garvin 1949; Déscy 1973: 29; van der Auwera 1998c).[45] Haspelmath(2001: 1494-1501)가 기술한 SAE 언어의 특징은 다음과 같다.

(i) 정관사와 부정관사,

(ii) 굴절되는 회생 관계 대명사를 가지는 명사 후치 관계절,

(iii) 'have'와 수동 분사의 결합으로 형성되는 소유 완료상('have'-완료
상)[46],

---

45) 그러나 Whorf는 'Standard Average European'를 언어 유형론의 용어로 사용하지 않았고 언어 특징을 정의하는 의미로도 사용하지 않았다는 점은 유의해야 한다(Van Pottelberge(2005)의 비판적인 의견 참조).

46) 제4장에서 다시 논의하겠지만 우리가 정의하는 소유 동사와 결합하는 완료상은 타동사인 'have' 동사를 엄격하게 요구하지 않는다는 점에서 Haspelmath의 분류와는 다르며 우리의

(iv) 경험주 표시를 통한 술어부의 일반화가 두드러짐,

(v) 수동 분사와 동사와 유사한 비타동 계사의 결합으로 형성되는 수동구성,

(vi) 기동동사-사동사 쌍에서 반사동형의 우세,

(vii) 여격 외치 소유자,

(viii) 부정 대명사로 동사를 부정,

(ix) 차등 비교급 구문에서의 비교급 불변화사 사용,

(x) 관계부사절의 구조에 기반한 동격 구성,

(xi) 엄밀한 일치요소로서의 주격 인칭 어미, 그리고,

(xii) 강조 대명사(즉 강조 재귀사)와 재귀 대명사 사이의 구분.

위에 열거한 특징들은 Haspelmath가 제시한 지역 유형론에서 비교적 일반
적인 규칙에 속하는 것이고 그는 다시 몇 가지 좀 더 심화된 언어 특성들을
제시하여 우리를 놀라게 했는데 그것들은 대부분 언어역으로서 유럽을 분류하
는데 매우 유용한 진단법이었다. 예를 들면, 판단 의문문에서 동사가 전치되는
어순, 비교급 구조에서 굴절 표지가 형용사에 부가되는 것(아래 내용 참조),
'A와-B'의 결합같이 병렬 표지가 최후치 명사구에 부가되는 것, 공동격과 도
구격의 통합(제5장 내용 참조), 2인칭 서수의 보충형 등이 그것이다.

위에 열거된 12가지의 언어 특성은 1998년에 Haspelmath(1998)가 발표했
던 언어 특징과 완전히 일치하지는 않는다. Haspelmath(1998)에서는 11가지
의 언어 특성을 제시했었는데 그 중 아홉 가지는 위에서 본 2001년의 특성과
일치하고 나머지 두 가지, 즉 'A와-B'의 결합과 판단 의문문에서 동사가 전치
되는 어순에 관한 특징은 Haspelmath(2001)에서 보류되었는데 그 이유는
이 두 가지 특징이 다른 특징들에 비해 덜 검증되었다고 보았기 때문이다.

정의에 따른 완료상 구조의 범위가 Haspelmath의 것보다 더 광범위하다.

Haspelmath(1998)에서는 SAE를 다음과 같이 분류하였다.

(a) 중심역어: 네덜란드어, 독일어, 프랑스어, 이탈리아 북부 방언을 포함
한다. 따라서 van der Auwera's(1998b: 824)의 '샤를마뉴 언어역'[47]
을 포함하지만 완전히 일치하지는 않는다(1.2.2 참조).

(b) 중심역어: 기타 로맨스어(스페인어, 포르투갈어, 이탈리아어, 루마니
아어), 게르만어(영어, 아이슬란드어, 노르웨이어, 스웨덴어, 페로어),
서부 슬라브어(체코어, 슬로베니아어), 남부 슬라브어(불가리아어),
발칸어(알바니아어, 현대 그리스어)를 포함한다.

(c) 주변역어: 동부 슬라브어(러시아어, 우크라이나어, 벨라루스어), 발트
어(라트비아어, 리투아니아어), 핀란드어, 헝가리어, 바스크어, 몰타
어, 아르메니아어, 조지아어를 포함한다.

(d) 켈트어파에 속하는 아일랜드어, 웨일즈어, 브르타뉴어 등은 SAE 언어
에 속하지 않는다(Haspelmath 1998: 273).

이 분류는 이후 Haspelmath(2001: 1505)에 의해 다소 조정되는데, 12가
지 특성 가운데 아홉 가지 특성으로 분류한 언어역은 다음과 같다. 중심역어
에는 아홉 가지 특성을 모두 보이는 프랑스어와 독일어만 포함된다. 여덟 가
지 특성을 가지고 있는 두 번째 그룹에는 네덜란드어와, 루마니아어와 알바
니아어를 제외한 모든 로맨스어가 포함된다. 일곱 가지 특성을 가진 세 번째
그룹에는 영어, 루마니아어, 그리스어가, 여섯 가지 특성의 네 번째 그룹에
는 아이슬란드어, 노르웨이어, 스웨덴어, 체코어가 이에 속한다. 마지막으로
다섯 가지 특성을 가진 다섯 번째 그룹은 모든 슬라브어와 발트어로 구성된

---

47) van der Auwera(1998c)가 정의한 '샤를마뉴 언어역'에서는 이탈리아어 전체가 하나의 언어
로 분류되었고 북부 이탈리아 방언에 대한 언급은 없었다.

다. 나머지 15종의 언어들은 두 가지 특성만을 가지고 있고 주변역 언어로 분류하였다([지도 1-1] 참조).

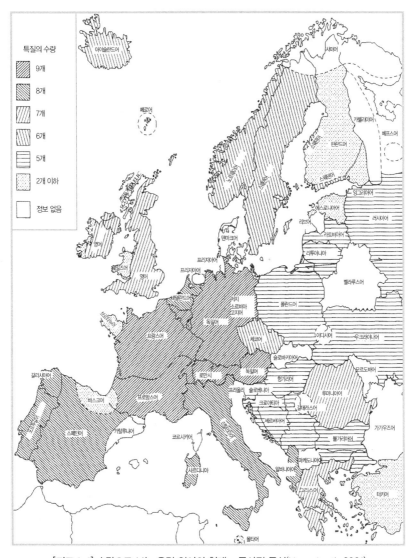

[지도 1-1] 수량으로 보는 유럽 언어의 형태 – 통사적 특성(Haspelmath 2001)

규약(A convention)

이상의 내용에서 살펴본 바와 같이 SAE 언어에 대한 정의와 분류는 학자들마다 차이가 있다(van der Auwera 1998c: 816 참조) 그러나 Haspelmath's(2001: 1505)의 체계적인 분류는 유일하게 SAE 언어를 정의할 수 있는 데 적합하고 매우 확실한 계량적인 증거를 제공한다. 여기에 유럽의 언어를 다시 이원적으로 분류하면 아홉 가지 특성 중 다섯 가지 이상의 특성을 보유하고 있는 언어와 그 외에 두 가지 특성만을 보유하고 있는 언어로 나눌 수 있다. 이 책의 이후 내용에서는 Haspelmath의 분류를 따라 전자에 속하는 언어를 SAE 언어로 칭할 것이며 규약에 기초하여 SAE 언어로 분류된 언어는 다음과 같다.

(i) 모든 로맨스어

(ii) 모든 게르만어

(iii) 모든 슬라브어

(iv) 발트어 중 라트비아어와 리투아니아어

(v) 알바니아어

(vi) 그리스어

(vii) 헝가리어

그리고 후자, 즉 두 번째 그룹에 속하는 언어들은 SAE 언어에 속하지 않는다고 보는데 그 언어들은 핀란드어, 에스토니아어, 몰타어, 바스크어, 터키어, 켈트어파에 속하는 언어들, 조지아어, 아르메니아어 등등이다. 그리고 1.2.2.에서 이미 설명했던 것과 같은 이유로 유럽의 중심역의 어떤 특징을 가지고 있어야만 하는 지에 대해서는 더 이상 논의하지 않기로 한다.

Haspelmath(1998; 2001)가 정의한 SAE 언어역은 발칸 언어역과 자주 비교되곤 하는데 이 두 가지 언어역 모두 언어역을 분류하는 기준과 언어역을 이루게 된 역사적 배경의 타당성을 인정받고 있다. 그리고 Haspelmath(2001: 1505)가 확립한 계량적 분류 기준은 유럽에서 사용되고 있는 언어에서는 분류 기준 중에서 다섯 가지 이상의 특성이 발견될 수 있을 거라는 가능성을 내포하고 있지만 유럽 외 지역의 언어에서는 두 가지를 넘지 않는 특성만이 발견될 거라는 가설을 가능하게 한다.

하지만 1.3에서 언급할 내용과 같이 Haspelmath가 내린 정의에 관한 몇 가지 의문점이 있기 때문에 우리는 그의 정의를 참고 자료로만 사용할 것이다. 그리고 그의 제안한 SAE 언어는 헝가리어를 제외하고는 모두 인도-유럽 어족에 속하는 언어로 그의 분류가 지나치게 인도-유럽 어족 편향적이며 심지어 서유럽 지역 언어에 더욱 편향적인 것에도 유의해야 한다. 그 결과 다수의 학자들이 SAE 언어를 표준 유럽어가 아닌 '표준 서유럽어(Standard Average Western European)'로 명명하는 것이 더욱 적절할 것이라고 지적하였고(van der Auwera 1998c: 817 참조) 그 근거를 제시하였다. 그러나 Haspelmath(2001: 1505)가 정확하게 지적한 바와 같이 표준 서유럽어와 같은 명칭은 그가 분류한 SAE 언어에 서유럽어가 아닌 그리스어, 알바니아어, 라트비아어, 러시아어가 포함된 사실을 설명하지 못한다.

우리는 유럽을 지역적으로 분류하는 데 있어서 언급되었던 여러 가지 다양한 가설들을 겨냥하여 비판하는 것을 원하지는 않는다. 그 이유는 현재의 연구 단계에서 도출된 결과들이 아직 완벽하지 못한 것일 수도 있고, 지역적 분류는 이 책의 중심이 되는 주제가 아니기 때문이다. 즉, 이 장에서 제안된 용어상의 규약은 이후의 주요한 내용과 큰 관계가 없을 것이다. 그 이유는 이후의 장에서 주로 다룰 내용이 유럽의 언어들이 서로 얼마나 다른가하는 것이 아니라 그들이 어떤 경로를 통하여 유사한 모습을 띠게 되었는가이기 때문이다.

1.3 토론

그동안 진행된 논의에서 우리는 도입 부분에서 제기했던 의문에 대하여 많은 답을 얻을 수 있었다. 그러나 이렇게 얻어진 답변은 다음에 소개되는 또 다른 의문을 불러일으키게 된다.

(a) 그동안 제시되었던 근거를 통해 경계가 규정된 유럽 언어역이 존재한다고 확실히 주장할 수 있는가?

(b) 우리가 임의로 세계의 어느 지역을 선택하여 그 언어적 특성을 고찰하게 된다면 그 지역에서 계보적 관계를 초월하는 언어의 동질성은 유럽의 언어역에 속하는 언어들보다 적게 나타날 것인가?

(c) 유럽에서 발견되는 지역적 관계의 패턴은 어느 정도까지가 지역 언어학의 일반적인 산물인가, 즉 지리적으로 떨어져 있는 언어들보다 인접한 언어들이 더 유사한가?

(d) 이 패턴들은 어느 정도까지 그들을 구별해내는 기준의 산물인가? 예를 들어 범세계적 언어 간 매개변항에 기반한 기준을 설정해야 한다면, 유럽이 독자적인 유형론적 단위로 구분될 가능성이 얼마나 되겠는가?

(e) 발칸 언어역을 제외한다고 하면, 유럽 내부에 지역적으로 분류된 언어역이 확실히 존재하는가?

이상의 문제들은 다시 다음에 제시될 문제와 마주하게 된다. 모든 학자들이 예외 없이 유럽의 중심역어로 꼽은 언어는 프랑스어가 유일하다. 즉, 프랑스어를 제외하면, 네덜란드어와 독일어를 포함한 어떤 언어도 유럽의 중심역어로서의 지위에 이견이 존재한다. 그리고 어떤 학자들에 의해 주변역어로 분류되었던 러시아어는 또 다른 학자들에 의해서는 중심역어로 분류되었다. 지금까지 논의된 언어 특징들 중 사소한 몇 가지 범세계적인 언어 특징은 제외하고, 그 어떤 것도 다른 언어로부터 유럽 언어를 분리해낼 수 있는 특징이 되지 못한다. 다시 말하면 세계의 다른 언어에서는 발견되는 특징이 유럽에서는 전혀 발견되지 않거나 세계 언어에서 발견되지 않는 특징이 유럽 언어에서만 발견되거나 하는 경우는 없다.

이러한 문제가 발생하는 것은, 어떤 학자가 지역적 관계를 진단하기 위해 기준을 설정했다면, 다른 학자는 지역적 분류를 위한 기준을 설정하는 등 학자들마다 다른 입장을 취하기 때문이다. 이 문제에 대해 van der Auwera는 다음과 같이 언급했다.

> 학자마다 이에 대한 견해가 다른 것은 부정적인 일만은 아니다. 학자들의 견해는 그들이 정의한 구조적인 특성과 관계가 있어서 Dahl (1990: 3)의 경우, 다른 유럽 언어에서 보이는 비-Pro 탈락 특성이 이탈리아어에 많이 나타나지 않는다는 이유로 이탈리아어를 중심역어로 분류하지 않으려고 했고, Lazard(1990: 246)는 영어에서 정동사가 인칭에 따라 일치하는 현상을 거의 보이지 않는다는 이유로 영어를 중심역어 중에서도 가장 핵심적인 언어의 위치에는 올려놓지 않았다(van der Auwera 1998c: 817).

그의 이러한 관찰은 다음 몇 가지 결론을 제시한다. 첫째, 언어의 지역적 관계라는 것은 아주 복잡한 개념에 속한다. 둘째, 지역적 관계는 언어 구조의 다양한 서로 다른 영역에 따라 다른 결과를 가져올 수 있다. 셋째, 어떤 등어선(혹은 몇 가지 등어선들의 조합)이 확실치 않은 경우가 발생하는 것은 어떤 종류의 역사적 관계로부터 기인된 것이거나 아니면 우연의 결과이다. 그러나 여기에는 다시 언어적 구조와 언어 간의 관계와 역사적 재구조화에 대해 이해할 수 있는, 언어역의 좀 더 일반적이고 본질적인 특성에 대한 의문이 더해진다.

한 가지는 언어적 증거에 대한 중요성과 관계된 의문이다. 지금까지 보편적으로 인정받는 언어역들 중에 다량의 언어적 증거를 기반으로 성립된 언어역이 없다. 일반적으로 언어역은 많아야 10여 가지의 증거만으로 정의되곤 한다. 한 언어가 수천 가지의 언어 구조적 특징을 가지고 있다고 가정하면 아주 적은 수의 구조적 유사성으로 언어들 간의 관계를 이해하려고 한다는 것은 충분히 의문을 가질 만하다.48)

다른 한 가지 의문은, 언어역과 관련된 연구가 그 언어역에 포함된 언어들의 역사 또는 언어 접촉이 언어의 역사에 어느 정도 영향을 미쳤는가를 이해하는 데 도움이 되는 지에 대한 것이다. 언어역이 역사적 사건들의 결과물로 가정된 개념이기 때문에 거기에는 역사를 재구조화할 수 있는 방법이 존재할 지도 모른다는 기대를 갖게 한다. 그러나 일반적으로 이런 기대에 부응할 수 있는 언어역은 하나도 없다. 발칸역이나 중미 언어역 등을 포함한 어떤 언어역도 언어 접촉의 과정을 역사적으로 재구조화하는 데 중요한 역할을 하지 못한다.

다시 구체적으로 유럽과 관련된 질문을 한다면, 유럽을 언어역으로 정의하여 얻을 수 있는 궁극적인 이득은 무엇인가? 이미 충분히 완성되었다고 보이는 언어역의 예인 발칸역과 중미 언어역에서도 얻지 못한 어떤 성과를 유럽의 언어역에서는 얻을 수 있을까?

또한 언어의 통사적 분류와 관련된 의문도 제기된다. 우리가 이전의 내용에서 보았던 분석 결과들은 모두 개별적인 통사 구조의 범주에 기초한 것이었다. 이런 의문과 관련하여 바스크어의 몇 가지 예를 들어 볼 수 있다. 바스크어는 모든 지역 유형론에서 가장 주변부에 위치한다고 분류되었던 언어인데 이에 대해서 대안적인 의견이 제시되었다. 그것은 바스크어가

---

48) 우리가 이 문제에 대해 주의할 수 있도록 도움을 준 익명의 심사자에게 사의를 표한다.

Haspelmath(2001)가 제시했던 몇 가지 SAE 언어와 관련된 특징 또한 보유하고 있기 때문이다.[49)]

Haspelmath(2001: 1494)의 특징 중 첫 번째는 정관사와 부정 관사의 존재였는데 그가 관찰한 바에 의하면 바스크어는 부정관사는 가지고 있지 않고 정관사만을 가지고 있다. 그의 이러한 관찰은 몇 가지 문제를 일으키는데, 하나는 우리가 이후에 논의할 정관사에 관한 문제이고, 다른 하나는 부정관사와 관련된 문제이다. 바스크어는 부정관사인 '*bat*'를 가지고 있다. 이 부정관사는 굴절 변화가 있으며, 관사의 현재 시제, 한정용법, 부정칭의 비한정 지시 등과 관련된 규범적인 기능에서 사용된다. 다음은 부정관사의 두 가지 용법을 잘 보여주는 전형적인 예이다(3.3.3, 7.2.1 참조).

(3) 바스크어(Haase 1992: 60)

Fraide seindu çahar **bat**- ec   ikuss- I   cie- la Ainguru **bat** [...].
brother holy   old   a- ERG see- PTCP PRT-SR angle   a
"[One reads] that an old holy Brother saw an angle [...]."
"나이든 사제가 천사를 보았다[는 것을 읽는다][…]"

Haspelmath가 바스크어에 부정관사가 없다고 판단한 이유는 이 관사가 언제 어디서나 필수적으로 나타나는 성분이 아니고 부정 지칭과 관련된 맥락에서나 스페인어, 프랑스어, 독일어 등에서 부정관사를 사용하는 자리에서 사용되기 때문이다.

Haspelmath(2001: 1494-5)의 두 번째 특징은, 명사에 후치하는 굴절적 관계대명사를 가지고 있고 그 관계대명사는 관계절에서 핵의 역할을 담당하

---

49) 문어나 표준어의 비교를 기초로 했던 Haspelmath(2001)의 기술과는 달리 다음에 이어지는 논의에서는 비표준어, 즉 방언 데이터도 포함하였다.

는 것인데 그동안 바스크어에는 이러한 특징이 결핍되었다고 여겨져 왔다. 그러나 바스크어의 문어에서 추출한 다음의 예를 참고해 보자.

(4) 바스크어(Haase 1992: 152)

Hiri bat ba- zen, **zoin**- tan ez bait- zen eliza- rik.
town one ENZ- PRT.3.SG which- TRN.INE NEG SR- PRT.3.SG church-PART
"There was a town where there was no church."
"교회가 없는 마을이 있었다."

SAE 언어의 세 번째 특징은 소유동사인 'have' 동사와 과거분사의 결합을 통하여 완료상을 이루는 것으로(Haspelmath 2001: 1495) 기존의 연구에서는 바스크어에서 이러한 구조를 찾아볼 수 없다고 하였다. 그러나 다음의 예에서 볼 수 있듯이 바스크어는 *ukan* 'have' 동사와 타동 과거분사가 결합하여 타동사의 근접 완료상을 형성하는 통사 구조를 가지고 있다.

(5) 바스크어(Haase 1992: 92)

ikus- i dut.
see- PTCP PRES.3.SG⟨1.SG
"I have seen(Lit. I have it seen)."
"나는 보았다(직역. 나는 그것을 보았다.)."

이와 같은 형식의 통사 구조는 20세기의 로맨스어를 모델로 하여 형성된 것으로만 인식되었기 때문에 Haspelmath(2001)에서는 이를 신생 문법화 단계의 구조로 파악하여 바스크어를 그의 분류에 포함시키지 않았는지도 모른다(Haase 1992: 92-3). 그러나 학자들에 따라 이에 대해 역시 다른 입장을 취할 수 있다.

SAE 언어의 네 번째 특징은 피동형을 표시하는 과거분사에 자동사인 계사와 같은 동사가 결합한다는 것이다(Haspelmath 2001: 1496-7). 역시 20세기에 로맨스어로 부터 복제된 것이라고 해도 바스크어에는 이러한 통사 구조가 존재한다. 전형적인 SAE 언어와 같이 바스크어의 피동 구조 역시 주동사의 과거분사 형과 자동사 계사 *izan* 'be'의 결합으로 이루어진다. 그리고 역시 SAE 언어와 같이 동작주는 탈격 처소 접미사 '*-(r)ik*'에 결합되어 표시된다.

(6) 바스크어(Haase 1992: 132)

A(b)antxü xakür bat- eta- (r)ik   ausiki   izan   tzün.
almost   dog   one- TRN- ABL/PART bite.PTCP be.PTCP PRT.3.
                                              SG.2.AL

"He was almost bitten by a dog."
"그는 개에게 물릴 뻔 했다."

이러한 통사 구조가 최근에 새롭게 출현한 것이라고 하지만, 아마도 지난 4~5세기에 걸친 인접 로맨스어 사용자들과 바스크어 사용자들의 상호작용에 의해 탄생한 것일 가능성이 높다(Haase 1992: 158; 7.2.1 참조). 이와 같은 관찰과 연구는 우리가 지난 장에서 살펴 본 기존에 표준적이라고 여겨왔던 몇 가지 연구 방법에 대해 다음과 같은 문제를 제기한다.

(a) 이러한 접근은 표준어와 문어에 강하게 의존하기 때문에, 실제 언어에서 일어나는 현상을 항상 반영하지는 못한다.
(b) 이 접근은 가장 핵심적인 것으로 보이는 구성에 의존하여, 중요한 통사적 기능을 표시하는 다른 구성을 무시하는 경향이 있다. 따라서 이러한 접근으로는 관련된 특정한 유형론적 정보가 무시될 가능성이 있다.
(c) 기존의 연구 방법의 내재적인 요건과 관계된 문제는 이 연구 방법에

의해 분류된 결과가 서로 별개의 것으로 분리되어 존재한다는 것이다. 이를 테면 어떤 언어 L은 언어 특징 P_1 또는 P_2를 가지고 있고 그 외의 가능성은 무시된다. 이 요건에 의해 발생할 수 있는 결과 중 하나는, 한 언어에 P_1과 P_2가 모두 일정 정도의 등가 옵션으로 나타날 경우 어느 정도까지 임의적으로 판단을 내려야 하는지 문제가 된다는 것이다.

(d) (c)의 문제는 교차 언어적으로 등가성을 가지는지에 대한 문제와 관계된다. 언어 L_1이 가진 특징 P_1가 언어 L_2이 가진 특징 P_2보다 확실히 더 구조적 등가성을 갖는 지에 대한 문제가 발생한다. 이 문제는 분석 결과에 영향을 미칠 가능성이 있는데 어떤 경우에는 이것을 판단하기가 쉽지 않다. 우리는 이에 대해 바스크어를 예로 좀 더 기술해 보도록 하겠다. Haspelmath's(2001: 1494)의 SAE 언어 특징 분류에서 바스크어는 정관사만을 가지고 있고 부정관사를 가지고 있지 않은 언어로 다루어졌다. 그러나 위에서 살펴본 바와 같이 바스크어에는 상당한 생산력을 가진 부정관사가 존재하기 때문에 Haspelmath's(2001: 1494)의 이러한 분류는 문제가 되었다. 그런데 한편 바스크어의 정관사에는 더욱 심각한 문제가 있는 것처럼 보인다. Haase(1992: 53-4)에 의하면 정관사 -a의 첫 번째 기능은 지시 대상을 개별화하는 것이다. 그런데 바스크어의 정관사 지시 대상은 부정 지칭이나 심지어 비한정적인 경우를 흔히 볼 수 있다.

(7) Basque(Haase 1992: 53)
Gizon- a   hiz.   diela   urti- a
man- ART PRS.2.SG before   year- ART
"You are a man." 'a year ago'
'몇 년 전에' "당신은 남자였어요."

물론 Haspelmath가 바스크어에 정관사가 존재한다고 판단한 근거는 -a가 부정지칭 보다는 한정적이고 명확한 지시에 사용되는 경우가 더 많기 때문이다. 그러나 학자에 따라서 -a가 SAE 언어에 나타나는 정관사와 구조적 등가성을 이루지 못한다고 주장할 수도 있을 것이다. 이와 같은 경우, 기존의 분류법에 의하면 정관사만을 가지고 있고 부정관사는 가지고 있지 않다기보다는 바스크어는 정관사 없이 부정관사만을 가지고 있다고 결론 내릴지도 모른다. 이처럼 개별 범주 접근법에는 학자들의 견해에 따라 아주 정반대의 결과를 초래할 수 있다.

또한 기존의 접근법에는 다음에서 토론할, 두 가지의 일반적인 문제가 더 발견된다.

(e) 유럽의 언어역에 관한 최근의 연구와 중미, 남아시아, 에티오피아 등 유럽 외 다른 지역의 언어역 연구는 발생학적 계보적인 경계를 초월하여 언어 간의 관계를 연구하는 것을 목표로 하고 있다. 그렇다면 기존의 접근법이 지역적 관계를 연구하는 데 진정으로 적합한 지에 대한 의문이 도출될 수도 있다. 예를 들어 모든 로맨스어는 Haspelmath (2001)의 아홉 가지 특성 중 일곱 가지 이상을 공유하고 있는데 기존의 접근법으로는 이러한 특성의 공유가 발생학적인 유전이 아닌 언어 접촉의 결과라는 것을 증명하지 못한다. 그리하여 로맨스어의 소유 완료상 구조는 후기 라틴어의 영향을 받아 형성된 것이라고 가정할 수도 있게 된다. 그렇다면 현대 로맨스어가 이러한 특징을 가지고 있다는 것은 언어의 지역적 관계에서 비롯된 것보다는 적어도 일정 부분 발생학적인 유전적 요인이나 언어의 수평적/평행 변이(즉, 이동 변이; Sapir 1921; LaPolla 1994)를 원인으로 한다고 볼 수 있는 것이다. 이것은 SAE 언어를 규정짓는 특징이라고 널리 알려진, 의문 표지와

관계절 표지(프랑스어의 *qui* 'who')의 역할을 동시에 하는 다의어의 경우에도 적용시켜 볼 수 있다. 이 다의어는 라틴어 시기부터 이미 완전히 문법화를 끝낸 경우이기 때문에(제6장 참조), 이 특징이 모든 현대 로맨스어에서 발견되는 이유는 접촉에 의한 지역적 관계에 의한 것일 가능성보다는 로맨스 어족 내의 발생학적인 역사에서 기인하게 되었다는 것이 더 적절한 설명이 될 것 같다.

지역적 관계를 연구하고자 한다면, 지역 분류에 있어서 다양한 특징들을 같은 무게로 다루어야 하는지에 대한 문제가 제기될 것이다. 예를 들어 로맨스어에 소유 완료상이 존재한다는 정보는 마케도니아에 동일 구성이 존재한다는 사실보다 지역 분류에 있어 관련성이 낮은 정보일 것이다. 마케도니아의 경우에는 발생학적 관계가 관련 요인으로부터 명백히 배제되어야하기 때문이다(4장 참조).

(f) 마지막은 이 책의 본질적인 주제와 관계되는 문제로 기존의 연구 방법은 유럽 언어들의 통사 범주에 내재된 근본적인 동력을 완전히 설명하지 못한다는 것이다. 이 동력은 유럽에 존재하는 다양한 방언, 다양한 화용적 상황, 어떤 통사적 기능을 가진 표현 형식이 서로 다른 사용 패턴을 가지는 것, 그리고 특히 언어가 변화하는 과정에 반영될 수 있다.

우리는 다음의 예를 통해 마지막 문제점에 대해 기술하기로 하겠다. Haspelmath(2001: 1501-2)가 유럽 언어역을 규정하기 위해 열거했던 12가지 특성 중에는, *big* vs. *bigg-er*와 같이 굴절적인 형태나 *good* vs. *better*와 같이 보충의 형태로 형용사에 부가되는 비교급 표지에 관한 것이 포함되어 있었다. 그런데 이 특성은 두 가지 분리 가능한 특징을 포함하고 있는 것으로 보인다. 한 가지는 영어의 *-er*와 *more* 같은 정도 표지의 존재와 부재와 관련된다. 세계의 다른 지역과 비교했을 때 다른 지역의 언어에서는 정도 표지를 가지고 있지 않은 경우가 대부분인데 유럽은 정도 표지가 특별히 보편적으로 사용되는 것으로 나타난다. 그리고 차등 비교 구문에서는 간단하게 영어에서의 *than*과 같은 기준 표지를 사용하여 표시하는 것으로 나타났다(Stassen 1985 참조). 다른 한 가지는 종합적인 정도 표지를 사용하는지 분석적인 정도 표지를 사용하는지에 관한 문제이다. 영어와 같이 굴절적이거나 보충적인 형태를 사용하는 것은 종합적인 정도 표지를 사용하는 것이고 영어의 *more*과 같은 불변화사를 사용하는 것은 분석적인 정도 표지 사용의 예이다. 유럽의 언어는 다른 지역보다 종합적인 정도 표지의 사용이 집중적으로 나타나며 이는 유형론적으로 특이한 현상이라는 것이다. Haspelmath의 가설은 이 두 가지 특징을 명확하게 지적하였다.

그러나 여기에는 또 다른 견해가 존재한다. 종합적 정도 표지가 인도-유럽 어족 뿐 아니라 바스크어와 핀우그리아 어족에서도 발견됨에도 불구하고 (Haspelmath 2001: 1502) 이 특성은 지역적인 것보다는 발생학적인 관계를 설명하는 데 더 합당한 특성에 속한다. 또한 지난 2천 년 간의 유럽 언어의 역사는 합성적인 표지를 사용하지 않는 방향으로 변화해 온 것으로 보인다. 로맨스어는 그 전형적인 예로 프랑스어의 *bon* 'good' vs. *meilleur* 'better'과 이탈리아어의 *buono* 'good' vs. *migliore* 'better'에서는 합성적인 표지가 잔존해 있으나, 영어와 그리스어와 같은 다른 언어에서는 합성적 표지의 생산성이 소실되고 있다. 특히 흥미로운 예로는 발칸 언어역의 언어들을 들 수 있다. 이런 합성적 표지의 소실은 불가리아어, 마케도니아어, 알바니아어, 루마니아어, 현대 그리스어에서 볼 수 있는 현상인데 이 특징은 발칸 언어역을 정의하는 주요한 기준이 되고 있다(1.2.5 참조). 그러나 지역적 분류의 관점에서 더욱 중요한 것은 다수의 유럽 언어들이 언어 접촉을 통하여 합성적 표지의 사용을 사실상 포기하는 경향이 있다는 것이다. 이에 대해 우리는 다음 장에서 구체적으로 토론하고자 한다(2.6).

종합하면 Haspelmath(2001: 1501-2)가 세계의 다른 지역과 비교하여 SAE 언어역에서 합성적 표지를 집중적으로 사용하는 특징을 가지고 있다는 첫 번째 판단은 옳은 것이었다. 그러나 유럽 언어들의 지역적 접촉의 동력과 관련한 문제에서는, Haspelmath가 합성적 표지를 사용한다는 특성을 지역적 관계를 정의하는 기준으로 삼았다는 것은 그다지 큰 의미를 갖지 않는다. 합성적 표지를 사용하는 특성은 발생학적인 특성이자 현재 유럽 언어에서 점점 사라지고 있는 특성에 지나지 않는다고 볼 수 있다. 이 책에서 우리의 관심은 발생학적으로 규정된 구조가 아닌 지역적 접촉 혹은 다른 어떤 과정의 결과로서의 현상에 대해 이해하려는 것이기 때문에 발생학적이고 유전적인 유형적 보편성에 대해서는 깊게 토론하지 않고자 한다. 따라서 우리는 합성적 정도 표지의 단계적인 소실 과정이 현재 유럽의 많은 언어에서 찾아볼 수 있다는 사실보다는 잠재적인 유로버설이나 유럽소로서의 특징이라는 점에 더욱 주목할 것이다.

우리가 다음 장에서 논의할 내용은 다음과 같은 것이다. 즉, 어떤 데이터에 의거하여 유럽의 지역적 지도를 그린다고 할 때 바스크어에 합성적 표지가 존재한다는 데이터에 의거하거나 아니면 합성적 표지의 변화 양상에 관한 데이터에 의거하는 지에 따라 서로 다른 유럽의 지역적 지도가 그려질 것이다. 이전 분류법에서는 바스크어가 주변적 언어역에 속했었지만 최근에 형성된 바스크어의 특징을 기준으로 한다면 바스크어를 완전하게 주변적 언어에 위치하게 할 가능성은 크지 않을 것이다. 이에 대해 우리는 제7장에서 다시 논의하기로 한다.

지난 수 십 년간의 유형론 연구는 언어 구조에 대해 대단히 엄격하고 개별적인 분류에 치중했었다. 이러한 분류에서는 언어 기능 F를 표시하는 범주의 본질을 파악하기 보다는 어떤 언어에 기능 F를 표시하는 범주 C가 존재하는

지 존재하지 않는 지가 가장 중심적인 연구 대상이었다. 이와 관련된 전형적인 예는 Dahl(2000)이 정의한 유럽의 '미래 시제 부재 지역(futureless area)'의 개념이다. 이것은 유럽의 언어를 미래 시제를 지시하는 구문 내에서 미래 시제 범주를 필수적으로 사용하는지, 아니면 그 언어가 미래 시제의 범주를 가지고 있지 않은지를 기준으로 분류하는 것이다. 이에 따르면 독일어의 *werden*-future은 미래 시제를 지시하는 구문 내에서 필수적으로 사용되지 않으므로 미래 시제의 범주에 속하지 않는다. 예를 들면, *Ich fliege morgen nach Berlin*(I fly tomorrow to Berlin) "I am going to fly to Berlin tomorrow." 그 결과로서 독일어는 유럽의 미래 시제 부재 지역으로 분류되는 것이다. Thieroff(2000: 288-9)는 Dahl이 규정한 모든 미래 시제 부재 언어들이 미래를 지시하는 그들만의 특별한 장치를 가지고 있다고 하였다. 그리고 이러한 장치는 미래 시제의 구문 맥락에서 수의적으로 사용되는데 그는 이러한 언어들을 문법화 정도가 약한 미래 시제 범주를 가지고 있다고 보았다. 이에 대해서는 2.2.에서 다시 논의하기로 한다.

소결

지금까지 살펴보았던 연구와 관찰 결과들이 실증적이고 유형론적으로 타당하고 매우 유용하다는 것에는 의심의 여지가 없다. 이상에서 우리가 논평했던 주요한 목적은 주로 이 책에서 사용한 접근 방법이 기존의 방법과 다르다는 것을 독자들에게 알리려는 것이다. 우리의 접근법에서는 언어 사용과 시공을 초월한 다양한 언어의 변이에 대한 연구를 통하여 언어 접촉과 동적 현상으로서의 언어 접촉의 결과물을 더욱 강조하고자 한다.

이 장에서 제기되었던 여러 가지 문제점에도 불구하고 한 가지 꼭 짚고 넘어가야 할 점은 지난 20여 년간 진행된 유형론적 연구에서는 지난 2천 년간 다양한 역사 단계에서 다양한 종류의 언어 접촉을 통하여 형성된 유럽의 언어 지도를 그릴 수 있는 충분한 근거들이 제공되었다는 것이다. 그 주요 내용을 개괄하여 보면 다음과 같다.

(a) 그동안의 연구에서는 세계의 다른 지역에서는 보편적인 분포를 보이지 않는 유럽 언어의 특징이 수집되었다.
(b) 수집된 특징들의 군집은 발생학적인 관계 혹은 우연적인 원인으로 일어날 가능성이 적다.
(c) 언어 특징의 군집은 유럽의 서부와 중부 지역에서 더욱 현저하게 나타나는데 이는 어쩌면 우리가 동유럽의 언어보다 이 지역 언어에 더 익숙하기 때문인지도 모른다.

우리는 기존의 연구 결과를 기초로 수립한 다음의 가정들을 토대로 하여 유럽의 지역적 관계에 관한 네트워크를 분석해 보기로 하겠다. 유럽 언어의 유사성은 지난 2천 년간 유럽에서 발생한 언어 접촉의 과정에서 기인한 것으로 본다. 이 과정은 단순하지 않지만 또한 중요한 패턴을 가지고 있다. 한 가지는 고대 언어인 그리스어와 라틴어가 언어 접촉 과정에서 언어 전이가 발생할 수 있는 적절한 모델을 제공했다는 것이다(Kortmann 1998a; 1998b 참조). 다른 한 가지는 현대 유럽어 중 로맨스어, 게르만어 등 역시 전이와 관련한 적절한 모델을 제공할 수 있었다는 것이다. 세 번째는 유럽에는 발칸어역, 발트어역, 지중해역과 같이 더욱 복합적인 네트워크를 형성하여 이분법적인 분류 기준을 충족하지 않는 언어역이 존재한다. 마지막으로 유럽에는 역사 전반에 걸쳐 광범위한 언어 사용 네트워크가 발달했기 때문에 이러한 언어 사용 네트워크 역시 언어의 전이와 유사성을 촉진하는 도구가 되었다.

1.4 사례 연구: 완료상에서 과거 시간 지시로

지금까지의 내용에서 EUROTYP의 지역 언어학이 광범위한 연구의 주제가 되어 왔음을 알아보았다. 그리고 그간의 연구를 통하여 풍부한 유형론적인 정보들이 축적되었다. 이 정보들에 의하면 유럽의 언어는 통일성과 다양성의 종합적인 면에서 복합적인 유형적 유사성의 네트워크를 가진 것으로 나타났다. 동시에 기존의 연구 방법에서는 지역적 관계에 있어서 특수한 관점들을 적용했는데 한 가지는 통시성을 고려하지 않은 통사 범주화의 개별 유형에 기반을 둔 것이었다. 그러나 여기에는 지역적 관계를 연구할 때 고려되어야할 언어의 내부적 다양성, 통사 범주 고유의 변이, 통시적 변이 등 다수의 요인이 배제되었다. 우리는 이 때 배제되었던 요인 중 한 가지를 예로 들어 지역적 관계를 연구할 때 필요로 하는 또 다른 관점을 제시해 보기로 하겠다. 우리가 주목한 예는 Thieroff(2000)가 유럽 언어의 상에 관한 유형적 분석이다(Breu 1994: 56-8; Abraham & Conradie 2001; Drinka 2003a 등 참조).

지역 분류

Thieroff는 유럽 언어들의 상 표지에 관한 구조를 기술하고 상호 대조하는 데 성분 분석법을 이용하였다. 그는 완료상(선행상, 참조시에 앞선 사건시 표시), 과거완료(과거완료, 과거의 결과나 상태 종결 표시), 미래, 미완료상,50) 불완료 과거, 진행상 등의 상 범주의 집합을 제안하고 이런 범주들의 기표성에 따라 상 형태를 규정했다. 예를 들면 영어의 *sang*은 유표적 과거형이고 선행상, 미래, 진행상의 표지로는 무표적이다. 영어의 동사의 유표적

---

50) 저자는 미완료상에 대해 확실한 정의를 내리지 않았지만, 미완료상이 의미적으로 과거 미완료와 반사실적 사후 가정을 표함하는 범주임을 관찰하였다(Thieroff 2000: 277).

과거형은 *sang, was singing, had sung, would sing* 등을 포함한다. 이러한 사실이 의미하는 바는 첫째, Thieroff(2000)는 통사 기능과 그 표현 형태를 일치시키고자 노력했다는 것이다. 그리고 그는 모든 동사의 유표적 과거형은 과거 표지를 가지고 있는 것이라고 제안했다. 둘째로, 그가 제시한 상의 범주는 전통적인 상 범주와 일대일 대응관계를 갖지 않는다. 예를 들어 전통적 상 범주에서 '과거'형은 그가 정의한 불완료 과거 시제와 미완료상의 두 가지 개념을 포괄한다.

그러나 누군가 Thieroff가 제안한 상 범주를 수용하려고 한다면 그의 범주는 유럽 언어의 상 영역의 변화의 중요한 특질을 설명하는 데 매우 유용할 것이다. 특히 Thieroff가 주장한 바와 같이 유럽의 언어에서는 현재 완료(즉 현재 선행상)을 표시하는 완료상으로부터 과거 시제를 표시하는 표지로의 보편적인 변천 경로를 발견할 수 있는데[51] 이 변천 경로는 다음 4단계의 모델로[52] 분류할 수 있다(제4장 참조).

(i) 0단계: 이 단계는 완료상의 출현을 특징으로 한다. 더 정확히 말하면 현재 선행상의 형태로 현재 완료상을 표시하고 과거 완료와 불완료 과거를 표시하는 기능은 갖지 않는 단계이다.

---

51) 역자 주: 원문의 '발전(development)'이라는 용어는 옛 것으로부터 새 것으로, 좋지 않은 것으로부터 좋은 것으로, 저(低)로부터 고(高)로의 가치 판단의 의미를 포함하는 것으로 가치의 의미를 배제한 평행적 변화에 속하는 언어의 통시적 변화를 설명하는 데는 '경사(incline/decline)'의 함의가 더욱 적절하다고 생각하여 가능한 '변천', '변화', '변이' 등으로 번역하였으나 문맥상 부득이한 경우 '발전'이라고 번역하기도 하였다.

52) Thieroff가 분류한 단계는 사실 다섯 단계였다. 그러나 여기에서 그의 분류 1단계와 2단계를 하나로 통합한 이유는 Thieroff가 그린 그래프 상에서 1단계와 2단계의 분계가 확실하지 않기 때문이다(Thieroff 2000: 285). 여기서 짚고 넘어가야 할 것은 Thieroff가 발견한 성과 에는 여러 가지가 있지만 그 중에서 우리는 이 책의 주제와 관련된 몇 가지에 대해서만 개괄하려고 하기 때문에 이후의 내용에서는 게르만어와 로맨스어에서 −preterite와 +preterite의 구분과 non-past와 imperfect, aorist를 구분하지 않기로 한다.

(ii) 1단계: 완료상이 과거 시제의 영역으로 확장하여 과거 완료와 불완료 과거 시제의 기능을 내포하는 단계이며 기존의 과거 시제 지시 표현과 공존, 경쟁하는 단계이다. 이 단계의 혁신적인 특징은 완료상 표지가 자체 결합을 통하여 대과거(pluperfect, 사건시가 참조시에 선행하고 참조시는 발화시에 선행하는 시제)를 표시할 수 있게 되었다는 것이다. 이 단계에서 좀 더 경과하면 과거 완료와 불완료 과거가 주변적 지위로 밀려나기 시작한다.

(iii) 2단계: 과거 완료와 불완료 과거는 완전히 소실되고 현재 완료, 과거 완료, 과거 미완료상의 의미역을 표시하는 단 한 가지 형태만 존재하는 단계이다. 기존의 완료상은 더 이상 과거 시제 지시 표지와 결합하여 대과거를 형성하지 않는다.

(iv) 3단계: 기존의 완료상 표지는 다른 과거 시제 표지의 특성들을 대체하기 시작하고 더 이상 미래 표지들과 결합하여 미래 완료형을 이루지 않으며 양태적인 용법으로 사용되기 시작한다.

첫째로 우리가 중점적으로 논의할 내용은, 이미 학자들에 의해 충분히 입증된 완료상(선행상)으로부터 과거 시제 표지로의 주요한 문법화 과정이다 (Bybee, Perkins & Pagliuca 1994 참조). 또한 이 모든 변이 과정은 단방향으로 일어난다. 즉, 이러한 변이 과정이 일어나는 언어에서는 현재 선행상이 과거 시제 표지로 변화하는데, 과거 시제 표지가 완료상으로 변화하지 않는 단방향성을 특징으로 한다. 그리고 완료상 표지가 과거 시제 표지의 기능을 단계적으로 대체하면서 기존의 과거 시제 표지는 점점 쇠퇴하여 결국 소실된다.

Thieroff에 의해 분류된 다양한 단계 구분은 뚜렷한 지역적 패턴을 가지고 있다([지도 1-2] 참조). 0단계는 북부, 서부, 남동부 유럽에서 발견된다.

여기에 포함된 언어들은 독일어를 제외한 모든 게르만어, 핀란드어, 에스토니아어, 리투아니아어, 바스크어와 포르투갈어, 스페인어, 카탈루냐어 등의 로맨스어, 불가리아어, 그리스어 등이다. 1단계 지역은 0단계 지역에 둘러싸인 0단계 지역의 중심부에 위치한다. 여기에는 표준 독일어(또는 북부 독일어), 고지 소르브어(Upper Sorbian, 독일 동부에서 사용된다), 프랑스어, 표준 이탈리아어(북부 이탈리아어 제외), 세르비아/크로아티아어, 루마니아어, 알바니아어 등이 포함된다. 2단계 지역은 다시 1단계 지역으로 둘러싸여 1단계의 중심부에 위치한다. 여기에는 남부 독일어, 북부 이탈리아어와 헝가리어가 포함된다. 마지막으로 3단계 지역은 2단계 지역의 동부에 위치하며 슬로베니아어, 저지 소르브어(Lower Sorbian), 폴란드어, 체코어, 벨라루스어, 우크라이나어, 러시아어가 여기에 포함된다.

앞과 같은 분포를 기초로 다음과 같은 일반화 과정의 윤곽을 그려볼 수 있다. 변이의 초기 단계(0단계)는 북부, 서부, 남동부 등 유럽의 주변적 지역에서 발견된다. 좀 더 유럽의 중심부로 들어가면 혁신의 단계를 경과한 지역이 나타난다. 즉 0단계에서의 표지가 1단계로 문법화되는 것이다. 그리고 더욱 중심부에 가까워지면 이러한 문법화 과정이 심화되어 2단계로 변이된다. 마지막으로 2단계 지역의 동부에 위치한 슬라브어에서는 3단계에 도달하여 완료상 표지가 과거 시제 표지로 거의 문법화를 완성하는 단계에 이른다.

아래의 예는 여기에서 논의된 과정과 다음 장에서 논의할 다른 많은 과정들의 본질을 좀 더 심화하여 설명하는 것이다. 슬라브어에서는 두 종류의 합성적 상 형식 즉 미완료상과 과거 완료가 소실되는데 미완료상이 먼저 소실되고 그에 비해 과거 완료는 좀 더 오래 보존되었다. Breu(1994: 58)에 의하면 이탈리아어는 그 반대이다. 부정과거(즉 *passato remoto*, 단순과거)는 사라지고 분석적 완료상(*passato prossimo*, 근과거)으로 대체되었으나 미완료상은 보존되었다. 남부 이탈리아에 위치한 몰리세 지방에는 크로아티

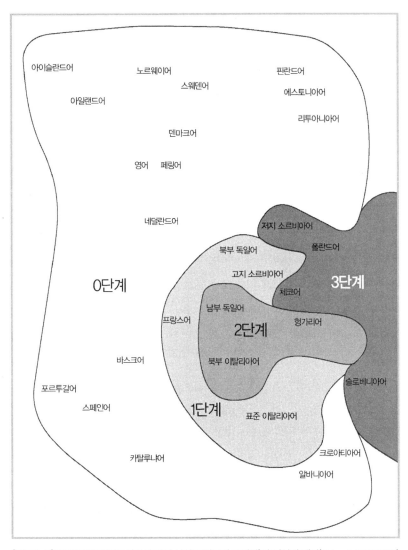

아이슬란드어

노르웨이어

스웨덴어

핀란드어

에스토니아어

아일랜드어

리투아니아어

덴마크어

영어   페링어

네덜란드어

저지 소르비아어

북부 독일어

폴란드어

고지 소르비아어

0단계

3단계

체코어

남부 독일어

프랑스어

2단계

헝가리어

바스크어

북부 이탈리아어

슬로베니아어

포르투갈어

스페인어

1단계

표준 이탈리아어

카탈루냐어

크로아티아어

알바니아어

[지도 1-2] 유럽 언어의 '완료상에서 과거 시제 표지로의 문법화'의 지역적 패턴(Thieroff 2000: 285)

아어의 방언에 속하는 언어를 사용하는 슬라브어계의 소수 민족이 거주하고
있다. 5세기에 걸친 이탈리아어와의 접촉으로 이 크로아티아어 사용자들은

크로아티아 거주 크로아티아어 사용자들과는 달리 슬라브어계의 상 표지법을 사용하지 않고 이탈리아식의 상 표지법을 사용하게 되었다. 따라서 이들의 언어에서는 과거 완료형이 소실되고 슬라브어계의 미완료상이 보존되었다. Breu는 이를 몰리세 크로아티아어가 '슬라브 옷을 입은 로맨스어 유형(einen yschen Typ im slawischen Gewande)'이라고 하였다.

통시적 근거

지역적 접촉을 원인으로 언어가 변화했다는 가설이 설득력을 얻으려면 거기에는 통시적 근거가 뒷받침 되어야 한다. 이러한 관점에 본다면 이 책에서는 그 근거가 되는 바람직한 데이터를 가지고 있다고 볼 수 있다. 유럽의 언어는 세계의 다른 지역과 비교해서 풍부한 문헌 자료를 가지고 있기 때문이다. 그러나 불행히도 이 자료들은 그다지 이상적이지는 않다. 따라서 이 책에서 논의될 다수의 지역적 현상은 타당한 역사적 근거가 부족한 경우가 많다.

그러나 이 절에서는 역사적으로 비교적 특수한 상황을 다루어 보도록 하겠다. 초기의 문헌 자료에는 Drinka(2003a; 원고)가 제안했던 우리가 완료상으로부터 1단계로, 2단계에서 3단계로 변이되는 양상과 그것이 유럽 중앙부로 점차 확산되는 과정을 재구조화을 할 수 있는 데이터가 존재한다. 다음은 Drinka의 분석을 자료로 하여 설명해 보기로 한다. Drinka뿐 아니라 이후에 등장할 Abraham and Conradie(2001)에서는 Thieroff와는 다른 관점을 보여준다. 예를 들어 Drinka에서는 1단계로부터 2단계와 3단계로의 변이를 '불완료 과거 소실(*Präteritumschwund*)'이라고 명명했는데 이것은 합성적인 성격의 과거 시제가 사라지고 분석적인 성격의 완료상이 그 기능을 대체하는 과정을 말하는 것이다. 혹은 이것을 완료상이 과거 시제 범주를 재해석하는 것이라고 하였다.

지금까지 논의된 시제의 혁신 과정을 설명할 수 있는 문헌 자료는 12세기부터 13세기에 걸쳐 일어난 프랑스 파리 지역의 언어이다. 이것은 완료상이 처음으로 과거 시제를 지시한 첫 문헌이다. 프랑스 남부와 서부 지역, 노르망디와 브르타뉴 지역의 사용자들은 이 혁신을 조금 더 천천히 받아들였다. 1263년부터 1297년간에 쾰른과 인접 지역의 언어를 자료로 작성된 문헌에 의하면 13세기에 이미 프랑스 접경 독일 서부 방언에서 1단계로부터 2단계로의 첫 번째 문법화 확산 현상이 발견된다. 이 문헌에서는 과거 시제를 지시하는 문맥에서 분석적 완료상 형태가 합성적 과거형을 완전히 대체한 것으로 보인다.

이어서 이 문법화 현상은 독일의 남동부 방언으로 확산된다. 15세기 뉘른베르그와 아우스버그의 바바리아인 거주지에서 발견된 문헌에서는 완료상이 과거 시제를 빠르게 대체하는 흔적을 볼 수 있다. 1536년에는 기존의 과거 시제 체계가 생산성을 잃고 완료상이 과거 시제 지시를 지배하게 된다. 이와 같은 프랑스형 과거 시제 지시 확산 양상은 16세기 말에 다시 이탈리아 북부 방향으로 확산되기 시작한다.

이러한 경로의 문법화가 언제 어떻게 체코어, 슬로바키아어, 북부 크로아티아어와 세르비아어 등의 인접 슬라브어로 확산되었는지에 대해서는 적절한 자료가 없다. 그러나 우리는 이 지역의 지리적 분포를 통해 문법화의 확산 경로를 검증할 수 있다.

중심역의 중심부에 가까이 위치한 언어일수록 PS [Präteritumschwund, 이하 PS]의 특성을 가진 것으로 나타났다. 세르비아어는 남부 지역에 가까울수록 PS의 변이 과정에 있다는 것이 밝혀졌고, 크로아티아어는 변이 과정이 좀 더 심화된 모습을 보이며, 남슬라브어의 서단에 위치한 슬로베니아어는 기존의 모두 소실되었다[…](Drinka 원고: 19).

Drinka(2003a; 원고)의 분석을 살펴보면 그동안 이 장에서 논의했던 문법화 과정의 지역적 확산과 관련한 어떤 동력을 재구조화할 수 있는 근거를 찾을 수 있다. 즉, 분석형 완료상이 어떤 사건의 동작상을 표현하기보다 시제의 의미로 해석되고 또 그것이 확산되기 시작하는 관건적인 시기인 12세기부터 14세기의 기간은 파리가 유럽의 문화적 학문적 중심지로 자리 잡았던 시기이다. 고딕 예술과 건축 양식, 여러 가지 생활양식, 예절 및 사상, 학풍 등과 기타 문화적 요소가 인접 독일을 거쳐 유럽으로 전파되었고 프랑스어가 불독 접경 지역에서 행정 용어로서 중요한 역할을 담당하고 있었기 때문에 독일어 사용 지역의 서부 지역에서는 다량의 공식 문건이 프랑스어로 쓰였다. 따라서 과거 시제를 지시하는 분석형 완료상의 사용과 같은 통사적 습관이 파리의 문화 환경에 가장 강한 영향을 받는 언어와 방언을 단계적으로 잠식했다는 것은 전혀 놀라울 것이 없다.

독일 남부와 이탈리아 북부 방향으로의 전파 과정을 설명하는 것은 더 많은 언어외적 요소가 존재함에도 불구하고 좀 더 복잡하다. 그것은 프랑스에서 보이는 혁신이 독일 서부와 남부 방언으로 다량 확산된 반면 독일 북부의 중기 저지 독일어로는 확산되지 않은 것과 관계가 있는데 프랑스는 오히려 네덜란드 중부와 문화 교류가 일어난 반면 프랑스어가 저지 독일어에 영향을 주었다는 사실은 별로 뚜렷하지 않다.

이러한 관찰은, 첫째, 독일의 일부 방언에서 보이는 1단계와 2단계의 변이가 유럽에서의 문화 확산 과정과 연관되었다는 가정을 가능하게 하고, 둘째, 프랑스의 북부 방언이 언어 확산 과정에서 가장 큰 역할을 했다는 것을 보여준다. 우리는 2.7.에서 이와 유사한 예를 살펴보도록 하겠다.

토론

이 장에서 논의된 예시들은 지역적 관계를 연구하는 두 가지 관점을 제시한다. 한 가지는 이후의 장에서 지속적으로 적용될 관점으로 다음의 관찰들을 기반으로 한다. 첫째, 통사 범주의 변이는 지역적 요소에 의해 결정된다. 둘째, 이는 언어와 방언의 경계를 초월한다. 이상의 내용에서 살펴본 바와 같이 변이 단계의 지역적 확산은 각기 다른 언어들에서 통합되어 나타나는 한편 한 언어의 방언들에서 분리되어 나타나기도 한다(더 많은 예시는 Breu 1994: 57-8 참조). 따라서 언어 내부에 존재하는 다양한 양상을 무시한다면 통사 구조의 지역적 패턴에 있어서 중요한 정보를 놓치는 경우가 발생할 수 있다.

셋째, 이러한 변이는 한 범주에서 다른 범주로 전이될 때 직접적으로 전이되기보다 단계적으로 이루어지기 때문에 다수의 중간 단계가 존재한다. 넷째, 같은 이유로 한 단계에서 다음 단계로 전이할 때 이전 단계의 형태가 완전히 사라지기보다 일정 기간 동안 어떤 문맥에서 잔존하는 경우가 많다. 마지막으로, 그러나 이러한 통사 범주의 전이는 언젠가는 완전하게 이루어져 새로운 통사 범주 형태가 기존의 형태를 완전히 대체할 것이다. 예를 들어 남부 독일어에서는 2단계로 과거 시제가 이미 완료형으로 대체되었으나(*ich habe es gemacht* (I have it made) "I made it") 북부 독일어와 표준 독일어에서는 아직 1단계에 머물러 기존의 과거 시제가 잔존하는 모습을 보인다(*ich machte es* (I make.PAST it) "I made it")(Breu 1994: 57 참조).

다섯째, 이러한 통사 범주의 변이는 문법화 이론에 부합한다. 즉, 덜 문법화된 단계로부터 기능적 표지로의 문법화가 점진적으로 심화된다. 여기서 우리가 강조할 것은 유럽 언어에서는 이러한 문법화 과정이 지역적 패턴을 가지고 있다는 것이다. 이는 언어 간의 접촉에 의해 추진되고 또 가속화된다.

마지막으로, 완료상(또는 선행상) 범주가 과거 시제를 지시하는 표지로 문법화 하는 것은 통시적인 과정으로서 역사적 근거를 통하여 설명될 수 있다. 다시 말하면 언어 전이에 관한 가설의 진위 여부를 통시적으로 증명할 수 있다.

1.5 이론 배경

우리의 연구는 문법화 이론의 틀 안에서 진행된다. 문법화라는 것은 어휘적 의미를 가진 요소가 통사적 의미를 가진 기능적 요소로 변화하는 것을 말하는데 이미 문법화된 기능 요소는 지속적으로 문법화가 진행되어 그 문법화 정도가 심화된다. 통사 형태는 그것이 속해 있는 구조로부터 독립되어 변화하는 것이 아니기 때문에 문법화에 대한 연구는 통사 형태가 속한 구조와 심지어 그보다 더 큰 화용 요소와 함께 파악해야 한다. 이 때 문법화는 통사 형태의 생성과 변화에 관여하게 된다. 문법화 이론의 가장 중요한 목표는 통사 형태와 구조가 시간적 공간적 요소를 통하여 어떤 방식으로 생성되고 변화하는지 기술하는 것과 어떠한 이유로 그런 형식을 가진 통사 구조를 형성했는지에 대해 해석하는 것이다.

문법화의 가장 주요한 동력이 되는 요인은 언어를 통한 소통이 순조롭게 이루어지는 것을 목표로 하는 것이다. 이를 위하여 인류가 채택한 비교적 뚜렷한 하나의 전략은 구체적이고, 접근이 용이하며, 의미가 분명한 의미를 가진 언어 형태를 사용하여 덜 구체적이고, 이해하기 어렵고, 덜 분명한 의미 내용을 표현하는 것이다. 이를 위하여 어휘적이거나 덜 문법화된 언어 표현은 더 문법화된 기능을 표현하는데 동원된다. 따라서 문법화는 구체적인 의미(=원천 의미)를 특수한 맥락에서 기호화하여 통사적 의미(=목표 의미)를 표현하는 하나의 과정이다.

다수의 학자들이 이러한 문법화와 관련하여 광범위한 변수를 제안했으며 (Heine, Claudi & Hünnemeyer 1991; Hopper & Traugott [1993]2003; Bybee, Perkins & Pagliuca 1994; Lehmann [1982]1995 등 참조), 우리가 이 책에서 논의할 변수는 네 가지로 다음(8)의 내용과 같다(Heine & Kuteva 2002). 그 외에 통사화(syntacticization), 형태소화(morphologization), 의무화(obligatorification),[53] 주관화(subjectification) 등의 변수 개념도 제안되었는데 모두 본래의 네 가지 변수로부터 파생된 것이라고 할 수 있다.

(8) 문법화의 변수(Parameters of grammaticalization)

   (a) 확장(화용적 일반화): 새로운 화용 환경에서 새로운 의미를 사용,

   (b) 탈의미화(의미 탈색): 즉 의미 상실,[54]

   (c) 탈범주화: 어휘적, 미완성 문법화 형태의 형태-통사 특징 상실,

   (d) 음운 탈락(음운 축소): 음운 형식 상실

이 중 세 가지는 소실과 관련된 변수이고 하나는 취득에 해당하는 변수이

---

53) 일부 연구자들은 문법화를 설명할 때 의무화(obligatorification)의 개념이 꼭 필요하다고 주장했는데 의무화란 문법화의 과정에서 언의 구조의 사용이 점점 의무화하는 것을 말한다. 의무화의 개념과 함께 설명되어야 할 것은(Lehrmann [1982]1995 참조) 의무화가 문법화에서 필수적으로 발생해야 하는 것이 아니고 또한 문법화 과정을 제약하는 것도 아니며 어휘화와 같은 다른 종류의 언어 변이 현상에서도 나타날 수 있다는 것이다. 이 책의 이론적 테두리 안에서는 의무화를 예측 가능한 탈범주화의 부산물로 보았다(predictable by-product of decategorialization).

54) 일부 연구자들은 또한 탈의미화를 문법화의 변수로 분류하지 않고 의미 추론(invited inferences), 주관화(subjectification), 화용적 강화(pragmatic strengthening) 등의 의미 변이로 본다(Hopper & Traugott [1993]2003 참조). 그러나 탈의미화는 의미 추론, 주관화, 화용적 강화보다 더욱 일반화된 함의이다. 다수의 문법화 과정에서 탈의미화가 발생할 때 의미 추론(invited inferences), 주관화(subjectification), 화용적 강화(pragmatic strengthening)는 발생하지 않는다. 예를 들어 라틴어의 격-성-수 접미사가 이탈리아어(-i)와 스페인어(-s) 등 로맨스어의 복수 접미사로 변이되는 과정에서 격과 성의 탈의미화는 발생하지만 의미 추론, 주관화, 화용적 강화 중 어떤 것도 발생하지 않는다.

다. 이와 같이 문법화가 진행되는 과정에서 언어 성분이 의미, 형태-통사, 음운의 실체를 소실하기도 하고 새로운 사용 환경에서 다시 취득하기도 한다. 문법화 과정에는 그것이 실현될 수 있는 특수한 화용적 환경이 요구되기 때문에 한 때 문맥에서 비롯된 재해석의 산물이라고 불리기도 했다. 따라서 문맥은 문법 형태의 구조를 형성하고 더 나아가서 이 형태들이 각각의 원천 형태로는 직접적으로 표현할 수 없는 의미를 표현할 수 있도록 하는 결정적인 요소라고 할 수 있다.

1.6 결론

이 책의 목표는 유럽 언어에 대한 기존의 분류에 또 다른 분류법을 더하고자 하는 것이 아님을 밝힌 바 있다. 또 다른 유럽의 언어역과 지역을 제안하는 것 역시 우리의 목표가 아니다. 이 책에서 우리는 지역적 관계를 어떤 결과물보다는 언어의 접촉에 의한 일련의 과정으로, 유럽을 하나의 언어역으로 설명하는 것보다는 지금까지 유럽의 지역적 관계를 이끌어 왔고 이끌고 있는 동력이 무엇인 지에 대해 주목할 것이다.

1.4와 1.5에서는 앞으로 다룰 여러 가지 현상들과 유럽의 지역적 관계에 관한 연구 방법을 개략적으로 살펴보았다. 이 책에서 우리가 다룰 예시들은 유럽의 언어들이 점진적으로 유사성을 띤다는 것을 보여줄 것이다. 음운 형식 또는 형태-의미 단위의 단순한 전이와 같은 언어의 차용은 다루지 않는 대신,(2.1 참조) 이종 언어와 접촉한 사용자들이 기존의 자신이 가지고 있던 표현 양식과 화용적 구성을 그들이 일상적으로 접할 수 있는 모델 언어의 방향으로 단계적으로 바꾸는 것에 대해 다룰 것이다. 이러한 전이의 대부분은

사용자뿐 아니라 전문적인 언어학자들도 알아채지 못할 정도의 소극적인 사용 패턴을 가진다. 그러나 어떤 경우 이들이 축적되어 새로운 통사 구조를 생성하고 이에 따라 유럽 지역 관계의 새로운 패턴을 만든다. 우리는 문법화 이론으로 해석한 여러 가지 현상을 기초로 언어 접촉의 상황에서 어떻게 새로운 통사 구조가 변화하는지 그리고 이러한 현상이 어떻게 유럽의 언어역에 영향을 미치는지 재구해 볼 것이다.

제2장에서는 언어 접촉에 의한 언어 변화의 연구 방법에 대해 알아볼 것이다. 언어 접촉 과정의 기초가 되는 화용적 패턴에 대해 알아보는 한편, 새로운 통사 구조가 출현하는 규칙성에 대해 알아볼 것이다. 이어서 제3장부터 제6장까지는 매 장마다 한 가지의 주제 영역에 대해 토론하고자 한다. 제3장은 지시 표지(관사)에 대한 내용을 다루고 유럽의 관사 체계에 대해 좀 더 명확하게 알아보고자 한다. 유럽 언어에서 한정적 지시[55]와 비한정적 지시 표지[56]의 의무적 사용은 일반적인 현상이 아니지만, (서)유럽어들에서는 지시 표지의 의무적 사용이 하나의 통사 구조적 특징이 되고 있다. 그러나 이것은 항상 그래 왔던 것은 아니고 2천 년 전 유럽의 언어에는 진정한 의미의 관사는 존재하지 않았다. 이 장에서 우리는 관사가 어떻게 유럽 전역으로 전파되었는지 설명하기로 한다.

관사와 마찬가지로 'have'-완료상 또는 소유 완료상으로 불리는 통사 구조 역시 초기 유럽 언어에서는 광범위하게 발견되지 않는다. 제4장에서는 소유 완료상의 출현과 확산에 대해 알아볼 것이다.

모든 SAE 언어에서 발견되는 하나의 기능적인 패턴은 공동격(comitative 'together with')과 도구격(instrumental 'by means of')의 다의격(case polysemy), 혹은 격통합(case syncretism) 현상이다. 이것은 세계의 다른

---

55) 역자 주: 정관사를 말함.
56) 역자 주: 부정관사를 말함.

지역에서는 보편적으로 발견되지 않는 현상으로 세계 언어의 대략 1/4 가량의 언어가 이와 같은 다의격을 보유하고 있다. 제5장에서는 공동격과 도구격을 구분하여 사용하던 언어들에서 언어 접촉을 통하여 점차 이러한 다의격 패턴을 수용하는 현재 진행형 과정에 대해 설명하기로 하겠다.

대부분의 유럽 언어에는 또 하나의 다의어 패턴이 존재하는데 그것은 의문사와 종속절 표지를 겸하고 있는 단어(영어의 *who*와 같은)이다. 이는 교차 언어적으로 보편적이지 않은 현상으로 우리는 제6장에서 어떤 이유로 이와 같은 다의어 패턴이 존재하고 왜 유럽과 인도-유럽 어족과 접촉한 언어에만 한정하여 광범위하게 확산되었는지 설명해 보고자 한다.

제7장은 SAE 언어가 다른 언어와 어떻게 접촉하여 그들의 유형적 측면에 영향을 미쳤는지에 관한 문제를 다룬다. 이 장에서는 유럽 대륙에 국한되지 않고 중미 지역, 서아프리카, 서남아시아 등 유럽의 언어가 세계의 다른 지역으로 확산되어 다른 대륙의 언어들과도 광범위하게 상호작용을 하고 접촉을 일으키는 것에 대해 알아본다. 여기에는 두 가지 상황이 있을 수 있는데 하나는 유럽어가 모델어가 되는 상황이고(7.2) 다른 하나는 다른 비유럽 언어가 모델어가 되어 유럽 언어를 재구조화하는 상황이다(7.3).

접촉에 의한 언어 변이는 그 패턴이 매우 다양하고 예측가능성이 낮은 것으로 알려져 왔다. 제8장에서는 이전 장의 연구 결과를 기초로 통사적 형태와 구조가 언어 접촉의 상황에서 행동할 때 거기에는 규칙과 제약이 있다는 것을 설명할 것이다.

이 책은 아마도 언어역 가설을 뒷받침할 좀 더 심화된 근거를 구축하는 것처럼 보일 지도 모른다. 그러나 우리는 몇 가지 주제에 한정하여 논의를 진행하고자 한다. 첫째, 우리의 목표는 기존의 지역 유형론이 아니다. 따라서 우리는 기존의 유형론에서 다루어졌던, 대표적인 언어의 표본을 추출하는 것이나 설문지를 작성하는 것 등의 여러 가지 주제에 대해 그다지 주목하지 않는다. 둘째, 지면 관계상 우리는 아주 적은 수의 유형적 특징만을 제한하여 다룰 것이다. 셋째, 이 책을 총괄하는 주제와 부합하도록 우리는 문법 복제(grammatical replication)라고 하는 특정한 이슈를 중점적으로 다룰 것이다. 넷째, 우리는 유럽 언어의 중심역에 대해서는 적은 분량만을 할애하고, (2.7 참조)(서)유럽의 끝자락에 위치한 슬라브어, 핀우그리아어, 발트어, 켈트어, 바스크어 등에 더욱 주목할 것이다. 그 이유는 '원형적인' 유럽 언어들과 유형적으로 대조를 이루는 이러한 언어들이 어떤 방식으로 언어 접촉의 영향을 받는 지 알아보기 위함이다.

또 우리가 고려해야 할 두 가지의 사회언어학적 모형이 있는데, 한 가지는 $L_2 \rangle L_1$-전이($L_2 \rangle L_1$-transfers)와 같이 전형적인 SAE 언어이자 지배 언어인 L_2가 L_1 사용자들에게 제2언어로 사용되어 모델어로서 복제되는 전이이며, 다른 한 가지는 $L_1 \rangle L_2$-전이($L_1 \rangle L_2$-transfers)와 같이 사용자가 L_2를 사용할 때 그들의 L_1을 통사 구조 복제를 위한 모델어로 사용하는 경우이다. 과거의 연구에서 이 두 가지의 모형이 언어 변이에 서로 다른 영향을 미친다고 제안했는데, 예를 들어 언어 간의 '간섭(interference)'은 $L_2 \rangle L_1$-전이에서보다 $L_1 \rangle L_2$-전이에서 좀 더 극적으로 일어난다고 하였다(Breu 1996: 22 참조). 그러나 이 데이터는 아직 충분히 증명되지 않았고 더구나 $L_1 \rangle L_2$-전이는 일반적으로 L_2로 L_1을 대체하는 것을 가리킨다고 알려져 있다. 그러나 또한 많은 경우에서 필수적으로 이런 전형적인 모형이 발생하는 것은 아니다. 즉, 우리가 제7장에서 보게 될 바스크어(L_1)와 로맨스어(L_2)의 접촉에서는 $L_2 \rangle L_1$-전이와 $L_1 \rangle L_2$-전이 두 가지 모두를 볼 수 있다. 그러나 그렇다고 해서 바스크어가 로맨스어로 대체될 위기에 처해 있는 것은 아니다.

전체적으로 보면 이 두 가지 모형을 구분하는 것은 우리에게 그다지 중요하지 않은 사안인 것 같다. 물론 유럽 언어의 통사적 변이에 관해서는 $L_2 \rangle$

L₁-전이에 관한 자료가 훨씬 많다. 따라서 우리도 이에 관한 데이터를 압도적으로 많이 사용할 것이다. 그러나 우리는 이 두 가지 모형의 속성과 언어적 구조에서 어떤 중요한 차이를 발견하지 못했다.

우리가 관심을 가지고 있는 것은 유럽의 언어이지만 다음과 같은 이유로 세계의 다른 지역의 언어에도 관심을 가질 필요가 있다. 첫째, 우리가 사용하는 모델은 범세계적으로 적용되는 것을 표방하고 있기 때문에 우리는 세계 각 지역의 언어에서 찾아볼 수 있는 예시를 통하여 도출된 일반화에 의거해야 하고, 둘째, 우리는 서로 상반되는 특징, 즉, 우리가 꼭 알아야 할 중요한 유럽적 특성과 그렇지 않은 성질을 분리하여 규정하기 위하여, 셋째, 언어 접촉의 상황에서 유럽의 언어들이 어떤 양상을 보이는지 알기 위해서 범세계적인 언어에 관심을 가지려고 하는 것이다. 유럽 대륙은 이러한 이슈에 접근이 용이한 풍부한 실험실을 갖추고 있기 때문에 유럽의 언어들은 세계 다른 지역의 언어들과 대규모로 접촉할 수 있는 환경에 노출되어 있다. 그러므로 제7장에서 우리는 유럽 내에서 매우 특수한 사회 언어적 상황에 처한 유럽 언어의 역할과 운명에 대해 다룰 것이다.

오해와 착오를 불러일으키는 것을 방지하기 위하여 다음의 규약(convention)에 대해서는 설명이 필요할 것 같다. 우리의 관심사는 유럽의 언어 사용자들이 다른 민족과 언어와의 상호작용 속에서 어떻게 그들의 언어를 사용해 왔고 사용하고 있는 지이다. 그럼에도 불구하고 우리는 이에 대해 가끔 문자적으로 부정확하거나 잘 못 이해될 수 있는 표현을 사용할 수도 있을 것이다. 예를 들어 어떤 언어에서 새로운 기능 범주가 생성되었다는 표현은 그것은 그 언어 자체가 새로운 범주를 생성했다기보다 그 언어의 사용자들에 의해 새로운 범주가 생성되고 변화한다는 의미이다.

2

문법 복제

한 언어의 통사 구조의 변화가 언어 접촉에 의한 결과일 수도 있다는 것은 이미 광범위하게 인정되고 있는 사실이다. 그리고 이러한 변화를 기술하는 방법과 이에 부수되는 제약이나 차용가능성의 층위에 대해서도 다양한 견해가 있어 왔다(Whitney 1881; Weinreich [1953]1964; Moravcsik 1978; Matras 1998a; Myers-Scotton 2002 참조). 그러나 그동안 제안된 여러 일반화 이론 들의 적합성에는 이런 저런 의문들이 제기되기도 하였으며 또 다량의 증거에 의해 반박되는 경우도 있었다(Harris & Campbell 1995: 121-50 참조). 이미 오류라고 밝혀진 일반화 이론은 언어 변이 가설 전반에 걸쳐 존재하는데 그 중 여러 가지 방식으로 빈번하게 제안되었던 이론 중 하나는, 호환성을 가진 통사 구조, 유사 구조, 융합 가능 구조 등 특수한 구조에서만 차용이 가능하다는 주장이었다. 그 중 대표적인 것은 Weinreich([1953]1964: 41)가 주장한 "결속 형태보다 자유 형태의 차용이 더 용이하다"는 이론이다.

이와 관련된 가장 최신 이론은 간단히 정리하면 "사실상 모든 요소가 (결국에 는) 차용된다"는 것이다(Harris & Campbell 1995: 149; Thomason &

Kaufman 1988: 14 등 참조). 여기에는 더욱 비관적인 견해도 존재하는데 Curnow(2001: 434)는 "우리는 차용가능성에 있어서 어쩌면 영원히 보편적인 제약을 발견할 수 없을 지도 모른다. 현재의 데이터로 차용성의 층위에 대한 보편성을 찾아내는 것은 아마도 포기해야 할 것"이라고 결론지었다. Moravcsik(1978) 등 학자들에 의해 제안된 몇 가지 일반화 이론은 비교적 확정적이라고 할 수 있는 것으로 적어도 확실한 경향성은 확보되고 있다. 예를 들어 명사는 동사와 다른 품사보다 쉽게 차용된다. 또 통사 기능 단어는 모델어에서 사용되던 방식대로 선형 배열 구성 성분과 함께 차용되는 경향이 있다. 그러나 최근의 접촉언어학(contact linguistics) 연구에서는 언어 변이에 있어서의 보편성을 찾는 것 자체를 그다지 지지하지 않고 있다.

그럼에도 불구하고 이 책에서는 접촉에 의한(contact-induced) 언어 변이에 '어떤 제약이 있다는 것'을 피력할 것이다. 그리고 언어학과 사회언어학 전반에 걸친 언어 접촉 현상을 다루기보다는 언어 접촉의 한 양상, 즉, '문법 복제(grammatical replication)'라는 특성에 국한하여 논의를 진행할 것이다. 대다수의 언어 접촉과 관련된 연구 자료들에서는 언어 범주와 그들의 상호 관계에 대해 다루고 있다. 2.2에서 우리는 언어 범주의 단계 저변에 존재하는 현상에 대해 살펴보려고 한다. 그것은 '사용 패턴'이라고 하는 것인데 언어학적 분류로는 파악하기 쉽지 않은 개념으로서 문맥이나 사용 빈도와 같은 화용적 변수와 관련되어 있다. 분석의 방법으로 '문법화 이론'을 이용하는 것에 대해서는 1.5에서 소개한 바 있다. 언어 접촉 연구에 있어서 문법화 이론이 타당한 방법론에 속한다는 것은 2.3에서 논의할 것이고 2.4에서는 그 한계에 대해 소개할 것이다. 2.5에서는 복제와 관련한 제약 요소에 대해서는 설명하고, 2.6에서는 1.5.1에서 이미 언급했던 우리의 연구에서 언어 내적 변이와 언어 외적 변이를 어떻게 구분할 것인 지에 대해 논의할 것이다. 2.7에서는 유럽어의 'to threaten' 동사의 예를 들어 그 의미 변화 양상을 분석할 것이다.

이장의 주요한 목표는 이후의 내용에서 논의될 유럽 언어에서 발생하고 있는 각 언어들 사이의 유사성 증가를 견인하는 과정에 대한 이해를 돕기 위한 것이다.

2.1 서론

문법 복제란 복제어(replica language R)가 모델어(model language M)의 통사 구조(Mx)를 모델로 하여 새로운 통사 구조(Rx)를 생성하는 과정을 말한다.[1] 언어 의미와 통사 구조는 이 과정에 참여하지만 형태, 즉 음운 실체는 이 과정에 참여하지 않는다. 문법 복제는 어휘 복제(lexical replication)와 차용(borrowing) 두 가지 모두와 상대되는 개념이다. 어휘 복제는 어휘 구조에 대한 복제를 말한다(일반적으로 번역 차용(calquing), 혹은 차용 전이(loanshift)라고도 한다).

이 책에서는 어휘 복제와 차용을 형태소, 단어는 물론 그보다 좀 더 큰 단위 등 발음과 형태 의미를 가진 단위 음운 실체에 대한 차용으로 본다.

이는 우리의 연구가 몇 가지 제한을 포함하는 것을 의미한다. 첫째, 우리는 차용이라는 용어에 대해 다른 학자들이 사용하는 의미보다 더 협의의 의미로 사용할 것이다. 접촉에 의한 언어 전이(contact-induced linguistic transfer)라는 용어는 복제와 차용 두 가지를 모두 포괄하는 개념이다.[2] 둘째, 우

---

1) 우리가 빈번하게 사용하는 'a language'라는 용어는 언어 사용자의 축약형이라고 할 수 있다. 따라서 여기에 언어 자체는 그런 현상을 실행할 수 없다는 부연 설명은 덧붙이지 않는다.

2) 이에 대한 설명은 Heine & Kuteva 2003; Heine & Kuteva(2005) 참조.

리는 어휘 복제와 차용에 대해서는 다루지 않는다. 셋째, 언어 접촉에 의한 어순 변화 현상은 그동안 문법화와 관련하여 연구되지 않았으므로 우리의 고찰에서는 배제하려고 한다(접촉 현상의 자연적 결과로 이루어진 어순 유형론에 관해서는 Stilo 1985; 2005에 비교적 정확하게 설명되어 있다).

2.2 통사적 사용 패턴

언어 접촉 연구자들이 통사(또는 기능) 범주들을 통사 변이를 이해하고 기술하기 위한 기본적인 단위로 취급하는 것에는 충분한 이유가 있다. 그러나 우리의 연구에서는 새로운 통사 구조를 견인하는 과정을 이해할 수 있는 좀 더 적절한 개념이 아직 확립되지 않았다고 보았다. 특히 이 과정의 초기 단계를 설명하기 위해 새로운 개념을 수립할 필요성이 있다. 우리는 이에 대해 통사적 사용 패턴(이하 '사용 패턴')라는 것을 제안하려고 하는데 사용 패턴의 특징은 다음 (1)과 같다.

(1) 사용 패턴의 특징
　(a) 사용 패턴은 특수한 통사 의미와 관련되어 있다.
　(b) 사용 패턴은 담화에서 반복 출현하는 조각들(pieces)이다. 이 조각들은 절이나 구, 혹은 특수한 문맥에서 사용되는 더 작은 형태로 구성된다.
　(c) 사용 패턴의 사용은 수의적이다. 즉, 그들은 통사 의미를 표현하는 데 사용될 수도 있고 사용되지 않아도 무방하다.
　(d) 사용 패턴은 문법 복제, 특히 그 초기 단계에서 복제의 원인이 될 수 있는 가장 중요한 단위이다.

이미 문법화를 완성한 범주와 달리 사용 패턴은 문법화의 시작을 알리는 수의적 통사 구조이다. 사용 패턴은 그들이 출현하는 특별한 문맥, 사용자, 사용역(registers), 지역 등에 따른 특정한 사회 계층의 틀 안에서 여러 가지 변이를 구성한다.

사용 패턴은 몇 가지 점에서 기존의 개념과 유사한데 특히 담화 공식 (speech formulas)(Pawley 1992: 22; 1994: 14, 16 참조), 기능주의 언어학의 언어 사용 기반 모델에서 구조라고 기술된 것, 사회언어학에서 다양성 규칙이라고 기술되었던 개념들과 유사한 점이 많다. 이 모든 개념들은 통사 규칙이나 문법 범주 혹은 비체계적 언어학적 형태나 사회언어학적 변이로 축소할 수 없는(포괄할 수 없는) 구조들이 존재한다는 가정을 공유한다는 점에서 유사하다.

그럼에도 불구하고 사용 패턴은 특히 다른 개념들에는 포함되지 않는 (1d)의 특징을 통하여 이러한 개념들과 구분되어야 한다.

우리는 스웨덴어 동사 *bli* 'become'가 현재 시제로 사용될 때의 예를 들어 사용 패턴을 설명하고자 한다(Dahl 2000c 참조). (2a)의 예는 현재 시제가 아닌 과거 시제 구문으로 일반적인 상태의 변화를 의미하는 것이다. 또한 (2b)와 같은 구문이 있을 수 있는데, (2b)는 미래 시제로도 해석이 가능하여 영어로 (2bi)와 (2bii)의 두 가지로 번역될 수 있다. 그러나 일기 예보의 상황을 묘사한 (2c)에서는 동사 *bli*의 현재 시제 용법이 특수한 의미로서 사용되어 미래 시제만을 지시하는 사용 패턴을 가지게 된다. 이때는 상태의 변화라는 의미를 가지지 않고 발화시에 이미 날씨가 충분히 추운 경우에도 사용할 수 있다.

(2) 스웨덴어(Dahl 2000c: 351-3)

(a) Festen   blev   trevlig.
party.DEF   become.PAST   pleasant
"The party became pleasant."
"파티가 점점 유쾌해 지고 있다."

(b) Du   blir   snart   en   stor   pojke.
you.SG   become.PRES   soon   a   big   boy
(i) "You'll soon become a big boy."
직역: "너는 곧 소년으로 변할 거야."
(ii) "You'll soon be a big boy."
"너는 곧 소년이 될 거야."

(c) Det   blir   kallt   imorgon.
it   become.PRES   cold   tomorrow
"It will be cold tomorrow."
"내일은 춥겠습니다."

(2c)의 예는 화용적 상황 단위가 일반적으로 통사 범주로 여겨지지 않는 것에 대해 시사 하는 바가 크다. 화용적 상황은 동사구를 구성하는 사용 패턴으로 묘사될 수도 있고 특정한 문맥에서 미래 시제와 같은 특별한 통사 의미를 가질 수도 있고 같은 상황에서 수의적으로 사용될 수도 사용되지 않을 수도 있다.[3] 그러나 강조해야 할 점은 동사 *bli*은 독일어의 *werden* 'become'과는 달리 절대 부정사와 함께 사용되지는 않는다. 그리고 통사적으로 *bli*은 영어의 *become*과 다르지 않다(Östen Dahl, p.c. 참조).

---

[3] 이에 대해 Dahl (2000c: 353)은 "우리가 말하고자 하는 것은 becoming 동사의 특수한 용법이라기 보다는 미래 시제 표지로서의 becoming 동사이다. Becoming 동사와 미래 시제와는 뚜렷한 연관을 가진다."라고 하였다. 그러나 이러한 용법이 출현하는 조건에 대해서는 좀 더 연구가 필요하다.

부차적 사용 패턴으로부터 주요 사용 패턴으로

강력한 언어 접촉 상황에서 발생하는 특수한 문맥에서 새로운 사용 패턴이 생성되는 것은 이 과정을 특정 짓는 비교적 뚜렷한 장치이다. 그러나 더 흔한 경우는 이종 언어로부터 전이된 모델이 활성화되어 부차적 사용 패턴이 형성되는 경우이다. 부차적 사용 패턴은 더욱 발전하여 주요 사용 패턴이 된다. 우리는 이 과정을 사용 패턴의 복제라고 칭할 것이다. 복제는 특히 다음과 같은 성질을 가진다.

(3) 주요 사용 패턴의 생성
   (a) 기존의 사용 패턴이 좀 더 빈번하게 사용된다.
   (b) 그리고 새로운 문맥에서 사용되기 시작한다.
   (c) 새로운 통사 기능을 표시하는 경우가 발생한다.

주요 사용 패턴과 부차적 사용 패턴은 (3)의 성질에서 차이를 보인다. 사용자들은 일반적으로 주요 사용 패턴에 대해서는 인식하는 경향이 있는 반면 부차적 사용 패턴의 존재에 대해서는 잘 인식하지 못하며, 문법 기술에 있어서 주요 사용 패턴은 문법가들에 의해 지적되는 경우가 많지만 부차적 사용 패턴은 무시되는 경우가 많다.

스웨덴어의 동사 *bli* 'become'과 비교하여 그에 해당되는 독일어의 동사 *werden* 'become'은 주요 사용 패턴이라고 할 수 있다. 그러나 스웨덴어 동사와는 달리 독일어의 werden은(부정사형 정동사가 보충어로 사용될 때) 상태 변화의 의미가 이미 소실되어 중의성 없이 미래 시제의 의미만을 가지게 된다.

독일어의 *werden* 'become'의 예를 위에서 기술했던 주요 사용 패턴의 특징적 기준에 적용시켜 보면,

(i) 독일어와 스웨덴어 동사 두 가지 예의 출현 빈도와 관련된 데이터는 없지만 독일어 동사 *werden*이 스웨덴어 동사 *bli*에 비해 좀 더 보편적으로 미래 시제 표지로 사용된다는 것을 추측해 볼 수 있다.

(ii) 독일어 동사 *warden*이 더 빈도수가 높고 더 큰 규모를 가진 일련의 문맥에서 출현하며 상태 변화를 의미하는 문맥과 공기하는 것도 가능하다. (4a) 참고.

(iii) 스웨덴어의 *bli*에 상태 변화라는 어휘적 의미가 잔존해 있는 반면(참조) 독일어의 *werden*은(부정사형 정동사가 보충어(used with in-finitival (main) verbs as complements)로 사용될 때) 이미 탈의 미화를 거쳐 상태 변화라고 하는 어휘적 기반이 소실된 상태이다. 그것은 이미 세계의 많은 언어들에서 볼 수 있는 것과 같은 미래 시제 표지[4] 중 하나이다.

그러나 다른 언어들의 미래 시제 표지와는 달리 독일어의 *werden*은 완전한 통사 범주라기보다는 사용 패턴으로 보인다. 그 근거는 다음과 같다. 첫째, 미래 시제를 표시함에 있어서 *werden*의 사용이 수의적이다. 따라서 미래 시제 표지를 사용한 (4b) 구문은 미래 표지를 사용하지 않은 (4c)와 동일한 문장이라고 할 수 있다. 둘째, 두 구문은 출현 조건에 있어서 서로 다른 제약을 받을 수 있다. 예를 들어 미래 시제 표지를 사용한 (4b) 구문은 (4c)에 비해 제약이 심해 구어와 비공식적인 상황보다 주로 문어와 공식적인 상황에 출현한다.

---

[4] 전통 독일 언어학에서는 *werden*이 시제 기능보다 primarily modal 기능을 가진 것으로 보았으나 다른 언어들에서도 미래 시제를 지시하는 경우가 많이 존재하는 것으로 보인다.

(4) 독일어

(a) Der   Sommer   wird   schön   werden.
the   summer   FUT.3.SG   beautiful   become.INF
"The summer will be beautiful."
"여름은 아름다울 것이다."

(b) Der   Vortrag   wird   am   Freitag   stattfinden.
the   lecture   FUT.3.SG   on   Friday   take.place
"The lecture will take place on Friday."
"금요일에 강연이 있을 것이다."

(c) Der   Vortrag   findet   am Freitag   statt.
the   lecture   takes   on   Friday   place
"The lecture will take place on Friday."
"금요일에 강연이 있을 것이다."

스웨덴어의 *bli*와 독일어의 *werden*은 미래 시제 표지로서의 차이 외에 부차적 사용 패턴과 주요 사용 패턴으로서의 차이 등 여러 가지 차이점이 있다.[5] 그러나 두 언어 간에는 유사점도 존재한다.

Dahl(2000b: 325-7)은 유럽의 미래 시제 표지에 대한 조사에서 북유럽을 현재 시제로 예언적 미래를 표시하는 경향이 있는 '미래 시제 부재 지역 (futureless area)'으로 규정했다. 이 지역은 'become' 동사로 미래 시제 사용 패턴을 가지는 지역과 일치한다. 이러한 사용 패턴을 가진 지역은 스웨덴과 독일에 국한되지 않고 대부분의 게르만어와 핀란드어 사용 지역을 포괄한다(여기서 영어는 제외된다)(Dahl 2000c: 357, 359 참조).

이러한 지역 분포는 다음과 같은 근거로 지역적 관계와 그에 따른 모종의 언어 접촉을 암시한다. 첫째, 동사 'become'의 의미에서 미래 시제 지시로

---

5) 더욱 중요한 차이는 스웨덴어의 *bli*은 부정사와 결합하지 않는다는 것이다.

변이하는 것은 교차 언어학적으로 매우 드문 일이다(Bybee, Perkins & Pagliuca 1994 참조). 따라서 유럽 내의 인접 지역에서 이런 현상이 집중적으로 발견된다는 것은 우연이 아닐 것이다. 둘째, 이 지역은 발생학적인 경계를 넘나든다. 즉 이 지역에는 두 가지 다른 어족에 속하는 언어들이 포함되어 있다. 따라서 'become-미래'의 사용 패턴이 나타나는 지역은 발생학적 관계와는 큰 관련이 없다. 여기에서 유일하게 가설로 세울 수 있는 것은 언어 접촉이다.

그러나 이에 대해 다른 관점도 존재한다. Dahl은 그것을 다음과 같이 요약했다.

"게르만어와 발트-핀어의 becoming 동사들이 미래 계사(future cop-ulas)로 간주되지 못한다 하더라도 우리가 관찰한 그들의 확장 용법은 문법화 경로의 첫 단계를 대표한다고 할 수 있다(Dahl 2000c: 360 참조)."

이 지역의 'beome-미래'에 대한 통시적, 공시적 근거는 충분치 않다. 그럼에도 불구하고 다음과 같은 문법화 시나리오가 제안되고 있다. 문법화의 1단계는 북유럽 언어에서 부차적 사용 패턴이 출현하는 단계로 'become' 동사가 특수한 문맥에서 미래 시제를 지시하는 표지로서의 통사 용법으로 사용되기 시작한다. 적어도 하나 이상의 언어, 예컨대 독일어에서는 부차적 사용 패턴이 주요 사용 패턴으로 변이된다. 즉, 'become' 동사가 지속적으로 미래 시제를 지시하는 표지가 되며 이 때 미래 시제 지시 용법은 또한 수의적일 수 있다. 'become-미래'에서 스웨덴어는 문법화 시나리오의 1단계에, 독일어는 2단계에 속한다고 할 수 있다. 3단계에 도달한 언어는 아직 발견되지 않았는데 3단계에서는 사용 패턴이 통사 범주를 형성하여 필수적 미래 시제 표지로 사용될 것이다. [표 2-1]에서는 북유럽 언어에 나타나는 'become-미래'의 문법화 경로를 정리한 것이다.

[표 2-1] 북유럽 언어에 나타나는 'become'-미래의 문법화 경로

단계	0	I	II	III
구조		부차적 사용 패턴	주요 사용 패턴	기능 범주
주요 특성	어휘적 사용	특수 문맥에서 통사 기능 출현	사용되는 문맥이 확장되고 통사 기능과의 관련이 규칙성을 띠게 됨	통사기능을 표시하는 필수적인 표지의 완성

이상에서 살펴본 바와 같이 북유럽 언어의 'become-미래'는 [표 2-1]에 나타난 문법화 시나리오 단계 중 1단계와 2단계만을 보여주며 유럽의 다른 언어에서는 이러한 현상을 찾아볼 수 없다. 이 사용 패턴이 어떻게 발생하여 북유럽으로 확산되었는지는 알 수 없다.[6) 그러나 독일어의 사용 패턴이 문법화가 가장 많이 진행된 예이고 이것은 지역 확산의 모델로서 충분한 역할을 할 수 있을 것으로 보인다. 이러한 문법화의 상대적 단계는 통사 구조의 확산에 있어서 중요한 변수를 제공하고 우리는 2.5.에서 이에 대해 다시 논의할 것이다. 북유럽의 'become-미래'에 대한 토론은 아직 해결되지 않은 문제가 많고 더 많은 근거 자료를 필요로 하지만 이 정도로 마무리하기로 한다.

언어 접촉에 있어서 사용 패턴의 역할

이상의 예에서는 언어 접촉에 의한 통사 변이 분석을 통하여 그에 따른 문제점에 대해 알아보았다. 많은 경우 언어 접촉을 유발할 수 있는 요인이라고 하는 것은 그 근거가 충분치 않은데 어떤 경우에는 사용 패턴에 관한 연구가 언어 변이를 가능케 하는 요인을 찾는데 좋은 방법이 될 수 있다. 다음 내용에서 그 실례를 들어 보기로 한다.

---

6) Dahl (2000c: 357-8)에 의하면 이와 같은 사용 패턴은 고트어(in Gothic)에 이미 존재했었다.

명사 합성은 게르만어의 중요한 언어 기제 중 하나인데 프랑스어를 비롯한 로맨스어에서는 그렇지 않다. 현재 독일어 사용자들은 프랑스어와의 강력한 언어 접촉에 노출되어 합성어의 양이 감소하고 있고 대신 프랑스어를 모델로 부가적 패턴의 사용이 증가하고 있는 추세이다. 독일어와 네덜란드어와 같은 언어의 사용자들이 우세 언어(dominant language)인[7] 프랑스어에 상시적으로 노출될 때 그들이 사용하던 합성어는 부가적 사용 패턴으로 전이되는 경향을 가진다. 예를 들어 Taeldeman(1978: 52)이 보고한 바에 따르면 플랑드르(Flanders) 지방에서 사용되는 네덜란드 방언에서는 고유한 속성에 속하는 합성 명사 패턴이 프랑스어를 모델로 한 [형용사–명사] 패턴으로 교체되어 사용된다. 예를 들면, *Cultuurraad* 'Cultural Council (문화원)' 대신에 *Culturele Raad* (French: *Conseil Culturel*)의 구조를 사용하는 것이나 *academiejaar* 'academic year(학년)' 대신 *academisch jaar*를, *administratiekosten* 'administrative costs(관리비)'대신 *administratieve kosten*를 사용하는 것이 그 예이다.

벨기에 동부와 프랑스와 독일 접경의 언어 접촉 상황에서도 유사한 예가 발견된다(Riehl 2001: 257 참조). 벨기에 지역의 독일어 사용자들은 *Herbstzeit*(lit.: autumn time) 'autumn'(가을)과 같은 명사 합성어도 사용하지만 동시에 프랑스어의 *le temps d' automne*(the time of autumn)과 같은 모델을 따른 *Zeit des Herbstes*(time of the autumn)의 부가어/소유격 패턴도 함께 사용한다. 매우 유사한 경우로 Riehl은 또한 이탈리아어를 공용어로 하는 북부 이탈리아의 남 티롤 지방에 거주하는 독일어 사용자들이 표준 독일어의 합성적 방법 대신 소유격 패턴을 주요 사용 패턴으로 하는 경향이 있다고 하였다. 따라서 독일어 사용자들은 이탈리아어의

---

7) 우세 언어(dominant language)에 관해서는 Johanson (1992) 참조.

소유 구성을 복제하기 위하여 독일어 본연의 합성적인 *das Traubenbündel* (the grape bunch)를 사용하는 대신 이탈리아어의 *il grappolo d'uva*를 모델로 한 *das Bündel von Trauben*(the bunch of grapes)의 형식을 사용한다.

그러나 이 중 어떤 것도 통사 범주에 영향을 미치지는 않았다. 네덜란드어와 독일어 사용자들은 새로운 통사 구조와 한정적 소유 표지의 범주를 개발하지도, 합성적 방식을 포기하지도 않았다. 그럼에도 불구하고 이 사용자들에게 통사적 변이가 일어났다는 것은 각각 프랑스어와 이탈리아어의 사용 패턴을 모델로 하여 단계적인 전이가 일어났다는 것이다. 부차적 사용 패턴으로부터 주요 사용 패턴으로 변이하는 데 중요한 역할을 하는 하나의 요소는 기표성을 특징으로 하는 유표적 구조와 무표적 구조의 대립이다.

터키어는 일반적으로 동사 후치 언어로 알려져 있는데 화용적 유표 구조에서 동사가 보충어에 선행하는 경우가 있다. Friedman(2003: 66)이 주목한 터키어의 *Erol'* **dur** *iyi öğrenci*와 같은 의 예에서는 동사가 문말에 위치하지 않고 있다. 이 문장은 화용적으로 유표적인 구조를 가진 문장으로 표준 터키어에서 "It is Erol who is the good student"(좋은 학생은 Erol이다.)라는 의미를 표시하는 구문이다.

그러나 발칸어의 영향을 강하게 받은 발칸 반도에서 사용되는 다양한 터키어 방언들(varieties)과 마케도니아에서 사용되고 있는 서부 루멜리안 터키어에서는 윗 문장이 영어의 "Erol is a good student" 구문과 동등한 무표적 문장으로 사용되며 이것은 마케도니아어의 무표적 구문인 *Erol e dobar učenik*(Erol is a good student)와도 같다. 이것은 동사 중위 언어(verb-medial(=SVO))인 마케도니아어와 어쩌면 다른 발칸어의 영향 하에서 서부 루멜리안 터키 방언의 사용자들이 터키어 본연의 화용적 유표성을 가진 부차적 사용 패턴을 주요 사용 패턴으로 발전시켰음을 시사한다. 그로 인하여 그들의 언어는 발칸 지역의 이웃들과 구조적인 등가성을 획득했고 결과적으로 마케도니아에서 사용되는 터키어 방언들은 표준 터키어에 비해서 동사가 문말에 위치하지 않는 경우가 압도적으로 많다.

결론적으로 여기에서 우리가 말하고자 하는 것은 언어 접촉에 있어서 사용 패턴이 중요한 역할을 한다는 것이다. 한 언어가 다른 언어에 의해 적절한 모델을 제공받을 수 있는 경우에는 부차적 사용 패턴을 획득하거나 혹은 그것을 주요 사용 패턴으로 발전시킬 수 있게 된다. 따라서 사용 패턴은 지역적 관계를 연구하는 데 있어서 타당성 있는 변수로 작용할 수 있는 것이다. 지금까지의 근거들을 보면 언어 접촉의 상황에서 발생하는 언어 간의 전이는 사용 패턴과 연관되어 있고 그 중 아주 적은 수의 경우에만 이러한 전이가 더 진행되어 완전한 통사 범주를 생성하게 된다.

사용 패턴과 코드 변환

코드 변환(code-switching)이란 언어 접촉에 의한 통사 변이에서 중요한 동력 중 하나로 인정되고 있는 것으로 동일한 담화, 구문, 또는 어떤 요소에서 두 가지 혹은 그 이상의 언어로부터 기인한 형태소가 서로 교체되는 현상이다(Myers-Scotton 1993; 2002 참조). 그러나 이 코드 변환은 어휘 또는 통사 형태상의 조작이기 때문에 복제보다는 차용과 더 관련이 깊어서 우리의 연구 대상에서 제외된다(2.1 참조). 하지만 이 코드 변환을 새로운 사용 패턴을 생성하게 하는 하나의 도구로 볼 수도 있다. 다음은 스페인어와 아즈텍의 나와틀어(Nahuatl)가 언어 접촉에서 발생한 상황이다.

나와틀어의 동사는 명사 목적어가 뒤따를 때 대명사 목적어의 전접어(pronominal object proclitic)를 가진다(5a). 그런데 스페인어의 다양한 방언에서는 이러한 접어(clitic)를 허용하지 않는다. 즉, (5b) 구조는 허용되나 (5c) 구조는 허용되지 않는다. 그러나 코드 변환의 상황에서 목적어가 나와틀어의 명사일 경우 (5d)와 같이 필히 동사 앞에 대명사 목적어의 전접어를 사용해야 한다. 우리가 주목하는 것은 대명사 목적어가 새로운 문맥에서 사용될 때, 이러한 확장 상황에서 문법화 변수에 의해 촉발되어 새로운 사용 패턴이 생성되고,(2.3,(6) 참조) 이와 같은 문맥에서 코드 변환이 발생한다는 것이다.[8]

(5) 나와틀어–스페인어의 코드 변환(MacSwan 1999: 170-2; McConvell 2004: 3-4; **bold** = Spanish, *italics* = Nahuatl)

(a) **Mi**   **hermana**   *ki-*   *tlasojtla*   *in*   *Juan.*
My   sister   3.O.SG-   love   D   Juan
"My sister loves Juan."
"나의 누이는 후안을 사랑한다."

(b) **Veo**   **(a)**   **la**   **muchacha.**
see.1.S.SG *a*   the   girl
"I see the girl."
"나는 그 소녀를 본다."

(c) ***La**   **veo**   **(a)**   **la**   **muchacha.**
3.O.SG   see.1.S.SG   *a*   the   girl

(d) **La**   **veo**   **(a)**   *in*   *ichpochtle.*
3.O.SG   see.1.S.SG   *a*   D   girl
"I see the girl."
"나는 그 소녀를 본다."

코드 변환은 접촉에 의해 새로운 사용 패턴이 생성될 때 어떤 역할을 할 수도 있고 그렇지 않을 수도 있다. 기존의 데이터에서는 코드 변환이 이러한

---

8) 이에 대한 해석은 MacSwan (1999)와 McConvell(2004)이 제안했던 것과는 다르다. 유사한 예로 스페인어와 바스크어가 접촉하는 상황이 있다(7.3.1. 참조).

역할을 하는 예가 많이 나타나지 않았기 때문에 이에 대해 다양한 논의는 펼치지 않기로 한다.

2.3 문법화와 문법 복제

1.5에서 살펴본 바와 같이 접촉에 의한 통사 변이는 일반적인 방법으로 문법 복제는 특수한 방법을 통하여 제약을 받는다. 이때 문법화의 일반적인 원칙, 즉 구체적인 의미를 포함한 언어 단위가 추상적인 의미를 갖는 언어 단위로, 어휘적인 단위에서 통사적 단위로, 통사적 단위는 더욱 통사적 단위로 문법화되는 단방향(unidirectional)[9] 원칙을 따르게 된다(Heine and Kuteva 2003; 2005 참조). 이 책에서는 이러한 문법화 원칙이 유럽 언어의 언어 접촉에도 적용됨을 증명하고자 한다. 다음에서는 1.5.1(8)에서 보았던 문법화의 변수들로 문법 복제에 대해 독자들의 편의를 위해 다시 한 번 설명하려고 한다.

(6) 문법화의 변수

　(a) 확장(화용적 일반화): 새로운 화용 환경에서 새로운 의미를 사용,

　(b) 탈의미화(의미 탈색): 즉 의미 상실,

　(c) 탈범주화: 어휘적, 미완성 문법화 형태의 형태-통사 특징 상실,

　(d) 탈락(음운 축소): 음운 형식 상실

---

9) 최근 연구에 의하면 일방향성 가설에 위배되는 예들을 볼 수 있다(Campbell & Janda 2001; Newmeyer 1998: 260ff. 참조). 그러나 이 학자들이 인정한 바와 같이 일방향성 원칙에 위배되는 예를 극소수로 통사 변이의 1/10에 미치지 못한다(Newmeyer 1998: 275-6, 278; Haspelmath 1999; Heine 2003b 참조).

이에 대한 유럽 언어의 예는 일일이 들지는 않기로 한다.

확장(Extension)

문법화의 변수/기준 중, 새로운 사용 패턴의 출현과 부차적 사용 패턴에서 주요 사용 패턴으로의 전이 등 두 가지 과정 모두에서 중요한 역할을 하는 것은 (문맥) 확장이다. 즉, 기존에 사용되고 있던 언어 구조를 더욱 빈번하게 사용하는 것과 새로운 문맥에서 사용하는 것은 새로운 의미를 생성하기에 적합한 환경이 된다. 이것은 문법화 과정의 초기 단계를 규정하는 변수이다(위의(3) 참조). 어떤 표현이 새로운 문맥에서 사용되기 시작한다면 이 새로운 문맥을 통하여 기존의 범주에는 새로운 의미적 해석이 일어나게 된다. 다시 말하면 확장은 탈의미화가 일어나기 위한 필요조건이다. 그렇다고 해서 확장이 꼭 탈의미화를 동반하거나 범주의 전이를 일으킨다는 것은 아니다. 다음에 소개할 확장의 예시에서는 극적인 통사 의미의 변화를 수반하지 않는다.

몰타어(Maltese)는 역사적으로 아랍 서부의 방언에 속하나 여러 가지 다양한 언어의 영향 아래 놓였던 언어이다. 특히 영향을 많이 받은 언어는 이탈리아어이고 최근에는 영어의 영향도 받고 있다. 몰타어에서 전치사 *ta'*는 이탈리아어 전치사 *da*의 사용 패턴 영향을 받아 새로운 문맥으로 확장하여 사용되는 성분이다. 예를 들면, 이 몰타어의 전치사는 이탈리아어의 da와 같이 고유 명사 앞에서 소유 대상 명사구 없이 사용될 수 있으며(*Ta'*) *Kolina* 'At Kolina's(restaurant)', 부정사를 사용하는 위치에 있는 동사적 명사와도 공기할 수 있다(*tal-biza'*('of-fright') 'frightfully'(더 많은 예는 Drewes 1994: 101 참조). 같은 방법으로 몰타어의 소유격 표지는 새로운 구조를 가진 통사 범주로 변화하여 기능의 범위를 상당히 확장했다.

두 번째 주요한 모델어인 영어도 몰타어에 본질적으로 같은 종류의 영향을 미쳤다. 몰타어 전치사 *fuq* 'on top of, upon'은 새로운 문맥으로 확장되어 사용되면서 영어 전치사 *on*의 구 구조에서 복제된 부가적인 용법을 가지게 되었다. 예를 들어 *fuq it-tv* 'on television', *fuq btala* 'on holiday', *fuq parir ta'* 'on the advice of', *fuq talba ta'* 'on the request of'(Drewes 1994: 101 참조) 등을 들 수 있다. 이러한 몰타어의 통사 범주 역시 이종 언어를 모델로 언어 접촉에 의한 확장을 일으킨 것이다.

다음에 소개할 예시도 기존의 통사 범주가 사용되지 않았던 새로운 문맥으로 확장되어 사용된 예이다. 트리에스테 지역은 슬로베니아어와 독일어가 접촉하는 환경인데 슬로베니아어의 재귀 표지 사용 패턴이 독일어 사용자에게 복제되고 있다(Morfill [1885] 1971: 269 참조). 복제의 영향은 두 가지로 나타난다. 첫째, 독일어의 재귀 대명사 *sich*는 슬로베니아어의 재귀 표지 *se*를 모델로 하여 새로운 문맥, 즉, 표준 독일어에서 재귀 대명사를 사용하지 않는 *lernen* 'learn'과 같은 동사도 재귀 대명사를 사용하게 되었다. 둘째, 3인칭 지시로만 제한되어 사용되던 *sich*가 *wir waschen sich* (we wash REFL) 'we wash ourselves'와 같이 2인칭과 1인칭 지시로 확장되었다.

중세 고지 독일어(Middle High German)에서 유래된 게르만어인 이디시어(Yiddish)는 *sich*에 해당하는 재귀 대명사 *zix*를 가지고 있는데 *zix* 역시 3인칭 지시로부터 모든 인칭과 수를 지시하는 범주로 확장되었다. 이에 대해 우리는 이디시어가 사용되는 지역에서 슬라브어와의 접촉을 통하여 이러한 결과를 낳았다는 가능성을 제기할 수 있으나 이 가설을 뒷받침할 만한 강력한 근거는 아직 부족한 상태이다. 그러나 다음과 같은 Kemmer의 주장을 보면 이디시어에 접촉에 의한 확장이 일어난 것으로 보인다.

"이디시어는 독일어에 나타나는 모든 중립적 맥락에서 *zix*를 사용할 뿐만 아니라 최근 언어 간 접촉이 빈번해진 러시아어의 *-sja*의 사용 양상과도 유사하다(Kemmer 1993: 262)."

여기서 우리가 더욱 주목하는 것은(이전에 존재하지 않았던 다의어의 출현과 같은) 통사 구조가 아닌, 확장의 유형(새로운 '숙주어'로의 확장)이나 생산성과 관련된 이유들이다.[10]

탈의미화

이 문법화의 변수는 새로운 통사 의미의 출현과 관련된다. 기존의 통사 구조가 새로운 문맥에서 사용될 때 원래 의미의 일부를 잃어버리고 새로운 문맥에서 재해석되어 새로운 통사 의미를 표시하게 된다. 영어의 동사 *make*는 *The dust made me sneeze*와 같은 특정한 문맥에서 그 어휘적 의미를 잃고 사동의 통사 표지로 재해석되는 예이다.

이러한 과정은 언어 접촉의 상황에서 흔히 볼 수 있다. 레토-로맨스어(Rhaeto-Romance)의 서셀비안 방언(Surselvian)의 동사 *(la)schar*은 동일 어파에 속하는 프랑스어의 *laisser*, 이탈리아어의 *lasciare*와 같이 어휘적으로 'leave'의 의미를 가지고 'allow someone to do'와 같이 허용을 표시하는 조동사로 사용된다. 서셀비안 방언 사용자들은 독일과 가까이 접촉하고 있는데 독일어 역시 이에 해당하는 동사 *lassen* 'let'이 'permit'의 허용을 나타내는 조동사로 사용되고 있다. 그러나 독일어의 동사는 또 다른 부가적 통사 의미를 가지고 있는데 그것은 'cause to do'와 같이 사동을 표시하는 조동사로 사용되는 것이다. 현재 독일어의 영향 하에 서셀비안 방언 사용자들은 그들의 동사 *(la)schar*를 사동 조동사로 사용하는 경향이 보인다(Stimm 1984). 여기에서 알 수 있는 것은 동사 *(la)schar*이 독일어의 *lassen*을 모델로 하는 문법화가 진행 중이라는 것이다. 그에 따라 서셀비안 방언 동사는 탈의미화 되어 사동 조동사로 재해석되고 있다.

---

10) 이를 지적해 준 익명의 심사자에게 사의를 표한다.

벨기에의 플랑드르(Flanders) 지역의 방언인 플랑드르어(Flemish)는 프랑스어의 강력한 영향을 받아 'let' 동사가 사동 조동사로 변화하고 있다 (Taeldeman 1978 참조). 프랑스어의 사동 구조는 (7a)에서 볼 수 있는 바와 같이 *faire* 'make, do' 동사로 이루어지는데 이것이 플랑드르어 사용자에게 모델로 제공되었다. 즉 (7c)에서 보는 것과 같은 플랑드르어가 원래 가지고 있는 *laten* 'let' 조동사 구조로부터 프랑스어의 *faire*를 사용 패턴 모델로 *doen* 'do' 사동 조동사를 사용하는 경우가 많아지고 있다. 플랑드르어의 *doen* 동사는 언어 접촉의 결과 어휘 의미를 잃고 탈의미화 되어 사동 조동사로 변화하고 있는 것이다.

(7) 벨기에서 사용되는 프랑스어와 네덜란드 방언(Taeldeman 1978: 60)

    (a) On   m'   a   **fait**   examiner   si   [...].
        (one   me   has made examine   whether)

    (b) Men   heeft me   **doen**   onderzoeken of   [...].

    (c) Men   heeft me   **laten**   onderzoeken of   [...].
        "They made me inquire whether [...]."
        "그들은 나에게 질문하게 했다 [...]."

탈의미화는 의미 실체가 소실되는 것만을 의미한다기보다는 새로운 문맥에 의하여 새로운 의미 성분이 유발될 수 있다는 것을 의미한다. 그리고 탈의미화의 결과는 본래의 의미와 사뭇 다른 통사 범주가 생성될 수 있다는 것이다. 아일랜드어에서는 [X is after Y]와 같은 시간적, 공간적 의미의 사용 패턴이 존재하는데 이 구조가 '최신 소식(hot-news: 방금 일어난 사실)'를 나타내는 완료의 동작상 범주로 문법화되었다. 이 범주는 사건이 발화시로부터 분리되었으나 아주 근접한 시각에 위치했다는 것을 의미한다. 이것은 예를 들면 *John has just arrived*. "존이 지금 막 도착했다"와 같은 구문에서 나타난다(Harris 1991: 201ff. 참조).

(8) 아일랜드어(Harris 1991: 205)

   (a) Tá   sí   tréis   an   bád   a dhíol.

      be: NON-PAST   she   after   the   boat   selling

      "She has just sold the boat."

      "그녀는 지금 막 보트를 팔았다."

17세기 말 무렵, 아일랜드 영어에 동일한 문법화가 발생하여(Sullivan 1980: 205; Filppula 1986; Boretzky 1986: 25; Harris 1991: 201ff.; Siemund 2004a; 2004b 참조) 영어에 (9)의 예와 같은 동일한 범주를 생성하게 되었다. 이 과정에서 아일랜드어를 모델로 복제가 일어났다는 사실은 다음 몇 가지의 이유로 의심할 여지가 없어 보인다. 첫째, 전치사 'after'가 비정형 동사를 보충어로 취하여 동작상 표지로 변화하는 것은 세계 언어에서 극히 드문 예에 속한다. 둘째, 또한 이러한 구조로 '최신 소식'의 의미를 가진 완료상이 출현하는 것 역시 교차 언어적으로 흔치 않은 일이다. 인접한 언어에서 동일한 문법화 과정이 발생했다면 그것은 범세계적인 통일성에서 기인한 문법화라거나 우연의 일치라고 설명하기가 매우 어려운 일이다. 마지막으로 아일랜드어와 아일랜드 영어가 접촉하여 전자가 후자의 모델이 되어 중요한 복제를 이끌어 냈다는 것은 이미 문서로 충분히 입증되고 있다(van Hamel 1912; Siemund 2004b; Heine & Kuteva 2005 참조).

(9) Irish English(Siemund 2004a)

   Tell mother we are just after receiving Her letter.

   "Tell mother we have just received her letter."

   "어머니께 방금 편지를 받았다고 전해."

아일랜드 영어에서 이러한 동작상의 범주가 출현한 것은 한편으로 매우 구체적인 개념 도식이 탈의미화된 결과이고 다른 한편으로는 이 범주의 특수한 기능이 완전히 사라져 의미 소실의 단계에는 이르지는 않았다는 것이다.

탈범주

탈범주화의 전형적인 과정 중 하나는 명사, 동사와 같은 주요 범주가 특수한 문맥에서 사용되어 부치사(adpositions), 상 표지, 파생 성분 등의 부차적 범주로 변화하며 자유 형태의 주요한 특징을 잃고 부차적 범주의 접어(clitics)나 접사(affixes)가 되는 것이다. Nau(1995: 86-7)에 의해 제공된 다음의 예는 핀란드어에 대해 기술하고 있다. 핀란드어의 사용자들은 영어의 *top*(스웨덴어의 *topp*)을 모델로 하여 핀란드어 고유의 명사인 *huippu* 'top, peak'로 명사를 수식하여 합성어를 만들고 있다. 이 합성어는 'an outstanding, very important X'와 같은 도식적인(schematic) 의미를 부여받아 다음과 같은 합성어를 형성한다. *huippuhenkilö* 'an outstanding personality', *huippuurheilija* 'a top sportsman', *huipputekniikka* 'top technology'. 이러한 사용 패턴은 신문 용어 등에서 특히 자주 발견되지만 신문 용어 외에 다른 곳에서도 발견된다. Nau의 두 번째 예는 영어의 'the key X'의 구조를 모델로 하여 *avainasema* 'key position', *avain-hahmo* 'key figure', *avainkysmys* 'key question'와 같이 핀란드어 명사 *avain* 'key'가 출현하는 합성어이다. 이러한 문맥에서는 *huippu*와 *avain*가 복수화, 격 표지, 자유 출현(being free in their occurrence) 등 명사 범주의 특성을 잃고 문법 표지와 유사하게 사용된다.

음운 탈락

음운 실체의 탈락(Erosion), 또는 소실(loss)은 일반적으로 문법화의 마지막 과정에서 나타난다. 우리는 이에 대해 다음과 같은 이유로 간단하게만 언급하도록 하겠다. 이 책에서 논의하는 접촉의 단계는 대부분 간략한 예시이기 때문에 문법화 단계에서 음운 실체에 미치는 영향까지 구분하기는 쉽지 않다.

접촉에 의한 통사 변이에서 볼 수 있는 음운 탈락의 예를 한 가지 들자면, 독일에서 사용되고 천 년 가까이 독일어의 영향 하에 있는 고지 소르비아어(Upper Sorbian)와 저지 소르비아어(Lower Sorbian)는 독일어를 모델로 한 문법화 과정을 거쳐 각각 지시사와 수사 '1'로부터 문법화한 정관사와 부정 관사 체계를 수립했는데 소르비아어에서 이들 관사의 사용은 수의적이다(Boretzky 1986: 17; Lötzsch 1996: 52-3 참조). 이 과정에서 음운 탈락이 발생하는데 고지 소르비아어의 남성 주격 단수 지시사 *tón*은 관사의 기능을 할 때 강세가 소실된다. 그리고 고지 소르비아어의 남성 단수 수사인 *jedyn* 'one'은 관사로 사용될 때 음운 축약이 발생하여 *jen*으로 사용되지만 수사로 사용될 때는 온전한 형태로 사용된다. 이러한 예에서 알 수 있듯이 음운 축약은 분절적이고 초분절적인 성분에서 동일하게 발생한다. *jedyn*에서 *jen* 으로의 변화는 분절적 음운 탈락에 속하고 강세를 잃어버리는 것은 초분절적 음운 탈락에 속하기 때문이다.

복제 vs. 일상적 문법화

언어 접촉의 상황에서 사용자들이 모델어를 자신의 언어에 복제할 때 일반적으로 두 가지의 방식 중 하나를 선택하게 된다. 하나는 사용자들이 모델어에서 발생했을 것이라고 가정한 문법화 과정을 복제하는 것이고 다른 하나는 사용자들이 새로운 패턴 혹은 범주를 형성하는 언어 보편성에 의한 문법화 책략에 더욱 주목하는 것이다. 이에 대해 Heine와 Kuteva(2003; 2005)는 각각 복제(replica)와 일상적 문법화(ordinary grammaticalization)로 구분하였다. 복제 문법화(replica grammaticalization)는 이전에 언급했던 아일랜드의 영어와 같은 예이다. 아일랜드 영어에서 [X is after Y]와 같은 사용 패턴이 '최신 뉴스(hot-news): 방금 일어난 사실'과 같은 완료상으로 문법화한 것은 사용자들이 과거 모델어에서 발생한 것과 같은 문법화 과정을 선택하여 동일한 범주를 형성한 것이다. 이에 대해 일상적인 문법화는 사용자들이 모델어에서 어떤 과정을 거쳐 형성되었는지에 대해 고려하지 않고 새로운 사용 패턴이나 범주를 생성하는 것을 말한다.

소결

위에서 우리는 문법화 과정에서 발견되는 서로 독립된 네 가지의 변수에 대해 알아보았다. 그러나 일반적인 경우에 이들 변수가 동시에 문법화에 가담하는 경우가 많다. 다음은 그러한 경우의 예이다. Kostov(1973: 110-3)에 따르면 헝가리에서 사용되는 롬어(Romani)의 방언인 Lovāri는 유형적으로 헝가리어에 근접하는 방향으로 전이되고 있고 Lovāri의 사용자들이 헝가리어를 두 번째 모국어로 사용하고 있으며 헝가리어의 동사 접두사를 복제하여 Lovāri의 처소 부사를 동사 파생[11] 접두사로 문법화 하는 등 다방면으로 구조적 동일성과 새로운 형태-통사적 패턴을 도입하고 있다. 이는 매우 생산적인 패턴으로 이러한 방법으로 생성된 새로운 접두사는 그 사용이 Lovāri 고유의 동사에 제한되지 않고 헝가리어에서 차용한 동사에도 똑같이 적용된다. Kostov(1973: 113)에 의하면 이러한 동사 합성어는 Lovāri 사용자에게 새로운 것이 아니지만 헝가리어의 영향으로 그 사용이 급격히 증가하였고 더 확장되어 부차적 사용 패턴으로부터 주요 사용 패턴으로 변화하였다.

---

11) Kostov (1973: 110-1)에 의하면 이 과정은 파생이라기보다는 동사 합성에 가깝다.

이 경우 접촉에 의한 통사 변이 과정에서는 두 가지 이상의 문법화 변수가 가담하게 된다. 하나는 처소 부사가 새로운 문맥으로 확장되어 사용되는 것이고, 또한 부사가 단계적으로 독립적인 지위를 잃고 다른 단어에 부가되는 동사 접두사로의 탈범주화가 이루어진 것이다.

사용 빈도의 증가가 접촉에 의한 통사 변이의 뚜렷한 특징이 되는 것에 대해서는 언어 접촉을 연구하는 여러 학자들에 의해 지적된 사실이다(Stolz 2003-4 참조). 많은 경우 사용 빈도의 증가와 더 큰 범위의 문맥으로 확장하여 사용되는 것은 새로운 사용 패턴을 형성하는데 공동으로 기여하곤 한다. 마케도니아어, 알바니아어와 발칸의 다른 인도-유럽어들과 마케도니아의 서부 루멜리안 터키 방언의 예에서는 2.2에서 살펴본 바와 같이 전자가 후자에 대한 모델어의 역할을 하였다. Friedman은 다음과 같이 덧붙였다.

"간접 명령과 목적절을 표현하는 기원법과 가정법의 사용은 다른 터키어와 방언들에서도 나타난다. [...] 그러나 발칸 터키어에서 매우 빈번하고 광범위하게 사용되고 있는 것은 비터키어인 발칸어의 영향임을 나타내는 것이다(Friedman 2003: 62)."

이후 논의될 대부분의 내용에서는 서로 다른 변수들이 상호 작용을 일으켜 사용 빈도의 증가, 문맥 확장, 어떤 경우에는 새로운 통사 구조와 범주의 단계적 출현 등을 야기하는 예시들을 다룰 것이다.

이상의 내용에서는 접촉에 의한 언어 변이라고 생각할 수 있는 몇 가지 예시에 대해 살펴보고 이들은 모두 일상적인 문법화 과정과 일치한다는 것을 증명하였다. 그것은 언어 내적으로부터 기인한 변이이든 언어 외적으로부터 촉발된 문법화이든 모두 단방향적이라는 것이다(2.6 참조). 거기에는 약간의 드문 예외와 가능한 예외가 존재하는데 우리는 이 책에서 그것들에 대해 지적할 기회가 있을 것이다.

2.4 재구조화 vs. 접촉에 의한 문법화

대다수의 문법 복제가 문법화가 연관되어 있으나 그렇지 않은 예도 존재한다. 우리는 그것을 재구조화(restructuring)라고 부르기로 하겠다(Heine & Kuteva 2005, 3.4.3 참조). 이 책에서 언급되는 접촉에 의한 통사 변이의 일반적인 유형은 언어 사용자들이 이종 언어를 모델로 하여 문법화 과정을 거쳐 새로운 사용 패턴과 범주를 생성하는 행위일 것이다. 그러나 어떤 경우 새로운 생성과 창조가 발생하지 않는다. 간단히 말하면 언어 간 접촉으로 기존의 통사 구조가 다른 구조로 재배열 혹은 대체되는데 이것이 재구조화이다. 따라서 문법 복제는 두 가지 다른 형태로 나타나고 그 중 하나는 접촉에 의한 문법화, 다른 하나는 재구조화라고 할 수 있다.

'재구조화'는 유비쿼터스적인(ubiquitous) 용어이다. 이는 접촉언어학을 연구하는 몇몇 학자들과(Aikhenvald 2002 참조) 대부분의 피진, 크레올 연구에 사용되어 왔으나(Neumann-Holzschuh & Schneider 2000 참조) 우리는 위에서 정의한 의미로만 엄격히 제한하여 사용하려고 한다. 재구조화는 Harris와 Campbell이 말한 (통사적) 차용에 포함되었던 개념이다(혹은 적어도 그들이 사용했던 차용 중 한 가지 방식에 속한다.).

> **차용(borrowing)**은 접촉 언어의 공여 패턴(donor pattern)의 영향을 받아 외국어 통사 패턴(통사 패턴의 복제 혹은 적어도 유사 형태 구조)이 차용 언어(borrowing language)로 귀속되는 것을 의미한다(Harris & Campbell 1995: 122 참조).

그러나 이후의 내용에서 언급하겠지만 이러한 학자들은 차용을 접촉에 의한 문법화가 뚜렷하게 드러나는 예시의 의미로도 사용하였다(7.2.3 참조).

재구조화는 기존의 구조에 대한 유실(loss)과 재구성(rearrangement)이라는 두 가지 종류의 주요한 과정으로 분류할 수 있다. 여기에서 유실이란 접촉의 결과로 언어가 범주적 구분을 잃어버리는 것, 즉, 접촉 이전의 상황보다 구조적으로 약화되는 것을 말한다. 다음의 예는 두 가지 다른 종류의 유실에 관한 것이다.

첫 번째 예는 게르만어인 영어와 독일어의 예이다. 이 경우 접촉 상황은 유럽보다 미국에서 나타난다. 독일어에는 *ja, denn, doch, mal, schon* 등의 매우 정교한 담화 표지 체계가 존재하는데 이를 양태 불변화사(modal particle)이라고 부르기도 한다(최근에는 초점 불변화사(focus particle)로 부르기도 한다.). 영어에는 이에 대응하는 체계가 뚜렷하게 존재하지 않는데 Salmons(1990: 461ff.)에 의하면 텍사스와 인디애나에 거주하는 독일어-영어 이중 언어 화자들은 모델어인 영어의 특징을 복제하여 이러한 불변화사(particles)의 사용을 거의 완전히 포기했다고 한다. 이는 유럽에 거주하는 독일어 사용자들이 담화의 주요 성분으로 보유하고 있는 개념 영역이 재구조화를 통하여 유실된 양상으로 나타나는 복제라고 할 수 있다.

두 번째는 좀 더 복잡한 경우이다. 이는 몰리세와 이탈리아에서 사용되고 있는 슬라브어의 방언인 몰리세 크로아티어어 혹은 몰리세어와 관련된 예인데 관련 지역에는 언어 접촉을 분석할 수 있는 매우 풍부한 자료를 보유하고 있다(Breu 1994; 1996 참조). 다른 슬라브어와 마찬가지로 크로아티어어는 남성, 여성, 중성의 삼분 체계를 가지고 있는 반면 이탈리아어는 중성의 범주가 없는 이분 체계를 가지고 있다. 몰리세어는 이탈리아어의 강력한 영향 하에 명사의 중성 범주를 유실하고 이전의 중성 명사는 남성 범주를 할당받게 되었다. 이에 따라 이탈리아어와 구조적 등가성을 이루게 되었다. 이제 유사한 종류의 유실이 로맨스어와 같은 인도-유럽 어족에서 보편적이지 않다 하더라도 몰리세어의 이러한 중성 범주 유실이 정말 이탈리아어의 영향에서 기인한 것인가에 대해 의문의 여지가 있을 수도 있다. 이에 대해 Breu 는 몰리세어의 중성 범주 유실 과정에 언어 접촉이 가담했음을 확신한다. 예를 들어 이탈리아어가 중성 범주를 유실한 반면 몰리세에서 사용되는 이탈리아 방언에서는 특정한 문맥에 중성 범주가 잔류하기도 하고 몰리세어의 대응되는 문맥, 즉, 비인칭 발화의 형용사와 대명사를 가진 문맥에도 중성 범주가 잔류한다. 이러한 경우 유실은 복제어에서 성 범주 배당을 재편하는 원인이 된다. 이에 대해 이후에 다시 논의하기로 한다.

기존 통사 구조에 대한 재구성은 어순과 성분간 통사 관계의 변화를 포함한다. 예를 들어 인도 아리안 어파의 롬어(Romanes)는 발칸어와의 접촉을 통하여 고유의 SVO(와 VSO) 어순이 발칸어의 동사 끝자리 어순(SOV)으로 교체되었다(Matras 1996: 64. 2.2.참조). 접촉에 의한 어순 변화는 가장 흔히 볼 수 있는 재구성의 예시인데, 이에 대한 예는 마케도니아에서 사용되고 있는 서부 루멜리안 터키 방언에서도 찾아볼 수 있다(Friedman 2003: 50ff. 참조). 이 터키 방언의 사용자들은 마케도니아어와 알바니아어와 같은 인도-유럽 발칸어를 모델로 하여 소유 구조에서 소유격과 핵의 순서를 역순으로 적용시키고 있다. 예를 들면, 표준 터키어의 *Ali'nin babasI* 대신에 *babasi Alinin* 'the father of Ali'를 채용하는 것과 같은 것이다 (Friedman 2003: 61 참조).

몰리세 크로아티아어에는 어순의 재정렬(reordering)의 예도 나타나고 있다. 이 슬라브어 방언에서는 명사 부가어(Nominal attributes)의 어순이 모델어인 이탈리아어를 따라 전치 구조에서 후치 구조로 바뀌었다. 이 점에서 우리가 다시 강조하고 싶은 것은 이탈리아어의 수식어에는 구별 의미(후치)와 묘사 의미(전치) 등 어순에 따른 기능 범주의 구분이 있다는 사실이다(10)의 예에서 보는 바와 같이 몰리세어의 사용자들은 이 차이를 정확하게 복제하고 있다.

(10) 몰리세 크로아티아어(Breu 1996: 31)

  (a) jena   hiža   mala
       one   house big
       'a big house(not a small one)'

  (b) jena   mala   hiža
       one   big   house
       'a big house'

좀 더 복잡한 경우의 재구성은 한 유형의 통사 조직 대체와 다른 유형의 언어 접촉의 결과가 결합된 형태로 나타난다.

이에 대한 예가 풍부하게 축적되어 있는 문헌이 있는데(Thomason & Kaufman 1988 참조), 여기에서 우리는 두 가지 유럽 언어가 접촉한 과정을 묘사하려고 한다. 그러나 이 과정이 발생한 경합지는 유럽 대륙이 아니다. Harris and Campbell(1995: 124-5)에 따르면 미국에서 사용되고 있는 핀란드어는 다수의 영어의 통사 구조를 복제(그들의 용어로는 차용)하고 있다. 예를 들어 핀란드어에서는 명사의 부정사 보충어나 주어 인상을 동반하는 형용사를 허용하지 않고 있는데 영어에서는 이 둘이 허용된다. 미국에 거주하는 핀란드어 사용자들은 영어의 통사 구조를 복제하여 다음과 같은 표준 핀란드어에서는 허용되지 않는 구문을 사용하고 있다.

(11) 미국식 핀란드어(American Finnish)(Harris & Campbell 1995: 125)

  oli   aivan   liian kauan häne- n   odottaa.
  was   really too   long   he-   GEN to.wait
  "It was entirely too long for him to wait."
  "그에게 기다리는 시간은 너무 길었다."

(11)은 언어 접촉의 상황에서 복합 보충어의 표지로 사용되는 기존의 통사 구조를 모델어의 구조로 복제하여 새로운 구조를 형성한 것이다. 이 때 문법화 과정은 간여하지 않는다.

위에서 살펴 본 바와 같이 우리는 문법 복제에서 보이는 두 가지 다른 과정, 즉, 접촉에 의한 문법화와 재구조화를 구분하여 다룰 것이다. 대규모의 문법 복제의 예를 분석해 보면 전자가 후자에 비해 좀 더 보편적인 것을 알 수 있고(Heine & Kuteva 2005 참조) 재구조화의 예는 문법화의 방법으로도 분석이 가능한 경우가 많다. 이는 위에서 접한 몰리세 크로아티아어의 문법성 유실 등의 예시들에도 적용된다. 즉 중성 범주의 유실은 재구조화로도 문법화의 예로도 설명될 수 있다. 문법화 과정의 주요 변수인 확장은 기존의 통사 범주가 새로운 문맥으로 확장하는 것이다(2.3 참조). 따라서 몰리세어의 남성 범주가 중성 범주를 표현하는 문맥으로 확장되었다고 할 수 있다. 결국 중성 범주는 사라지고 남성 범주의 의미 내용이 수정된 것이다.

재구조화에서 좀 더 상세한 분석은 '재분석(reanalysis)' 또는 '재통사화(resyntacticization)'라는 이름으로 이루어진다. 사실상 다수의 재구조화가 문법화로 해석되는 것이 더 적절할 수도 있다. Nadkarni(1975)에 의해 관찰된 전형적인 예는 인도에서 사용되는 인도-아리아어의 드라비다화(Dravidianization)이다. 인도-아리아 어파에 속하는 콩카니어(Konkani)의 방언인 사라스왓 브라민(Saraswat Brahmins)에서는 드라비다(Dravidian) 어족에 속하는 칸나다어(Kannada)에서 발생했던 문법화 과정을 복제한 결과 의문사 의문문과 판단 의문문(yes-no)으로 구성된 복합 의문 구조가 관계절 구조를 형성하게 되었다. Appel and Muysken(1987: 159)은 이를 재통사화의 예로 보았는데 이는 문법화 과정과도 부합한다. 우리는 제6장에서 이 과정과 유사한 예를 다룰 것이다.

이 책에서 논의된 데이터는 기본적으로 접촉에 의한 문법화와 관련된 것이기 때문에 재구조화를 설명하는 경우에도 우리는 독자들에게 문법화와도 관련된 예임을 상기시킬 것이다.

2.5 복제의 본질

지금까지의 내용에서 문법 복제가 엄격히 제한되는 것에 대해 알 수 있었다. 가장 현저한 제한은 문법 복제에 있어서의 일방향성이다. 예를 들면 언어 접촉의 상황에서 사용자들은 지시사로부터 정관사로, 수사로부터 부정관사로의 문법화 과정을 복제한다(2.3 참조). 그러나 우리는 언어 접촉의 결과로 정관사로부터 지시사로, 수사로부터 부정관사로의 역방향 변이는 기대하지 않는다. 이 장에서는 문법 복제의 좀 더 심화된 두 가지 특성에 대해 알아보고자 한다. 하나는 한 언어 재료의 구조가 다른 언어로 전이되는 것이다. 문법 복제는 사실상 통사 구조의 모든 영역에 영향을 미칠 수 있다. 그러나 가장 중요한 것은 이종 언어를 모델로 한 새로운 의미 구조의 출현을 야기하는 의미의 개념화 과정이다. 다음의 예는 형태-통사 구조가 아닌 의미-개념을 주요하게 전이하는 문법 복제의 과정을 기술한 것이다.

인도-아리아 어파의 롬어는 아마 사용자들이 고유의 통사 범주 모드를 어떤 방식으로 인접어의 통사 범주 모드로 전환하는 지를 보여주는 극단적인 예일 것이다. 이러한 전환의 영향으로 발칸 지역에서 롬어 사용자들은 통시적으로 'want' 동사에서 파생된 의도 미래형을 발전시킨 한편,(영어의 *will*-미래형) 유럽의 다른 지역에서는 다른 모델로부터 다른 종류의 미래 시제 범주를 발전시키게 된다. (12)의 예와 같이 웨일즈의 방언에서는 영어의 *be going to*에서 유래되었다고 보이는 'go' 동사를 사용하는 향격 미래

(de-allative future)가 발달했다(Boretzky 1989: 368 참조).

(12) 웨일즈의 롬어(Boretzky 1989: 369)

brišindo   džala   te   del.
(rain   goes   to   give)
"It is going to rain."
"비가 오려고 한다."

러시아의 롬어 방언에서는 *l-av* 'take' 동사가 미래 시제를 나타내는 조동사로 사용된다(예를 들면, *l-av te xav* 'I am going to eat'). 이는 교차 언어적으로 아주 드문 문법화의 예에 속한다. 그런데 우크라이나어에는 두 가지 미래형이 존재하며 그 중 한 가지는 'take' 동사를 조동사로 하는 미래형이다. Boretzky(1989: 369)는 블라키아 롬어 사용자들이 우크라이나 영토를 횡단하면서 'take'-미래형을 획득하게 되었을 것이라고 말한다.

독일어의 영향을 받은 신티(Sinti) 방언의 상황은 사뭇 다르다. 신티어에는 미래형이 없고 현재형으로 미래에 발생할 사건을 표시하는데 정확히 동일한 상황이 독일어 구어에서 발견된다.[12] 즉, 현재 시제로써 미래의 사건을 표현하는 것이다. 이러한 상황은 모델어에 복제할 수 있는 어떤 범주가 결핍되어 복제어에 문법화가 발생하지 못하는 것으로 보인다.[13]

발칸 지역에서 비 의지 미래형이 보편적으로 발견되는 것은 언어 접촉에 기인한 것이다. 발칸 지역에서 사용되는 롬어 방언들에서는 *kam-av* 'want, love' 동사에서 파생된 미래 범주 표지 *ka(m)-*를 발달시켰다

---

[12] 독일어에는 *werden*-미래라고 하는 미래 형태가 존재하지만 구어 담화에서 사용되는 경우는 극히 드물다. 2.2.참조.

[13] 독일어 구어에서 같은 표현이 두 가지로 해석 가능하듯, 신티어 역시 현재 시제를 확장, 사용하여 미래 시제를 표시한다.

(Boretzky 1989: 368 참조). 이러한 비 의지 미래의 광범위한 분포에 대하여 교차 언어적으로 해석한다면 이는 문법화의 보편성에 완전히 부합한다고 할 수 있다. 이 점에서는 언어 접촉을 완전히 배제할 수는 없겠지만 접촉의 영향을 받지 않았다고도 할 수 있을 것이다. 그러나 이러한 발달과 분포가 접촉에서 기인한 문법화임을 증명하는 증거는 또 있다. 다양한 롬어 방언에서는 몇 가지 서로 다른 미래 시제가 발달했으나 유독 발칸 지역의 롬어에서만 비 의지 미래형이 발견된다는 것이다(Boretzky & Igla 1999: 729 참조). 의도 미래형의 존재는 실제로 발칸 언어역을 특정 하는 하나의 기준으로 널리 인정되고 있다(Sandfeld 1930; Schaller 1975; Solta 1980; Joseph 1992 참조).

발칸 지역의 롬어들은 이러한 새로운 미래 시제 생성의 가장 중요한 원인이 접촉이라는 데 대해 더 많은 정보를 가지고 있다. 'have' 등의 소유 동사와 부정 동사가 결합한 소유 도식(possession schema)으로 미래 시제를 표시하는 필수 표지로 문법화 하는 것이 흔한 일이 아니지만 프랑스어와 기타 로맨스어에서는 이러한 과정을 거친 진화의 전형적인 예를 볼 수 있다. 이러한 미래 시제 형성 과정은 알바니아의 게그어(Geg)나 마케도니아와 불가리아의 언어들에서 나타나는데 이들 발칸어들과 접촉한 롬어 사용자들은 이 과정을 복제한다. 즉, 롬어 사용자들은 'have'-동사, 문자 그대로의 의미는 'is me(*si man*)'의 형태로 소유 도식을 복제하여(13)과 같이 미래 시제를 생성하였다.

(13) 롬어, 프리즈렌(Prizren) 방언(Boretzky & Igla 1999: 719)

Hi   ma   te   džav   lesa.
is   me   that   go.1.SG   he.INSTR
"I will go with him."
"나는 그와 함께 갈 것이다."

다음으로 살펴볼 또 다른 예시는 아일랜드어에 나타나는 소유 완료상의 예로 역시 문법 복제의 가장 주요한 목표가 되는 형태-통사 성분이 아니라 개념 도식을 복제하는 과정을 보여 준다(제4장 참조). 11세기부터 17세기에 걸친 중세 아일랜드어에 소유 완료상이 출현할 징후가 보이지 않았음에도 현대 아일랜드어에는 (14a)의 예와 같이 장소 도식 [Y is on X]를 기본으로 하는 소유 구조가 존재한다. 이 때 소유주를 이끄는 전치사는 *ag* 'at'을 사용한다. 유럽의 서부와 중부의 언어들에는 "I have a cat"과 같은 소유 구조가 "I have seen a cat"과 같은 소유 완료상으로 문법화 하는데 이와 동일한 문법화 과정이 (14b)와 같이 아일랜드어에서 발견된다. 아일랜드어에서 보이는 과정은 아직 문법화의 초기 단계로 타동사, 인간을 주어로 하는 경우, 결과의 의미인 경우로 제한된다.[14] 아일랜드의 지역적, 역사적 상황 외에도 이러한 소유 구조가 완료상으로 문법화 하는 경우는 교차 언어적으로 흔히 볼 수 있는 예가 아니다. 이에 대해 가장 설득력 있는 가설은 역시 아일랜드어가 이러한 문법화 과정을 먼저 거쳐 간 다른 유럽 언어들, 특히 영어와의 접촉을 통하여 동일한 구조를 획득했다는 것이다.

(14) Modern Irish(Elvira Veselinović, p.c.)

    (a) Tá   teach   agam.
        is   house   on.1.SG
        "I have a house."
        "나는 집이 있다."

---

14) Harris (1984)는 아일랜드어의 소유 완료상을 'PII'로 명명하고 [...] 동사적 형용사(verbal adjective)를 목적어의 보충어로 통합한(a possessive construction which incorporate a verbal adjective as object complement) 소유 구조라고 보았다(아일랜드의 소유는 'object-of-possession is at possessor'로 표시된다) (Harris 1984: 319).

(b) Tá   an   litir   scríofa   agam.
be.PRES   ART   letter   to.write.PPP   on.1.SG
"I have written the letter."(Lit. "The letter is a written one on me.")
"나는 편지를 다 썼다."

이러한 가설이 맞는다면 아일랜드어는 소유와 완료를 나타내는 형태-통사 구조가 아닌 소유 도식을 이용하여 완료의 동작상을 지시하는 개념 전략을 복제한 것이라고 할 수 있다. 영어와 기타 게르만어, 로맨스어에서 소유주와 완료상의 동작주를 문장의 주어로 부호화한 것에 비하여 아일랜드어는 소유주와 동작주를 장소격인 부가어로 부호화하는 방식을 채택했다. 즉, 아일랜드어는 소유 도식으로부터 완료상 개념으로의 문법화 과정을 복제했을 뿐 이들 개념과 연결된 통사 구조는 복제하지 않았다.

문법 복제에 나타나는 또 다른 특징 중 하나는 복제어의 구조는 대응되는 모델어의 구조보다 일반적으로 문법화가 덜 진행된다는 것이다. 이에 대한 예를 에스토니아어를 통해 알아보자(Stolz 1991: 70-3). 핀어에 속하는 핀란드어는 (15a)와 같이 현재 시제의 인칭 접사에 의해 굴절하는 분리 동사를 사용하여 동사의 부정을 표시한다. 라트비아어와 리투아니아어와 같은 발트어에서는 (15c)와 같이 접두사 ne-가 정동사에 부가되어 동사의 부정을 표시한다. 에스토니아어는 발트 제어들과 긴 역사 동안 일반적인 접촉을 가졌고 그 중 라트비아어의 강력한 영향 하에 놓여 있었다(Stolz 1991). 따라서 에스토니아어가 발트 제어를 통하여 핀어의 초기 부정구조를 수정한 것으로 보인다. (15b)의 예와 같이 핀어의 3인칭 단수 동사 부정형은 불변화 부정 표지인 ei이 동사 앞에 부가되고 다른 성분에 의해 분리될 수 없어 전치사에 가까운 특성을 보이는 것으로 문법화되었다. 그러나 이 때 여러 가지 면에서 완전한 전치사로는 볼 수 없다(Stolz 1991: 71).

(15) 핀어와 발트 제어의 동사 부정(Stolz 1991: 70-2)

    (a) 핀란드어

        e-   n   lue.

        NEG-   1.SG   read

        "I don't read."

    (b) 에스토니아어

        mina   ei   loe.

        (I.NOM NEG   read)

        "I don't read."

    (c) 라트비아어

        es   ne-   gribu.

        (I.NOM NEG- want.1.SG)

        "I don't want."

이와 같이 에스토니아어는 같은 핀어에 속하는 핀란드어와는 다른, 유전적으로 관계가 없는 발트 제어와 거의 동일한 방식의 부정법을 발달시켰다. 그러나 에스토니아의 부정법이 발트 제어와 또 다른 점은 덜 문법화되었다는 것이다. 첫째로 동사의 접두 성분이 완전한 전치사가 되지 못한 점, 둘째, 에스토니아 남부 방언의 부정소는 시제 굴절을 표시하는 등 동사의 속성을 가지고 있는 점에서 그러하다.[15]

이러한 범주 혹은 구조의 복제는 모델어의 범주와 구조가 완전히 같지는 않다. 예를 들어 복제된 범주와 구조는 모델어에 비해 문법화 정도가 덜 진행되었다든가, 사용 빈도 면에서 낮다든가, 좁은 범위의 문맥에서만 사용될 수 있다든가, 형태-통사적 사용이 덜 강제적인 등 모델어와 원칙적으로 다

---

15) 우리가 두 번째 사실에 주목하는 데 도움을 준 Östen Dahl(p.c.)에게 사의를 표한다. 그러나 Dahl은 이 경우를 복제의 예로 보지 않았는데 그 이유는 에스토니아어가 세계 언어의 보편적인 부정법의 유형을 가지는 방향으로 거슬러 올라가고 있다는 논의가 있기 때문이다.

른 특성을 보인다(Heine & Kuteva 2005 참조). 그러나 이러한 일반화에는 검증 절차가 필요할 수도 있다. 복제 진화가 이루어지는 초기 단계에서는 이러한 일반화가 적용되기 쉽다. 접촉의 상황이 길어질수록 복제 범주는 모델어에 접근한다. 접촉 확장 단계에 접어들기 시작하면 복제어와 모델어는 구조적으로 거의 동일하게 된다.

문법 복제는 언어의 의미와 구조와 상관관계를 가지고 형태(forms)와는 큰 관련이 없다. 따라서 이 책에서는 형태적 전이인 차용에 대해서는 거의 기술하지 않으려고 한다. 그러나 차용과 복제가 언제나 서로 분리되어 존재하는 것은 아니다. 보고에 따르면 접촉에 의한 전이 중 몇 가지 예는 복제와 차용 두 가지 경우에 모두 적용된다. Aikhenvald(2002: 239)는 이를 문법적 적응(grammatical accommodation)이라고 하였다(Heine & Kuteva 2005, chapter 6.3.1 참조). (16)의 예와 같은 경우에는 차용이 복제를 위한 기초를 마련해 준 것이라고 볼 수 있다(Rot 1991: 58). 헝가리어는 독일어로부터 파생 전치사 *aus*-('out')를 가지고 있는 몇몇 동사를 차용하였다. 따라서 이들 동사에는 'out'의 의미를 가진 성분이 포함되어 있는데 헝가리어 사용자들은 (16)의 예와 같이 독일어의 *aus*-에 해당하는 헝가리어 고유의 전치사(혹은 동사 전치 성분 preverb) *ki*-를 헝가리어(핀우그리아 어족)의 동사 어근으로 확장하여 적용하고 있다.

(16) Hungarian(Rot 1991: 58)

ad   'give'   ki-ad   'give out'
fő   'boil'   ki-fő   'boil out'
lök   'push'   ki-lök   'push out'

Rot이 기술한 바와 같이 차용은 문법 복제의 필요조건이 된다. 독일어의 *aus*를 모델로 한 헝가리어 *ki*-는 새로운 동사 어근으로 확장하여 문법화 과정의 한 부분을 이루었다.

2.6 내적 변화 vs 외적 변화

우리의 접근 방식이 직면한 문제는 대부분의 경우 문법 복제가 발생했다는 것을 증명하는 것이 쉽지 않기 때문에 결국 정황 증거에 의존할 수밖에 없다는 것이다. 예를 들어 언어 접촉에 관한 사회-역사적인 세부 상황은 이 복제 가설에 반하는 실마리를 제공할 수도 있다. 그리고 여기에서 더 중요한 문제는 1.5.1에서 이미 논의되었던 것으로, 이 책에서 다루고 있는 여러 가지 언어 변이의 과정들이 진정으로 언어 접촉과 같이 외부로부터 기인한 것인지, 아니면 언어 내적 과정으로서 변화한 것인지에 관한 것이다. 이전에 언급한 바 있듯이(Heine & Kuteva 2003) 우리가 접촉에 의한 문법화가 이 두 가지 모두를 내포한다고 가정한 것에는 이유가 있다. 다음에서 우리는 이 가설에 대해 입증하려고 한다.

문법화에는 (17)과 같이 뚜렷한 선형 과정의 진화가 관련되어 있다. 이에 따르면 자유 형태소는 적절한 문맥에서 다른 단어에 부가되는 접어로 문법화 될 수 있다. 접어는 다시 파생 혹은 굴절 접사로 문법화 된다. 문법화가 더욱 심화되면 접사는 유실되고 새로운 자유 형태소로써 대체된다. 그에 따라 새로운 문법화의 순환이 다시 일어나게 된다(유명한 Givón의 문법화 층위, Heine & Reh 1984 참조).

(17) 문법 형태의 보편적 진화 과정
  자유 형태소(free form) 〉 접어(clitic) 〉 접사(affix) 〉 개신(renewal)

이 과정에 따르면 접사에는 언제나 개신이라고 불리는 현상이 발생할 수 있다. 이는 특히 접사가 그 의미와 범주적 특성, 음운 실체가 유실되거나 더 이상 강세를 받지 못할 때 발생하는데, 로맨스어에서 격 굴절의 진화 과정과 그에 상응하는 영어의 경우가 이에 해당한다. 그러나 개신은 필수적으로 발생하는 단계라기보다는 접어 또는 자유 형태소의 경우에도 충분한 외적 동력이 전제되어야 발생한다고 할 수 있다.[16] 문법화 이론에서는 개신을 원칙적인 방법 중 하나의 예로 설명했지만 개신에는 언어 접촉이라고 하는 또 다른 요인이 작용한다. 그러나 이 요인은 많은 경우 논란의 여지가 될 수 있다는 비평을 받아왔다. 그럼에도 언어 접촉은 여전히 개신을 불러일으킬 수 있는 하나의 요인이 될 수 있다. 다음에서 소개할 예들은 이를 뒷받침한다.

다른 어족에서는 잘 찾아볼 수 없으나 인도-유럽 어족 제어의 특징이 잘 나타나는 언어 현상으로는 형용사가 접사 굴절(suffixal inflections 또는 정도 표지 degree markers)을 이용하여 비교의 정도를 표시하는 것을 들 수 있다. 이것은 굴절을 통해 비교급과 최상급의 형태를 생성하거나(영어의 *small, small-er, small-est*와 같은) 보충에 의해 형태를 생성하는 것인데(영어의 *good, better, best*와 같은) 두 가지 모두 합성적 형태 또는 합성적 구조 종합적 형태나 구조로 불린다.

이러한 형태들은 유실과 대체로부터 취약하다고 알려졌는데 로맨스어 등 다수의 인도-유럽 제어에서 역시 자유 형태소로 대체되었다. 이는 새로운 문법화 순환이 개신되었음을 의미한다. 그러나 이러한 개신은 언어 접촉의 가설로도 설명이 가능하다. 그리고 언어 접촉의 상황에서 특히 개신이 빈번하게 일어난다는 것을 입증할 증거도 구비되어 있다(Danchev 1989; Heine & Kuteva 2005 참조). 그렇다면 두 가지의 가설, 즉, 내적 문법화와 외적

---

16) 이 점에 주목해 준 Östen Dahl에게 감사를 표한다.

변이(즉, 언어 접촉) 중 어떤 것이 개신에 대한 동력으로 작용하는 지에 대한 의문이 남는다.

영어의 비교급 표현이 종합적 형태(접사 또는 보충형)으로부터 분석적 형태(자유 형태소)로 변화한 것에 대해서는 지속적인 논의가 있어왔다. 그러나 이러한 논의들은 완전히 해결되지 못한 채 미제로 남아있다. 예를 들어 중세 말엽의 영어에서 분석적인 구조가 특히 보편적이었던 것은 프랑스어를 모델로 하여 복제된 것이라는 제안이 있었으나 영어의 최상급(*most*)의 형태가 상응하는 프랑스어의 형태(*le plus*)를 정확히 복제한 것이 아니라는 사실이 이 가설에 대한 문제점으로 제기되었다.

그럼에도 불구하고 이 가설을 뒷받침할 수 있는 몇 가지 증거의 단편들을 소개하기로 한다. 15세기, 북부 영어에서는 분석적 형태의 사용이 미미했으나 프랑스와의 접촉에 더 노출되었을 거라고 생각되는 남부 영어에서는 한 세기 전부터 분석적 형태의 사용이 점점 보편화되고 있었다(Danchev 1989: 169 참조). 접촉의 가설에 대한 증거는 이뿐이 아니다. 독일어에는 *schön* 'beautiful', *schön-er*('beautiful-COMP') 'more beautiful'와 같이 합성적인 비교 구조가 잘 갖추어져 있었다. 그러나 수세기 동안 프랑스와의 강한 접촉에 노출되었던 룩셈부르크 방언에서는 합성적인 비교 구조를 대신하여 프랑스어의 비교 구조를(*plus beau* 'more beautiful') 복제했다고 가정할 수 있는 분석적인 비교 구조가(*mehr schön* 'more beautiful') 발견된다 (Alanne 1972; Danchev 1989: 170 참조).

우리는 이미 2.2.에서 프랑스어의 영향을 대규모로 받았다고 보이는 플랑드르 지역에서 사용되는 통용 네덜란드어(Algemeen Nederlands) 등을 포함한 네덜란드 방언은 다수의 통사적 사용 패턴의 형성과 기존의 사용 패턴을 확장하는 데 주도적 역할을 했다는 것에 대해 살펴보았다(Taeldeman 1978 참조). 이와 관련된 예로 (18a)와 같은 프랑스어의 차등 비교 구문을 들 수 있다. (18b)의 예는 프랑스어의 *plus*를 모델로 하여 플랑드르어의 대응되는 불변화사인 *meer* 'more'를 사용한 분석적 사용 패턴이 형성된 것이다. 이 패턴은 (18c)와 같이 비교 접사 *-er*를 사용하는 고유의 종합적 비교 구조와 병존한다.

(18) 플랑드르어와 프랑스어(Taeldeman 1978: 58)

    (a) Dans ce restaurant les plats du jour sont **plus** variés.
        (in this restaurant the dishes of day are more varied)
        (이 식당의 음식이 더욱 다양하다.)

    (b) In dat restaurant zijn de dagschotels **meer** gevarieerd.

    (c) In dat restaurant zijn de dagschotels gevarieerd- **er**.
        "In this restaurant, the dishes of the day are more diverse."
        (이 식당의 음식이 더욱 다양하다.)

이와 유사한 종류의 예시들은 어렵지 않게 찾을 수 있다. 슬라브계 크로아티아의 소수 민족인 몰리세인들은 몰리세 지역과 남부 이탈이아에 거주하고 있는데 500년의 역사 동안 숙주 언어(host language)인 이탈리아어의 영향을 강력하게 받아왔다. 그 결과 이전 내용에서 살펴본 바와 같이 이탈리아어로부터 크로아티아의 한 방언인 몰리세어로 다량의 전이가 일어났다. 이 전이에서 차등 비교 표지가 한 번 더 가담하게 된다(Breu 1996: 26 참조). 몰리세어 사용자들이 전통적인 슬라브어의 합성적 구조를 포기하고 이탈리아어의 정도 표지 *più* 'more'를 모델로 *veče*를 사용하여 비교 구조를 복제한 것이다. 이에 따라 표준 크로아티아어에서는 합성적 형태인 *lyepši* 'more beautiful'을 사용하는 반면 몰리세어에서는 *veče lip* 'more beautiful'의 형태를 사용하고 있다.

여기에서 다시 한 번, 혹자는 언어 접촉이 일어나는 것과 관계없이 개신이 발생할 수 있다고 주장할지 모른다. 그러나 우리는 이에 대해 우리의 가설을 증명할 또 하나의 증거를 제시하고자 한다. 다른 로맨스어와 마찬가지로 이탈리아어는 합성적인 정도 표지를 포기했으나 몇몇 예에 그 흔적이 남아있다. 그런데 이 잔류한 흔적과 정확히 대응되는 합성적 형태가 몰리세어에 적어도 수의적인 형태로서 남아있다. 즉, 이탈리아어에서 *migliore* 또는 *più buono* 'better'를 사용할 때, 몰리세어에는 *bolji* 또는 *veče dobar* 'better'가 사용되는 한편, 기존의 비교형과 새로운 정도 표지를 동시에 사용하는 세 번째 형태 *veče bolji*('more better') 역시 공존하고 있다. 이러한 공존 현상은 아래 와 같은 4단계 진화로 구분할 수 있으며 이는 보편적인 문법화의 경우와 일치한다.

(19) 합성적 형태로부터 분석적 형태로의 비교 구조 진화 시나리오

　　1단계: 합성적 형태가 존재하는 단계(몰리세어 *bolji* 'better').

　　2단계: 분석적 정도 표지가 첨가된 단계(*veče bolji*).

　　3단계: 정도 표지가 기본형으로 사용되기 시작하여 잉여 형태가 소실되는 단계(*veče dobar*).

　　4단계: 이전의 합성적 형태가 소실된 단계(위의 예는 아직 이 단계에 이르지 않았다).

그러나 접촉에서 기인한 합성형 비교 표지로부터 분석적 비교 표지로의 진화로 가장 잘 알려진 예가 발칸어이기 때문에 이것은 발칸어역을 규정하는 특징으로 자리잡게 되었다. 발칸어역에 속하는 언어들에서는 형용사의 합성적 보충형으로부터 불가리아어의 *pó-*, 알바니아어의 *më*, 루마니아어의 *mai-*, 현대그리스어의 *pió-*와 같은 분석적 전치 표지로의 단계적 전이가 발견된다. 그러나 그리스어는 다수의 합성적 비교 구조의 초기 모습을 보

존하고 있다(Schaller 1975: 149; Solta 1980: 229 참조).

유전적으로 발칸어역에 분류되는 언어들보다 발칸어역의 영향 하에 있는 언어들에서 이러한 개신이 발견된다는 사실은 이것이 접촉에 의한 복제의 예라는 것을 뒷받침한다(Solta 1980: 229 참조).

발칸의 상황과 관련된다고 보이는 예가 루마니아 부코비나 지역에서 사용되는 폴란드어 방언에서 발견된다. 그러나 여기에는 문법화보다는 차용이 가담했다고 보는 편이 좋다. 이 지역의 폴란드어 사용자들은 루마니아어의 정도 표지 *mai*를 차용한 *maj* 'more'의 형태로 루마니아어의 분석적 구조를 복제하였고 그에 따라 폴란드어의 전통적인 비교 구조 *nowszy* 'newer' 대신에 분석적인 *maj novyj* ('more new') 구조를 사용하게 되었다. 루마니아어를 모델로 한 이러한 복제는 최상급에도 영향을 주었다. 루마니아어는 정도 표지 앞에 형용사적인 불변화사(adjectival article)를 사용하여 최상급 구조를 만드는데 이 폴란드 방언 역시 유일하게 정도 표지 앞에 지시적 부가어(demonstrative attribute *ten*과 같은)를 두는 방법으로 최상급을 표시한다. 물론 폴란드어에는 관사 범주가 존재하지 않지만 제3장에서 소개될 내용과 같이 지시사는 문법화를 통하여 새로운 정관사 범주를 생성하는 가장 보편적인 범주이다. 따라서 폴란드어의 *ten maj vjel'ki* 'the biggest' 구조는 루마니아어의 *cel mai mare* 'the biggest' 구조를 정확하게 복제한 것이라고 할 수 있다(Breu 1996: 34 참조).

유사한 예가 슬라브어계의 내부에서 일어난 접촉에서 발견된다. 슬라브어계에는 발칸어역에 속하는 언어가 있는데 그것은 불가리아의 두 지역에 거주하는 러시아 소수 민족의 언어이다. 그리고 이 언어는 지배어인 불가리아어와의 접촉으로부터 영향을 받아 합성적인 비교 구조를 잃어버리고 대신 위에서 언급되었던 불가리아어의 *pó*-구조의 비교 패턴을 사용하게 되었다 (상세한 내용은 Breu 1996: 34 참조).

위의 내용에서 차등 비교 표지에서 합성형으로부터 분석형으로 전이되는 데 있어서 언어 접촉이 적어도 부분적으로 영향을 미쳤다는 증거들을 논의해 보았다. 즉, 합성적인 비교 구조를 가진 어떤 언어가 로맨스어와 같이 분석적인 비교 구조를 가진 언어에 강하게 노출되면 합성형 비교 구조는 점차 분석형 비교 구조로 전이한다는 것이다.

이와 본질적으로 같은 현상이 격 표지에서도 발견된다. 즉, 기존의 격 접미사(case suffixes)가 부치사(adpositions)로 대체되는 것이다. 격 접미사가 유실되기 전, 이러한 대체 현상이 발생하는 초기에는 기존의 격 접미사가 먼저 부치사에 의해 강화된다((18)의 변이 참조). 관련된 예를 다시 한 번 남부 이탈리아의 크로아티아 소수어인 몰리세어에서 찾아보기로 한다. 이탈리아어는 전치사로 격을 표시하지만 슬라브어는 격 접미사로 격을 구분한다. 남부 이탈리아어와의 접촉을 통해 몰리세어 사용자들은 격 접미사 부가된 명사에 다시 이탈리아어와 같이 전치사를 더하여 상응하는 기능을 표시하는 경향이 있다. 즉, 몰리세어의 도구격 접미사는 먼저 모델어인 이탈리아어의 도구격을 표시하는 *con*을 복제한 전치사 *z* 'with'를 부가하여 강화된다. 또한 부가 소유 구조는 이탈리아의 [possessee *di* possessor]를 모델로 하여 새로운 구조인 [possessee *do* possessor.GEN]을 생성하여 표시하게 된다. 이 때 이탈리아어의 소유 표지 *di*는 크로아티아어에서 (소유격을 지배하는) 향격 전치사 *do* 'to, toward' 전치사로 대체된다(Breu 1990b: 54; 1996: 26-7 참조). 이러한 증거들로 설명할 수 있는 것은 개신으로 향한 변화의 첫 단계이다. 크로아티아어의 격 접미사는 아직 유실되지 않았으나 이탈리아어의 영향 하에서 격을 표시하는 가장 주요한 방식을 전치사에게 양보하게 된 것이다.

이러한 접촉에 의한 개신은 발칸어역에서 비교적 흔히 볼 수 있다. 예를 들어 이 언어역에 속한 두 종류의 슬라브어, 불가리아어와 마케도니아어에서는 이미 고유의 격 굴절을 포기하고 전치사를 사용한다(Breu 1994: 45

참조).17) 유사한 예로 인도-아리아 어파의 롬어에서 고유의 교착적인 격 접미사가 전치사로 대체되는 현상이 증가하는 것 역시 발칸 제어와의 접촉에서 기인한 것이라고 인정되고 있다(Matras 1996: 65 참조). 이러한 변화는, 보수적인 방언에서는 여전히 격 접미사를 사용하고 있고 기타 방언에서 전치사가 소유격을 제외한 거의 모든 격을 표시하는 기능을 하는 등 언어 내적으로 다양한 변이를 반영하고 있다는 것에서 알 수 있다.

위에서 제시된 예로 증명할 수 있는 것은 종합형으로부터 분석형으로 변이하는 과정이 일반적으로 언어 접촉의 상황에 의해 추진되고 더욱 가속화되는 경향이 있다는 것이다. Friedman(2003)이 조사한 마케도니아에서 일어나고 있는 마케도니아어와 알바니아어의 접촉과 서부 루멜리아 터키 방언(WRT)의 예는 마케도니아어와 알바니아어의 접촉이 서부 루멜리아 터키 방언의 모델로서 작용한 경우이다. 이에 대해 Friedman(2003)은 다음과 같이 결론지었다.

동사구에서 형태-통사적 접촉이 발생하는 경우, 비정형 동사는 삭제되고 교착적인 방향에서 분석적인 방향으로 전이되는 것과 같은 경향을 보인다. 이 두 종류의 경향성은 인도-유럽 어족에 속하는 발칸 제어로부터 차용된 (calqued) WRT의 구조에서 발견되는 뚜렷한 특징이기도 하다. 이러한 경향성은 부정사를 기원법과 가정법, 조건법으로, 의문과 부정 접사를 구를 구성하는 어휘 항목으로, 분사 구문 등을 연결사와 정동사 형의 결합 형태로 대체하는 것으로 실현된다(Friedman 2003: 62 참조).

결론적으로 언어 접촉이 접사적, 또는 보충적(합성적) 형태로부터 자유 형태(=분석적)로 진화(개신)하는 데 중요한 요인이 된다는 증거가 존재한다.

---

17) Breu(1994: 45)에 의하면 불가리아어와 마케도니아어에서 격 굴절이 사라진 것은 로맨스어의 영향 때문이라고 하였다. 그러나 그의 이러한 가설은 적절한 증거로 증명되지 않았다.

동시에 (17)과 같은 문법화 단계 역시 확실한 증거로서 존재한다. 이러한 개신은 언어 접촉이 없이도 추진되고 가속화할 수 있다. 음운이 약화된 접사가 유실되면 같은 기능을 가진 새로운 분석적인 구조에 의해 대체되고 이미 언어 내적인 통사 변이의 한 부분으로 검증된 *free form > clitic > affix*의 문법화 경로를 걷게 된다(Heine, Claudi et Hünnemeyer 1991 참조).

확실히 언어 접촉의 여부와 관계없이 합성적 비교 구조 혹은 격 굴절은 분석적인 형태로 대체될 것이다. 분석적인 비교 구조나 격 표지가 합성적인 형태로 대체되는 반대 방향으로의 전이는 발생하기 매우 어렵고 확률적으로 거의 불가능한 변화에 속한다. 언어 접촉이 일어나지 않을 때와 마찬가지지만, 언어 접촉이 일어날 때에 종합적 구조를 대체하는 것이 분석적 구조이며 반대의 경우는 발생하지 않는 이유에 대한 그럴 듯한 설명은 접촉에 의한 문법적 변화(이러한 과정의 고정된 최종 결과, 즉 접미사와 대조적으로)가 전형적인 초기와 중간 단계의 분석적 구조를 보여주는 포함한다는 사실일지도 모른다(Heine and Kuteva(2005: 258-259 참조).

이에 대한 몇 가지 해석이 제안된다. 첫째, 언어 내적 변이와 외적 변이는 서로 대조되는 개념이 아닐 뿐더러 배타적인 개념이 아니며 통사 변이의 과정에서 상호 보완적인 개념이다(Danchev 1984; 1988; 1989 참조). 언어 접촉은 접촉이 일어나지 않는 상황에서 발생할 수 있는 통사 변이를 유발하거나, 또는 현재 진행 중인 통사 변이를 강화하고 가속화하는 경우가 종종 발견된다. 둘째, 첫 번째 해석의 결과에 따라 언어의 변이가 내적에서 기인한 것인지, 외적 요인으로부터 기인한 것인지에 대한 질문은 단지 불필요한 것이다. 셋째, 우리의 가장 중요한 목적과 관계되는 해석으로 접촉에 의한 통사 변이는 문법화 이론에 부합한다는 것이다. 영어, 룩셈부르크 독일어, 통용 네덜란드어(Algemeen Nederlands), 몰리세 크로아티아어 등의 언어들은 모두 합성형 비교 구조를 분석형으로 대체하는 반면 분석형 비교 구조나 부치사에 의한 격 표시를 합성형 구조나 굴절로 대체하는 경우는 잘 나타나지 않는다.[18] 이는 접촉에 의한 통사 변이 역시 제약을 가지며 일정 정도 예측이 가능하다는 것을 의미한다(2.4 참조).

2.7 사례 연구

제1장에서 논의한 바와 같이 언어역으로서의 유럽을 연구하는 것은 유럽에서 보편적인 분포를 보이지만 세계의 다른 지역에서는 드물거나 아예 존재하지 않는 언어적 특징에 대해 탐구하는 것을 목표로 한다. 여기에서는 그에 부합하는 예에 대해 알아보기로 하겠다. 첫 번째 예는 유럽 언어 중에서도 SAE 언어와 주요하게 관련된 예이다.

2.7.1 'Threaten' – 구조

이 특징은 'drohen' 동사의 다의성과 관련된 것이다. 우리는 유형적으로 지역적으로 중요한 현상을 보이는 몇 가지 유럽어에 대해 알아보기로 한다.

독일어

독일어 동사 *drohen* 'to threaten'은 (20)과 같이 4 가지의 구조와 주요

---

18) 여기에서 우리의 주된 관심은 개신에 한정되어 있다. 실제로 (16)에서 기술한 것처럼 언어 접촉의 여부와 관계없이 분석형 구조가 단계적으로 합성형 구조로 문법화 하는 경우도 빈번하게 발생한다. 그러나 이는 또 다른 문법화의 순환에 속하는 예이며 우리는 이에 대해 다시 논의할 것이다.

하게 관련되어 있다. 이에 대해 우리는 1, 2, 3단계와 4단계 구조라고 부르기로 한다. 이에 대한 자세한 설명은 이후에 하기로 한다.[19]

(20) 독일어

  (a) Karl **droht**   seinem Chef, ihn zu verklagen. (1단계)
     Karl threatens to.his boss him to sue
     "Karl threatens his boss to take him to court."
     "Karl은 그의 보스를 기소할 것이라고 위협한다."

  (b) Uns **droht**   nun eine Katastrophe. (2단계)
     to.us threatens now a disaster
     "We are now threatened by a disaster."
     "현재 우리는 재난으로부터 위협받고 있다."

  (c) Das Hochwasser **droht**   die Altstadt zu über (3단계)
                                    schwemmen.
     the flood threatens the old.town to flood
     "The flood risks flooding the old town."
     "홍수가 구 시가지를 침수의 위기에 빠뜨렸다."

  (d) Mein Mann **droht** krank zu werden. (4단계)
     my husband threatens sick to become
     "My husband risks falling ill/threatens to fall ill."
     "나의 남편이 병에 걸릴 위기에 처해있다."

---

19) 이어지는 논의는 Hiroyuki Miyashita의 최근 연구에 의거한 것이다. 우리는 그의 연구 성과를 인용할 수 있도록 해 준 Hiroyuki Miyashita에게 감사를 표한다. 독일어 문법에서 2단계와 4단계는 일반적으로 구분되지 않는다. 1단계에서는 *drohen*이 어휘적인 동사로 취급되지만 3단계에서 *drohen*은 양태(modal *Modalitätsverb*) 동사 혹은 준양태(semimodal *Halbmodalverb* or *Halbmodal*) 동사로 분류하거나 조동사로 분류한다. 혹은 *drohen*을 조동사는 아니지만 조동사에 근접한 범주라고 하기도 한다. 또한 1단계와 는 범주적 구분이 없다는 의견을 고수하는 학자들도 있다(Heine & Miyashita 2005 참조).

1단계에서 *drohen* 동사는 인간 동작주를 주어와[20] (여격으로 부호화된) 경험주로 하고 기타 성분은 부정사 보충어, *dass* 'that'에 의해 이끌린 보충절로 직접 화법과 간접 화법을 구성하고 있다(20a). 1단계와 비교하여, 2단계, 3단계, 4단계는 통사적으로 제한되고 있는데, 2단계는 무정 주어와 (역시 여격으로 부호화된) 경험주만을 논항으로 하고 있고, 3단계와 4단계에서는 주어와 부정사 보충어 외에 다른 논항이 보이지 않는다. 즉, 3단계와 4단계의 구분은 무정 주어인지, 인간 주어인지로 나눌 수 있다. 1단계와 4단계 모두 인간을 주어로 하기 때문에 중의성을 가질 수 있으나 부정사로 표시된 주요 사건에 대해 인간 주어가 고의성을 가지고 통제할 수 있는지(=1단계), 그렇지 않은 지(=4단계)에 따라 단계를 구분할 수 있다. 예를 들어 (20d)는 일반적으로 고의성이 없는 것으로 해석되지만 (21)과 같은 적절한 문맥 정보가 주어지면 고의성이 있는 것으로 해석될 수 있다. 이때는 주어가 고의성을 가지고 사건을 통제하는 것이라고 해석된다.

(21) 독일어

Mein	Mann	**droht**	krank	zu		werden,
my	husband	threatens	sick	to		become
falls	ihm	der		Urlaub	verweigert	wird.'
if	to.him	the		leave	refused	is

"My husband threatens to fall ill in case he doesn't get leave."
"휴가를 받지 못한다면, 나의 남편은 병이 날 것이다."

*drohen*과 관련된 또 다른 구분은 1단계에서 *drohen*이 (22a)에서 보이는 것과 같은 의미를 가진 어휘적 동사였다면 2, 3, 4단계에서는 (22b)과 같이

---

20) 인간 주어와 함께 비인간 유정 주어의 범위까지 허용된다.

도식적 의미가 축소되었다. 우리는 이를 기능적(functional)[21] *drohen*이라고 부르기로 한다. 기능적 *drohen*은 가능성을 나타내는 인식 양태를 표시하며 다음과 같은 부가 의미 성분들이 존재한다. (i)원치 않은 일의 발생, (ii)상태의 변화, (iii)부정사로 표시되는 사건은 근접 미래의 시제를 지시. 4단계의 구조적 특징은 [표 2-2] 참조.

(22) 어휘적 *drohen*(22a) vs. 기능적 *drohen*(22b)

    (a) "어떤 동작주가 다른 경험주에게 (경험주가) 일어나길 원치 않는 일을 (동작주가) 의도적으로 할 것이라고 언급한다."

    (b) "원치 않는 어떤 일이 곧 발생할 것이다."

[표 2-2] 독일어의 4단계 *drohen* - 구조의 특징

단계	주어	동사 의미	보충어 형태
1	유정	어휘적	부정사, 경험주, 전치사구(mit + NP), 절($dass$ + S), 직접 화법, 간접 화법
2	무정	기능적	경험주
3	유정	기능적	부정사
4	무정	기능적	부정사

이에 대해 4가지 구조에 대해 '단계(stages)'라는 용어를 사용한 이유는 이 4단계의 구조가 현대 고지 독일어에 출현한 것이 역사적으로 1단계로부터 2단계, 3단계를 통해 4단계로 변이한 결과이기 때문이다. 고대 고지 독일어와 중세 고지 독일어는 (23)의 예와 같이 1단계의 어휘적 *drohen*에 대한 풍부한 자료를 가지고 있으나 어떤 기능적 *drohen*에 대한 의미 있는 흔

---

21) 기능적 *drohen*은 양태적, 인식적, 확언적 *drohen*으로 부르기도 한다.

적을 가지고 있지 않다.

(23) 중세 고지 독일어(Hartmann von Aue, 약 1170-1210년경)

hêrre waz wil   der leu? uns dunket daz er uns **dreu**.

man what wants the lion to.us seems that he to.us threaten

"Sir, what does the lion want? It seems to us that he is threatening us."

(1단계)

"사자가 원하는 것은 뭐죠? 사자는 우리를 위협하는 것처럼 보이는데요."

　2단계는 16세기 중반인 현대 고지 독일어 초기에 출현한다. 그것은 (24)의 예에서 보는 바와 같이 인간 주어가 무정물 주어로 생산성을 가지고 확장하기 시작한 것으로부터 시작된다.

(24) 16세기 독일어(Hans Sachs, 1494-1576)

dergleichen auch ohn-zahlbar sorgen,

such   also countless   sorrows

troen   im abendt   und   den   morgen.

threaten   him evening   and   the   morning

"Countless sorrows of this kind were threatening him evening and morning." (2단계)

"헤아릴 수 없는 이러한 슬픔이 아침, 저녁으로 그를 위협하고 있었다."

　약 2세기 후 3단계가 발달하기 시작한다. 이 때 *drohen*은 양태 조동사로 자주 사용된다. 이와 같은 예는 (25)에서 보는 것처럼 18세기 초에 발견된다.

(25) 18세기 독일어(Gottsched, 1738)

[…] wasser in ein meer zu giessen,
water in a sea to pour
welches ohnedem überzulaufen **drohet**.
which anyway to.run.over threatens

"[…] to pour water into a sea that risks running over anyway."(3단계)
"[…] 바다에 물을 쏟아 붓는 것은 어쨌든 바다를 범람하게 할 위험이 있다."

마지막 4단계 구조는 18세기 후반에 나타난다. (26)에서와 같이 3단계 구조에 부정사로 표시된 사건을 통제할 수 없는 인간 주어가 허용되는 것이 일반화될 때의 예이다.

(26) 18/19세기 독일어(Goethe, 1749-1832, *Hermann und Dorothea* [40, 320])

es knackte der fuss, sie **drohte** zu fallen, […].
it cracked the foot she threatened to fall

"Her foot cracked, she was about to fall down […]."(4단계)
"그녀는 발이 다쳐서, 곧 넘어질 것 같았다[…]."

19세기 초엽에는 4가지 종류의 *drohen* 구조 모두 자생적으로 살아남아 현대 독일어까지의 2세기 동안 별 다른 변화가 없었다. 이것은 16세기에 문법화가 시작되어 19세기 초엽에 끝났다는 것을 의미한다. 따라서 (20)에 나타난 4가지 구조는 2세기 반 동안에 걸쳐 발생한 역사적 과정에서 기인한 서로 다른 구조의 예라는 것이다.

이 과정은 조동사화의 매우 규범적인 예이다. 일반적으로 어휘적 의미를 가진 동사가 단계적으로 조동사 구조로 변화하며(Heine 1993; Bybee,

Perkins & Pagliuca 1994; Kuteva 2001 참조) 이것은 2.3에서 제시했던 문법화 변수에도 부합한다. 1단계에서 *drohen*의 사용이 무정 주어로 확장하여 2단계와 3단계로 이어지고 다시 인간 주어로 심도 깊게 확장하여 4단계를 형성하게 되었다. 탈의미화를 통하여 *drohen*은 (22a)의 예와 같이 본연의 어휘 의미를 유실하고 (22b)에서는 어느 정도 어휘적 의미가 남아있으나 통사적 기능을 표현하는 3단계와 4단계가 같이 변화한다. 탈범주화는 *drohen*으로부터 모든 결합가 속성을 잃게 한다. 따라서 *drohen*은 [표 2-2]에서 보는 것과 같이 명사구와 절을 보충어로 배당받지 못하고 3단계와 4단계에서는 부정사만을 보충어로 갖게 되며 부정형 동사만이 *drohen* 구조의 결합가를 규정하게 된다.

스페인어

독일어의 *drohen*과 같은 예를 스페인어에서도 찾아볼 수 있다.[22] 스페인어의 *amenazar* 'to threaten' 동사의 예인 (27)과 독일어의 예인 (20)의 *drohen* 구조는 놀랄 만큼 일치한다.[23] (27a)는 1단계에 대한 기술이다. 이 단계에서 인간 주어는 어휘적인 *amenazar*와 함께 출현하며 그에 대한 보충어는 독일어의 1단계 *drohen*의 경우와 일치한다. (27b)는 2단계이며 무정 주어를 가지고 있다. (27c)에서는 무정 주어와 조동사에 준하는 단계를 보여준다. 마지막으로 (27d)는 인간 주어에 해당하는 주어를 가진 4단계이다. 독일어의 *drohen*과 마찬가지로 스페인어의 *amenazar*는 1단계에서 어휘적 기능을 가지고 있었으나 나머지 단계에서는 (22)에 보이는 통사 기능

---

22) 이어지는 논의는 이 연구에 있어서 선구자적인 역할을 한 Bert Cornillie (2004a; 2004b; 2005a; 2005b)의 연구에 기초한 것이다. 독자들은 이 연구에 대한 상세한 설명을 접할 것이다.
23) 두 언어의 차이점에 대해 언급하지 않았는데 스페인어의 동사 *amenazar*는 빈번한 그러나 언제나 그런 것은 아닌 경우로 부정사를 이끄는 전치사 *con* 'with'이 요구된다(Cornillie 2004b 참조).

만을 가지고 있다.

(27) 스페인어(Cornillie 2004b; 2005b)

    (a) El   MBL vuelve a **amenazar** con dejar   la   coalición. (1단계)
    (the MBL turn   at threaten with to.leave the coalition)[24]
    "The MBL [Movimiento Bolivia Libre] once again threatens to leave the coalition."
    "볼리비아 자유 운동당(MBL [Movimiento Bolivia Libre])은 연합으로부터 탈퇴하겠다고 다시 한 번 위협했다."

    (b) [⋯] y la   tormenta   **amenazaba** un día desastroso, [⋯]. (2단계)
    (and the thunderstorm threatened a day disastrous)
    "[⋯] and the thunderstorm threatened a disastrous day [⋯]."
    "뇌우에 의해 재난의 날이 될 것 같았다."

    (c) El   sol **amenazaba** con quemar la   cara de Juan.(3단계)
    (the sun threatened with to.burn   the face of Juan)
    "The sun threatened to burn John's face."
    "태양이 Juan의 얼굴에 화상을 입힐 정도로 위협적이었다."

    (d) [⋯] un grupo de niños indisiplinados que (4단계)
        (a group of boys unruly   that
    amenazan convertirse en delincuentes juveniles.
    threaten turn.REFL in delinquents juveniles)
    "[⋯] a group of undisciplined youths who 'threaten' to turn into juvenile delinquents."
    "교육을 받지 못한 일단의 젊은이들이 청소년 범죄로 빠질 위기에 처해 있다."

---

24) 이 주해는 우리 저자들이 첨가한 것이다. 원저에는 주해가 없다.

독일어와 마찬가지로 현대 스페인어에도 1단계로부터 4단계까지 서로 다른 구조들이 문법화 과정의 결과로서 공존하고 있다. (28)에서 보는 것과 같이 15세기까지는 1단계만이 스페인어 사용자들에 의해 사용되었다.[25)]

(28) 13세기 스페인어
    (Alfonso X., General estoria, 1272-1284; Cornillie 2004b: 358)
    [⋯] dios mesura el de ty & esto te **amenaza** de fazer.
        (God plans it of you and this you promises of to.do)
    "[⋯] God plans the same for you, he threatens to do this to you."
                                                                    (1단계)
    "하나님은 너에게도 똑같이 예비하신다. 그는 너에게 이렇게 하라고 강권하신다."

처음 기능적으로 검증된 예는 15세기로 거슬러 올라간다. (29)의 예는 2단계를, (30)의 예는 3단계의 단계를 보여주고 있는데 (29)는 1492년 명사구 목적어가 사전에 실린 최초의 예이다.

(29) 15세기 스페인어(Antonio de Nebrija, 1492.
    Dictionarium latinohispanicum, Salamanca; Cornillie 2005b)
    milagro que **amenaza** mal
    (miracle that threatens evil)
    "miracle that portends evil" (2단계)
    "기적은 악의 전조이다."

---

25) 이 경우 어휘적 *amenazar*이 부정사를 이끄는 전치사 *de*를 사용하였다. 현대 스페인어에서는 전치사 *con*이 *de*보다 더욱 자주 사용된다.

(30) 15세기 스페인어(Bartholomaeus Anglicus, 1494; Cornillie 2005b)

    Refirma el diente que se   anda & **amenaza** de se   caer.

    (Repair the tooth that itself move and threatens of itself to.fall)

    "Repair the tooth that moves and threatens to fall." (3단계)

    "흔들리는 이를 치료하지 않으면 (이가) 빠질 우려가 있다."

이 때 부정사 보충어에 대한 표지의 변이가 눈에 띄는데 전치사 *de* 또는 *con*을 사용하거나 부정사가 전치사 없이 이끌리기도 한다. 초기 예에서 부정사는 모두 상태의 변화를 함의한다(Cornillie 2004b: 362 참조).

4단계에 해당하는 *amenazar*의 예는 19세기에 출현했는데 그 기간 동안에는 상태의 변화를 나타내는 부정사가 계사로 단계적으로 확장되었다(Cornillie 2005b 참조).

프랑스어

프랑스어는 동사 *menacer* 'to threaten'에 상응하는 구조가 나타난다. (31)의 예는 각각 1단계(31a), 2단계(31b), 3단계(31c)의 단계를 나타낸다. 전치사는 스페인어의 *amenazar*가 일반적으로 *con*을 사용하는 것과 비교하여 프랑스어의 *menacer*는 *de*를 사용한다.

(31) 프랑스어

    (a) Les délégués ont **menacé** de quitter la salle.

        (the delegates have threatened *de* to.leave the hall)

        "The delegates threatened to leave the hall." (1단계)

        "대의원은 회장을 떠나라고 위협받았다."

    (b) Les pluies **menacent** nos récoltes.

        (The rains threaten our harvests)

"The rains threaten our harvest."(Kissine 2004: 227) (2단계)
"비는 우리의 수확을 위협했다."

(c) Le village **menaçait** d' être définitivement aplati
(the village threatened *de* to.be definitely flattened
contre la falaise. against the cliff)
"The village threatened to be definitely flattened out against the
cliff."
(Zola, *Joie de vivre*, 1884, p. 896; *Trésor de la langue française*)
(3단계)
"그 마을은 절벽이 무너져 완전히 붕괴될 위험에 처해 있다."

고대 프랑스어에서 *menacer*(or *menacier, manecier*)는 1단계의 어휘적
동사로서 존재한다. 2단계는 1200년경부터 보충어가 전치사에 이끌리며 "무
엇이 누구에게 위협이 되다(something constitutes a threat to someone)"
는 뜻으로 사용되기 시작하였고, 1300년 이전에 이미 3단계 구조가 생성되었
다. 1200년경에 나타난 첫 번째 예는 *menacer de tomber* 'threaten to
fall (down) 떨어질 것 같다'와 같은 것이다. *menacer* 동사가 4단계로 변화한
예시에 대한 정보는 아직 찾아볼 수 없다.

영어

(32)는 1단계와 3단계를 보여주는 영어의 예이다. 독일어와 같이 동사
'threaten'과 부정사를 잇는 전치사는 사용하지 않는다.

(32) 영어(Traugott 1993; 1997)
(a) […] a handful of Tory MPs who are **threatening** to abstain
or vote against repatriation of Vietnamese boat people. (1단계)

"토리당원들 몇몇은 기권하든 지 베트남 보트 피플의 본국 송환에 반대하겠다고 위협했다."

(b) Should such developments **threaten** to materialise,
the pressure for an easier monetary policy […] could be steep.
(3단계)
"이러한 추세가 실현될 위기에 처한다면 저금리 통화 정책에 관한 압박이 가중될 것이다."

독일어의 *drohen*과 스페인어 *amenazar*와 같이, 영어의 *threaten* 동사는 4단계의 전이를 모두 보여준다.(Traugott 1993; 1997 참조) 고대 영어에서는 1단계의 어휘적인 사용만을 볼 수 있고 이 때 논항 구조는 논항이 없거나, 명사구 목적어, 부정사 *to*, 정동사 *that* 구문 등을 보충어로 취할 수 있다(Traugott 1993: 349 참조).

(33) 고대 영어(850−950, Paris Psalter, p. 15; Traugott 1993: 349)
ðu ðreast and bregst Þa ðeoda Þe us **ðreatigað**
you harass and terrify the nations that us threaten
"You harass and terrify the nations that threaten us." (1단계)
"당신은 우리를 위협하는 나라들을 괴롭히고 공포에 떨게 한다."

17세기 영어에서 *threaten* 동사는 명사구 목적어 보충어를 가지고 'portend, presage(예감하다, 예고하다)'과 같은 인식적 의미로 사용된다. 이 때 주어는 위협의 원천이라는 의미로 분석되고 서술어의 논항이 된다(Traugott 1993: 350 참조). 또한 비인간 주어가 출현하고 "주어와 관계된 무엇이 곧 일어날 일에 대한 기대를 유발 한다"는 의미를 가지며(Traugott 1997: 188 참조) 목적어는 일반적으로 비한정적이다. 다음은 첫 번째 2단계 구조의 예이다.

(34) 17세기 영어(1627 AD 이전; Traugott 1993: 350)

This fire was the more terrible, by reasone it was in a con-
spicuous place, and **threatned** danger unto many, and was al-
together unapproacheable for remedy. (2단계)
"이 화재는 공개된 장소에서 발생했으며 다수의 인원을 위협했고 구조
시 접근이 불가하여 더욱 끔찍했다."

3단계의 구조가 출현하기까지는 1세기가 넘는 시간이 소요되었다. 18세기
가 되어 부정사가 사용되고 고의성의 의미가 사라진 인식적 용법이 나타났
다. 이때는 (35)와 같이 동사가 사건에 대한 통제가 아닌 유발의 의미로 교
체되어, '화자가 어떤 일이 발생할 것이라고 생각하고 그것에 대해 부정적인
평가를 보이는' 의미를 갖게 된다(Traugott 1993: 350 참조).

(35) 18세기 영어(c. 1780 AD; *Mirror* No. 81; Traugott 1997: 189)

I am sometimes frightened with the dangers that **threaten** to
diminish it [my estate]. (3단계)
"나는 그것(재산)이 줄어드는 위험성에 대해 가끔 공포를 느낀다."

4단계의 출현 시기에 대해서는 알 수 없다. 다음은 현대 영어의 예인데 주
어가 부정사로 표현된 사건에 대해 통제력이 없는 것으로 해석된다.

(36) 현대 영어(1992, *Independent*; Traugott 1993: 351)

[…] the hapless, aggrieved house-husband **threatens** to become
as rigid and unexamined a comic invention as the grotesquely
intrusive mother-in-law once was. (4단계)
"[…] 불행하고 주눅 든 전업 남편은 과거 터무니없이 강압적인 장모가
그랬던 것처럼 융통성 없고 반성하지 않는 만화 같은 성격으로 변할 위
험에 처해 있다."

네덜란드어

독일어, 스페인어, 영어에서 보았던 것과 같은 예를 네덜란드어에서도 찾을 수 있다. 네덜란드어의 *dreigen* 'to threaten' 동사 역시 어휘적 동사로부터 기능적 동사로 전이된다. (37a), (37b), (37c)는 각각 1단계, 2단계, 3단계의 단계를 보여준다.

(37) Dutch(Verhagen 2000)

  (a) De rector   **dreigde**   het onderwijs voor onbepaalde tijd
      the headmaster threatened the teaching for indefinite time
      te   zullen staken.
      to   shall   suspend
      "The headmaster threatened to suspend teaching indefinitely."
                                                (1단계)
      "교장은 무기 정직을 위협받고 있다."

  (b) Oorlog **dreigt**. (Bert Cornillie, p.c.)
      'War looms.'(2단계)
      "전쟁이 발발할 위기에 처해 있다."

  (c) Het debat **dreigde**   uit de hand te lopen.
      the   debate threatened out the hand to run
      "The debate threatened to get out of hand."(3단계)
      "그 토론은 감당할 수 없을 정도였다."

dreigen 동사는 역사적으로 다른 언어에서 검증된 것과 유사한 과정을 겪었다. 즉, 오랜 기간 어휘적 의 지위에 머무르다가 (38)의 예와 같이 16세기부터 3단계에 해당하는 문헌 자료가 발견되는 것이다.

(38) 16세기 네덜란드어(1566; Verhagen 2000: 203)

Het schip, twelck **dreycht** te sincken [⋯].
the ship which threatens to sink
"The ship, which threatens to sink [⋯]." (3단계)
"선박이 가라앉을 위기에 처했다."

기타 SAE 언어

서구 언어에서 유사한 예를 찾는 것은 어렵지 않다. (39)는 이탈리아어 동사 *minacciare* 'to threaten'의 예이다.

(39) 이탈리아어(Luca Melchior, p.c.)

(a) **Minaccia** di denunciarmi.
    threatens *di* sue.me
    "He threatens to sue me."(1단계)
    "그는 나를 고소할 거라고 위협했다."

(c) La casa **minaccia** di cadere.
    the house threatens *di* collapse
    "The house 'threatens' to collapse."(3단계)
    "그 집은 무너질 위기에 처해 있다."

레토-로맨스어에 속하는 북부 이탈리아의 프리울리어(Friulian)는 이탈리아와 같이 부정사 *menaçâ* 'to threaten'가 전치사 *di*에 이끌린다. 프리울리어에는 *Peter al menace di inmalâsi* (Peter 3.M.SG threatens *di* get.sick) "Peter is about to get sick(피터가 병에 걸릴 것 같다.)."와 같은 구문이 존재하기는 하지만 아직 문법화가 완성되지 않은 것으로 보여 4단계로의 전이는 아직 발생하지 않았다고 할 수 있다.

(40) 프리울리어(Luca Melchior)

   (a) Al   **menace**   di   denunçâmi.
       3.M.SG threaten   *di*   sue.me
       "He threatens to sue me."(1단계)
       "그는 나를 고소할 거라고 위협했다."

   (b) 'E   **menace**   ploe.
       3.F.SG   threaten   rain.F
       "There 'threatens' to be rain."(2단계)
       "비가 올 것 같다."

   (c) La   cjase   'e   **menace**   di   colâ.
       the   house   3.F.SG   threaten   *di*   collapse
       "The house 'threatens' to collapse."(3단계)
       "그 집은 무너질 위기에 처해 있다."

마지막으로 스칸디나비아의 언어에서도 유사한 구조들이 나타난다. 덴마크어에서는 스페인어와 마찬가지로 'threaten' 동사와 부정사가 공동격 전치사(with)로 연결된다.

(41) 덴마크어(Maj-Britt Mosegaard-Hansen, p.c.)

   (a) Han   **truede**   med   at   fyre   hende.
       he   threatened   with   to   fire.INF   her
       "He threatened to fire her."(1단계)
       "그는 그녀를 해고하겠다고 위협했다."

   (b) Et   tordenvejr   **truer**.
       a   thunderstorm   threatens
       "There is war/a thunderstorm 'threatening'".(2단계)
       "뇌우의 위협이 있었다."

(c) Bolden ramte vasen, som vaklede og **truede**
    ball hit vase which tottered and threatened
    med at falde ned.
    'with to fall.INF down
    "The ball hit the vase, which tottered and threatened to fall down."(3단계)
    "공이 화병에 맞아 화병이 흔들리며 떨어질 것 같았다."

(d) Torben **truede** med at blive kriminel.
    Torben threadened with to become.INF criminal
    "Torben 'threatened' to turn into a criminal." (1/4단계)
    "Torben이 범인이 될 위험에 처해 있었다."

덴마크어 사용자들은 'threaten' 동사 구문이 유정 주어와 인식적인 의미로 사용되는 것은 허용하지 않는 것이 사실이다. 따라서 (40)의 예는 덴마크어에서 비문으로 인정되며 덴마크어에서 'threaten' 동사는 3단계의 단계까지만 문법화된 것으로 보인다.

(42) 덴마크어(Jan Lindschow, p.c.)

    *Peter **truer** med at blive syg.
    Peter threatens with to become ill
    "Peter is about to fall ill/risks falling ill."
    "피터가 병이 날 것 같다."

이러한 언어 분포의 추세로 보았을 때, 지리적으로 유럽의 주변 지역 쪽으로 갈수록 'threaten' 동사의 조동사화가 덜 진행되었을 거라고 추측할 수 있다. 예를 들면 유럽의 남단에 위치한 사르디니아어에는 이러한 조동사화가 발생한 흔적을 찾을 수 없다. 그러나 동유럽의 예를 본다면 서유럽의 언어와 지리적 거리가 멀수록 'threaten'의 조동사화의 정도가 낮아지는 지역적 등차성

(areal gradience)이 존재한다. 예를 들어 로맨스어와 지역적으로 인접한 슬라브어인 세르비아어는 이미 3단계에 접어들어 (22b)와 같이 'threaten' 동사가 무정 주어인 'the tree', 'the bridge', 'the wall' 등을 취할 수 있고 '무슨 일이 (원치 않게) 곧 발생할 것 같다'는 인식적인 의미로 사용될 수 있다.

(43) 세르비아어(Ana Drobnjaković, p.c.)

Drvo **preti** da padne.
tree threatens to fall
"The tree risks falling down/is about to fall down."
"나무가 곧 쓰러질 것 같다."

그러나 세르비아어에서 'threaten' 동사 구조는 "무슨 일이 (원치 않게) 곧 발생할 것 같다"는 의미를 표현하는 많은 방식 중 하나이며 가장 우선적으로 선택되는 방식이 아니다. 다른 경우 염원 동사 'want'가 조동사의 용법으로 사용되거나 특수한 부사를 사용한다.

(44) 세르비아어(Ana Drobnjaković, p.c.)

Drvo hoće da se sruši.
tree wants COMP REFL collapse
"The tree is about to collapse/risks collapsing."
"나무가 곧 쓰러질 것 같다."

(45) 세르비아어(Ana Drobnjaković, p.c.)

Drvo samo što se ne sruši.
tree only that REFL not collapse
"The tree is about to collapse/risks collapsing."
"나무가 곧 쓰러질 것 같다."

세르비아어에서 4단계의 'threaten' 동사는 불가능한 일을 나타낸다.

(46) 세르비아어(Ana Drobnjaković, p.c.)

    *Petar **preti**   da   se   razboli.
    Peter   threatens   COMP REFL fall.ill
    "Peter risks falling ill/is about to fall ill."
    "Petar가 병에 걸릴 것 같다."

좀 더 동쪽에 위치한 불가리아어에서는 2단계만이 발견된다.

(47) 불가리아어

    (a) Ivan me **zaplašva**, če šte me dade pod   săd.
         Ivan me threatens that will me give under court
         "Ivan threatens me to take me to court."(1단계)
         "Ivan은 나에게 기소하겠다고 위협했다."

    (b) **Zaplašva**   ni   katastrofa.
         threatens   us   disaster
         "We are threatened by a disaster."(2단계)
         "우리는 재난으로부터 위협받고 있다."

    (c) *Dărvoto **zaplašva** da   padne.
         tree.DEF   threatens COMP fall
         "The tree threatens to fall."(*3단계)
         "나무가 쓰러질 것 같다."

    (d) *Măžăt mi **zaplašva** **da**   se   razbolee.
         husband my threatens COMP REFL fall.ill
         "My husband risks falling ill/threatens to fall ill."(*4단계)
         "나의 남편이 병에 걸릴 위기에 처해있다."

더 동쪽으로 이동하여 만나게 되는 우크라이나어, 러시아어 등의 슬라브어에서는 'threaten' 동사의 인식적인 사용이 허용되지 않는다. 다음은 러시아어의 예이다.

(48) 러시아어

  (a) Ivan **ugrožaet** **mne** podat' na menja v sud.
     Ivan threatens me give on me.ACC in court
     "Ivan threatens me to take me to court."(1단계)
     "Ivan은 나에게 기소하겠다고 위협했다."

  (b) Nam **grozit** katastrofa.
     us threatens disaster
     "We are threatened by a disaster."(2단계)
     "우리는 재난으로부터 위협받고 있다."

  (c) *Derevo **grozit** upast'.
     tree threatens fall
     "The tree threatens to fall."(*3단계)

  (d) *Moj muž **grozit** zabolet'.
     my husband threatens fall.ill
     "My husband risks falling ill/threatens to fall ill."(*4단계)

요컨대 'threaten' 동사의 조동사화는 SAE에 특징적으로 나타나는 문법화 과정으로 보인다. 우리는 유럽 외 지역에서 이와 같은 예를 접하지 못한 반면 유럽의 특정한 지역에서는 어휘적인 해석과 기능적인 해석이 가능한 구조가 동시에 나타나는 것을 볼 수 있었다. 그러나 또한 이러한 기능적 'threaten' 구조의 생산적인 확장은 서로 다른 언어에 따라 중요한 변수를 포함하고 있다. 독일어의 경우 4단계 모두 문법화가 이루어졌으나 영어 등의 언어나 특히 동유럽의 언어에서는 문법화가 제한적으로 이루어졌다. 이에 대해서는 좀 더 심도 깊은 연구가 요구된다고 하겠다.

2.7.2 토론

이전 내용에서는 'threaten' 동사의 구조적 변화 과정이 SAE 언어의 특징으로 나타나는 것에 대해 기술하였다. 이러한 변화 과정은 유럽 내에서는 보편적이지만 유럽 외 다른 지역에서는 잘 볼 수 없는 특징이기도 하다. 이것을 제 1 장에서 논의한 내용으로 다시 해석한다면 이는 유럽을 하나의 언어역으로 분류하는 특징이 될 수 있다. 첫째로, 이러한 구조적 변화 과정이 출현한 것은 1단계와 2단계에서 주동사의 신분이었던 'threaten' 동사가 3단계와 4단계에서 조동사에 상당하는 항목으로 변화하고 1단계에서 어휘적이었던 의미가 2단계, 3단계, 4단계에서 양태적 의미로 변화한 문법화 과정의 결과이다.

통시적 데이터 분석에서 알 수 있듯이 다양한 언어들에서 발생한 이러한 변화 과정은 1단계에서 'threaten' 동사가 매우 규범적인 어휘 동사로서 의미적, 통사적 잠재성을 가지고 있던 것으로 부터 시작된다. 즉, 1단계 또는 초기 단계에서 'threaten'은 발화 행위(speech-act) 동사로서 인간 주어, 무정 경험자(undergoer) 또는 절을 보충어로 취하고, 공동격이나 탈격 표지로 이끌리는 경험주 또한 보충어로 취한다는 것이다. 2단계에서는 주어가 무정 주어로 확장되고 그에 따라 'threaten' 동사는 탈의미화 된다. 따라서 (22a)에서 보는 바와 같이 어휘적 의미를 표시하기 보다는 (22b)에서와 같이 도식 의미가 감소되어 인식 양태적 의미를 표시하게 되는데 이 단계에서도 주동사로서의 지위는 아직 변하지 않는다. 3단계는 새로운 단계의 문법화를 의미한다. 부정사가 'threaten' 동사의 보충어로 등장하여 'threaten' 동사의 영향 하에서 주동사와 같은 역할을 함의하는 것이다. 이 때 이전 단계까지 주동사의 역할을 담당했던 'threaten' 동사는 탈범주화하여 조동사로 변화하는 길을 걷게 된다. 4단계는 더 심화된 탈범주화의 예라고 할 수 있다. 이제 주어는 유정, 무정으로 제한되지 않고 일반화되어 인간 주어가 다시 나타난다.

이는 아주 최근에 출현한 과정으로 [표 2-3]에서 보는 바와 같이 15세기부터 17세기 간에 시작되어 19세기에 마무리된다. 이 때 프랑스어는 조금 예외에 속한다.

[표 2-3] SAE 언어에서 'threaten' 구조의 문법화 단계가 출현한 연도 개관

단계	프랑스어	스페인어	독일어	네덜란드어	영어
1	1100년 이전	1500년 이전	1500년 이전	1500년 이전	1500년 이전
2	1200	1495	1560		1627
3	1200	1494	1738	1566	1780
4		19세기	약 1800년 경		

결론적으로 우리는 다음과 같은 상황을 만나게 되었다. 약 15세기부터 19세기에 걸쳐 다수의 SAE 언어의 동사 'threaten'이 1단계로부터 4단계로, 어휘적 동사에서 기능적 동사로 일련의 변이를 겪게 된다. 동일한 변이 과정을 겪은 결과 현대 SAE 언어의 'threaten' 동사는 변이 과정에 있었던 어휘적, 기능적 구조와 용법을 모두 보유하게 되었다.

또한 이것은 고립적이고 단일한 예가 아니다. 같은 시기인 15세기부터 19세기 사이에 'to promise' 동사가 어휘 동사로부터 양태 조동사로 4단계에 걸친 변화가 정확히 같은 언어들에서 발생했다. 즉, 독일어의 *versprechen*, 스페인어의 *prometer*, 프랑스어의 *promettre*, 네덜란드어의 *beloven*, 영어의 *promise* 동사들이 그것이다.[26](Traugott 1993 1997;

---

26) 다음은 Traugott (1993)이 현대 영어에서 *promise*와 *threate*의 두 가지 동사가 3단계의 단

Cornillie 2004b; Verhagen 2000 참조) 그리고 프랑스어는 다시 한 번 예외가 되어, 어휘적 동사 *promettre*는 980년에 처음 발견되고 2단계의 *promettre*는 약 1160년경에,[27] 3단계는 약 1200년경에 발견 된다(*Trésor de la langue française*).

이제 이러한 상황들을 어떻게 해석할 것인가에 대한 문제가 대두된다. 이 때 발생학적인 유전적 특성은 변수로 고려되지 않는다. 이러한 변이 과정은 고대 로맨스어나 고대 게르만어와 같은 고대 언어로부터 현대 언어로 계승된 것이 아니다. 물론 부분적으로 로맨스어들의 진화에 어느 정도 기여하는 요소가 되었지만, 게르만어에서 500년이 못되는 역사를 가진 'threaten' 동사의 변화를 유전적 변수로 입증하는 것은 적절하지 않은 것 같다.

어쩌면 발생학적 유전성보다는 수평 변이, 평행 변이라고 하는 것이 구조적으로 유사한 몇 가지 언어들의 상황을 설명하는 데 더 적절할 수도 있을 것 같다. 즉, 다수의 언어가 유사한 의미를 처리할 수 있는 동일한 구조를 생성한 것이다. 그리고 이들 언어들은 이러한 평행적 변이를 설명할 수 있는 어떠한 역사적 연관 없이 서로 따로따로 동일한 문법화 과정을 거쳐 현재와 같은 결과를 도출한 것이다. 그러나 평행 변이는 이러한 변화 과정이 유럽 언어의 역사에서 동일한 시기에 발생했다는 것을 설명할 수 없기 때문에 그다지 타당하지 않아 보인다.

또한 문법화 자체로는 설득력 있는 설명을 할 수 없을 것 같다. 왜냐하면

계에서 구조적으로 연관성을 보이는 것을 설명하기 위하여 제시한 예이다: *The conflict promises/threatens to escalate into war.*("충돌이 전쟁으로 확대될 조짐이 보인다/위기에 처해 있다.")

27) 다음은 프랑스어 *promettre*-구조가 2단계로 처음 사용된 예이다.

et le ciel et mer li **promet** mort
and the sky and sea him promises death
"and the sky and the sea promise him death"
"하늘과 바다가 그의 죽음을 기약했다."
(*Enéas*, éd. J.-J. Salverda de Grave, 262, *ca.* 1160; *Trésor de la langue française*)

어휘적인 주동사로부터 양태적 조동사로 문법화 하는 과정을 범언어적으로 통일성 있게 설명해야 하는 문제와 더불어, SAE 언어들에서 발생한 'threaten' 동사의 변화를 문법화 이론만으로는 완벽하게 설명하기 어렵기 때문이다. 물론 문법화 이론은, 다양한 구조에 대한 시간적 순서에 따른 변화 단계와 상대적인 진화 정도를 설명하는 데 매우 유용하다. 그러나 아래의 의문에 만족할 만한 해답을 주기는 어렵다. (a) 이러한 변이 과정은 왜 유럽 언어사의 특정한 한 단계에서 발생했는가? (b) 또한 왜 지리적으로 서유럽의 인접 지역에서만 발생하고 다른 지역에서는 발생하지 않았는가? (c) 세계의 다른 지역에는 왜 이러한 특수한 문법화의 예가 발견되지 않는가?

이에 대한 유일한 해답은 바로 언어 접촉이다. 따라서 우리는 유럽의 서반부에서 발생한 'threaten' 구조의 다양한 분포는 교차 언어적으로 확산된 것이라고 주장한다. 이 주장은 다시 이러한 변이 과정의 궁극적인 원천은 무엇인가에 대한 질문으로 이어질 것이다. 이에 답은 [표 2-3]에 나와 있는 통시적 자료에 나와 있는 것 같다. [표 2-3]에서 프랑스어는 이 변이 과정이 다른 유럽 언어들보다 300년 정도 일찍 시작되었다. 그렇다면 이 프랑스어가 이 변이 과정의 확산에 있어 모델어가 되었다고 가정해 볼 수 있다. 1.4에서 논의한 바대로 이는 예외 없이 다음과 같은 경우에 속한다. 12세기부터 14세기까지 북부 프랑스와 파리는 문화적, 학문적으로 주도적인 위치에 있었고 유럽으로 문화를 확산하는 중심에 위치해 있었다. 이것은 우리가 'threaten' 등의 동사 변화 과정이 프랑스로부터 시작되어 유럽 언어들로 확산되었을 거라고 가정한 이유이다.

이 장에서 고찰한 내용들은 다음과 같은 점들을 기초로 하여 다시 논의를 이어갈 것이다. 첫째, 언어 접촉에서 기인한 복제가 통사 변이 과정과 관련하여 어느 정도 기여를 했음에도 불구하고 언어 접촉이 통사 변이의 원인이 된다는 증거가 없다는 점, 둘째, 문법 복제는 언어 내적 변이와 한 언어가 다른 언어에 미치는 영향이 동시에 발생하는 복잡한 과정이라는 점, 셋째, 이것은 문법화의 모든 특징과 변화의 4단계를 모두 포함하는 지속적으로 강화되는 변화라는 점, 마지막으로 전통적으로 언급되던 한 언어의 통사 개념과 통사 구조가 다른 언어로 간단하게 '복제(copied)'나 '차용(calquing)', 혹은 '차용 번역(loan translation)'된다는 개념으로는 문법 복제의 본질을 이해하기 어려운 점 등이다.

2.8 결론

이 장에서 우리가 집중적으로 관심을 가진 주제는 언어 접촉이 어떤 언어의 통사 구조에 어떻게 작용하고 또 작용할 수 있는 지에 관한 내용이었다. 또한 문법 복제를 규정하기 위하여 접촉에서 기인한 언어 변이를 특정 하는 현상들의 스펙트럼을 다루어 보았다. 그리고 이러한 문법 복제를 몇 가지 유형으로 구분되는 언어 전이 네트워크의 한 부분이라고 보았다. 이에 대해 [그림 2-1]에서 간략하게 정리해 보았다.

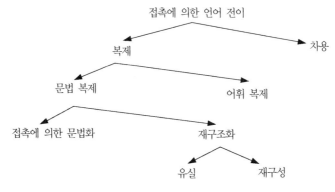

[그림 2-1] 접촉에 의한 언어 전이의 주요 유형

문법 복제는 한쪽에는 사용 패턴을, 다른 한쪽에는 문법화를 두고 있는 중심 성분이다. 성분이다. 우리가 관찰한 바에 따르면 다수의 경우 사용 패턴은 이미 그 언어에 존재하는 부차적 사용 패턴이 특정한 통사 의미와 관련된 주요 사용 패턴으로 변화하고, 특정한 통사 의미와 관련된 주요 사용 패턴으로 변화하고 다시 초기 통사 범주로 변화한 후 마지막으로 완전히 문법화된 통사 범주 단계로 변화하게 된다. 이것은 모델어의 영향으로 기존의 부차적 사용 패턴이 특정 의미와 관련한 주요 사용 패턴으로 진화하는 것이라고 할 수 있다. 이 과정의 초기 단계에는 많은 선택 사항이 존재하는데 복제어에 존재하는 부차적 사용 패턴들보다는 모델어와 일치하는('등가 공식'의 개념으로) 부차적 사용 패턴을 선택한다는 것이다.

문법화는 언어 접촉의 상황에서 새로운 통사 구조를 생성하고 변화하게 하는 주요한 동력이다. 이 과정에서는 2.4에서 논의되었던 재구조화라는 이름으로 단방향성 원칙을 준수하지 않는 경우도 있지만 대부분의 경우 이 원칙을 위배하지 않는다. 이 사실은 통사 변이가 어느 정도 제한적이고 또 예측 가능하다는 것을 의미한다. 이어지는 장에서 우리는 지금까지의 관찰을 기초로 하여 유럽 언어에서 통사적 등가성을 증가시키는 다양한 과정들을 재구성해 보려고 한다.

3

관사의
출현

이 장에서 우리는 언어 접촉이 유럽 언어에서 관사의 발전에 중요한 역할을 했다는 것에 대해 주장하려고 한다. 우리는 유럽 언어에 관한 두 개의 관사를 지역 유형에 기초하여 증명할 것이다. 그 첫 번째는 정관사이고 두 번째는 부정관사이다. 정관사에 관해서 우리는 이 책에서 개괄했던 것과 같은 지역적 패턴의 방향을 담은 지역 언어학적 문헌들을 찾을 수 있었다(Schroeder 등). 그러나 부정관사에 관한 것은 관련 문헌을 찾을 수 없었기 때문에 개별 언어 자료와 정보 제공자들로부터 이끌어낸 데이터에 의존하였다.

3.1 서론

유럽 언어에서 관사는 한정성과 비한정성을 기호화하는 여러 가지 방법 중 하나이다. 한정성과 비한정성을 기호화하는 다른 방법으로는 특정 어순, 구문 강세, 격 대립, 동사 일치 접미사, 형용사 접미사 등이 있다. 관사의 사용은 '맥락적' 세계 즉 공유하는 상황 세계라는 배경에 대해 하나의 실체를 전경화(즉 개별화)하는 것과 같은 일반적인 인간의 개념화 능력에 기반을 둔다.

정관사와 부정관사는 모두 어떤 그룹 내부에 존재하는 한 실체를 개별화하며 이 중 정관사의 기능은 실체를 질적으로 개별화하는 것이다. 정관사와 부정관사 모두 동일 개념역 내의 통사 범주를 표지하나 정관사와 부정관사의 출현은 서로 체계적인 연관이 없다. 영어와 같은 언어는 정관사와 부정관사를 모두 가지고 있고, 우크라이나어 등에는 관사 체계가 존재하지 않는다. 하나 또는 하나 이상의 관사로써 혹은 서로 다른 관사가 교차하여 한정성만을 표지하는 언어가 있는가 하면(아이슬란드어, 웨일즈어, 아일랜드어, 스코틀랜드-게일어 등) 비한정성만을 표지하는 언어도 있다(터키어, 키르만지어 (Kirmanji) 등).

정관사의 정의는 화청자 모두에게 한 명사의 지시를 식별하는 데 주요한 표지로 기능하는 형태론적 제반 장치(즉 자립형태소, 접어, 접사 등)에도 적용된다. 여기에서 식별성이란 담화의 영역에서 발생하는 '정신적 대상물 (mental object)'를 기반으로 하며, 객관적 진리 조건의 범주가 아닌 화용론적 범주를 의미 한다.

(1) 영어

She was fanatic about spartan life: she wanted to have a single room, with just a small table and a chair. **The** chair should be comfortable and **the** table stable enough for her to write; that was all she wanted.

(그녀는 검소한 생활에 집착했다. 그녀가 원한 것은 단지 작은 테이블과 의자만 있는 단칸방이었다. 그 의자는 편안하고 테이블은 그녀가 글을 쓰기에 안정적이면 그만이었다. 그것이 그녀가 원한 모든 것이었다.)

두 번째 문장에 나타난 명사구의 지시 대상인 *table*과 *chair*은 정관사 *the*로 표지되어 있다. 이 때 객관 세계에서 이 특정한 지시 대상물은 존재하지 않으며, 단지 화자와 청자가 이전 문장에서 소개했던 정신적인 대상물로만 식별할 수 있다.

부정관사의 정의는 그 기능이 한정적 부정칭 지시를 포함하는 명사구 한정사라는 개념을 그대로 사용하고자 한다.[1] 한정적 부정칭 지시는 전형적으로 화자가 명사구 지시 대상에 대하여 식별 가능한 담화에 사용되는데 일반적으로 화자에게 익숙하거나 화자가 알고 있는 대상이다. 더욱 중요한 점은 화자에 의해 소개되는 이 지시 대상은 (2a)의 예와 같이 청자에게는 화자와 같은 경로로는 식별이 불가능한 대상이다. 따라서 부정관사에 의한 표지는 (2b)에서와 같이 담화에 첫 등장하는 참여 성분을 소개하는 매우 적절한 방법이다.

---

[1] 유럽 외의 지역에서는 이러한 정의가 문제가 될 수 있다. 두 종류의 폴리네시아어(통가어, 마오리어)에서는 정관사가 특정한 비한정적 지시로 확장되었다는 연구가 있기 때문이다(Hawkins 2004: Chapter 4, p.20 참조).

(2) 영어

    (a) I knocked again and **a** little girl opened the door.
       "나는 다시 문을 두드렸고 한 작은 소녀가 문을 열었다."
    (b) Once upon a time there lived **an** old man […].
       "옛날에 한 노인이 살고 있었다."

세계 언어의 대다수는 정관사와/나(and/or) 부정관사를 가지고 있지 않다. Dryer(1989a: 85)의 조사 결과에 의하면 세계 언어의 2/3 정도는 관사를 사용하지 않는다. 그리고 8% 미만의 언어들, 즉 대략 400여종의 언어들이 정관사와 부정관사를 모두 가지고 있다. Dryer(1989a: 85)가 조사한 결과는 우리가 세계 100여종의 언어를 대상으로 조사한 결과와 크게 다르지 않다. 우리의 조사에서는 5%에 해당하는 언어에 잘 알려진 바와 같은 지시사(demonstrative)에서 파생된 정관사가 존재한다. 7%의 언어는 지시사에서 정관사로 파생되는 초기 단계에 진입하는 중이고 3%의 언어는 정관사의 기원이 지시사가 아닌 다른 것이다(예를 들어 3인칭 대명사와 같은). 나머지 85%의 언어에서는 정관사가 존재한다는 결정적인 데이터를 얻지 못했다.

부정관사에 관한 조사 결과는 다음과 같다. 6%에 해당하는 언어에서 수사 '1'로부터 파생된 부정관사가 확립된 것이 발견되었고, 10% 언어는 그 진입 초기 단계이다. 2%의 언어는 수사 '1'이 아닌 다른 기원으로부터 파생된 부정관사를 가지고 있다. 나머지 82%의 언어들은 부정관사 존재의 결정적 정보가 없거나 명시적으로 부정관사를 사용하지 않는다고 공인된 언어들이다.

이러한 양적 분포와 비교하여 유럽은 유형적으로 드문 상황에 속한다. 로맨스어 전체와 게르만어 전체, 현대 그리스어, 알바니아어, 불가리아어,[2]

---

[2] Haspelmath (2001: 1494)는 불가리아어를 정관사는 가지고 있으나 부정관사는 가지고 있지 않은 언어로 분류하였다(3.2.3 참조).

마케도니아어와 같은 발칸어에서 정관사와 부정관사가 모두 사용되고 있고 (Haspelmath 1998: 274), Dryer의 조사에 나타난 세계 언어의 8%에 해당하는 언어와 유럽 언어 중 39% 이상의 언어가 정관사와 부정관사를 모두 가지고 있다. Haspelmath에 의하면 이에 더하여 15%의 언어가 정관사만을 가지고 있고 부정관사는 가지고 있지 않다.

3.2 관사의 진화

SAE 언어에서 관사는 보편적인 분포를 보이고 있으나 언제나 그랬던 것은 아니다. 고대 유럽어에는 관사가 없었기 때문에 관사라는 것은 인도-유럽어족의 유전적인 특성이 전혀 아니다. 인도-이란어파에서는 역사 기간 내내 관사 범주가 결여되어 있었다(Haspelmath (1998: 274) 참조). 여기에서 고대 그리스어는 예외인 것 같다. 기원전 14세기부터 기원전 12세기까지의 미케네 그리스어(Mycenaean Greek)는 관사가 없었다. 그러나 호메로스의 그리스어에서 관사가 출현하고 고대 산문에 보편적인 특성으로 자리 잡게 된다(Putzu & Ramat 2001: 127 참조).

유럽 언어에서 관사가 증가한 것은 지난 2천 년간 생성, 발전한 결과이다. 고대 켈트이베리아어(Celtiberian), 골어(Gaulish), 레폰틱어(Lepontic), 갈라티아어(Galatian) 등의 켈트어, 이탤리어(Italic languages), 고대 라틴어 모두 관사를 가지고 있지 않았고(Nocentini 1996; Putzu & Ramat 2001: 122 참조), 전기 게르만어에서도 관사를 복원할 수 없다. 다만 통속 라틴어에서 정관사 *le*가 출현했다는 것이 고대 프랑스어 문헌에서 발견된다. 이 때 정관사는 항상 한정적 지시로 사용되는 것이 아니라 문맥으로 식별 가능한 대상이나 담화에서 돌출되는 참여 성분에 대한 표지로 사용되었다(Epstein 1993: 131-44 참조). 그동안 관사는 고대로부터 중세까지 대규모 이민이 있었던 시기 동안 유럽 언어에서 발생했다고 여겨져 왔는데 그 이유는 관사가 "10세기 말엽 토착어 문헌에 출현한 적이 있기 때문이다"(Haspelmath 1998: 285 참조).

고대 고지 독일어에서는 지시한정사가 이미 한정 지시의 영역에 개입했다. 그러나 지시사에서 파생된 관사는 아직 문법화 정도가 약한 상태였기 때문에 지시 대상이 독자적으로 식별 가능할 때는 생략되는 경향이 있었다. 예를 들어 (3a)에는 관사가 출현하지만 (3b)에서는 *árma joh hénti* 'arms and hands'가 잇따르는 분사 구문에 의해 식별 가능하므로 관사가 출현하지 않는다. 그리고 (3a)에서는 복수 지시사 *thie* 'these'가 관사와 지시사의 두 가지 용법으로 사용되었다.

(3) 고대 고지 독일어(Demske 2001: 115)

   (a) **thie** árma joh **thie** hénti thie   zeigont wóroltenti.
      the arms and the hands these show   world.end
      "the arms and the hands, they stand for the end of the world."
                                    (Otfrid, V.1.20)
      "팔과 손, 그들은 이 세상의 끝을 상징한다."

   (b) Sálig   thiu   nan wérita,   than   imo fróst derita;
      blessed this.F him protected before him frost harmed
      árma joh   hénti   inan   hélsenti!
      arms and hands him   caressing
      "Blessed be she who protected him before the frost harmed him;
      [blessed be] the arms and hands that caressed him!"
                                    (Otfrid, I.11.45)
      "동한(冬寒)으로부터 그를 보호한 그녀를 찬양할 찌니, 그를 어루만진 팔과 손들을 [찬양할 찌니]!"

이 장에서 우리는 먼저 관사의 내적 문법화에 대해 살펴보고(3.2), 다시 언어 접촉에 초점을 맞춰 유럽 언어의 정관사와 부정관사의 생성과 변천에 대해 알아보기로 하겠다(3.3).

3.2.1 정관사

정관사의 가장 보편적인 역사적 기원은 지시한정사이다(Greenberg 1978b; Diessel 1999 참조). 그러나 어떤 종류의 지시도 정관사로 진화하는 경향을 보이지는 않는다. 우리는 먼저 서로 다른 종류의 지시사에 대해 살펴보고 정관사의 진화에 대한 조사 결과를 정리해 보기로 하겠다. 지시사는 주요하게 두 그룹으로 분류할 수 있는데 외부지시사(exophoric)와 내부지시사(endophoric)가 그것이다. 외부지시사는 화자와 청자의 주변 상황에 존재하는 실체를 지시한다.

(4) English(Levinson 1983: 66)
  (a) **This** finger hurts.
     "이 손가락이 아프다."
  (b) **This** city stinks.
     "이 도시는 악취가 난다."

내부 지시사는 언어 내적, 예를 들어 담화 조직을 목적으로 사용된다. 내부 지시사는 세부적으로 대용어(anaphoric) (5a), 담화 지시사(discourse-deictic) (5b), 인지 지시사(recognitional demonstratives) (6)으로 나뉜다(Diessel 1999: 93 참조). 대용어는 이전 담화에서 소개된 적이 있는 명사구를 지시하고 담화 참여 성분들을 추적한다. 그 반면 담화지시사는 명제 전체를 지시한다.

(5) 영어

   (a) I met a very nice dentist last month. Since I need a couple
       of new fillings, I decided to go to **that** dentist.
       "지난달에 아주 좋은 치과 의사를 만났다. 새로운 충전재를 몇 개
       넣어야 해서 그 치과 의사에게 가기로 결정했다."

   (b) Could you say **that** again?
       "다시 한 번 말해 줄 수 있어요?"

마지막으로 인지 지시사는 담화 참여 성분들에게 공유된 지식에 기초하여
청자가 지시 대상을 식별할 수 있을 때 사용된다. 이 때, 이전 담화 내용이
나 주변 상황에는 지시 대상이 나타나지 않는다. 즉, 인지 지시사는 '현재 진
행되고 있는 담화에서는 새롭게 출현하지만 청자가 알고 있는' 것에 대해 지
시한다.

(6) 영어(Gundel et al. 1993: 278, cited in Diessel 1999: 106)
   I couldn't sleep last night. **That** dog (next door) kept me
   awake.
   "어젯밤 나는 잠을 잘 수 없었다. (옆집의) 그 개가 계속 나를 깨웠다."

외부 지시사, 대용어, 담화 지시사는 수식적 용법과 대명사적 용법의 두
가지로 모두 사용될 수 있는 반면 담화 지시사는 수식적 용법으로만 사용이
가능하다.

전통적으로 네 가지 지시 대명사 중 대용어가 수식적 용법의 지시사로 사
용될 때 정관사의 출현을 야기한다(Diessel 1999: 128 참조).

대용어가 정관사로 변화한 것에 대해서는 수많은 예가 존재한다. 그리고
그 이유는 아마도 대용어가 가진 본연의 지시 의미가 정관사로 변화하기에
매우 적절하기 때문인 것으로 보인다. 수식적인 대용어는 선행사와 동일한

지시 대상을 지시하여 이전 담화 내용의 참여 성분들을 추적하는 담화 내적인 기능을 가지고 있기 때문에 담화 세계에서 주요한 참여 성분들을 설정하는 일반적인 전략으로 사용된다. 또한 일정 정도 의외성을 가진, 대조적인, 또는 강조되는 비화제 선행사(non-topical antecedents)에도 사용되고, 그 다음 단계에서는 수식적 대용어가 이전 담화에 나타나는 모든 지시 대상으로 선행사가 확장되면서 정관사로 변화하게 된다. 따라서 Diessel (1999: 109-129)은 정관사의 변화에 관하여 다음과 같은 단계를 제안했다.

(7) (Diessel 1999: 113, 128-129)
　　외부 지시사 〉대용어 〉정관사

　Diessel의 제안은 수많은 언어들의 변화 단계를 이론적인 일반화를 통해 표준화한 것이기 때문에 지나치게 간략화 되었다. 개별 언어의 예는 다음 라틴어와 로맨스어에서 볼 수 있다. 로맨스어의 한정사 체계에 대한 최근 연구에서 Vincent(1997)는 로맨스어의 관사 체계의 변화는 적어도 하나 이상의 현저한 단계를 거쳐 이루어졌다고 주장했다. 그것은 대용어로부터 정관사로의 단계인데 이 단계에는 두 종류의 '원형 관사(proto-article)'인 *ille*와 *ipse*가 공존했다. 고전 라틴어에서 *ille*는 화자와 청자 모두로부터 거리가 떨어져 있는 원칭 지시 표지(marker of distal deixis)였고 *ipse*는 강조와 대조의 표지였다. 고전 라틴어에서 *ille*가 원칭과 대용어의 기능으로 사용된 대신 *ipse*는 대조-동지시의 기능을 가지고 있었다(Vincent 1977: 154-155 참조). 그리고 '원형 관사' 단계였던 후기 라틴어에서는 *ille*와 *ipse*가 아직 명사구의 한정성에 대한 표지로 사용되고 있었다. 더 정확히 말하자면 이 두 가지의 원형 관사는 기능적으로 중복되는 면이 있었고, *ille*는 후방 재귀적 기능을 가진 한정 표지로 관계절에 전치하여 한정성을 표시하도록 좀 더 특화되어 있었다.

(8) 4세기(AD) 후반 라틴어(Vincent 1997: 156)

[...] ubi se tamen MONTES **illi**, inter quos ibamus, aperiebant et faciebant vallem infinitam ingens [...].

"[...] where in the meantime the mountains, between which we were going, opened out and formed an endless valley [...]."

"[...] 우리가 가고 있는 동안 산들은 눈앞에 펼쳐지고 끝없는 계곡을 이루고 있었다 [...]."

한편 *ipse*는 전방 대용 기능 쪽으로 특화되고 있었다.

(9) 4세기(AD) 후반 라틴어(Vincent 1997: 156)

[...] ubi se tamen montes **illi**, inter quos ibamus, aperiebant et faciebant vallem infinitam ingens···Vallis autem **ipsa** ingens est valde, iacens subter latus montis Dei [...].

"[...] where in the meantime the mountains, between which we were going, opened out and formed an endless valley···The valley is indeed truly huge, lying under the side of the mountain of God [...]."

"[...] 우리가 가고 있는 동안 산들은 눈앞에 펼쳐지고 끝없는 계곡을 이루고 있었다··· 계곡은 정말 거대하게 신의 산 옆 아래로 뻗어 있었다 [...]."

마지막으로 Vincent (1997: 168)가 전기 로맨스어 단계라고 이른 정관사 단계에서 *ille*와 *ipse* 3)는 통사 구조로부터 독립된 완전한 관사로 사용된다 (즉, 후방재귀사와 내부지시사의 기능으로).

Hawkins (2004, Chapter 4)는 '지시대명사 〉 정관사'의 변화 과정을 좀

---

3) *ipse*에서 파생된 관사가 현재 발레아릭 카탈루냐어에 남아있다(Vincent 1997: 154 참조).

더 정리된, 그리고 교차 언어적으로 유효한 방법으로 제안하였다. 그는 정관사의 진화를 점진적인 의미/화용적 과정으로 설명하였다. 첫 번째 단계에서는 지시에 대한 제한이 폐기되었다. 즉, 지시 대상이 화자와 청자로부터 가깝거나 멀어도 관사의 사용이 차이를 보이지 않게 되었다. 그 결과 초기 단계에는 정관사가 모든 가시적인 상황과 모든 이전 담화 상황(기억 속의) 등 담화 전체와 관계된 지시 대상과 동일시될 수 있었다. 이 단계는 이전 문맥과 발화 당시 상황에 존재하는 대상을 재귀지시 하는 것으로 제한되었다(전기 게르만어에는 고트어의 *sa*와 같은 '대용지시' 관사('anaphoric' articles)가 존재했다).

두 번째 단계에서 정관사는 좀 더 폭넓은 문맥에서 사용될 수 있었다. 그 이유는 화용적 단위가 가시적인(*mind the step* "발밑을 주의하세요.") 것에서 비가시적이고 폭넓은 상황(*the king has abdicated* "왕이 퇴위했다.")으로, 이전 발화에 기초했던 재귀지시로부터(*a house: the house*) 보편적인 지식으로 추론할 수 있는 대상이나 *a house: the door*과 같이 정형화된 '프레임(frames)'으로 확장되었다(하우사어(Hausa)의 한정 접미사 *-n*과 같은). 세 번째 단계에서 정관사는 담화의 영향이 적거나 거의 없이 일반적으로 보편적으로 사용될 수 있게 되었다(*The lion is a mammal*). 게르만어 관사의 중간 단계와 현대의 용법이 이에 속한다. 네 번째 단계에서 정관사는 한정적인 대상에 부가된 한정적 부정칭의 지시 대상을 부호화하는 것으로 그 사용이 확장되었다. 이 단계에서 정관사는 단순하게 존재에 대해 서술한다. 그 결과 정관사의 사용 가능 범위는 매우 넓어진다(담화적으로 식별 가능한 지시 대상, 총칭 지시, 존재 서술 등등. 통가어의 *e*, 마오리어의 *te*가 이에 속한다). 마지막으로 정관사의 사용 범위가 더 확장되면 정관사와 부정관사 모두 일치, 명사 분류표지 등과 같이 단지 통사적인 목적으로 사용된다. 끝으로 한정적, 비한정적인 모든 연관 관계가 소실된다(반투어의 예가 그렇다).[4]

우리는 여기서 Hawkins(2004)의 정관사의 연속적인 변이 단계와 관련하여 유럽 언어의 경우를 살펴보려고 한다. 유럽 언어에서는 아직 Hawkins의 제 4단계에 다다른 언어가 없는 것으로 보인다. 그 중 스칸디나비아 동북부에서 사용되는 스웨덴 방언은 예외라고 할 수 있다(Dahl 2004 참조). 이 지역 언어에서 정관사는 비한정적 부정칭 지시에 참여할 수 있다(Dahl's 2004: 174의 '낮은 지시성 용법' 참조).

(10) 노르보텐 주의 네데르칼릭스 방언(Nederkalix, Norrbotten)(Dahl 2004: 174)

Jä   skå   tåla   åom   fördä,
I   shall   speak.INF   about   for.you.DAT

måmme,   åt   jä   ållti   veillt   hå   **I**   kjaatt
mother   that   I   always   want.SUP   have   a   cat

män   hä   gja   jo   ät   håå   kjatta
but   it   go.PRES   as.you.know   not   have.INF   cat.DEF

når   man   båo   ini   **i**   höreshöus.
when   one   live.PRS   in   a   rent-house

"I want to tell you, Mother, that I have always wanted to have a cat –but it isn't possible to have a cat (lit. the cat) when you live in an apartment house."

"나는 당신에게 말하고 싶어요, 어머니, 나는 언제나 고양이를 키우고 싶었지만 당신이 아파트에 사는 동안은 고양이(직역: 그 고양이)를 키울 수 없다고요."

---

4) Hawkins(2004: Ch. 4. p. 21)는 "각각의 단계는 이전 단계에서 사용 가능했던 범위를 유지하기 때문에 더 중의적이고 다의적이 된 대신 통사적인 상황과 정관사의 사용 빈도를 확장 한다… 이러한 확장을 이해하기 위해서는 정관사와 그 변이 단계에 대하여 좀 더 형식적이고 통사적인 면에 대해 검증하는 것이 필요하다"라고 지적했다. 우리는 여기에서 이에 대해 자세하게 논의하는 대신 지시사가 정관사로 문법화 하는 과정에 대한 통찰력 있는 접근을 한 Hawkins(2004)의 연구를 직접 접해 보는 것을 독자들에게 추천한다.

3.2.2 부정관사

'one'이 부정관사로 문법화되는 초기 단계에서는 대부분의 예가 수사 'one'으로 사용되고 있었다. Heine (1997b: 70ff.)는 지리적, 발생학적으로 모두 관련이 있는 언어와 서로 관련이 없는 언어들의 데이터를 토대로 부정 관사의 5단계 문법화 과정을 제안하였다. 문법화로 진입하는 단계(수사 단계)에서는 'one'이 수사의 기능을 가지고 있다. 이것은 이 언어에 부정관사 범주가 존재하지 않는다는 것을 의미한다.

(11) 핀란드어(Laury 1997: 37)

Siitä	katos	aena	yöllä	**yks**	omena.
SE-ELA	disappear	always	night-ADE	one	apple

"Every night one apple disappeared from it."
"매일 밤 여기에서 사과 한 개가/한 사과가 사라졌다."

2단계는 존재 표지 단계(the presentative marker stage)로서 관사는 청자가 모른다고 생각되는 새로운 담화 참여 성분을 이끄는 역할을 하며 이 담화 참여 성분은 이어지는 맥락에서 한정적으로 표지된다.

(12) 러시아어

Žhyl	da	byl	**odin**	starik [⋯].
lived	PTC	was	one	old.man

"Once upon a time there was an old man [⋯]."
"옛날에 한(어떤) 노인이 살고 있었다."

3단계는 한정적 부정칭 표지 단계(the specific indefinite marker stage)로서 'one'이 화자가 알고 있으나 청자는 모른다고 추정되는 담화 참여 성분을 표지하는 것으로 사용이 확장된다. 이 때 참여 성분이 담화의 주요 참여 성분인 지의 여부와는 관계없다. 그리고 이 성분이 2단계와 같이 담화의 주요 참여 성분이 아니더라도 이 단계에서 관사의 사용은 여전히 후속 담화와 관련을 가진다.

(13) Street Hebrew(Givon 1981: 36)

    ba   hena ish- **xad** etmol   ve- hitxil le- daber   ve- hu […].
    came here man- one yesterday and started to- talk.and- he
    "A man came in yesterday and started talking and he […]."
    "어제 한 남자가 들어와서 얘기하기 시작했다. 그리고 그는 […]."

다음 4단계는 비한정적 부정칭 표지 단계(the non-specific indefinite marker stage)이다. 이 단계에서는 화자와 청자 모두에게 지시적 식별성이 없는 담화 참여 성분에 관사를 사용할 수 있다.

(14) 영어

    Draw **a** dog!
    "개를 그리세요!"

마지막으로 5단계는 일반화된 관사 단계(the generalized article stage)로서 모든 종류의 명사를 지칭할 수 있다. 여기에는 약간의 문맥적 예외가 존재하는데 한정 표지, 고유명사, 국가 지시 명사(nationality-denoting nouns), 서술절(predicative clauses) 등이 그것이다. 어떤 서유럽 언어에서는 고유명사가 정관사와 같이 쓰일 수 있는데, 예를 들어 독일어의 비공식적인 방언(informal varieties)에서는 *Ich bin der Peter*(I am the Peter) 'I am Peter'와 같이 인명과 함께 사용하는 것이 가능하다. 스페인어는 관사가 일반화된 5단계의 언어의 예라고 하는데 복수 명사를 표시하는 문맥으로까지 그 사용이 확장되어 있다.

(15) 스페인어(Heine 1997b: 73)

un día ven- ían   **un- o- s** hombres […].
one day come- 3PL.PRET.IMPERF one- M- PL men
"One day there came some men […]."
"하루는 어떤/몇 명의 남자들이 왔다 […]."

3.3 접촉에 의한 관사의 문법화

앞서 논의한 내용에서는 관사의 일방향적 선형 진화 과정을 보여주는 한편 어떤 언어에서 특정한 담화 화용적 동력에 의해 형성되는 복잡한 과정도 제시해 보았다. 이 장에서는 이러한 방법론을 유럽의 언어에 적용시켜 보려고 한다. 특히 유럽의 주변적 언어에서 언어 접촉이 이러한 진화 과정에 어떻게 영향을 미치는지 알아보려고 한다. 이들 언어의 관사의 진화에 대한 정보가 부족했기 때문에 아쉽게도 우리의 시도는 단지 최초로 시도해 보는 개략적인 접근으로 남게 될 것이다.

3.3.1 서론

교차 언어적, 유형적 조사에 따르면 지역적 확산이 유럽 언어에서 관사가 변천한 것에 어떤 역할을 했음이 분명하다. 그러나 이러한 확산의 역할은 많은 부분이 아직 불분명하다. 서유럽에서 관사가 없던 상황에서 관사가 완전히 보편적으로 사용되는 상황으로 역사적 변화가 존재하는 반면 동유럽에서는 이러한 역사를 찾아볼 수 없다. 다양한 유럽 언어의 표준어에 기초하여 지역유형론적인 결론을 내린다면 "동유럽의 대부분의 언어에는 관사가 전혀 존재하지 않는다(동슬라브어, 서슬라브어, 헝가리어, 튀르크어, 나흐-다게스탄어(Nakh-Dagestanian), 카르트벨리아어(Kartvelian)를 제외한 핀우그리아어 등등)"(Haspelmath 1998: 274 참조). 좀 더 정확히 말하면 불가리아어, 마케도니아어, 북부 러시아어를 제외한 슬라브어와 헝가리어를 제외한 핀우그리아어에는 관사가 존재하지 않는다고 한다. 불가리아어와 마케도니아어의 예는 논란의 여지가 없다. 이 두 언어에서 관사의 역사적 기원은 근본적으로 불투명한 반면,[5] 발칸어역 내부의 지역적 영향력에 의해 관사가 발생했다는 것은 광범위하게 인정되는 사실이다. 북부 러시아어의 경우는 좀 더 불확실한데 표준 러시아어에는 관사가 없으나 북부 러시아어에는 접미적 정관사가 존재한다(Breu 1994: 53-54 참조).[6] 다시 말해서 동유럽이 관사가 존재하지 않는 지역으로 묘사되는 이유가 있기 때문에 우리가 앞으로 이 지역의 상황에 초점을 맞추려고 하는 것이다.

이 지역 언어의 문법을 기술한 것에 따르면 한정성과 비한정성의 개념은 (a)통사적 방법, (b)형태적 방법, (c)어휘적 방법으로 부호화되고 이 중 어느 것도 관사로 분류되지 않는다. 예를 들어 크로아티아어와 세르비아어의 문법에는 다음과 같이 나와 있다.

---

5) 발칸적 특질(Balkanisms)에 대해서는 몇 가지 서로 상반되는 가설이 존재한다. 그 중 하나는 로맨스어의 영향에 대한 것이고, 다른 하나는 그리스어의 영향을 받았다는 것, 또 다른 하나는 전기 로맨스의 '토착 발칸어(Urbevölkerung auf dem Balkan)'이 먼저 발칸 로맨스어에 영향을 미치고 다음으로 슬라브어에 영향을 미쳤다는 가설 등이다(Breu 1994: 53 참조).

6) 다시 한 번 밝히지만 관사가 어디에서 유래 되었는지에 대해서는 확실한 정보가 없다. 고대 노르딕 기원설이 있고(스웨덴어와 다른 북부 게르만어에는 후치하는 정관사가 존재한다), 핀어 기원설이 있다. 그러나 놀랍게도 핀어파의 언어에는 대부분 관사가 존재하지 않는다.

"크로아티아어/세르비아어에는 정관사와 부정관사에 해당하는 형태적 범주가 존재하지 않는다(Kunzmann-Müller (1994: 91))."

Kunzmann-Müller(1994: 91)에 따르면 크로아티아어와 세르비아어의 한정성과 비한정성은 어순이나 억양과 같은 통사적 방법으로 표시할 수 있다.[7] 크로아티아어와 세르비아어에서 한정성과 비한정성을 부호화하는 다른 방법은 직접 목적어의 위치와 제한된 수의 명사에 한정된 대격(accusative)과 속격(또는 '부분 속격')의 대립을 이용하는 것이다. 마지막으로 Kunzmann-Müller (1994: 92)는 (다른 몇 가지의 대명사와) 지시적 대명사, 수사 'one'이 각각 한정성과 비한정성을 표시하는 어휘적 방법임을 지적하였다.

(16) 크로아티아어와 세르비아어(Kunzmann-Müller 1994: 92):

O **tom** malom čovjeku ne zna se
about *that* little man not know REFL

ništa zato što on nije imao sredstava da
nothing because he not had means to

ostavi kakvo svjedočanstvo o sebi i svom osobnom
leave what document about self and his particular

načinu života.
way of.life

"On *the* little man one knows nothing because he had no means to leave behind any testimony of himself and his personal way of life."

---

7) "크로아티아어와 세르비아어에서는 명사가 한정적일 때 주로 주제와 동일한 위치에 위치한다. 그러나 비한정적일 경우에는 평언의 위치, 즉 좀 더 문장의 끝부분에 위치한다(Kunzmann-Müller 1994: 91)."

"그 작은 남자에 대해서는 어느 누구도 알 수 없었다. 왜냐하면 그는 자신에 대한 그리고 자신의 생활 방식에 대한 어떤 증언도 남기지 않았기 때문이다."

(17) 크로아티아어와 세르비아어(Kunzmann-Müller 1994: 92)

U	M.	su	prespavali	kod	**jedne**	obitelji
In	M.	are	slept	at	one	family

koju	je	očuto	poznavao	netko	iz	grupe.
which	is	apparently	knew	someone	of	group

"In M. they spent a night with *a* family whom someone from the group knew."

"M에서 그들은 그룹 내의 누군가와 아는 한 가족과 하룻밤을 보냈다."

앞의 두 가지 예는 한정성과 비한정성이 각각 지시대명사와 수사 'one'으로 부호화된 예이며 이것은 독일어와 같은 서유럽 언어의 정관사, 부정관사와 매우 흡사하다. 그렇다면 크로아티아어와 세르비아어와 같은 언어에 관사가 존재하지 않는다고 여겨지고 있는 것은, 우리는 이에 대해 세 가지 이유가 있다고 생각한다. 첫째, 독일어와 영어, 프랑스어와 같은 서유럽 언어에서 명사구에 한정성/비한정성이 필수적으로 표지되어야 하는 반면, 대부분의 동유럽 언어에서는 지시사와 수사 'one'이 한정성과 비한정성을 표지하는 것이 필수적이지 않다.

둘째, 관사의 존재/부재에 대해 조사할 때 일반적으로 한 언어의 표준어를 대상으로 하지만 방언이나 구어의 변이에서는 확실히 그리고 자주 다른 양상이 나타나곤 하기 때문에 우리는 이 장에서 표준어와 비표준어 변이, 문어와 구어에 대해 모두 논의하려고 한다.

셋째, 어떤 구조를 통사 범주로 볼지 보지 않을지는 우리가 어떤 방법론을 채택하는가에 달려있다. 이후 우리는 문법화 연구와 사용 패턴의 개념을 적용한 방법론을 이용하려고 한다(2.2 참조). 전통적인 방법론은 어떤 특정한 형태가 충분히 발달한 단계가 아니거나 고도로 문법화되지 않았을 때 그것이 관사인지 아닌지 식별하기가 어려웠다. 그러나 우리가 전통적으로 정관사 혹은 부정관사라고 생각하고 있는 것은 아주 오랜 기간 동안, 어떤 경우에는 수세기에 걸쳐 발생한 문법화의 결과이며, 정적인 기성품으로 언제나 그 곳에 존재했던 것이 아니다. 오히려 통사 시스템 안에서 생명력을 가지고 살아있는 존재라고 할 수 있다. 따라서 우리의 방법론에서는 지시사와 수사이 정관사와 부정관사로 변이하는 동적 과정과 새로운 사용 패턴을 일으키는 유동적인 담화 구조에 초점을 맞출 것이다.

이러한 방법론을 통하여 그동안 의식하지 못했던 다양한 변이 단계에 있는 관사들을 구별할 수 있게 될 것이다. 각 단계마다 의미적, 형태-통사적 특성을 가지고 있고, 더 발전된 단계에서는 음성적인 특성도 가지고 있을 것이다.

우리의 방법의 핵심에는 인지 의미적인 요소와 화용적인 요소가 결합한, 엄밀히 말해서 접촉에 의한 재해석이라는 기제가 존재한다(Heine et al. 1991 참조). 이 기제는 특정한 문맥에서 단순한 의미가 이 문맥을 통하여 추리 가능한 통사적 의미로 대체될 수 있게 허용하는 역할을 한다. 다음 불가리아어의 예는 그 실례이다.

(18) 불가리아어

   (a) Az   imam   **edno**   dete.
       I   have.1SG.PRES   one   child
      "I have one child."
      "나는 아이가 하나 있다."

(b) Vidjax   **edno**   dete.

see.1SG.AOR   one   child

"I saw one child."/ "I saw a child."

"나는 한 아이를 보았다."

(c) **Edni**   deca   dojdoxa   da   mi   pomognat

one.PL   children   come.PL.AOR   to   me   help

tazi   sutrin.

this   morning

"Some/certain children came to help me this morning."

"어떤 아이들이 오늘 아침 나를 도와주러 왔다."

(18a)에서는 형태소 *edno*가 첫 번째 의미인 수사 'one'으로 사용되었다. (18b)의 예는 특정한 문맥, 즉 명사구의 양적인 의미가 중요하지 않은 문맥에 사용되었다. 이 때 불가리아어 사용자들의 관념에 특정한 과정이 시작되어 'one'의 가장 기본적인 수사 개념이 어떤 실체에 대하여 '정신적인 관점으로 선택되는' 의미로 재해석되어 담화의 세계에 투입되었다. 그러나 이 때 *edno*의 가장 기본적인 수사의 의미는 억제되었을 뿐 완전히 소거되지는 않았다. (18c)에서는 또 다른 문맥, 특히 명사가 복수일 때의 문맥에서 기본적인 수사 'one'의 의미가 완전히 사라졌다. 이러한 문맥에서는 부정관사의 통사적 의미만이 존재하는 사용 패턴이 출현했다고 할 수 있다.

이 방법론은 전통적으로 관사의 존재와 부재를 기준으로 나눈 동-서유럽의 분계선보다 유럽 내부의 좀 더 다양화된 관사의 분포를 보여줄 것이다. 이후 우리는 문법화 이론에서 추출한 여러 가지 진단에 유용한 특징들을 이용하여 특히 문법화의 초기 단계에 있어서 실증적인 데이터에 대한 정교한 분석을 제시하여 언어 접촉이 유럽에서 관사의 진화에 적절한 요소가 되었음을 설명할 것이다.

앞에서 지적한 바와 같이 관사의 출현에는 교차 언어적으로 매우 보편적인 경로가 존재한다. 정관사는 지시한정사로부터 부정관사는 수 한정사 'one'으로부터 변이했을 가능성이 매우 높다(Greenberg 1978a; Givón 1981; Diessel 1999; Heine & Kuteva 2002 참조). 진화의 가장 초기 단계에서 이 표지들은 부차적 사용 패턴의 특성을(Heine & Kuteva 2005 참조) 가지고 있었을 가능성이 높다. 즉, 이 표지들이 한정성과 비한정성을 표지하는 경우는 드물고 사용 가능한 문맥과 사용자들에 재한이 있었을 것이다. 부차적 사용 패턴은 점차 주요 사용 패턴으로 바뀌었을 것이고 이러한 새로운 기능은 더욱 빈번하게 더욱 많은 문맥에 나타나 새로운 통사 범주가 출현하는 결과를 가져왔을 것이다.

동유럽의 몇몇 언어들이 이러한 경로를 통하여 관사를 취득하는 것에 대한 몇 가지 증거가 존재한다. 이것이 인접한 게르만어와 로맨스어를 모델로 하여 발생했다는 것은 문헌적으로 이미 인정되고 있다. 즉, 이 언어들을 연구하는 다수의 학자들이 지적한 바와 같이 언어 접촉이 이러한 과정을 추진하고 가속화하는 결정적인 요소라는 것이다. 많은 학자들이 공감을 표한 Putzu's(2002: 250)의 조사에 의하면 슬라브어만이 "강한 지역적 간섭에 의해 정관사가 진화되었다."

서유럽과 부분적인 중앙 유럽 언어의 관사가 동유럽 언어에 영향을 미친 지역적 패턴이 어떤 것인 지는 아직 확실하지 않다. 그러나 이러한 서유럽으로부터 동유럽으로의 영향은 분계선(관사가 확실하게 존재하는 알바니아어와 불가리아어를 경계로 나눈)의 남쪽에서 더 강하게 나타나고 경계선의 북쪽은 더 약하게 나타나는 것으로 보인다.

유럽의 정관사에 대해서 Schroeder(이후 자세히 논의)는 서유럽 언어(지시사와 정관사의 형태가 분리된 언어, 영어 등), 중앙 유럽 언어(지시사와 정관사가 동형인 언어, 독일어 등), 동유럽 언어(지시사는 존재하나 정관사가 존재하지 않는 언어, 러시아어 등)의 지역적 연속체가 존재함을 증명했다. 우리는 Schroeder의 연구 결과를 기반으로 방언과 구어에 더 초점을 맞추어 몇 가지 언어에서 지시사가 정관사로 사용되는 문맥에 대해 고찰해 보기로 하겠다.

3.3.2 정관사

북부 러시아어를 제외하고(이전 내용 참조) 유럽의 동단에 위치한 우크라이나어, 러시아어, 벨라루스어 등의 슬라브어에는 정관사가 존재하지 않는다.

우크라이나어

영어의 정관사는 우크라이나어에서 특정한 형태로 나타나지 않는다. 다음은 내부지시의 예인데 영어의 정관사와 대응되는 명사가 무표형으로 사용되었다.

(19) 우크라이나어

Ja xoču mati druga.　　　Drug　povinen maty dlja meine čas.
I　want have friend.ACC friend must　have for me　time
"I want a friend. *The* friend must have time for me."
"나는 친구가 필요하다. 그 친구는 나에게 시간을 할애해야 한다."

또한 외부지시 문맥에서도 정관사는 사용되지 않는다.

(20) 우크라이나어

Voda   zanadto   xolodna.

water   too   cold

"The water is too cold."

"그 물은 너무 차다."

표준 러시아어

러시아어의 경우도 우크라이나어와 유사하다. 다음은 담화에 의해 이미 소개되었던 명사가 다시 언급되는 상황인데(이것은 주제 연속성으로서 정관사의 전형적인 기능이다), 이때 한정성과 식별가능성을 함의하고 있으면서도 여전히 무표적이다.

(21) 러시아어

Odnaždy v policii   byl učitel'.   Vanja znaet učitelja.

One.day in police.office was teacher.NOM Vanja knows teacher.ACC

"One day there was a teacher at the police office. Vanja knows the teacher."

"어느 날, 선생님께서 경찰서에 계셨다. Vanja는 그 선생님을 알고 있었다."

벨라루스어

벨라루스어에도 정관사가 존재하지 않기 때문에 다음과 같은 구문에 관사가 출현하지 않는다.

(22) 벨라루스어

    ën   napisaŭ   list   getym   aloŭkam
    he   wrote   letter this.INSTR pen.INSTR
    "He wrote the letter with this pen."
    "그는 이 펜으로 그 편지를 썼다."

바꿔 말하면 서유럽 언어는 정관사 체계를 수립했고 동유럽 언어는 관사를 가지고 있지 않다고 할 수 있다. 다음에서 우리는 서유럽과 동유럽의 중간 지역에서 정관사 시스템을 가진 언어와 그렇지 않은 언어의 전이가 일어나고 있음을 보이려고 한다. 더 정확히 말한다면 게르만어와 로맨스어와 가까이 접촉하는 언어인 폴란드어, 소르비아어, 체코어, 슬로베니아어, (몰리세) 크로아티아어, 카슈비아어 등은 정관사가 발달하고 있는 언어들이다. 이는 위에서 예로 든 유럽의 동단에 위치한 언어에 정관사와 유사한 어떠한 것도 존재하지 않는 것과 대조되는 사실이다. 이로써 정관사에 있어서 폴란드어, 소르비아어, 체코어, 슬로베니아어, (몰리세) 크로아티아어, 카슈비아어 등의 언어는 유럽 동단의 언어와 구분하여 전이 지역을 형성한다고 볼 수 있다.

이 전이 지역 언어에서 발생한 혁신에 대하여 우리는 서유럽 언어와의 접촉에 의해 촉발되고 가속화되었다고 믿는다. 이 때 지시 관사는 서유럽 언어와 마찬가지고 전치되어 한정성 표지로 사용된다.

폴란드어

다양한 폴란드어의 방언에서 지시대명사, *ten* (M.SG), *ta* (F.SG), *to* (N.SG)이 이전 담화에서 언급되었던 대상을 표지하는데 사용되곤 한다. 그러나 문어에서는 이러한 용법을 볼 수 없다.

(23) 폴란드어 구어(Nitsch 1960: 113; Zygmunt Frajzyngier, p.c.)

No   jag   zawiezuja   budynek, tag   na pirsym wengle
Well when   build.PL.PRES   building then on first   corner

tam   kuado   tam   jaki pionc, na pamiontko i
there put.PL.PRES   there some coin   for memory   and

zeby   scescie   byuo f **tem**   budynku.
in.order   happiness be   in DEM   building

"When they begin to build a building they put some money on
the first corner for the memory and in order for happiness to
reign in **the** building."
"그들은 빌딩을 짓기 시작하면서 기념의 의미로 첫 모퉁이에 그 빌딩의
행운을 기원하는 돈을 조금 묻어 두었다."

문법화 이론의 관점에서 폴란드어의 구어에 나타난 이러한 현상은 정관사
가 출현하는 초기 단계의 부차적 사용 패턴을 보이고 있다고 할 수 있다.

소르비아어(Sorbian)[8]

소르비아어는 독일 동부에서 사용되고 있는 언어로 약 10세기 간 독일과
접촉한 역사를 가지고 있고 지시사로부터 정관사로의 문법화가 폴란드어보
다 더 진행된 것으로 보인다. 소르비아는 독일어를 모델로 하여 수의적 정관
사의 주요 사용 패턴을 획득했다. 예를 들어 Šwela(1952: 135)에 따르면,
저지 소르비아어의 근칭(proximal) 지시사 *ten* 'this'은 독일어의 영향으로
정관사로도 사용된다. 저지 소르비아어는 고지 소르비아어와 마찬가지로 지
시 중립적인(deixis-neutral) 지시사 *tón* (M)/ *ta* (F)/*te, to* (N)[9]의 용법을

---

8) 소르비아어는 고지 소르비아어와 저지 소르비아어의 두 종류의 문어로 구성된다. 소르비아어라
고만 하면 두 종류의 언어를 모두 가리킨다.

확장하여 관사로 사용하고 있다. 한정 표지는 독일어의 경우와 같이 유실되고 있는 단계이며 점차 강세를 받지 않는다(Boretzky 1986: 17; Lötzsch 1996: 52-3 참조). 통시적 자료에 의하면 이러한 지시사를 정관사의 용법으로 사용하는 것은 적어도 16세기로 거슬러 올라간다.

"대부분 독일어 본을 번역한 고대 소르비아 교회의 몇 가지 교리서에서 대부분의 관사는 *tón* (*ten*)), *ta, te/to* (*to*)의 형식으로 나타난다. 그리고 *in dem* 대신 *im*이 사용되는 경우와 같이 전치사 축약이 일어나는 경우 자주 생략되어…, 관사는 독립적인 성분으로서의 자격을 잃어버린다. 따라서 1597년에 편찬된 고지 소르비아어 「*Warichius*의 교리서(*Katechismus des Warichius*)」에서는,… 356곳에서 독일어와 동일하게 관사를 사용했고, 56곳에서 독일어 원문에 출현한 관사가 소르비아어 번역본에서는 생략되었다. 그리고 이 56곳의 대부분은 관사와 전치사가 공기한 경우이다(Lötzsch 1996: 52)."

독일어와 정관사와 비교하면 소르비아의 정관사는 덜 문법화된 상태이며, 사용 빈도 면에서 독일어에 훨씬 미치지 못한다. 그리고 소르비아어에서 정관사가 출현하는 것 역시 문맥과 상황 요소의 영향을 받는다. 소르비아어의 지시사 *tón* (M)/ *ta* (F)/*te, to* (N)이 정관사로 문법화 됨에 따라 이전의 지시사는 *tu-* 'here'이 첨가되어 근칭 지시사로 '강화(strengthened)'되면서 한정 표지로 전이하고 있는 지시사와 구분된다(Lötzsch 1996: 52 참조). 고지 소르비아어의 정관사는 표준어와 구어에서 매우 다른 출현 빈도를 보인다. Faßke and Michalk(1981: 568)의 연구에 따르면 독일어의 영향은 고전 문헌과 현대 구어에 가장 강하게 나타난다. 현대 문어에 정관사의 사용이 기피되는 것과는 달리

---

9) 이 형태는 고지 소르비아어의 예이다. 저지 소르비아어의 지시사의 형태는 이것과 조금 다르다 (see Lötzsch 1996: 52).

현대 구어체에서 *tón*은 정관사로 거의 제약 없이 사용된다. 이는 고유명사(e.g., *tón Budyšin*), 소유구(e.g., *tón jeho bratr*)와 같이 독일어에서 정관사를 사용하지 않는 문맥에까지 확장하여 사용되기도 한다.

고전 문헌과 현대 구어에서 지시사가 정관사로 사용되는 사실이 소르비아 표준 문법에서 조용히 묻힌 채 지나간 것은 아마도 문법가들이 순수주의 언어 정책을 표방하는 데서 비롯된 것일 것이다. 가장 오래된 소르비아의 문법에서부터 관사의 사용은 '가증스러운 게르만적 요소(*ein verabscheuungswürdiger Germanismus*)'로 지탄받아 왔다(Lötzsch 1996: 52 참조).

체코어

체코어에서 지시사(*ten*)가 전치 정관사의 기능을 가지고 있는 것에는 독일어의 영향이 일정 부분 있었을 것이다. 현재의 상황은 문법화의 초기 범주 단계로서, 재귀적 대용 지시 표지로 사용할 수 없고, 독립된 통사 범주로 인정되지 않으며, 오직 수의적인 정관사의 용법만을 가지고, 문어에서는 그다지 허용되지 않는다(Berger n.d.: 462; Breu 1984: 54; Cummings, III 참조). 그리고 Putzu and Ramat(2001: 128-129)는 체코어에 "직, 간접 지시 대용사를 표시하는 유사관사(articoloid) *ten*이 존재하며 이것은 총칭 지시사나 분류 지시사로는 사용하지 않는다."라고 하였다(체코어의 한정성 표시에 대한 상세한 논의는 Cummings, III (1998) 참조). Cummings는 *ten*이 문어에서는 구어에서보다 확실히 덜 문법화된 것에 주목했다.

"체코어 구어 자료는 *ten*이 정관사로서 출현하고 있음을 보여주고 있다. […]. 그러나 지시사와 유사하지만 관사와는 다르게 *ten*은 한정적 NP가 나타날 때마다 그것을 지시하지는 않는다. 그리고 *ten*을 과도하게 사용하는 경우에도 모든 한정적 NP와 공기하지 않는다. 따라서 *ten*의 남용은 규범주

의자들(normativists)에 의해 비판을 받기도 한다. 이 창발적인 통사 범주는 지속적으로 사용되며 체코어의 문어에서처럼 단순 한정, 중립 지시로 사용되는 *ten*과 근접지시를 나타내는 *tento, tenhle* 'this', *tamten* 'that' 등의 경계는 매우 유동적이다(Cummings, III 1998: 589)."

체코어의 구어가 문어와 특히 다른 점은 이 지시사가 고유명사(e.g., *v tom Brene* & 'in Brno')와 총칭 복수형에도 사용이 가능하다는 것이다. 다음은 체코어의 지시사가 정관사로 사용되는 사용 패턴의 예이다.

(24) 체코어

   (a) John   má   auta. **Ta**   auta jsou velká.
       John   has   cars DEM cars are big
       "John has cars. And the cars are big."
       "John은 차들을 가지고 있다. 그리고 그 차들은 크다."

   (b) Chci vodu, ale **ta**   voda musi by't čistá.
       want water but DEM water must be   clean
       "I want water, but the water must be clean."
       "나는 물을 원하지만, 그 물은 깨끗해야 한다."

슬로베니아어

슬로베니아어는 체코어와 유사한 상황에 놓여있다. 독일어의 영향 하에 슬로베니아어는 지시사가 전치 정관사의 기능으로 변이되었고 이의 사용은 역시 문어에서 그다지 허용되지 않는다(Breu 1984: 54 참조). 그러나 이탈리아의 우디네(Udine 슬로베니아어로는 *Videm*) 지역과 Valley of Resia에 거주하는 슬로베니아 인들이 사용하는 슬로베니아의 Resian 방언에서 지시사는 정관사로 문법화하고 있다(Duličenko 1998: 246 참조). Resian 슬로베니아인들의 선조들은 8세기에 베네치아 지역에 정착했다. 그리고 1797년까지 베네치아 공화국의 시민으로 살다가 그 이후 합스부르크가에 종속되었다. 1866년에 그들의 영토는 이탈리아에 종속되었고 현재 문법화가 완성된 관사를 가진 이탈리아와 프리울리(Friulian)에 둘러싸인 고립된 10개의 촌락에 거주하고 있으며 이 중 Resian 지역만이 슬로베니아와 접해 있다.

몰리세 크로아티아어(Molise Croatian)

남부 이탈리아 지역에 있는 크로아티아어의 변이인 몰리세어에 새로운 사용 패턴이 출현했다. 몰리세 크로아티아어(또는 몰리세어)는 남부 이탈리아어의 영향을 강하게 받았다(Breu 1990b; 1992; 1994; 1996 참조). 이탈리아어의 영향을 받았을 가능성이 있는 점은 Breu(1996: 30)에 의하면 몰리세어 사용자 중 일부는 지시한정사를 '주제적 대용어(thematic anaphoric)'로 사용하는 빈도가 다른 슬라브어 사용자에 비해 훨씬 많다는 것이다. 그러나 지시사는 아직 한정 지시에 대한 필수 표지로 변이하지 않은 상태이며 아마도 부차적 사용 패턴과 주요 사용 패턴의 중간 어디쯤에 위치하고 있는 것으로 보인다.

카슈비아어(Kashubian)

오랜 기간 독일어와 접촉이 있어왔던 카슈비아어는 소르비아어와 유사한 상황이다. 즉, 지시사 *ten*과 *nen*이 한정 표지로 사용될 수 있다(Nau 1995: 14참조).

세르비아어

전통적으로 세르비아어는 한정 범주를 형용사에만 특수한 형용사 접미사를 통해 표지하며 명사는 전치 관사를 취하지 않는다고 알려져 왔다. 주의 깊게 보지 않으면 이러한 관념은 사실인 것도 같다. 아래의 예에서 서유럽 언어였다면 관사가 요구되는 자리에 세르비아어에서는 한정성을 표지하는 어떠한 형태소도 보이지 않는다.

(25) 세르비아어

Ivan   ima   aute. Auti su veliki.
John has cars cars are big
"John has cars. The cars are big."
"John은 차들을 가지고 있다. 그리고 그 차들은 크다."

그러나 만약 세르비아어의 구어에 주의한다면 세르비아어가 관사를 획득하는 과정임을 알게 될 것이다. 하지만 그 과정은 지금 막 초기 단계에 진입할 상태일 것이다. 다음의 예에서 우리는 정보 제공자에게 영어의 *The water is very cold*의 문장을 세르비아어로 번역해 줄 것을 요청했었다. 우리는 세르비아어의 표준 문법에 의거하여 명사 'water'을 번역한 *voda*에 지시성을 가리키는 전치나 후치 성분이 없을 것이라고 생각했다. 그러나 번역된 내용에서는 게르만어파의 언어들에서 볼 수 있었던 정관사의 문법화 초기 단계와 같이 지시대명사를 명사에 전치하여 정관사처럼 사용하였다.

(26) 세르비아어

Ta   voda   je mnogo xladna.
this water is very   cold
"The water is very cold."
"그 물은 몹시 차다."

마케도니아어

마케도니아어에서는 정관사가 후치하는 형식으로 이미 고도로 문법화되어 있다.

(27) 마케도니아어(Julia Vuckovski, p.c.)

    (a) Toj go napiša pismo- **to**   so ova penkalo.
         he   it   wrote letter- DEF.3.SG.N with this pen
         "He wrote the letter with this pen."
         "그는 이 펜으로 그 편지를 썼다."

    (b) Ivan   ima avtomobili. Avtomobili- **te**   se golemi.
         Ivan has cars   cars-   DEF.PL are big.PL
         "Ivan has cars. The cars are big."
         "Ivan에게는 차(들)을 가지고 있다. 그 차들은 크다."

불가리아어

불가리아어에는 완전히 문법화된 접미적 정관사가 존재한다.

(28) 불가리아어

    masa-   **ta**
    table-   the.F.SG
    'the table'
    '그 테이블'

루마니아어

다른 로맨스어와 마찬가지로 루마니아어에는 완전한 정관사가 존재한다. 그러나 서부 로맨스어와는 달리, 그리고 그리스어를 제외한 발칸어와 동일하게 루마니아어의 관사는 전치되는 대신 후치한다. 루마니아어의 관사 역시 서부 로맨스어가 거쳤던 문법화와 같은 과정을 통하여 관사 범주가 생성, 발전하였다. 즉, 원칭 지시 한정사(라틴어의 *ille* M, *illa* F, *illud* N)가 한정 표지가 된 것이다. 루마니아어에서 한정 표지의 사용은 다음과 같다. *capra* (〈 Latin *capra illa*) 'the goat', *omul* (〈 Latin *homine*(*m*) *illu*) 'the man' (Haarmann 1976b: 85 참조).

알바니아어

그리스어를 제외한 다른 발칸어의 경우와 같이 알바니아어는 후치 관사를 가지고 있다. 그러나 명사가 형용사의 수식을 받을 때는 관사가 전치된다. 알바니아어의 관사는 16세기에 편찬된 최초의 알바니아어 교과서에 이미 수록되어 있다(Haarmann 1976b: 85 참조).

핀란드어

핀어파의 상황은 슬라브어파의 상황과 비교할 만하다. 핀어파 제어에서는 지시 한정사가 한정 지시를 위한 부차적 사용 패턴으로 사용됨에도 불구하고 관사 범주가 존재하지 않는다. 그러나 게르만어와의 접촉의 결과로 부차적 사용 패턴이 새로운 문맥으로 확장되고 사용 빈도 역시 증가하고 있다. 이와 같이 핀란드어의 지시사 *se*는 관사의 속성을 취득하고 있다. Laury(1997)는 지난 100년간의 구어 자료를 세 단계의 시간대로 나누어 고찰한 결과 핀란드어의 *se*는 특히 젊은 사용자들에게서 정관사의 지위를 갖게 되었다고 하였다. Juvonen(2000)의 연구는 Laury의 해석을 모두 찬성하지는 않는다. 그는 부분적인 핀란드어 화자 사이에서 *se*가 대용적 문맥(anaphoric contexts)에 지속적으로 사용됨으로써 정관사의 범주로 변이했다고 한다(Juvonen 2000: 147 참조).

에스토니아어

에스토니아어도 비슷한 과정을 보여준다(Nau 1995: 117ff.; see also Haspelmath 1998: 283 참조). Lehiste(1999)는 독일 시인 Friedrich Schiller의 작품 「환희의 송가(the ode An die Freude)」를 번역한 6 종의 번역본에서 지시사 *see*가 독일어의 정관사 der/die/das와 대응되는 경향을 발견했다.[10) 이것은 고전 핀란드어 문어에서 *se*가 정관사를 번역하는 것에 사용된 것과 매우 유사한 상황이다(Nau 1995: 119 참조). 그러나 현재 조사된 데이터에서는 핀어파에서 이러한 관사의 사용이 주요 사용 패턴인지 초기 범주 단계인지 확실하지 않다.

롬어

발칸 지역에서 사용되고 있는 인도 아리아어파의 롬어에는 좀 더 발달된 관사가 존재한다. Matras(1996: 60)의 자료에 의하면 롬어는 힌두어에서 기원한, 문법화가 완성된 지시사를 정관사로 사용하고 있다. Matras는 롬어의 정관사가 유럽 언어의 영향으로 발생한 것이라고 덧붙이지만 그것이 유럽의 어떤 언어로부터 발생하여 언제 문법화가 진행되었는지는 아직 명확하지 않다.

라트비아어

라트비아어는 접미적 한정 표지를 가지고 있는데 형용사와 수사 앞에서만

---

10) 그러나 번역가들이 독일어의 관사를 번역하지 않은 경우도 있었다.

사용된다(Stolz 2004: 6 참조).

(29) 라트비아어(Stolz 2004: 7)

Izdzirdu maz- **o** puisēno atbildam.
PREV.[11])hear.PRET.1.SG small- DEF.ACC boy.ACC answer.PTCP
"I heard the little boy answer."
"나는 그 어린 소년이 대답하는 것을 들었다."

켈트 제어

현존하는 모든 켈트 제어는 명사의 접두사 형태로 정관사를 사용하고 있
다(Elmar Ternes, p.c.). 브르타뉴어의 정관사는 *a*C로서 이 중 'C'는 (30a)
의 예와 같이 뒤에 오는 명사의 초성에 따라 결정된다. 웨일즈어의 정관사는
(30b)의 예와 같이 자음 앞에서는 *y*로, 모음과 *h* 앞에서는 *yr*의 형태로 사
용된다.

(30a) 브르타뉴어(Ternes 1979: 217; 1992: 401)
    an   ti   'the house' '그 집'
    ar   maen   'the stone' '그 돌'
    al   leue   'the calf'   '그 송아지'

(30b) 웨일즈어(Thomas 1992: 291)
    y   gath   'the cat' '그 고양이'
    yr afon   'the river' '그 강'

(30c) 아일랜드어(Ó Dochartaigh 1992: 54)
    an   lámh   'the hand' '그 손'

---

11) 'PREV'의 의미는 명확하지 않다.

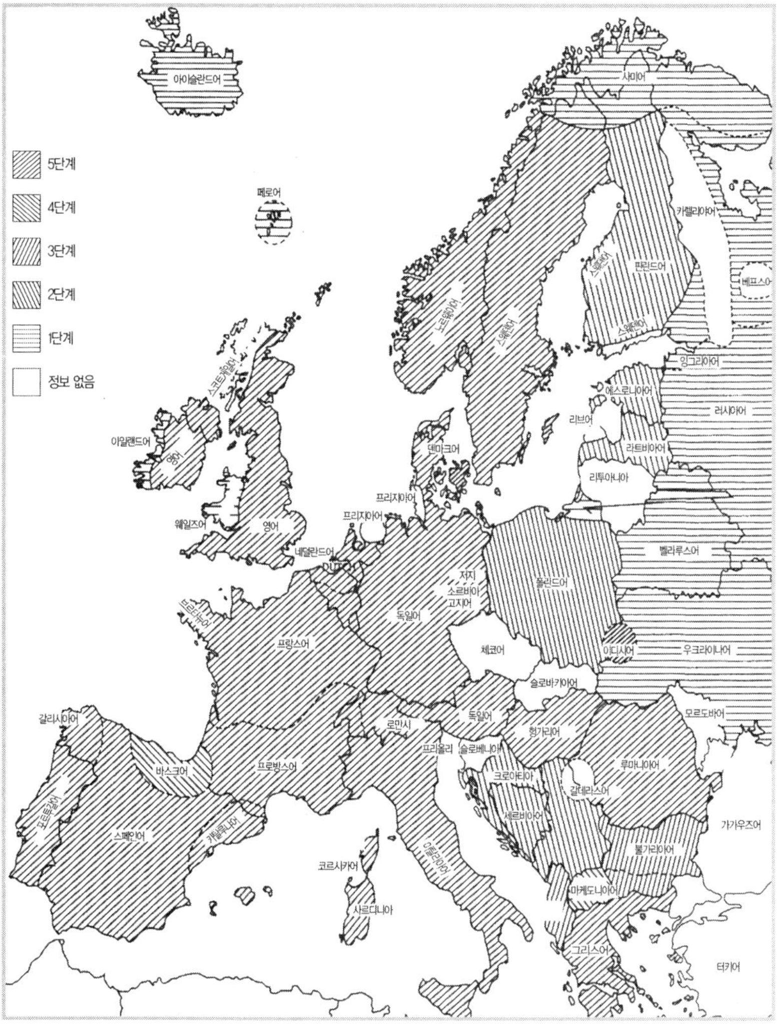

아이슬란드어
사미어
5단계
4단계
3단계
2단계
1단계
정보 없음
페로어
카렐리아어
핀란드어
스웨덴어
베프스어
노르웨이어
스웨덴어
스코트게일어
잉그리아어
에스토니아어
러시아어
리브어
아일랜드어
영어
라트비아어
덴마크어
리투아니아어
프리지아어
프리지아어
웨일즈어
영어
네덜란드어
벨라루스어
저지
소르비아
고지어
폴란드어
독일어
브르타뉴어
프랑스어
체코어
이디시어
우크라이나어
슬로바키아어
갈리시아어
모르도바어
독일어
로만시
헝가리어
프리울리
슬로베니아어
루마니아어
바스크어
프로방스어
크로아티아어
갈데라스어
포르투갈어
세르비아어
가가우즈어
스페인어
카탈루냐어
불가리아어
이탈리아어
코르시카어
마케도니아어
사르디니아
그리스어
터키어

[지도 3-1] 유럽 언어의 정관사(The definite article in European languages)

이 관사의 어원이 무엇인지, 언제 출현한 것인지에 대해서는 알 수 없다.

이 장에서 우리는 동유럽의 관사에 초점을 맞추어 다루었다. [지도 3-1]에 나타난 바와 같이 유럽의 관사의 분포는 관사가 가장 발달된 서유럽과 중앙 유럽, 관사가 문법화의 초기 단계 혹은 중간 단계에 위치한 서유럽과 중앙 유럽 언어와 직접적인 접촉이 있는 언어, 관사 범주가 없는 유럽 동안의 언어 등과 같이 지리적으로 단계적인 전이를 보인다.

서유럽의 영향이 가장 강한 지역은 유럽의 동서 분계선에서 남쪽에 위치하고 있는 언어 지역이며 아마도 로맨스어와 그리스어가 동유럽으로 서로의 영향력을 증진시켰던 지역으로 추정된다.

3.3.3 부정관사

이 장에서 우리는 로맨스어와 게르만어가 이들로부터 동쪽에 위치한 지역의 언어와 북부 그리스어에서 부정관사의 문법 복제가 발생한 것에 대한 모델어로서의 역할을 했음을 밝히려고 한다.[12] 더 정확히 말하면 우리는 이들 지역에서 남서부 지역이 동쪽 방향으로 영향을 발휘하는 방식으로 수사 'one'으로부터 부정관사로의 문법화 과정이 진행 중임을 보이려고 한다. 이 지역에서 우리는 문법화의 발달된 단계로부터 문법화의 초기 단계, 그리고 전혀 문법화가 일어나지 않은 단계로의 점진적인 지역적 전이를 관찰할 수 있다.

유럽에서 부정관사를 가지고 있는 언어는 게르만어와 로맨스어 전체, 헝가리어(핀우그리아 어족)과 그리스어이다. 지역적으로 보면 이들 언어는 유럽의 서부와 부분적인 중앙 유럽, 그리고 남유럽에 위치하고 있다. 우리는 이들 언어 외 지역의 언어들의 예에 대해 알아보려고 한다.

다음 내용에 등장하겠지만, 우크라이나어, 벨라루스어, 러시아어와 같이

---

12) 아마도 그리스어도 이 문법화 과정에서 일정 부분의 역할을 했을 것이라고 추측할 수 있지만 이에 대해 신뢰할 만한 정보를 얻지 못했다.

서유럽에서 가장 원거리에 위치한 언어일수록 부정관사가 존재하지 않는다고 할 수 있다.

우크라이나어

우크라이나어에는 'one'에 해당하는 수사로 *odin* (M.SG), *odna* (F.SG), *odno* (N.SG)가 있으며 가산명사와 함께 사용된다.

(31) 우크라이나어

U   tebja   odna dytyna čy dvoe?
at   you.GEN   one   child   or   two?
"Do you have one child or two?"
"아이가 한 명 있어요? 아니면 두 명?"

그러나 이러한 수사는 존재 표지(presentative 32a), 한정적 부정칭(specific indefinite 32b), 비한정적 부정칭(non-specific indefinite 32c)의 기능을 표지하지 못한다.

(32) 우크라이나어

(a) Kolys'   žyv   sobi   učitel'.
    once.upon.a.time lived REFL   teacher
    "Once upon a time there lived a teacher."[13]
    "옛날에 선생님이 살고 있었다."

---

13) Östen Dahl(p.c.)에 의하면 '(옛날에…)'와 같은 구문은 숙어적 성분으로서 문법화의 최초 단계를 보여주는 경향이 있다. 따라서 우크라이나어에는 해당하는 예가 없다고 할 수 있다.

(b) **Odnogo** razu učitelya bilo bačeno v
one   time   teacher   was   seen   in

policejskij   diljanci.
'police   office'

"One day there was a teacher at the police office."
"어느 날, 선생님께서 경찰서에 계셨다."

(c) Ja xoču mati druga.
I   want   have   friend
"I want to have a friend."
"나는 친구가 있었으면 좋겠다."

벨라루스어

부정칭 표지에 있어서 벨라루스어는 우크라이나어와 유사한 상황을 보인다. 다음 예에 나타난 바와 같이 존재 표지(presentative), 한정적 부정칭(specific indefinite), 비한정적 부정칭(non-specific indefinite)에서 부정관사를 나타나지 않는다.

(33) 벨라루스어(Natalia Bugay, p.c.)
(a) Žyu byu stary···
lived   was   old.man
"Once upon a time there was an old man..."
"옛날에 노인이 살고 있었다."

(b) Učorau večar pryexau sused.
yesterday   evening   came   neighbour
"A neighbor came last night."
"어젯밤 이웃이 왔었다."

(c) Kali laska,   kupi   mne   gazetu!

please   buy   me   newspaper

"Buy me a newspaper, please!"

"제발, 제게 신문을 사 주세요."

러시아어

러시아어는 부정관사가 문법화의 초기 단계에 머물러 있는 언어라고 여겨
져 왔다. (34)와 같이 과학 기사의 표제어나 (35)와 같은 존재 표지의 문맥
이 아니면 수사 'one'은 부정칭 표지로 거의 사용되지 않는다.

(34) 러시아어(Schroeder)

ob **odnom** slučae   palatalizacii

of one   case   palatalization.F.SG.GEN

'of a (certain) palatalization phenomenon'

'하나의 (어떤) 구개음화 현상의'

(35) 러시아어

Žyl   da   byl   **odin**   starik […].

lived   PTC   was   one   old.man

"Once upon a time there was an old man […]."

"옛날에 한 노인이 살고 있었다[…]."

(35)의 예는 마치 문제가 없는 문장처럼 보이지만 정보제공자에 따라 (35)
의 예와 같이 수사 'one'을 부정칭 표지로 사용하는 것을 받아들이지 못하는
경우도 있었다. (36)의 예에 나타난 수사 *odin* 'one' 역시 비문법적이라고
보는 경우도 있다.

(36) 러시아어(Alexandra Aikhenvald, p.c.)

?Žyl da   byl **odin** car'[…].
lived PARTICLE was one king
"Once upon a time there lived a king […]."
"옛날에 한/한 명의 국왕이 살고 있었다[…]."

유럽의 동단에 위치한 언어들에서 부정관사가 발달하지 않은 반면 서유럽에 인접한 동유럽 언어들(서유럽 언어와 같이 부정관사를 가지고 있는 헝가리어를 포함한)은 수사 'one'이 부정관사로 변이 중에 있다고 할 수 있다. 그 중에는 부정관사가 덜 발달된 언어와 좀 더 발달이 이루어진 언어 등 공시적인 차이가 존재한다.

폴란드어

폴란드어에서 비한정성은 표지되지 않거나(부정칭 표지가 부가되지 않은 명사도 부정칭으로 해석된다) *jaki* (*ś*) 'certain'의 형태로 표지된다.

(37) 폴란드어 구어(Nitsch 1960: 113; Zygmunt Frajzyngier, p.c.)

No jag zawiezuja   budynek, tag na pirsym wengle
Well when build.PL.PRES building then on first   corner

tam kuado   tam **jaki** pinionc, na pamiontko i
there put.PL.PRES there some coin   for memory and

zeby   scescie byuo f tem budynku.
in.order happiness be in DEM building

"When they begin to build a building they put some money on the first corner for the memory and in order for happiness to reign in the building."

"그들은 빌딩을 짓기 시작하면서 기념의 의미로 첫 모퉁이에 그 빌딩의 행운을 기원하는 돈/몇 개의 동전을 조금 묻어 두었다."

폴란드어 문어에서는 비한정성을 표지할 때 형용사 *pewien/pewna/pewni* 'certain'이[14] 더 선호되는 반면, 폴란드어 구어에서는 가끔 수사 *jedyn* 'one'이 부정관사의 기능을 한다.

(38) 폴란드어 구어(Nitsch 1960: 39; Zygmunt Frajzyngier, p.c.)

Byu **jedyn** gazda v Skočové s kunámi.
be.3SG.PAST one farmer in Skoczów with horses
"There was once a farmer in Skoczów with horses."
"옛날 Skoczów에는 한 농부가 말과 함께 살고 있었다."

그러나 폴란드어 구어에서 조차도 수사 'one'이 부정관사로 문법화된 것은 존재 표지로 사용되는 부차적 사용 패턴의 단계(즉, 2단계)를 넘었다고 할 수 없다. 따라서 다음의 예와 같이 일반적인 존재 표시 문맥에서는 부정칭 표지를 사용하지 않는 경우도 빈번하게 나타난다.

(39) 폴란드어 구어

Dawno, dawno temu, zyl krol [⋯].
long.ago long.ago lived king
"Once upon a time there lived a king [⋯]."
"옛날에 국왕이 살고 있었다[⋯]."

---

14) *Pewnie*(부사)의 의미는 강세의 위치에 따라 '확실히(for sure)', 또는 '아마도(perhaps)'로 나뉜다. 강세가 첫째 음절에 오는 경우는 '확실히(for sure)'의 의미이다(Zygmunt Frajzyngier, p.c. 참조).

한정적 부정칭인 문맥과 비한정적 부정칭 문맥에는 표준 폴란드어와 폴란 드어 구어 모두 부정칭 표지를 사용하지 않는다.

(40) 폴란드어

  (a) Wczoraj   wieczorem   przyszed sasiad   i   musialem
      yesterday   evening   came   neighbor and I.had.to

      przerwa   prace.
      stop   work

     "Last night a neighbor came and I had to stop working."
     "어젯밤 한 이웃이 찾아와서 나는 하던 일을 멈추어야 했다."

  (b) Prosz   narysuj   psa.
      please   draw   dog
     "Draw a dog, please!"
     "개를 그리세요!"

소르비아어

두 가지 종류의 소르비아어는 수사 'one'이 다수의 문맥에서 부정칭 표지로 사용되는 주요 사용 패턴 단계에 있는데 이것은 모두 독일어의 수사 *ein-* 이 부정관사로 문법화되는 과정을 복제한 것이다. 이중에서 고지 소르비아어의 남성형 관사인 *jedyn*는(저지 소르비아어의 *jaden*) 이미 강세를 잃어 *jen*로 음운 축약을 일으키는 수의적 유실 단계로 진행 중이다(Lötzsch 1996: 53 참조). 또한 Lötzsch (1996: 53)는 소르비아어가 우리가 다음에 예로 들 불가리아어(와 마케도니아어)와 함께 부정관사 문법화의 3단계에 접어들었다고 하였다.

소르비아어의 부정관사가 독일어의 영향으로 발생했다는 것에는 의심의 여지가 없지만 이러한 현상이 독일어를 번역하는 과정에서 기인했다고 하기에는 소르비아어의 부정관사 사용 시스템이 독일어와 다른 점이 많다(Nau 1995: 121 참조).

체코어

체코어는 확고한 2단계와 아직 불안정한 3단계의 부정관사를 가지고 있는 것으로 나타났다. 수사 *jeden* 'one'을 사용하여 이전 담화에서 언급된 명사구 성분을 표지한다는 것에는 문제가 없어 보인다. 이 때 명사구는 주로 문장의 주어와 목적어인 경우가 많다.

(41) 체코어

Byl   jednou   **jeden**   král…
was   once.upon.a.time   one   king
"Once upon a time there lived a king…"
"옛날에 한 국왕이 살고 있었다…"

(42) 체코어(Vaclav Blažek, p.c.)

Včera   jsem   potkal   **jednoho**   Afričana,   a   on mi řekl…
yesterday   am   met   one.ACC   African.ACC   and   he me told
"Yesterday I met an African and he told me…"
"어제 나는 한 아프리카인을 만났는데 그는 나에게 말했다…"

수사 'one'으로 비한정성을 표시하는 구문은 관계절을 포함하는 경우가 많다.

(43) 체코어(Vaclav Blažek, p.c.)

Její   přítel   je   **jeden** Španěl,   jehož   jsem potkal
her   friend   is   one   Spaniard whom   am   met

minulý   rok.
last   year

"Her friend is a Spaniard, whom I met last year."
"내가 작년에 만난 그녀의 친구는 스페인 사람이다."
"그녀의 친구는 한 스페인 사람인데 나는 그를 작년에 만난 적이 있다."

위의 예에서 보여주듯 체코어의 수사 은 국적 표시 명사(부정 표지의 마지막 단계, 3.2 참조)에도 전치하여 부정관사로 사용될 수 있으며 주제 연쇄에도 사용될 수 있다. 그러나 체코어의 수사 'one'은 외부지시 문맥에서 한정적 부정관사로 사용할 수 없다.

(44) 체코어

Mohu   videt   auto, ktere prave prijiždi ke   mne [···].
I.can   see   car   which right comes   towards me
"I can see a car which is approaching me [···] (said by a patient to an optician during a medical test)."
"차가 내게 다가오는 것이 보여요 [···](메디컬 테스트 중 환자가 안경사에게 하는 말)."

슬로베니아어

우리는 슬로베니아어의 'one'이 부정관사로 변천하는 단계에 관한 결정적인 데이터는 구하지 못했다. 우리가 조사할 수 있었던 것은 슬로베니아어의 방언과 구어에서 수사 'one' *èn* (M.SG), *éna* (F.SG) and *éno* (N.SG)이 부정관사로 사용될 수 있다는 것뿐이다(Svane 1958: 51ff.; Vincenot 1975: 150 참조).

(45) 슬로베니아어(Ivan Duridanov, p.c.)

en volovski voz
one bullock carriage
'a bullock carriage'
'외양간'

이탈리아에서 사용되고 있는 레시아 방언(Resian Slovenian) 등 적어도 하나 이상의 슬로베니아어 방언에서는 명사구의 특징 중 한 가지로 규정되는 것이 수사에서 파생한 부정관사로서 비한정성을 표지하는 것이다(Duličenko 1998: 247 참조). 그러나 Duličenko는 우리가 레시아 방언이 부정관사의 문법화 단계 중 어느 단계까지 도달했는지 판단할 수 있는 충분한 데이터를 제공하지 않았다. 또한 표준 슬로베니아어에서는 *èn/éna/éno*가 부정관사로 사용되지 않는다(Vincenot 1975: 150 참조).

세르비아어/크로아티아어

이 언어들의 표준 문법에서는 부정관사에 대해 언급하지 않고 있지만 구어에서는 부정관사(수사 'one'과 동일한) *jedan/jedna/jedno*가 2단계/3단계에 해당하는 변이를 보이며 사용되고 있다. 따라서 우리의 정보제공자들은 영어의 부정관사 *a/an*을 존재 표지 문맥에서 *jedan/jedna/jedno*으로 번역했다.

(46) 세르비아어/크로아티아어

Bio jednom **jedan** kralj […].
was once one king
"Once upon a time there was a man"
"옛날에 한 남자가 살고 있었다 […]."

또한 그들은 구어의 한정적 부정칭 문맥에서 *jedan/jedna/jedno* 'one'을 부정관사로 사용하는 것을 자연스럽게(그러나 필수적인 사용은 아닌 것으로) 받아들였다.

(47) 세르비아어/크로아티아어

Jedan   čovek   stoji   na   ćošku.
one   man   stands   at   corner
"A man is standing at the corner."
"한 남자가 모퉁이에 서 있다."

몰리세 크로아티아어

Breu(1996: 30)에 의하면 5세기 동안 이탈리아와 강한 접촉에 노출되었던 남부 이탈리아의 슬라브어 변이에는 필수적 성분으로서의 정관사가 존재하지 않는다. 그러나 그는 부정관사에 대해서는 언급하지 않았다. 다음의 예는 'one'을 의미하는 수사가 부정칭 표지로 사용되는 예가 없지 않음을 보여준다.

(48) 몰리세 크로아티아어(Breu 1996: 31)

jena   mala   hiža
one   big   house
'a big house'
'큰 집'

카슈비아어(Kashubian)

Nau(1995: 114)에 의하면 카슈비아어의 수사 *jeden* 'one'은 부정관사의 기능으로 사용된다. 그러나 문법화의 과정 중 어느 단계까지 변이했는지는 아직 확실치 않다.

알바니아어(Albanian)

지금까지 우리는 게르만어와 로맨스어 전체, 핀우그리아 어족의 헝가리어 등 완전한 부정관사를 가진 유럽 언어들과 인접해 있는 슬라브어에 대해서 고찰해 보았다. 여기에 우리는 다시 '서남(west-south)' 분계선을 따라 아래쪽으로 내려가 보겠다. 그곳에는 슬라브어파에 속하지 않으며 지리적으로 남서 유럽과 북부 그리스(앞서 말했듯이 관사에 대하여 오랜 역사 자료를 가지고 있는)와 접하고 있는 알바니아어가 있다.

알바니아 방언에는 식별이 용이한 전치 부정관사 *një*(수사 'one'에서 파생된)가 존재한다(Sasse 1992: 182ff. 참조). 이 부정관사는 모든 부정칭과 비한정적, 한정적 명사구와 결합한다. 우리의 기준으로 볼 때, 알바니아 방언은 3단계에 이른 것으로 보인다. 따라서 알바니아 방언은 한정적 부정칭 명사와 비한정적 명사를 구분한다. 부정관사 *një*는 일반적으로 한정적 부정칭 명사구에 사용된다.

(49) 알바니아어(Sasse 1992: 182)

    Erdh   **një**   djaljë.

    came   një   boy

    "A boy came."

    "한 소년이 왔다."

그러나 다음의 예는 알바니아 방언이 4단계에는 이르지 못했음을 보여준다. (50)에서 *një*는 명사의 서술적 용법에 사용되지 않고 (51)의 예에서

'become', 'turn out to be' 등의 동사와 공기하지 않는다.

(50) 알바니아어(Sasse 1992: 182ff.)

    Koça   ja   djaljë.
    K.   is   boy
    "Koça is a boy."
    "Koça는 소년이다."

(51) 알바니아어(Sasse 1992: 182)

    Duall   paljonjeri.
    he.turned   rascal
    "He turned out to be a rascal."
    "그는 악당임이 밝혀졌다."

이제 우리는 북유럽 쪽으로 주의를 돌려 보려고 한다. 북유럽에는 슬라브어파에 속하지 않고 서유럽에 인접한 언어들이 몇 가지 있다. 즉, 핀란드어, 에스토니아어, 리브어, 라트비아어, 리투아니아어가 그것이다. 우리는 이 중 2/5에 해당하는 언어인 리브어와 리투아니아어에 대해서는 결정적인 데이터를 찾지 못했다. 그러나 나머지 세 가지 언어에 대해서는, 전치 수사 'one'이 비한정성을 표지하는 부차적 사용 패턴으로 사용되고 있으며 관사 범주는 아직 존재하지 않는 등 슬라브어파의 언어들과 비교할 만한 충분한 증거를 확보하고 있다. 이 언어들은 게르만어와의 접촉의 결과로 이 부정관사를 부차적 사용 패턴 단계로부터 사용 빈도를 늘리고 있으며 새로운 문맥으로 확장하고 있다. 그러나 현재의 데이터로는 이러한 부정관사의 사용이 관사 범주의 초기 단계로 볼 수 있는 지는 아직 명확하지 않다.

핀란드어

이후 다시 언급할 Schroeder의 연구에 의하면 핀란드어 구어는 수사 *yksi* 'one'이 부정관사로 문법화 하는 초기 단계에 있다고 할 수 있다. 이 단계는 *yksi*가 형용사적으로 한정적 부정칭을 지시하는 *eräs, muuan* 'a certain'과 경쟁하는 단계이다. 핀란드어는 우리가 제시했던 문법화의 5단계 중 2단계를 넘지 못한 것으로 보인다. 그 근거는 다음 핀란드어 구어 담화의 예와 같이 담화가 개시되는 첫 문장의, 존재 표지 문맥에서 조차 부정칭 표지가 자주 생략되기 때문이다.

(52) 핀란드어(Laury 1997: 37)

Kuninkaan   ryytmoassa   ol   omenapuu
King.GEN   herb-land.INE be.PAST   apple.tree

ja   siinä   ol   luvetut   omenat.
and   SE.INE   be.PAST count-PAST.PTCP   apple.PL

Siitä   katos   aena   yöllä   yks   omena.
SE.ELA   disappear   always   night.ADE   one   apple

"There was an apple tree in a king's garden and it had apples which had been counted. Every night one apple disappeared from it."

"국왕의 정원에는 사과나무가 있었다. 사과나무에는 사과가 열렸는데 세어 보니 매일 밤 사과가 하나씩 사라졌다."

여기서 수사 *yks* 'one'는 두 번째 문장에서 수 분류사로만 사용되었고 첫 번째 문장의 존재 표지 문맥에서는 부정관사로 사용되지 않았다.

에스토니아어

Schroeder에 의하면 에스토니아어 구어에서 수사 *üks* 'one'는 특정한 문맥에서 부정칭 표지로 사용된다. 그리고 이는 핀란드어와 경우와 같이 부정관사 문법화의 초기 단계로 파악된다. Lehiste(1999)는 독일 시인 Friedrich Schiller의 작품 「환희의 송가(the ode *An die Freude*)」를 에스토니아어로 번역한 6종의 번역본에서 *üks*가 독일어의 부정관사 *ein*과 대응되는 경향을 보이는 것을 발견했다. 그러나 우리가 가진 데이터에 따르면 이것이 현재 변이 중인 부정관사의 상황을 반영하고 있는 것인지 단정하기 어렵다.

라트비아어

Schroeder에 따르면 라트비아 방언에서는 *viens/viena* 'one'이 부정관사로 변이를 시작하려는 중이다. 이 방언들은 적어도 부정관사 문법화의 2단계에 위치하고 있는 것 같다. (53)의 예와 같이 표준 라트비아어로 된 동화책의 첫머리에서는 부정칭 대명사 *kāds* 'some'이 담화의 주요 참여 성분을 이끌고 있고, (54)와 같이 그에 대응되는 9종의 라트비아 방언에서는 *kāds* 'some' 대신 *viens* 'one'이 사용되고 있다.

(53) 표준 라트비아어(Schroeder)

Sen-	os		laik-	os		**kād-**	am
Old-	LOC.PL.M.INDEF	time-	LOC.PL.M			some-	DAT.SG.M

vecit-	im		bij-	is		loti	gudr-	s
old.man-	DAT.SG.M	been-	NOM.SG.M	very	clever-	NOM.SG.M.
								NDEF

un	skaist-	s		dēl-	s
and	handsome-	NOM.SG.M.INDEF	son-	NOM.SG.M

"In the old days, a man had a very clever and handsome son."
"옛날에 한/어떤 남자에게 아주 영리하고 잘 생긴 아들이 있었다."

(54) 9종의 라트비아 방언(Schroeder)

    (i) Vaćijûs làikûs <u>vînàm</u> većeîŝám b'ejś ćîži gudrys i smuks dâls.

    (ii) Vacûs làikûs <u>vînàm</u> vec'eîŝám bej's dyžàn gudrys i skàisc dâls.

    (iii) Vacejûs làikûs <u>vînàm</u> većî'ŝàm biijs ćî'ŝi gudrys i ŝmuks dâls.

    (iv) Vá: cuós làikuós <u>viénàm</u> vé: ciŝàm bijs sti: pri gudris un smú: ks dáls.

    (v) Vecuôs laikuôs <u>viênàm</u> veceisàm biŝ varên gudris un skaisc dêls.

    (vi) Vecuôs laikuôs <u>viênam</u> vecîtim bijs varen gudris un skaisc dêls.

    (vii) Vecuôs laikuôs <u>viênàm</u> veciŝam bîs dikt gûdrs ùn smuks dels.

    (viii) Veces laikes <u>viênåm</u> vecåm viråm bijs varen gudrs un smuks dels.

    (ix) Veces laikas <u>viênam</u> veciŝam bîŝ brinum gu: drs un smuks dels.

다음으로는 지리적으로 우리가 방금 소개했던 언어들과 유럽 동단의 언어들 사이에 위치한 언어들에 대해 알아보자. 그 언어들은 루마니아어, 불가리아어, 마케도니아어이다.

루마니아어

루마니아어의 부정관사는 고도로 문법화된 상태이다. 존재, 한정적 부정칭, 비한정적 부정칭, 명사 서술절 문맥에 모두 사용될 수 있다.

(55) 루마니아어(Schroeder)

Castorul   este   **un**   rozator.
bear.the   is   one   rodent
"The bear is a rodent."
"곰은 하나의/일종의 설치류 동물이다."

　루마니아어가 5단계에 다다른 언어라는 것은 놀랄 일이 아닌 것이 루마니
아어는 로맨스에 속하기 때문이다. 그리고 수사 'one'이 부정관사로 확장된
것도 당연한 결과이다.

불가리아어

　불가리아어는 한정적 부정칭 명사구를 부정관사 *edin/edna/edno/edni*
'one'으로 표지함으로써 한정적 부정칭 명사구와 비한정적 부정칭 명사구를
구분하는 3단계에 도달했다는 충분한 증거가 확보되어 있다. 이는 (지시 대상
이 추론된 것일 뿐 화자와 청자 모두에게 특정되거나/알 수 없는 대상에 대한)
추론법과 (지시 대상은 '목격된' 것이고 따라서 화자가 알고 있는 대상에 대한)
직설법으로 구분하는 것이 가장 설득력 있는 주장인 것 같다. 불가리아어의
서법에서 추측법은 유표적이기 때문에 수사 'one'이 부정관사로 사용되는 지
에 대해 시험해 볼 수 있다. 아래 문장에서는 화자가(청자는 아님) 지시 대상
에 대해 알고 있기 때문에 직설법에서 동사가 목격 양태('witnessed' mood)로
사용되었다. 이 경우 수사 'one'이 부정관사로 사용된다.

(56) 불가리아어

Tova   stixotvorenie go   napisa   **edna** žena.
this   poem   it   wrote.3.SG.AOR.INDIC   one   woman
"A woman wrote this poem."
"이 시를 쓴 것은 한 여성이다."

그러나 다음 예에서는 지시 대상인 *žena* 'woman'가 추측된 대상이고 화자와 청자 모두 알지 못하는 추측법의 맥락이므로 부정관사 *edna* 'one'는 사용할 수 없다.

(57) 불가리아어

Tova stixotvorenie go e napisala žena.
this poem it is write.F.SG.INFER woman
"A woman (not a man) must have written this poem."
"이 시는 (남성이 아닌) 여성이 썼을 것이다."

마케도니아어

마케도니아어 표준 문법에서는 부정관사에 대해 언급하지 않고 있다. 그러나 Hendriks(1976: 208)에 따르면 서부 마케도니아 방언인 Radožda-Vevčani어에는 수사 'one'이 어떤 문맥에서는 한정적 부정칭으로 사용할 수 있다고 한다. 그동안 수집한 데이터를 기초로,[15] 우리는 적어도 마케도니아 동부에서 사용되고 있는 언어에서는 부정관사의 발달이 3단계에 이르렀음을 제시하고자 한다. 이 마케도니아어의 변이에서는 수사 'one'을 존재 표지 문맥 (58)과 한정적 부정칭(59)에 부정칭 표지로 사용할 수 있다.

(58) 동부 마케도니아어

Bil si edn'ška **eden** starec […].
was PTCL once.upon.a.time one old.man
"Once upon a time there was an old man […]."
"옛날에 한 노인이 살고 있었다."

---

15) 불가리아 접경 지역의 동부 마케도니아 변이에 관한 자료를 제공해 준 Julija Vuckovski (p.c.)에게 사의를 표한다.

(59) 동부 마케도니아어

(a) Ivan saka da se   žene za **edna** devójka so   zeléni oči.
Ivan wants to REFL marry for one   girl   with green eyes
"Ivan wants to marry a girl with green eyes (i.e. a particular girl)."
"Ivan은 눈이 푸른 한 소녀와 결혼하고 싶어 한다(특정한 소녀)."

(b) **Edén** čovék se   približí   do mene i   me prašá [...].
one   man REFL approached to me   and me asked
"A man approached me and asked me [...]."
"한 남자가 내게 다가와 물었다 [...]."

비한정적 부정칭 문맥에서는 부정칭 표지가 사용되지 않는다. 적어도 대부분의 경우에 그렇다.

(60) 동부 마케도니아어

Ivan saka da se   žene za devójka so   zeléni oči.
Ivan wants to REFL marry for girl   with green eyes
"Ivan wants to marry a girl with green eyes (i.e. not a particular girl)."
"Ivan은 눈이 푸른 소녀와 결혼하고 싶어 한다(불특정한 소녀)."

또한 어떤 비한정적 부정칭 문맥에서는 필수적이지는 않지만 수사 'one'을 부정칭 표지로 사용할 수 있다.

(61) 동부 마케도니아어

Nacrtaj (**edno**) kuče!
draw   (one) dog
"Draw a dog!"
"개를 (한 마리) 그리세요."

그러나 총칭적 문맥에서는 부정관사의 사용이 허용되지 않는다.

(62) 동부 마케도니아어

Učítel   uleva u sobata,   a   ne učeník.
teacher enters in room.DEF and not pupil
"A teacher is entering the room, and not a pupil."
"방에 들어오는 사람은 선생님이고, 학생이 아니다."

불가리아어와 매우 흡사하게 이 마케도니아어 변이는 한정적 부정칭을 지시할 때 복수형 명사구에도 부정관사로 사용할 수 있다.

(63) 동부 마케도니아어

Edni   amerikánci me zazboríja sinoka, i posle   me zamolíja
one.PL Americans me chatted.up last.night and after.that me asked

da   im   go pokážam pato   do   železnička.
to   them it show   street to   railway.station

"Certain/some Americans chatted me up last night, and then they asked me to show them the street to the railway station."
"어젯밤 한/어떤 미국인들이 내게 너스레를 떨기 시작했고 그들은 내게 기차역으로 가는 길을 알려달라고 했다."

심지어 총칭적 복수 명사에도 수사 'one'에서 파생한 부정관사를 수의적으로 사용할 수 있다.

(64) 동부 마케도니아어

(**Edni**) cvekínja se   sekogaš prikladen poklon.
one.PL flowers   are always   suitable   present

"Flowers are always a suitable present."
"꽃은 항상 선물로 적당하다."

이것은 마케도니아어의 변이 중 적어도 하나, 즉 동부 마케도니아어에서는 부정관사가 3단계까지 변이했음을 의미한다.

Weiss(2004: 139)의 최근 연구에서는 마케도니아어가 '아직 발생 초기 단계(*statu nascendi*)에 있는' 문법화된 부정관사를 가지고 있다고 했는데 이것은 저자가 서로 다른 기능적 의미와 방언 변이에 대해 주의하지 않았기 때문으로 보인다. 그러나 그는 또한 다음과 같은 점을 의식하고 있었던 것으로 보인다.

> "마케도니아어의 여러 가지 기능적 변이에서 *eden*을 부정칭 표지로 사용하는 것에는 의심의 여지가 없다. 격식적인 구어에서는 좀 더 제약이 있는 편이지만 구어의 대화체는 그 사용이 확장되기에 유리하다고 묘사되고 있다(Weiss 2004: 140)."

그의 호기심어린 각주에서(Friedman 2002 참조) 그는 '마케도니아의 출판물을 편집할 때, 격식체의 문어에서는 준관사에 해당하는 *eden*를 사용하지 않는 경향이 있으며', 이 관습은 "현대 그리스어 문어인 '카사레우사(Katharevusa)'의 초기 단계에 부정관사가 금지되었던 것과 유사하다(Weiss 2004: 159)."

이상의 내용을 정리하면, 동유럽 언어 중 지리적으로 서유럽 언어와 인접한 언어(소르비아어), 서유럽과 남유럽의 그리스어에 인접한 언어(알바니아어, 불가리아어, 마케도니아어는 2단계 또는 3단계를 잘 보여주는 변이가 진행 중인 부정관사를 가지고 있다.

브르타뉴어(Breton)

지금까지 우리가 SAE 언어의 동부 주변부에서 발견한 것과 유사한 예가 SAE 언어의 서부 주변 지역에서도 발견되고 있다. 그것은 현존하는 켈트 제어 중 유일하게 부정관사를 가지고 있는 언어인 브르타뉴어의 예이다. 브르타뉴어의 부정관사는 uC 형태인데 이 중 'C'는 후치하는 초성 음소에 따라 이형태로 표시된다.

(65) 브르타뉴어(Ternes 1979: 217; 1992: 402)

un	ti	'a house'	'집 한 채'
ur	maen	'a stone'	'돌 하나'
ul	leue	'a calf'	'송아지 한 마리'.

이 관사는 약 1500년 간 프랑스와의 접촉의 결과로 브르타뉴어의 수사 *unan* 'one'이 접촉에 의한 문법화(contact-induced grammaticalization) 과정을 겪었다고 할 수 있다(Elmar Ternes, p.c.).

바스크어

프랑스 남서부에서 사용되고 있는 바스크어는 수세기 동안 초기에는 가스코뉴어(Gascon)와, 이후에는 프랑스어 등 두 종류의 로맨스어와 긴밀하게 접촉했다. 이러한 접촉의 결과로 바스크어 사용자들은 그들의 수사 'one', *bat*을 부정관사로 발전시켰다(Haase 1992: 59-61, 71; see also 1.3, 7.2.1 참조). 한정 표지로서의 *bat*는 1782년부터 가끔 그 예가 나타난다. 비한정 관사로의 심화된 발달은 최근 바스크에서 발생하고 있는 문법화 과정이다. *bat*가 관사의 문법화 단계 중 4단계의 특성을 가지고 있는 것은 인접 로맨스어와의 강력한 접촉으로 설명될 수 있다. 이 단계에서 부정관사는 화자와 청자 모두 알지 못하는 동지시되는 담화 참여 성분과 공기하는 것이 가능하다. 다음 예에서 *bat*는 비지시적으로 사용되었다.

(66) 바스크어, 1545 AD(Haase 1992: 60)

Balia	dikezit	senhar	gaixto	**bat**.
be.worth	POT.3.SG⟨1.SG.DAT.2.SG	husband	bad	one

"I will be worth a bad husband to you."
"나는 너에게 나쁜 남편이 될 것이다."

이것은 최근 갑작스런 혁신의 결과로 생성된 것이 아닌 16세기의 자료로부터 추출한 예이다. 그러나 이 관사는 모델어인 로맨스어와 같은 정도로 문법화하지 못했기 때문에 스페인어나 프랑스어에서 필수적으로 관사가 사용되어야 하는 문맥에 사용되지 않는 경우도 있다.

[지도 3-2]는 유럽에서의 부정관사의 지역적 분포를 보여준다. 결론적으로 방언이나 구어체 언어 변이로부터 추출한 데이터에서는 게르만어나 로맨스어, 남유럽어 중 그리스어와 인접한 언어일수록 수사 'one'이 좀 더 부정관사로 문법화되었을 가능성이 높다. 또한 유럽의 동쪽에 위치한 언어일수록 부정관사가 발달되지 않았을 가능성이 높다.

이러한 논의는 우리에게 관사의 증가와 확산에 있어서 언어 접촉이 적어도 어느 정도 원인이 될 수 있음을 보여준다. 그러나 정확히 어떤 언어가 모델이 되어 어떤 언어로 전이되었는지에 대해서는 좀 더 심화된 연구가 필요하다.

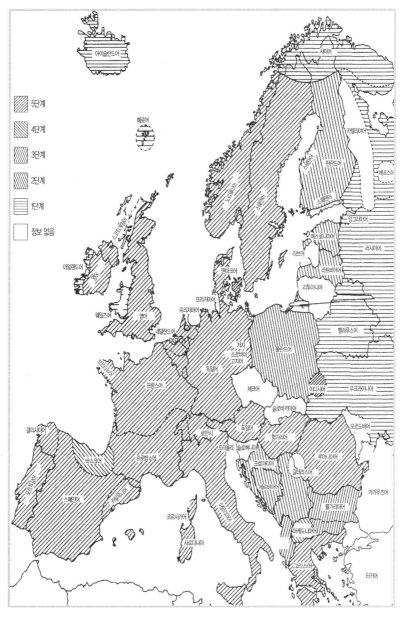

범례:
- 5단계
- 4단계
- 3단계
- 2단계
- 1단계
- 정보 없음

아이슬란드어

페로어

사미어

케멜리아어

핀란드어

베프스어

스코트어

노르웨이어

스웨덴어

잉그리아어

에스토니아어

러시아어

리브어

라트비아어

아일랜드어

게일어

영어

덴마크어

프리지아어

리투아니아

벨라루스어

웨일즈어

네덜란드어

프리지아어

저지 소르비아어 고지어

폴란드어

영어

프랑스어

독일어

체코어

이디시어

우크라이나어

슬로바키아어

갈리시아어

바스크어

룩셈부르크어

로만시

독일어

헝가리어

모르도바어

프랑스어

프로방스어

프리울리 슬로베니아

루마니아어

크로아티아

스페인어

포르투갈어

세르비아어

갈리친어

가가우즈어

불가리아어

코르시카어

이탈리아어

마케도니아어

사르디니아

그리스어

터키어

[지도 3-2] 유럽 언어의 부정관사(The indefinite article in European languages)

3.4 지역적 분포: 스칸디나비아 대륙

우리가 이 장에서 주목했던 것은 이전에 관사를 가지고 있지 않던 언어가 언어와 접촉이 발생했을 때 어떻게 명사에 대한 한정적, 비한정적 지시를 표지하는 사용 패턴을 획득하는지에 관한 것이었다. [지도 3-1]과 [3-2]는 서유럽의 표준 문법과 개별 출판물에서 볼 수 있는, 그리고 동유럽 언어는 앞에서 논의한 바와 같이 방언적이고 구어적인 데이터를 기초로 하여 각 언어들의 정관사와 부정관사의 발달 단계를 표시한 것이다. 다음으로 우리는 전통적으로 특수한 것이라고 간주되던 문법화의 패턴을 방언적인 지역적 현상의 결과로 자연스럽게 설명할 수 있음을 제시하려고 한다. 따라서 유럽에서 '이중 설정(double determination)' 즉, 형용사−명사구 내부에서 전치하는 정관사와 후치하는 정관사를 가진 방언 변이는 두 가지 상반된 문법화 패턴이 교차하고 있는 지역에 위치한다. 우리는 경쟁 관계에 있는 두 가지 통사 구조를 수렴/융합하는 과정에서 일어날 수 있는 잠재적 갈등을 해소하는 방법은 완충 지역의 설정이라는 것을 입증하려고 한다. 완충 지역은 두 가지 패턴이 통합되는 중복되는 지역을 말한다(어순 특징에 관한 완충 지역에 대한 내용은 Stilo 1985; 2005 참조). 이에 대해 SAE 언어의 북부 지역, 특히 스칸디나비아 대륙의 언어를 예로 들어 설명할 것이다.

스칸디나비아의 언어와 이 장에서 지금까지 예로 들었던 언어와의 차이점은 스칸디나비아의 언어가 완전히 문법화된 정관사를 가지고 있는 것만이 아니다. 스칸디나비아 언어는 두 가지 서로 다른 정관사를 가지고 있다. 하나는 자유 형태소인 전치 정관사 *den, det, de*(지시사와 동음인)이고, (67) 다른 하나는 접미적 정관사 *−en, −et* 등이다(68).

(67) 덴마크어, 노르웨이어 일부(Dahl 2004: 148)

det stor-e hus
(DEM big house)
'the big house'
'그 집'

(68) 덴마크어, 노르웨이어 일부(Dahl 2004: 148)

hus- **et**
(house- DEF)
'the house'
'그 집'

이 전치 관사는 명사가 부가어에 선행할 때만 사용된다. 그러나 이 관사들이 문법화 하는 과정은 언어들마다 서로 다르다. 그리고 이러한 차이는 지역적 패턴을 명확하게 반영한다. 스칸디나비아의 어떤 언어 변이에서는 적절한 문맥이 주어질 경우 한정성은 자유 형태소이자 전치하는 성분(영어의 *the*와 같은)으로만 필수적으로 표지되는 반면 스칸디나비아의 다른 언어 변이에서는 접미사만을 정관사로 사용한다. 그러나 이 두 가지 정관사가 동시에 출현하여 한정성을 중복 표지하는 언어 변이도 존재한다.[16] 이러한 상황을 이중 한정(double determination) 또는 이중 굴절(double articulation)이라고 한다.

---

16) 여기에 언급하지 않았지만 세 번째의 가능성도 존재한다. 즉, 형용사의 '약한' 굴절 어미로 한정성을 표지한다(Dahl 2004: 147 참조).

(69) 스웨덴어, 대부분의 노르웨이어 (Dahl 2004: 148)

det	stor-a	hus-	**et**
(DEM	big	house-	DEF)

'the big house'

스칸디나비아 언어에서 표준적인 형용사-명사구('the white house'와 같은)는 전치 관사만을 사용하는 덴마크어를 제외하고 모두 이중 한정으로 사용된다. 덴마크어에서는 오히려 전치 관사가 사용될 때 접미 관사의 사용이 제한된다.

간략하게 설명하면, 덴마크어(와 부분 노르웨이어)는 명사구에 전치하는 수식어가 없을 때 접미 관사를 사용하고 명사구에 형용사나 수량사가 선행하면 전치 관사를 사용한다. 즉, 두 가지 관사가 상보적인 분포를 보이는 것이다. 한편 스웨덴어(와 대부분의 노르웨이어)에서는 명사구에 선행하는 부가어가 있을 때 전치와 접미의 두 가지 관사가 모두 출현한다. 즉, 스웨덴어에서는 전치 관사가 접미 관사 없이는 출현하지 않는 반면 덴마크어에서는 전치 관사가 접미 관사와 공기하지 않는다.

Dahl(2004)의 상세한 기술에 따르면 아이슬란드어와 페로어를 제외한 스칸디나비아 구어 변이들은 국경을 초월하는 방언 연속체(dialect continuum)를 구성하고 있다. 형용사-명사의 결합에 한정성을 표지하는 것은 상대적인 문법화 정도를 반영하는 확실한 지역적 분포가 존재함을 보인다. Dahl (2004: 178)은 스칸디나비아 대륙에서 접미 관사와 전치 관사가 지역적으로 분리된 두 가지 문법화 과정이 발생했다고 하였다.

이러한 관점에서 두 가지 서로 다른 정관사를 문법화하는 과정에서 발생한 경쟁의 결과로 '이중 굴절'이 나타날 수 있다는 것은 자연스러운 일이다. (Dahl 2004: 178)

Dahl(2004: 178)은 접미 관사가 이 지역에서 역사적으로 가장 오래된 형식이라고 하였다. 따라서 '스웨덴 주변 방언 지역'인 스칸디나비아의 북동부 지역에서는 접미 관사가 완전하게 문법화되었다. 또한 스웨덴 중부와 남부 지역과 노르웨이는 중간 지역을 형성하고 있으며 덴마크는 접미 관사에 대하여 가장 제한적인 언어이다. 반대로 Dahl은 전치 관사를 이 지역의 신진 성분으로 보았다. 이러한 전치 관사는 발트 지역의 북부와 동부에서는 그 사용이 미약하고 나머지 지역에서는 사실상 사용되지 않고 있는 반면, 유틀란트 반도의 남서부에서 보편적인 사용을 보이고 있고 차례대로 덴마크의 나머지 지역, 노르웨이, 스웨덴의 남부와 서부 순으로 그 사용이 조금씩 감소한다.

이러한 지역적 분포는 결과적으로 그 중심부에 두 가지 관사가 중첩 사용되는 교차 지역이 생기게 되고 따라서 이중 굴절이 발생하게 된다. 한편 스칸디나비아의 남쪽 경계선에서는 전치 관사만을 채용하는 표준 SAE 언어로의 단계적인 전이가 발생하고 있다.

이 스칸디나비아 방언 연속체의 지역적 분포에 정확히 어떤 역사적 과정이 개입했는지는 아직 밝혀지지 않은 것이 많다. 그러나 의심의 여지가 없는 것은 이러한 분포가 문법화 정도의 차이와 지역적 점진성과 관련이 있다는 것이다. 그리고 남부로부터 북동부로, 북동부로부터 남부로의 연속 변이(cline) 역시 상대적인 문법화 정도와 관련이 있을 것이다. 이와 같은 연관성은 스칸디나비아 대륙에서 두 가지 다른 종류의 정관사가 확산하는 데 있어서 언어 접촉과 문법화가 결합하여 어떤 역할을 담당했을 것이라는 가정을 가능케 한다.

3.5 결론

이 장에서 논의한 내용에서는 다음과 같은 사실들을 알 수 있었다. 첫째, 명사에 표지되는 정관사와 부정관사의 유럽화는 피상적으로 개관하는 것보다 더 진행된 상태이다. 둘째, 모든 변화 과정은 일방향성 원칙에 부합한다. 언어 접촉의 결과로 지시사는 정관사로 사용되기 시작하고 수사는 부정관사로 사용되며, 정관사가 지시사로 발전한다거나 부정관사가 수사 'one'으로 발전하는 경우는 없다. 그럼에도 불구하고 대부분의 변화는 문법화의 초기 단계를 보여주고 있다. 어쨌든 로맨스어에 속하는 루마니아어 (그리고 정관사를 가지고 있는 유럽 남동부 언어인 불가리아어, 마케도니아어, 알바니아어, 현대 그리스어)를 제외하고 필수 성분으로 사용되는 관사로의 변화가 완성된 언어는 아직 존재하지 않는다. 어떤 언어는 이미 주요 사용 패턴의 단계나 초기 범주 단계에 다다른 반면 다른 언어에서는 부차적 사용 패턴에서 발전하고 있는 단계이기도 하다. 이것은 이 언어들에서 보이는 관사의 범주적 지위가 아직 확실치 않고 논란의 여지가 있을 수 있다는 것을 의미한다. 그리고 대부분의 전통적인 문법가들에 의해 비판받거나 무시되는 단계이기도 하다.

이러한 언어를 모델로 한 관사의 복제는 유럽 대륙에 국한되지 않으며 유럽의 언어가 전 세계적으로 확산되고 있는 결과로 유럽어가 아닌 다른 언어에도 영향을 미치고 있다. 엘살바도르의 아즈텍 언어인 피필어와 같은 언어가 그러하다. 이 언어는 스페인어와 접촉하기 전에는 관사를 가지고 있지 않았지만 스페인어와 접촉한 결과 명사에 대한 구체적, 비구체적 지시 표지에 있어서 적어도 초기 범주 단계에 다다른 것으로 보인다. Campbell(1987: 272)에 따르면 피필어에서 지시사 *ne*와 수사 *se:* 'one'는 구체적 또는 비구체적 지시와 대응되는 부차적 사용 패턴에서 이미 어느 정도 역할을 하고 있었다. 그러나 스페인어와의 강력한 접촉의 과정을 통하여 스페인어의 관사와 거의 완전한 일치를 보이게 되었다(7.2.3).

Van Pottelberge는 다음과 같이 매우 중요한 점을 지적했다:

다양한 인도 유럽 언어에서 관사가 출현한 것은 수평적 변이로 볼 수 있다. 유럽어의 조상이라고 할 수 있는 원형적 언어에는 관사 범주가 존재하지 않았다. 관사 범주는 고대 그리스어에서 처음 발견됐으며 수세기 후 게르만어와 로맨스어, 아르메니아어에서 발견되었다. 따라서 이것이 한 언어가 다른 언어에 영향을 준 결과라는 것은 증명이 필요하며, 단순히 모든 언어에 관사 범주가 존재한다는 이유로 그것이 접촉의 결과라는 것이 당연하게 받아들여져서는 안 된다. 또한 언어 간의 접촉은 사실상 각 언어들의 서로 다른 역사 단계에서 발생한 것으로 보인다(Van Pottelberge 2005).

그가 관찰한 것과 같이 이 장에서 논의했던 현상과 상황들을 언어 접촉이라는 요소를 빼고 설명할 수도 있다는 의문을 제기할 수 있을 것이다. 더구나 지시 부가어가 정관사로 수사 'one'이 부정관사로 문법화 하는 것은 발생학적으로 지역적으로 무관한 언어들을 비롯하여 어디에나 존재하는 현상이며, 적어도 몇 가지의 경우 유사 관사의 사용이 발생한 것은 언어의 접촉으로부터 기인한 것이 아니다.

그러나 우리가 여전히 앞서 논의했던 대부분의 경우 언어의 접촉이 관사의 문법화를 추진하고 가속화하는 도구로 사용되었다고 주장하는 데는 다음과 같은 이유가 있다. 첫째, 이것은 해당 언어를 상세하게 분석한 전문가들에 의해 강력하게 도출된 결론이기 때문이다(Breu 1994; Lötzsch 1996 참조). 둘째, 사회언어학적인 증거들은 관사를 가지고 있는 언어인 독일어, 이탈리아어, 그리스어 등과 역사적으로 장기간 접촉해 온 언어에서 관사의 사용 패턴이 더욱 강력하게 발전하는 것을 보여주고 있다. 소르비아 카슈비아어, 체코어, 슬로베니아어, 마케도니아어, 불가리아어 등이 이 경우에 속한다. 셋째, 우리가 슬라브 제어의 경우에서 관찰할 수 있었던 것처럼 지역적인 증거 또한 존재한다. 유럽의 동단에 위치한 언어들(표준 러시아어, 벨라루스어, 우크라이나어)에서는 그 어떤 문법화도 발생하지 않은 반면 서쪽과 남쪽으로 옮겨 갈수록 문법화 정도가 심화되는 것을 볼 수 있다. 따라서 Breu는 슬라브의 서부 주변 지역에 주목했다.

> 슬로베니아어, 체코어, 특히 소르비아 영토 등 서부 주변 지역의 방언에서도 관사의 기능을 가진 지시 대명사가 존재한다. [...] 이는 모두 독일어의 전이/영향을 받은 변이(adstrate)로 보인다. 독일어는 광범위한 다른 지역에서도 상층어의 역할을 했으며 이러한 독일어의 지위가 지시사가 유사 관사의 기능을 하는 데 기폭제가 되었을 것이다(Breu 1994: 54).

Breu의 이 발언은 또 다른 의문을 낳는다. 그 중 한 가지는 다른 장에서 논의하고 있는 주요 문제들과 관련된 것으로, 이 구조들의 출현이 언어 접촉과 비교하여 발생학적이고 유전적인 요소와 어느 정도 관련이 있는가? 다수의 경우 이에 대한 확실한 답이 되지 못하지만 그 외에는 결정적인 답을 줄 수 경우도 있다. 예를 들어 현대 로맨스어는 모두 동일한 선조 언어로부터 계승된 특징으로 완전하게 문법화된 관사를 가지고 있다고 여겨져 왔다. 그러나 이 가설을 반박할 수 있는 자료들이 관측된다. 첫째, 대부분의 로맨스어는 전치 관사를 가지고 있으나 루마니아어는 후치 관사를 가지고 있다. 이러한 후치 관사는 명백히 루마니아어가 속해 있는 발칸어역의 특징이다. 이것은 루마니아어가 다른 로맨스어가 정관사를 형성하고 있던 시기에 로맨스어로부터 분리되어 나온 사실을 발생학적인 관계가 아닌 다른 요소로 설명할 수 있다는 것이다. 둘째, 로맨스어의 정관사의 변화에는 적어도 두 가지

의 경로가 존재한다. 좀 더 우세한 경로는 라틴어의 원칭 지시사 *ille*
(M)/*illa* (F)/*illud* (N) 'that' 등이 프랑스의 *le* (M)/*la* (F) 등으로 변화한
것이고, 두 번째 경로는 라틴어의 *ipse* 'self-same'가 사르드니아어와 발레
아르 카탈루냐어(Balearean Catalan)의 정관사로 변화한 것이다(Stolz
2004: 18 참조). 이것은 우리에게 발생학적이고 유전적인 요소는 현대 로맨
스어에서 정관사가 출현한 것에 대해 완벽하게 설명할 수 없음을 다시 한 번
생각하게 한다.

결론적으로 언어 접촉은 슬라브어와 유럽의 주변적 언어에서 구체적 또는
비구체적 표지가 출현한 것을 설명할 수 있는 유일한 요소는 아닐 수 있지만
적어도 기여적 역할을 담당했다고 보인다. 이제 우리는 역사적 문헌 자료를
더욱 상세하게 분석하여 언어 접촉이 이러한 과정 속에서 정확히 어떤 역할
을 했는지 밝혀보려고 한다.

4

소유 완료상[1]의
출현

접촉 환경에 처해 있는 언어의 유형적 유사성이 문법적 전이를 촉진하거
나 문법적 전이가 발생하는 데 필요조건이 된다는 것은 이미 널리 인정되고
있는 가설이다(Weinreich 1953: 33; Johanson 1992: 210; Thomason &
Kaufman 1988 참조). 유럽 언어의 소유 완료상은 접촉에 의한 문법 전이
의 예로, 또한 이와 같은 가설을 뒷받침하는 증거로 자주 인용되고 있다
(Dahl 1990: 7;[2] Haspelmath 1998: 275 참조). 사실상 유럽 언어에서
'have'의 의미를 가진 타동사의 출현과 소유 완료상의 출현에는 확실한 상관
관계가 존재한다. 예를 들어 프랑스어와 독일어는 위의 두 가지를 모두 가지

---

1) 역자 주: '소유 완료상'이라는 용어는 'possessive perfect'를 번역한 것이다. 이 용어는 많은
   유럽 언어에서 관찰 가능한, 'have' 동사와 같은 소유 동사에 PPP 구성이 결합하는 유형과,
   러시아어 등에서 의미상 주어가 소유격 형태로 실현되는 유형의 양자를 모두 포괄하는 중립적
   인 번역어이다.
2) 우리는 언어 외적 압력이 없을 때, 타동성을 가진 'have'-구조의 역할이 더 중요할 수 있다는
   Östen Dahl(p.c.)의 의견에 동의한다.

고 있는 언어이지만 러시아어와 웨일즈어는 둘 다 가지고 있지 않은 언어이다. 이와 같은 사실은 언어 접촉 과정에서 복제가 발생할 때 어떤 제약적인 요소가 존재한다는 것을 의미한다. 이 제약 요소는 '언어 호환성'으로 언어 간 구조적 유사성의 상대적인 정도라고 할 수 있다. 이 장에서 우리의 목표 중 한 가지는 위의 가설의 진위 여부에 대하여 검증해 보는 것이다(4.5 참조). 다른 한 가지는 복제의 본질과 한계에 대해 탐구해 보는 것이다.

제2장에서 언급했던 것처럼 통사 범주의 출현과 진화는 단계적인 과정으로서, 담화 화용적으로 반복 사용되는 '사용 패턴'이라는 기제가 새로운 기능의 범주 출현을 가능케 하는 것이다. Friedman(2003)은 이에 대해 다음과 같이 논평하였다:

> 화용적 장치의 문법화 과정은 방언 변이에 자체 반영된다. 따라서 화용적으로 규정된 담화 기능은 부가적 범주들을 생산하고 그 범주들로 등어선을 구성한다. 담화를 기본으로 한 변이로부터 문법화까지의 공시적 연속체는 언어 접촉을 통한 문법적 경쟁을 통한 통시적 변이 과정을 반영하고 있다고 해석할 수 있다(Friedman 2003: 110-1).

이 과정은 시간적 차원과 공간적 차원을 모두 가지고 있기 때문에 지역적 분포에는 다음에서 예로 들 마케도니아어의 상황과 같이 통시적 진화 과정이 반영될 수 있다. Haspelmath(2001: 1495)는 로맨스어 전체와 게르만어 전체(영어, 프리지아어, 네덜란드어, 독일어, 덴마크어, 스웨덴어, 노르웨이어, 아이슬란드어), 일부 슬라브어(마케도니아어, 불가리아어, 세르비아/크로아티아어, 체코어), 그리스어, 알바니아어에 소유 완료상이 다양한 방식으로 존재하고 있음에 주목하고 소유 완료상이 SAE 언어역의 두드러진 유형적 특징이라고 보았다. Dahl(1996: 365)은 소유 완료상이 유럽에서만 발견되며 교차 언어적으로 매우 드문 현상이라고 하였다. 그러나 여기에 몇 가지 예외가 존재하는데 SAE 언어의 소유 완료상과 유사한 구조가 히타이트어(Hittite)에서 발견된다는 것이다. 히타이트어의 동사 *hark-* 'hold, have'는 타동사 분사와 결합하여 통사적인 완료 구조와 결과 구조를 형성한다(Jacob 1994: 48 참조). 또한 조지아어의 타동 완료상은 목표 도식 [Y is to/for X] (e.g. The letter is-written to-me')에 기초하여 피동 분사와 여격 형식의 동작주를 가진 유사 피동 구조로 이루어진다(Haspelmath 2001: 1495 참조). 여기에 더하여 조지아어에는 어휘적 동사 'have'와 분사가 결합한 구어체의 소유 완료상 역시 존재한다. 또한 서유럽과 인도 등 구대륙의 언어들에서는 좀 더 다양한 예가 발견된다. 고대 인도어, 고대 이란어, 고대 아르메니아어, 고대 이집트어, 고대 추크치어(Chukchi)가 그것이다(Vendryes 1937, Benveniste 1952, Jacob 1998: 106 참조).[3] 이들은 서로 어떤 지역적 공통성이 없다는 것이 특징이다. 우리는 이 장에서 소유 완료상 범주의 형태 통사적 특징에 대하여 주로 논의하려고 한다. 따라서 소유에서 결과의 의미를 거쳐 완료(선행)와 과거 시제 의미를 표시하는 의미적 관련성에 관한 주요 문헌들(4.2.2 참조), 또는 'have'와 'be'의 우언적 표현에 대해서는 상세히 다루지 않을 것이다 (Pietsch 2004a; Cennamo 2005 참조).[4]

4.1 서론

우리가 소유 완료상이라고 부르는 이 통사 구조는, 소유 구성(possessive

---

3) Zygmunt Frajzyngier(p.c.)에 따르면 차드 어파에 속하는 북부 카메룬의 Hdi어에도 소유 완료상 구조가 존재한다고 한다.

4) 우리는 이장의 초고에 대하여 많은 의견과 도움을 준 Andrii Danylenko, Bridget Drinka, Zygmunt Frajzyngier, Victor Friedman, Ulrich Obst에게 감사를 전한다.

construction), 'have'-완료상('have'-perfect), 로맨스 완료상(Romance perfect), 상태 완료상(stative perfect), 결과 과거(resultative past), 결과 완료상(resultative perfect), 완료상 II(perfect II) 등등의 용어로 불리기도 한다(Vasilev 1968: 227-8 참조). 이렇게 다양한 용어들이 존재하는 이유는 소유 완료상이 서로 다른 통사 형식과 기능들의 변이와 관계를 가지기 때문이다. 우리는 먼저 소유 구성(또는 'have'-)을 가진 통사 구조로서 소유 완료상을 정의하려고 한다. 이 구조에서 동작주는 소유 구성의 소유주와 동일한 격 표지를 가지며, 소유 구성과 다른 점은 소유 대상(possessee) 명사구 대신 전통적으로 과거 분사 또는 과거 피동 분사(past passive participle (PPP))[5]로 불리었던 비정형 동사를 취한다는 것이다. 우리는 이를 PPP-동사(PPP-verb)로 부르기로 하겠다. 완료상의 동작주와 소유주는 대격으로 부호화하여 구의 주어가 되는 경우가 많으나(1), 꼭 그런 것은 아니다. 예를 들어 북부 러시아어에서는 (2)에서처럼 동작주가 장소격 전치사(u)에 후행하여 소유격으로 나타나고 있는 반면 피동작주(또는 경험자, 또는 대상)와 소유(되는) 대상은 모두 주격으로 표시되었다.

(1) 영어

　(a) I have a car. "나는 차가 있다."

　(b) I have built a house. "나는 집을 지었다."

---

5) 우리의 정의는 의미를 기반으로 한 것이다. 따라서 소유 동사는 꼭 타동사여야 한다는 조건 등의 형태 통사적 기준을 통한 정의와는 다르다(Haspelmath 1998: 1495 참조). 뒤에서 다시 다루겠지만 사소한 것처럼 보이는 이러한 차이가 형태 통사적 기준으로 소유 완료상을 정의했을 때, 다른 소유 완료상과 같은 패턴을 가진 몇 가지 구조를 배제할 가능성도 가지고 있다 (Enfield 2003 참조).

(2) 북부 러시아어(Timberlake 1976)

   (a) U   menja   mašina.
       PREP   me.GEN   car.NOM
       "I have a car." "나는 차가 있다."

   (b) U   menja   postroen   dom.
       PREP   me.GEN   built   house.NOM
       "I have built a house." "나는 집을 지었다."

소유 완료상과 유사한 통사 구조는 유럽 언어에서 많이 볼 수 있다. 이 장에서 우리는 그 중 비교적 전형적이고 규범적인 예에 대해서만 살펴보려고 한다. 따라서 (1b)와 (2b)의 예는 연구 대상이지만 영어의 관련 구조인 *I have a house built*와 같은 예는 배제한다. 또한 유럽 언어에는 소유 완료상과 계사 'be'-를 조동사로 하는 'be'-완료상이 공존하고 있다. 우리는 여기에서 'be'-완료상은 다루지 않을 것이며 따라서 완료상을 나타내는 두 가지의 구조가 서로 어떻게 상호 작용을 하는지, 특히 특정 구조가 다른 구조에 어떤 영향을 미치는지에 대한 것은 우리의 연구 범위를 넘어서는 것이다.

이 장에서 소유 완료상의 구조에 대해 언급할 때 우리는 다른 학자들이 중요하게 생각하는 문제에 대해 관심을 기울이지 않으려고 한다. 그것은 '소유 완료상(possessive perfect)'이라는 용어가 오해를 불러일으킬 수 있다는 것이다. 다수의 유럽 언어에서 소유 완료상의 용어는 완료상(또는 현재 선행상 present anterior)과 동의어로 간주되고 있다. 1.4에서 이미 언급했듯이 예를 들어 남부 독일 지역의 방언 사용자가 *Ich habe es getan* (I have it done)라고 한다면 이것은 "I have done it"의 의미가 아닌 "I did it"의 의미이다.[6] 4.2.2에서 다시 다루겠지만 유럽 언어에서 소유 완료상은 서로 다

---

6) 익명의 심사자는 독일의 바바리아 방언(Bavarian dialect)에서 사용되는 *Ich hab' das ge-*

른 다양한 범위의 의미(그것이 서로 관련이 있다 하더라도)를 가진다.

4.2 동적 유형론

동적 유형론이란 통사 범주의 진화와 원칙적으로 관련이 있는 현저한 구조적 특성에 의거하여 통사 범주를 교차 언어적으로 분류하는 것을 의미한다. 이러한 분류법은 소유 완료상의 출현과 변천 과정에서 관찰되는 문법화의 단계와 관련이 있다.

4.2.1 형태 통사론

이 장에서 우리는 유럽 언어에서 약 2000년간의 기간 동안 소유 구성, 더 정확히 말해서 'have'-유형의 서술적 소유 구조가 문법화된 결과로 소유 완료상이 출현한 것이라고 주장하려고 한다(Heine 1997a 참조). 소유 완료상의 출현은 그 진화와 구조적 특성에 따라(Vincent 1982; Pietsch 2004a; Cennamo 2005 참조) 주요하게 다음과 같은 단계로 구분할 수 있다(여기에서 예로 든 것은 각 개별 언어에서 가장 발달된 단계의 예시이다. 그러나 그것이 해당 언어에 그 이전 단계의 용법이 존재하지 않았다는 것을 의미하지는 않는다. 또한 다수의 언어가 0단계에 속하는지 1단계에 속하는지에 대하여 상반되는 분석이 존재하기도 한다).

---

macht gehabt (I have that made had) 'I have done that'와 같은 '이중 완료상(double perfect)'의 존재에 대해 지적해 주었다.

0단계 (소유 도식 possession schema).

이 단계는 소유 의미의 'have'-구조가 존재하고 소유 완료상이 아직 존재하지 않는 단계이며 표준 러시아어, 리투아니아어, 핀란드어, 웨일즈어가 이단계에 해당된다(4.4.5 참조).

이 단계에서는 기본적인 소유 의미에 상태적 소유 의미를 가진 사용 패턴이 부가된다. 이 때 PPP-동사의 (함의된) 동작주는 소유주와 같다. 따라서 PPP-동사에 의해 표현된 결과의 상태는 사전에 소유했던 행동으로부터 야기된 것이다(Pietsch 2004a: 6 참조). 이러한 사용 패턴은, 동사 선택에 있어서 성취 동사 등의 특정한 PPP-동사의 유형으로 제한되거나 특정 그룹의 사용자나 (문어보다는) 구어 사용역 등, 언어학적으로 사회언어학적으로 제약을 받는 경향이 있다.

그러나 기본적인 소유 의미와 상태 소유 의미 사이에는 중의성이 존재한다. 따라서 Vasilev(1968: 219)는 다음의 핀란드어 예에서 소유주는 PPP-동사(*aloitettua*)의 동작주와 꼭 일치하지 않을 수도 있다고 하였다.

(3) 핀란드어(Vasilev 1968: 219)

   minulla   on   viisi   aloitettua   rakennusta.
   (1.SG.ADE 3.SG.PRES.be five.NOM begin.SG.PART.PPP building.SG.PART)
   "I have started five buildings" (or "I have five started buildings").
   "나는 건물 다섯 채를 짓기 시작했다."

그러나 0단계를 보이는 언어들을 연구하는 학자들에 의하면 명확히 소유만을 의미하는 예를 제외하고 이러한 예들은 잘 받아들이기 힘든 예라고 하였다(Vasilev 1968: 219; Jacob 1994: 47 참조). 0단계은 이중 구 구조나 이중 명제로 보기도 하는데 이것은 통사 구조가 두 가지의 서술어를 가지며 각각 소유 동사와 PPP-동사를 대표하며 PPP-동사가 소유 동사에 내포되

어 있기 때문이다.[7]

1단계

소유가 더 이상 구조의 가장 기본적인 의미가 아니고 결과를 의미하는 주요 사용 패턴의 단계이다. 이 때 소유 동사의 주어는 더 이상 소유주의 개념이 아니며 PPP-동사의 동작주와 지시적으로 동일하다. 통사 구조는 PPP-동사로 표현되는 행위의 완성을 통한 사건의 결과의 의미를 가진다(Pietsch 2004a 참조). 이 단계에서 사건의 상태시는 발화 시간과 동일하지만 더 발달된 단계에서는 그렇지 않다.

1단계는 일반적으로 다음과 같은 경향적 특징을 모두 또는 다수 가지고 있는 단일 구구조로 기술할 수 있다.

(i) 주동사로는 타동사만이 인허된다.

(ii) PPP-동사는 아직 피동작주를 한정하는 구조를 가지며(격, 수, 성의 어휘적 범주가 존재한다면) 격, 수, 그리고 성(만약 이에 대한 범주가 있는 언어라면)에서 피동작주와 일치를 보인다.

(iii) 그럼에도 불구하고 소유 동사는 조동사로 해석되고 PPP-동사는 새로운 주동사로 해석되는 경향이 있다.

(iv) 소유 동사와 PPP-동사는 단일 동작주를 공유하는 경향이 있다.

전형적인 1단계 언어에서는 피동작주(대부분 대격 목적어)가 표면 구조에

---

7) Harris(2003: 541ff.)는 프랑스어와 게르만어의 소유 완료상에 대해 이와 같이 설명했다. 그녀는 소유 완료상이 초기의 소유 지시에 기반하고 있다는 것을 인정하며 소유 완료상의 형성에는 역사적으로 내포문의 주동사로 해석되는 PPP 구조가 이중 구 구조로부터 단일 구 구조로 변화하는 과정이 관계되어 있다고 주장했다.

출현한다. 그러나 어떤 언어에서는 피동작주가 표면에 나타나지 않는 좀 더 발전한 단계의 모습을 보이기도 한다.

1단계는 초기 통사 범주의 특징을 많이 가지고 있으며 현재까지는 주로 슬라브 제어, 세르비아어, 크로아티아어, 체코어, 슬로바키아어, 폴란드어, 슬로베니아어, 불가리아어와 일부 우크라이나어와 벨라루스어 방언에서 발견되고 있다. 또한 현대 아일랜드어와 바스크어, 스페인어의 *tener*-완료상과 아일랜드 영어의 소유 완료상도 이 단계에 속한다. 남부 아일랜드 영어의 일부 방언에서는 2단계의 특징을 보이기도 한다(Lukas Pietsch, p.c. 참조).

초기의 소유 완료상은 원래의 소유 의미를 어느 정도 반영하는 경향이 있었다. 그리고 완료를 나타내는 PPP-동사와 결합하여 이전 행위로 인한 결과인 현재 상태를 의미하게 되었다. 즉, 결과의 의미에 한정되어 있었다. 이러한 결과상은 과거의 행위가 현재의 상태와 적절한 관계가 있는 경우 단계적으로 완료(선행상)의 의미를 가지게 된다(Bybee, Perkins & Pagliuca 1994: 68-9 참조). 좀 더 발달된 단계에서는 타동사가 주동사로 사용되지만 목적어 명사가 함의되었다고 유추할 수 있을 뿐 표면적으로는 생략된다(Jacob 1994: 219 on Latin 참조). 2단계에서 새로 출현하는 주요한 특징은 다음과 같다.

2단계

(i) 타동사 대신 자동사가 문장의 주동사로 사용될 수 있다.

(ii) 이 단계부터 소유의 의미로 해석되는 것이 배제된다.

(iii) 주동사와 목적어의 수, 성의 일치는 점점 사라지기 시작하고 PPP-동사가 불변화형으로 나타나는 경향이 있다.

(iv) 유일하게 나타나는 동작주가 더 이상 소유주로 해석되지 않으므로 더 이상 중의성이 존재하지 않는다.

포르투갈어와 갈리시아어의 *ter*-완료상, 브르타뉴어, 북부 러시아어의[8] 완료상이 2단계의 특징을 보인다. 그리고 후기 라틴어의 소유 완료상[9] 또한 2단계를 넘지 않은 것으로 보인다. 1단계로부터 2단계로의 전이 과정에는 중간 단계가 존재한다. 이 중간 단계의 과정에서는 직접 목적어(피동작주)가 나타나지 않거나 직접 목적어가 직접 목적어에 상당하는 성분으로 해석되는 것처럼 보인다. 즉, 피동작주 성분이 보충어와 부가어의 두 가지 특징을 모두 가지고 있다.

고대 독일어에서 타동사가 자동사로 확장되는 경우 타동사가 단독으로 사용되거나 'that'-보충어를 가질 때인 반면(Bybee & Dahl 1989: 71 참조), 로맨스어의 변천 과정에서는 통사적 중의성을 보이는 양화 부사와 다른 종류의 부사 등의 성분이 통사적으로는 부가어에 속하지만 직접 목적어를 대체하는 것으로 해석할 수도 있게 된다(Jacob 1994: 220 참조).

3단계

3단계는 소유 완료상이 완전히 문법화되고 더 이상 제약이 없는 단계이다.

(i) 인간 동작주 대신 이제 무정 '동작주'가 출현한다.

(ii) 주동사로 사용되는 동사 유형에 완전히 또는 거의 제약이 없어진다.

---

8) 북부 러시아어는 행위 도식 대신 장소 도식을 채용하기 때문에(Heine 1997a 참조) 잠재적인 주어는 장소구로 잠재적인 목적어는 주격으로 부호화된다(Vasilev 1968; Timberlake 1976 참조).

9) 라틴어가 2단계를 넘지 않았다는 것은 라틴어가 6세기까지 소유 완료상에 유정 주어만을 사용할 수 있었고 주동사와 PPP-동사가 일치를 보여야 했으며 자동사의 사용은 아주 드물었기 때문이다(Jacob 1994: 210, 218 참조).

이후 소유 완료상은 더 일반화되고 쇠퇴하다가 소멸되기도 하지만 꼭 그렇지 않을 수도 있다. 3단계는 대부분의 로맨스어와 게르만어, 그리고 마케도니아의 서남부 지역에서 발견된다. [지도 4–1]에서는 유럽 언어들에 나타나는 소유 완료상의 다양한 발달 단계와 그 지역적 분포를 보여준다.

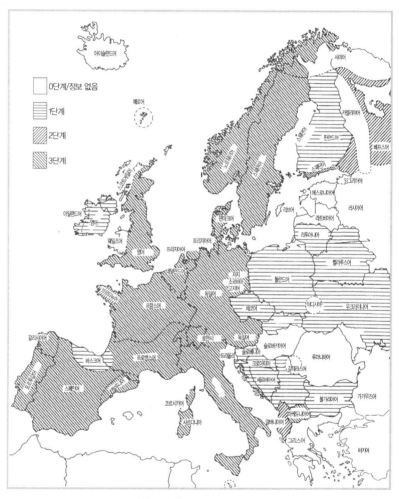

[지도 4–1] 유럽의 소유 완료상

4.2.2 의미

이 장에서 우리는 소유 완료상의 형태 통사적 진화에 주목한다. 또한 완료상의 의미적 진화에 대해서도 선행 연구가 있었으므로(Bybee, Perkins & Pagliuca 1994; Breu 1994: 56-8; Thieroff 2000; Detges 2000; Pietsch 2004a 참조), 우리는 이 장에서 소유 완료상의 의미적 진화에 관한 주요한 맥락에 대해 간단히 살펴보려고 한다.

선행 연구에서 밝혀진 바, 소유 완료상의 의미적 진화는 일반적인 형태 통사적 진화와 마찬가지로 몇 가지의 중간 단계를 포함하고 있는 일방향적이고 단계적인 과정이라는 것이다. 4.2에서 언급한 바와 같이 진화의 진입 초기 단계는 소유 도식의 사용 패턴으로 구성된다. 진화의 마지막 단계는 이 초기 단계와 의미적으로 유사하지만 과거 시제만을 지시하는 제약이 따른다. 다음의 진화 시나리오는[10] 선행 연구에서 인용한 것이지만(1.4 참조) 한 가지 중요한 면에서 차이가 있다. 즉, 선행 연구에서는 일반적인 시상의 단계적 변이에 주목하지만 우리는 소유 완료상에 특정하여 주목한다. 따라서 여기에서 분류한 시나리오는 1.4의 시나리오와 정확히 일치하지는 않는다.[11]

0단계: 소유 단계. 이 단계에서는 소유의 의미만으로 사용된다. 따라서 영어의 *I have a car*의 구문은 일시적이거나 영구적이거나 다른 어떤 종류의 소유를 의미하며(Heine 1997a 참조), 상의 표지와는 관련이 없다.

1단계: 결과 단계. 이 단계에서는 구조적으로 어떤 과거의 사건에 대한 현재의 결과를 의미한다. 이 단계에 위치한 언어로는 아일랜드어, 아일랜드 영어(4.4.3 참조), 스페인어의 *tener* + PPP 구조가 있다.[12]

---

10) 좀 더 다듬어진 시나리오는 Pietsch(2004a: 6-7) 참조.
11) 따라서 2단계부터 5까지는 1.4.의 0단계부터 3단계에 해당한다.

2단계: 완료상(현재 선행상) 단계. 이 단계에서의 의미는 발화시에 선행하여 발생한 사건이 현재에도 적용된다는 것이다. 이 단계는 독일어를 제외한 모든 게르만어와 로맨스어의 포르투갈어, 스페인어, 카탈루냐어에서 볼 수 있다.

3단계: 통사 구조가 과거 시제의 영역으로 확장되는 단계이며 과거 완료/과거의 기능을 함의하고 기존의 과거 시제 표지와 경쟁하는 단계이다. 표준 독일어, 프랑스어, 표준 이탈리아어가 이 단계에 속한다.

4단계: 더 이상 과거 완료와 불완료 과거(preterite) 지시의 기능을 하지 않는 단계이다. 기존의 과거 시제 표지는 쇠퇴하고 소유 구성을 통하여 광범위하게 과거 시제를 지시하게 된다. 소유 완료상은 더 이상 과거 시제 표지와 결합하여 대과거(pluperfect)형을 이루지 않는다. 4단계의 소유 완료상은 남부 독일어와 북부 이탈리아 방언에서 주로 발견된다.

5단계: 소유 완료상 구성이 과거 시제 표지로 일반화되는 단계이다. 이 단계에서는 더 이상 미래 시제 표지와 결합하여 미래 완료 구조를 형성할 수 없다. 이 단계에 도달한 언어는 아직까지 발견되지 않았다.

이러한 기능적 진화 단계는 4.2.1에서 언급했던 형태 통사적 단계와 관련이 있으나 몇 가지 점에서 정확히 일치하지 않으므로 두 가지 단계를 동일하게 볼 수는 없다(4.2.3 참조). 다양한 기능적 단계의 지리적 분포는 이 단계들 사이에 지역적 패턴이 존재함을 명확하게 보여준다([지도 4-2] 참조). 1단계는 아일랜드어와 스페인어에서 발견되며 2단계는 독일어를 제외한 게르만어 전체와 로맨스어인 포르투갈어, 카탈루냐어 등 북부와 서부 유럽의 나머지 지역에서 발견된다. 2단계 지역의 중심에 3단계 언어들이 2단계 언어에 둘러싸여 있다. 여기에는 표준 독일어(또는 북부 독일어), 프랑스어, 표

---

12) Detges(2000: 348)에 의하면 스페인어의 이 통사 구조는 13세기부터 출현하는데 완료상(2단계)로 변이했다는 증거는 없다고 한다.

준 이탈리아어(그러나 북부 이탈리아어는 제외된다)가 포함된다. 4단계 지역은 중심의 중심, 즉, 3단계 지역에 둘러싸여 위치하고 있다. 여기에는 남부 독일어와 북부 이탈리아어가 포함된다.

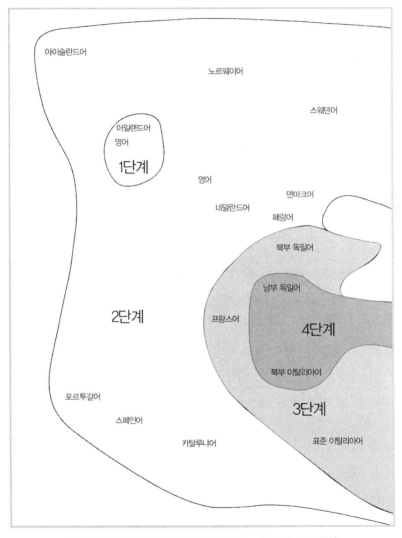

[지도 4-2] 소유 완료상의 의미 진화 단계(Thieroff 2000: 285 참조).

이러한 분포를 기반으로 하여 좀 더 일반적인 의미적 발전 경로를 다음과 같이 재구성할 수 있다(이러한 상황에 대한 통시적 해석은 1.4 참조). 가장 초기 단계(1, 2단계)는 유럽의 북부와 서부 주변 지역에 남아있다. 그 다음 단계는 소유 완료상의 의미가 더 강화되는 방향으로 문법화되는 단계로서 유럽의 중앙 지역에 가까워진다. 가장 중심에 있는 지역으로는 북부 이탈리아어와 남부 독일어가 포함되며 소유 완료상이 기본적으로 과거 시제를 지시하는, 가장 고도로 문법화된(4단계) 지역이다.

다음에서 논의할 내용과 관련하여 설명하면 이것은 우리가 '소유 완료상' 이라고 부르는 것이 개별 언어와 방언에 따라 많은 다양한 상의 의미를 가지고 있다는 것을 의미한다.

4.2.3 소결

이전 내용에서 우리는 소유 완료상의 동적 유형론이 한 편으로 소유 동사의 상적 도식에 의한 직접적인 개념의 진화에 기초하고 있으며 다른 한 편으로 의미, 화용, 통사, 어휘, 서로 다른 진화의 단계 등 다양한 범위의 언어적 현상에 기초하고 있다는 것을 제안하였다. [표 4-1]은 소유 구조로부터 상 표지로 문법화 하는 과정에 가담하는 주요한 요소들을 정리한 것이다.

[표 4-1]에 출현하는 변수와 단계들 사이에는 중요한 상관관계가 존재한다. 즉, 같은 열에 열거된 항목들은 일반적으로 공기하는 경향이 있다. 그러나 몇 가지 예외적으로 불일치를 보이는 항목도 존재한다. 예를 들어 1.4에서 보았던 것과 같이 소유 완료상이 과거 시제 지시 영역으로 확장될 때 어떤 유럽 언어에서는 3단계에서 그 확장이 발생하지만 다른 3단계 언어에서는 이러한 확장이 발견되지 않는다.

[표 4-1] 소유 완료상의 문법화 과정에서 나타나는 주요 통사 변화

변수/단계		0	1	2	3
a	*주어의 성격*	소유주	동작주		*무정 '동작주'*
b	*소유 동사*	주동사	조동사		
c	*PPP-동사의 성격*	피동작주의 한정어, 수식어와 일치됨	주동사	피동작주와 일치하지 않음	
d	*PPP-동사의 결합가*	피동작주를 핵으로 함	피동작주가 표면적으로 출현하지 않음	자동사로 해석될 수 있음	
e	*명제적 의미*	소유, 결과 상태	결과상(소유 의미는 인허되지 않음)	완료: 과거에 완료된 행위가 현재의 결과에 영향을 미침	*과거의 행위*
f	*명제적 통사 구조*	주 명제+ 내포 명제	(내포 명제〉) 주 명제		

　[표 4-1]에 나타난 진화 단계는 몇 가지 사실을 간략화 하여 정리한 것이다. 그 중 하나는 단계들의 속성에 관한 것이다. 우리는 각 단계들이 서로 분리되어 고정된 단계가 아니라, 한 통사 구조가 여전히 이전 단계의 특징을 보유하고 있고 특정 문맥에서 다음 단계의 특징을 나타내는 연속 상황으로 보았다. 이 때 특정한 문맥은 언어의 통사 구조, 사용자들이 속해 있는 공동체 등의 사회언어적 변수와 관계가 있다.

　진화의 연속적인 성격은 PPP-동사와 피동작주 명사구의 일치에서 가장 두드러지게 나타난다. 즉, PPP-동사와 피동작주 명사구가 완전한 일치를 보이는 단계로부터 PPP-동사가 불변하는 단계까지 일방향적이고 단계적인 변이 과정이 나타나는 것이다. 이 과정은 1단계에서 시작되고 2단계를 경과한다. 그것은 3단계에서도 일치의 흔적을 볼 수 있다는 것을 의미한다. 로맨

스의 역사는 14세기가 넘는 시간에 걸쳐 성, 수의 일치가 단계적으로 유실되었을 뿐 아니라 다음 이탈리아어의 예와 같이 부분적인 일치 구조가 현대 로맨스어에도 잔존하고 있음을 보여준다(Jacob 1994 참조).

(4) 이탈리아어(Anderson 1997: 14)

    Giovanni   la   ha   accusata.
    Giovanni   her   has   accused.F.SG
    ("Giovanni has accused her.")
    "Giovanni는 그녀를 고발했다."[13]

진화의 시나리오는 여기에서 처음 제안된 것이 아니다. 제한된 조합의 단계라는 관점에서 소유 완료상의 진화를 기술하는 몇 가지 대체적 분류법이 제안되었었다(Vasilev 1968; Fleischman 1982; Harris & Ramat 1987; Jacob 1994; Heine 1997a: 192-3; Squartini & Bertinetto 2000; Kuteva 2001: 40-2; Drinka 2003a 참조). 예를 들어 Vasilev(1968: 215)는 슬라브어에 관한 논의에서 타동사로 제한된 소유 완료상의 PPP-동사가 목적어와 성수의 일치를 보이는 언어(Vasilev 의 3유형), 타동사 완료상의 PPP-동사가 불변하는 언어(3유형), 자동사 완료상과 PPP-동사가 불변하는 언어(2유형)로 나누었다. 그의 3유형은 우리가 분류한 1단계의 초기 단계로, 3유형은 좀 더 발달된 1단계의 단계로 2유형은 2단계와 대응된다고 할 수 있다.

[표 4-1]의 단계들은 초기 연구와 거의 동일하나 한 가지 다른 점이 있다. 그것은 초기 연구는 개별 언어 혹은 서로 인접한 언어들의 그룹을 대상으로 분석한 것인 반면, 우리의 연구는 언어 간의, 또는 발생학적 경계를 초월하여

---

13) 이 번역은 저자가 한 것이다.

시도되었다는 것이다. 이전 연구와 비교하여 우리의 연구의 장점이라고 할 수 있는 것은 우리는 소유 완료상을 로맨스어와 게르만어에 한정하지 않고 좀 더 일반적 현상으로 다루었다는 것이다. 이전의 접근법으로는 개별 언어와 개별 통사 구조를 형성하는 독특한 변이 과정들이 무시되곤 하였다.

4.3 역사적 배경

많은 역사적 기록이 존재함에도 유럽 언어의 소유 완료상의 역사에 대해서는 아직 밝혀지지 않은 것이 많다. 특히 소유 완료상 구조가 일원발생적인 것인지 다원발생적인 것인지에 관하여 많은 논쟁이 존재한다. 어떤 학자들은 유럽에서 소유 완료상이 단일한 기원을 가지고 있다고 주장하고 (Vendryes 1937 참조) 또 다른 학자들은 게르만어의 소유 완료상이 로맨스어와는 달리 독립적으로 발생했다거나(Panzer 1984 참조) 북부 러시아어 사용자들이 다른 유럽 언어들과 분리하여 단독으로 소유 완료상을 발전시켰다는 의견을 고수하고 있다(Maslov 1949 참조). 또한 단일 발생을 주장하는 학자들 간에도 궁극적인 공여자 역할을 한 언어를 밝히는 문제 등에서 다양한 관점이 존재한다. 이러한 점에서 후속 논의는 신중을 기하여 다루어져야 한다.

4.3.1 가설

지금까지의 증거를 기초로 우리는 다음과 같은 가설을 제안하려고 한다.

(i) 유럽을 관통하고 있는 소유 완료상은 언어 접촉을 매개로 전파된 것이다.

(ii) 이 통사 구조의 확산에는 형태와 의미가 결합된 단위가 전이되는 차용의 기제가 가담하지 않는 반면, 소유 구성이 동작상(어떤 언어에서는 시제)을 표지하는 구조로 문법화하는 과정을 복제하는 것에 가깝다.

(iii) (ii)의 가설에 덧붙여 이 과정은 일방향적으로 4.2에서 정리한 진화의 과정을 따른다.

완료상(선행상)의 범주가 발견되는 언어들은 제한된 숫자의 개념적 근원을 가지고 있다(Bybee, Perkins & Pagliuca 1994 참조). 이러한 근원들 중에서 소유 구성은 드물게 발견된다. 그러나 더욱 중요한 것은 4.2에서 기술한 소유 완료상으로의 변이는 유럽에서만 발견된다는 것이다. 따라서 유형적 근거로 보았을 때 소유 완료상의 구조는 유럽 언어에서 독립적으로 발생했을 가능성이 적으며 역사적 요인으로부터 기인했다고 보인다. 이것은 지역적 관계가 가장 신빙성 있는 역사적 요인이라는 것과 따라서 (i)와 (ii)가 가장 타당한 가설임을 보여준다.[14] 그러나 소유 완료상이 둘 혹은 그 이상의 유럽 언어에서 발생했을 지도 모른다는 가능성을 완전히 배제할 수는 없으며 그렇다고 해서 가설 (i)을 위배하는 것 또한 아니다. 그 이유는 유럽 언어에서 소유 완료상이 전파되는 데 언어 접촉이 기여적 요인이 되었던 것은 틀림없기 때문이다.

유럽 언어의 소유 완료상이 문법화 과정의 결과라는 것은 다수의 연구 결과에 나타난다(Harris 1982; Vincent 1982; Bybee & Dahl 1989; Bybee, Perkins & Pagliuca 1994; Jacob 1994; Pietsch 2004a 참조). 진화의 과

---

14) Benveniste(1952)는 비유럽 언어인 고대 이란어와 고대 아르메니아어의 예를 들어 언어 접촉이 소유 완료상의 변이 과정에서 전혀 가능성이 없는 요인이라고 하였다.

정이 일방향적이라는 것은 완료상으로부터 소유 구조로, 역방향의 진화 과정을 찾아볼 수 없다는 것을 의미한다. 따라서 가설 (iii)은 논쟁의 여지가 없다. 그러나 지금까지의 연구는 특히 로맨스어를 예로 하는 SAE 언어에 주로 초점을 맞춰왔고(Harris 1982; Vincent 1982; Jacob 1994 참조), 주변적 언어들은 덜 주목을 받아왔다. 이 장에서 우리는 이들 주변적 언어를 중심으로 논의를 진행하려고 한다.

4.3.2 라틴어의 영향

유럽의 소유 완료상에 대한 궁극적인 공여자 역할을 한 언어는 고대 그리스어라는 점은 광범위하게 인정되고 있다. Drinka(2003b)에 의하면 'have' + 주동 과거 완료 분사 형식의 새로운 통사적 타동 완료형은 기원전 5세기의 소포클레스, 에우리피데스, 헤로도토스의 문헌 자료에서 이미 등장하였다. 그리고 그리스어가 라틴어에 모델을 제공했고 라틴어에서 로맨스어로 발전이 이어졌으며 그 발전은 다시 다른 서유럽 언어들로 이어졌다(Vendryes 1937: 92; Lockwood 1968: 115; Drinka 2003b: 123 참조). 이러한 견해에 대해 반론이 전혀 없는 것은 아니다. 학자들에 따라 게르만어에서 독립적으로 소유 완료상이 발전했으며[15] 다른 언어들에서도 그러하다는 견해도 존재한다(Jacob 1994: 50 참조).

소유 완료상은 전기 라틴어에 그 뿌리를 두고 있으며 *coquere* 'to cook', *collocare* 'to gather', *claudere* 'to close', *scribere* 'to write' 등의 성취

---

15) 이러한 분리 기원설에 대한 근거는 구조가 고대 영어, 고대 색슨어, 전기 스칸디나비아어, 고대 노르드어 등 라틴어나 로맨스어와 직접적인 접촉이 없었던 언어에서도 광범위하게 발견되기 때문이다(Panzer 1984: 116 참조).

동사에서 주로 발견된다. *cognoscere* 'to know' 등 전기 라틴어의 상태 동사에서는 그 예가 드물게 발견되지만 고전기 이후에는[16] 빈번하게 발견되기도 한다. *dicere* 'to say', *exquisire* 'to ask, examine' 등의 동작 동사의 경우 후기 라틴어 이전에는 그 예가 드물게 발견된다.

고전 라틴어에서 *habere* + PPP 구조는 아직 어휘적으로 엄격하게 제한되는 부차적 사용 패턴 단계에 머물러 있었다. 그러나 고전기에도 *habere* 동사의 주어와 PPP의[17] 동작주가 동일 지시되는 예가 발견된다. 이 때 *habere* 동사는 선행상을 형성하는 조동사로 해석되기도 한다(Cennamo 2005: 4 참조).

이후 단계적인 과정을 거쳐 후기 라틴어에서 소유 완료상은 통사적으로 동작상을 표현하는 범주인 1단계에 진입했다. 이 때 소유 완료상은 과거의 사건(선행상)이 현재까지 영향을 미치는 것을 나타내고 이것이 구어체 문맥으로 확장되어 기존의 통사적 완료상과 함께 사용되다가 결국 기존 구조를 퇴출시키게 된다. 이 단계에서는 좀 더 발전된 1단계의 특징, 즉 (5a)의 예와 같이 목적어가 생략될 수 있거나 목적어와 PPP가 더 이상 일치를 보이지 않는다.

(5) 후기 라틴어(Cennamo 2004)

    (a) de   ea   re   supra scriptum   habemus.
        About this.ABL thing.ABL above write.PPP.N.SG have.PRES.1.PL
        "(As) we have written above on the matter." (Vitr. 91, 14)
        "우리는 앞에서 이 일에 대해 기술했다."

---

16) 키케로류 라틴어에서 이미 *habere* 동사가 'learn', 'discover', 'persuade', 'compel' 등의 의미로 사용되었다(Harris 1982: 47 참조).

17) 이러한 동일 지시는 Cato의 작품에서도 이미 발견되고 있다(Cennamo 2005: 4 참조).

(b) haec   omnia   probatum   habemus.
    this.PL   all.PL   experience.PPP.N.SG   have.PRES.1.PL
    "We have experienced all these things." (Orib. *Syn.* 7, 48)
    "우리는 이 모든 것을 경험했다."

6세기에는 타동사가 일치를 보이지 않는 예가 더 많아지고 결국 통사 구
조가 자동사인 PPP-동사를 취하는 것으로 확장된다. 따라서 2단계로 진입
하는 것이다(Bybee & Dahl 1989: 72 참조).[18] Haspelmath(1998: 285)에
의하면 소유 완료상이 유럽 전역으로 확산된 것은 고대로부터 중세 초기로
전이되는 시기이다. 이베리아어에서는 소유동사 *habere*가 라틴어의 *tenire*
'to hold'로 대체되어 소유동사로 사용되고 소유 완료상도 *tenire* 동사를 기
반으로 하여 상당히 늦은 시기에 출현하게 되었다. 스페인어의 *tener*-완료
상은 13세기에 서서히 발생하기 시작하여 현재까지도 PPP-동사가 타동사
로만 제한되는 제약을 가지고 있다. 즉, 아직 1단계에 머물러 있는 것이
다.[19] 한편 포르투갈어의 *ter*-완료상은 이미 2단계에 이르러 자동사를 취
할 수 있다(Vincent 1982: 92 참조). 카탈루냐어에서는 *tenir*-완료상이 그
짧은 수명을 다하고 만다. 즉, 대략 1600년부터 18세기까지 결과상의 예시
로 출현하다가 1700년경부터는 과거 시제 표지로 가끔 등장하나 1800년 경
그 문법화 과정이 중지되었다(Steinkrüger 1995: 57 참조).
   알바니아어에서 어느 시기에 소유 완료상이 발전하게 되었는지에 대해서

---

18) Cennamo(2005: 10)에 의하면 7세기에 나타난 유일한 자동사 동작주의 예는 다음과 같다.
   sicut parabolatum habuistis.
   as speak.PPP.N.SG have.PERF.2.PL
   "As you (PL) have said (lit.: spoken)." (Form. Merkel. 260, 7)
19) Detges(2000)는 스페인어의 *tener* + PPP 구조가 일반적인 결과상이 아닌 '결과상II'를 표시
   한다고 하였다. 결과상II를 포함한 구문에서는 주어가 과거 사건의 동작주를 지시하고 그 사건
   에 대한 현재의 결과와 관련되어 있다.

는 'have'-완료상이 확립되기 시작한 초기부터 16세기 중반까지 결정적인 문헌적 근거가 없으나(Demiraj 1985: 84 참조), 'have' 동사가 완료상을 구성하는 조동사로 사용되는 것이 알바니아어의 게그 방언보다 토스크(Tosk) 방언에서 더 널리 확산된 것은 오랜 기간 라틴 성분과의 접촉을 시사한다.[20] 즉, 알바니아어에 소유 완료상에 대한 모델을 제공한 언어는 확실하지 않지만 그것이 라틴어일 가능성을 배제할 수 없는 것이다.

소유 완료상의 전파가 로맨스어로부터 게르만어로의 복제를 통해 이루어졌다는 것은 유형론적인 근거에서 여러 학자들에 의해 널리 인정받고 있는 가설이다(Vasilev 1968: 227; Drinka 2003a, b 참조). 그러나 여기에는 몇 가지 문제가 존재한다. 그것은 이러한 전이가 언제 어떻게 이루어졌으며 어떤 언어들이 이 과정에 가담했느냐는 것이다. 또한 게르만어 내부적인 상황을 살펴보면 이 가설에 대하여 강력한 근거를 제시하지 못 하고 있다. 고딕 시기와 고대 고지 독일어에서 'have'-타동사 구조는 PPP에 의해 수식된 목적어를 가지는데 이 때 PPP-동사는 (6)에서와 같이 목적어 명사와 성수에서 일치하며,[21] 소유의 의미로 해석되고 동작상의 의미를 가지지 않는 0 단계에 해당한다.[22]

(6) 고대 고지 독일어(Tatian; Critchley 1983: 137)

phîgboum   habêta sum   giflanzôtan   in   sînemo   wîngarten.
fig.tree   he.had   planted   in   his   vineyard
"He had a fig-tree, planted in his vineyard."
"그에게는 정원에 심은 무화과나무가 있었다."

---

20) 이에 대해 지적해 준 Victor Friedman(p.c.)에 감사를 표한다.

21) 고딕 시기에 대한 근거는 확실하지 않다. 예를 들어 Lockwood(1968: 114-5)는 고딕 시기(약 350 AD 경)에는 소유 완료상이 발견되지 않는다고 하였다.

22) 그러나 아마도 (6)의 예는 라틴어의 번역일 것이다(Lockwood 1968: 115).

이와 같은 예시는 진화의 초기 단계에서 고대 고지 독일어의 두 가지 소유 동사 *habên*과 *eigan*이 조동사의 자리를 두고 경쟁하고 있다는 사실을 보여준다(Lockwood 1968: 115 참조). 기원후 약 1000년경인 노트커 시대 (Notker's time)에는 1단계 완료상의 확실한 예가 발견됐는데 이때에는 이러한 새로운 사용 패턴이 소유의 의미로 해석되는 경우도 여전히 존재하지만 목적어 명사구 대신 재귀대명사와 자동사가 사용될 수 있었다. 이 단계에서 완료 구조에 사용되는 PPP-동사는 목적어에 대한 분사 수식어로부터 형용사적인 특징을 잃어버린 채 주동사로 전이된다. 그리고 완료상의 부정형은 형용사 부정 접두사 *un-* 'un-'가 아닌 부정 불변화사 *niht* 'not'로 표시하게 된다(Harris 2003: 543-544 참조).[23] 끝으로 독일어는 AD 1000년경에 단계로 전이되고 약 15세기 경 *hat gehabt* 'has had'와 같이 *haben* 'have' 동사를 주동사로 하는 완료상으로까지 문법화된다.

영어에서 소유 완료상이 출현하는 시기는 고대로 거슬러 올라간다. 이때는 소유를 나타내는 문맥에서 초기 1단계가 결과상의 의미로 사용된다 (Bybee, Perkins & Pagliuca 1994: 68 참조).

(7) 고대 영어(Mitchell 1985; Anderson 1997: 13에서 인용)

hu Þu me hæfst afrefredne.
how you me have   comforted.M.SG.ACC
("How you have comforted me.")
"당신이 얼마나 나를 위로해 주었는지"[24]

---

23) 독일어의 소유 완료상의 문법화 과정에 나타나는 또 하나의 특징은 1단계에서는 두 가지의 소유 동사 *haben*와 *eigan*이 나타나지만 1단계에서 2단계로 전이되는 시기에 *eigan*은 그 문법화가 중지되고 *haben*만이 완료상을 나타내는 조동사로 문법화 된다(Harris 2003: 543 참조).

24) 번역은 모두 저자가 한 것이다.

그러나 고대 북유럽의 스칸디나비아어와 에다 문헌까지 북부 게르만어에는 분명히 1단계 이상의 소유 완료상이 존재했다고 보인다. 그 중 몇 가지 예에서는 성수의 일치가 보이지 않고 목적어가 생략되기도 한다(Panzer 1984: 123 참조).

이러한 관찰들로 미루어 보아 소유 완료상이 로맨스어로부터 게르만어로 전이되었다는 가설은 여기에서 결론 내릴 수 없을 듯하다.

4.4 주변 언어들

이 장에서 주요하게 다룰 언어들은 소유 완료상이 3단계까지 문법화를 이룬 로맨스어와 게르만어가 아닌 로맨스어와 게르만어 영역의 주변부에서 사용되고 있는 언어들이다. 이 지역의 언어들에서 소유 완료상이 발전한 것은 접촉에 의한 것일 가능성이 크다. Drinka는 이와 관련하여 널리 알려진 가설들에 대해 적절하게 정리하였다(Breu 1994: 54 참조).

흥미로운 사실은 슬라브 제어와 기타 비 서유럽 언어들이 HAVE 동사를 조동사로 사용하는 언어들과의 접촉에 노출되면 HAVE-형 조동사를 가지게 되는 경향이 있다는 것이다(Drinka 2003a: 6).

다음에서 우리는 슬라브어와 켈트 제어에 대하여 이 가설을 검증해 보려고 한다.

4.4.1 슬라브 제어

소유 완료상에 관한 많은 연구가 있음에도 슬라브 제어의 상황에 대해서는 소유 완료상과 관련된 통사 구조가 어느 단계에 도달했는지 등등 아직 명확하게 밝혀지지 않은 것이 많다. 우리는 이에 대해 많은 자료를 탐구하였지만, 다음에 이어질 일반화 또한 신중하게 다루어져야 한다.

4.4.1.1 서론

고대 교회 슬라브어(863-950 AD)에는 타동사의 과거 피동 분사가 존재하고 소유 완료상은 존재하지 않았다(Friedman 1976: 97 참조).[25] 현대 슬라브 제어는 소유 완료상을 가지고 있다고 알려져 있는데 이것은 통상적인 예가 아닌 예외에 속한다. [표 4-2]는 4.2에서 보았던 유형을 정리한 것이다. 표에 나타난 다수의 결과는 또 다른 단계로 분류될 수 있는 여지가 있다.

[표 4-2]에 나타나는 자료에 의하면 슬라브 제어는 마케도니아어를[26] 제외하고 로맨스어나 게르만어와 같이 문법화된 언어가 없으며 3단계의 소유 완료상을 거의 찾아볼 수 없다. 남 트라키아 불가리아어와 북부 러시아어의 두 언어가 2단계를 보이고 있으며, 다른 언어들은 1단계에 머물러 있고, 표준 러시아어는 전혀 주목할 만한 문법화를 보이지 않고 있다. 이 장의 나머지 부분에서 우리는 [표 4-2]에 나타난 자료에 대해 설명하려고 한다. 그 중 다음에서 설명하는 이유로 북부 러시아어와 서남 마케도니아어는 따로 분리하여 설명할 것이다.

---

25) Friedman(1976: 97)은 이러한 통사 구조를 진정한 완료상과 형용사 구조의 중간 단계이며 불가리아어와 세르비아어에 나타난다고 하였다.

26) 서남 마케도니아어는 서유럽 언어를 기반으로 하는 표준 마케도니아어와 중첩되는 부분이 있기 때문이다.

[표 4-2] 슬라브 제어에 나타나는 소유 완료상의 유형

언어	단계			
	0	1	2	3
표준 러시아어	+			
폴란드어	+	+		
우크라이나어(방언)	+	+		
벨라루스어(방언)	+	+		
체코어	+	+		
슬로바키아어	+	+		
고지 소르비아어	+	+		
슬로베니아어	+	+		
세르비아어	+	+		
크로아티아어	+	+		
불가리아어	+	+		
남 트라키아 불가리아어	+	+	+	
북부 러시아어	+	+	+	
서남 마케도니아어	+	+	+	+

4.4.1.2 개관

표준 러시아어는 0단계를 보이고 있으나 러시아어 구어에서는 1단계의 사용 패턴을 볼 수 있고 다음과 같은 예가 나타난다.

(8) 러시아어 구어(Vasilev 1968: 219)

　　u　nego　vsë prigotovleno.
　　(at　he.GEN　all　prepare.PPP.SG.N)
　　"He has prepared everything."
　　"그는 모든 준비를 마쳤다."

이러한 사용 패턴은 일반적으로 소유격 완료로 해석되지 않기도 한다 (Vasilev 1968: 219 참조).[27]

폴란드어에는 다음과 같이 소유 구성과 거의 유사한 형식('I have a written book'와 같은)의 1단계의 소유 완료상이 존재한다고 알려져 있다 (Jacob 1994: 47 참조).

(9) 폴란드어(Vasilev 1968: 219)

mam   miejsce zamówione na dzisiejsze widowisko.
(have.1SG.PRES seat   reserve.PPP on today   show)
"I have reserved a seat (lit.: 'a reserved seat') for today's show."
"나는 오늘 쇼의 좌석을 예약했다."

Vasilev (1968: 226)에 따르면 폴란드어의 소유 완료상은 독일어의 영향을 받은 것이라고 하였다. Weinreich는 다음과 같이 설명했다.

폴란드의 실레지아 지역에서는 독일어의 *haben* + 과거 분사 형식의 동사 구조 '*ich habe es verkauft*'가 과거 지시 기능을 가진 구조 *ja to mam sprzedane* 'I have sold it'로 복사되었다(하략). (Weinreich [1953] 1964: 41).

두 종류의 소르비아어[28], 즉 저지 소르비아어와 고지 소르비아어에는 '매우 구어적인' 소유 완료상이 한 가지 존재한다는 보고가 있음에도 불구하고

---

27) 그러나 이 문장은 또한 "그는 혼자 준비하지 않았다(he did not prepare it himself)." 또는 "그는 적어도(at least alone) 혼자 준비하지 않았다."의 의미로 사용될 수 있다(Östen Dahl, p.c. 참조).
28) 소르비아어는 고지 소르비아어와 저지 소르비아어의 두 종류의 문어로 구성된다. 소르비아어 라고만 하면 두 종류의 언어를 모두 가리킨다.

(Danylenko 2001: 5 참조) 소유 완료상이 존재하지 않는 것으로 알려져 왔다. 사실 (고지) 소르비아어는 발달된 1단계의 소유 완료상 구조인 [měc' 'have' + DO + PPP]를 가지고 있다(Faßke와 Michalk 1981: 224-232). 이 구조는 대부분 타동사를 취하고 아주 제한된 경우 자동사를 취하기도 한다(Faßke und Michalk 1981: 228-229 참조). 피동작주 명사인 직접 목적어는 PPP-동사와 격, 성, 수에서 일치한다.

(10) (고지) 소르비아어(Faßke와 Michalk 1981: 225)
    Jan ma   polo   zworane.
    (Jan have.3.SG.PRES field.ACC.NEUT.SG plow.PPP.ACC.NEUT.SG)
    "Jan has plowed the field."
    "Jan은 밭을 갈았다."

    PPP-동사가 대격 단수 중성 형태일 때는 피동작주 명사가 생략된 경우이다.

(11) (고지) 소르비아어(Faßke und Michalk 1981: 229)
    mam   kazane.
    have.1.SG.PRES   say.PPP.ACC.SG.NEUT
    "I have said."
    "나는 말했다."

    (고지) 소르비아어의 소유 완료상은 1단계의 초기 범주 단계로 규정될 수 있으며 구어와 방언에서 빈번하게 사용되고 있는 반면 문어에서는 잘 사용되지 않고 있으며 만약 문어에서 사용된다면 그 사용이 중립적으로 해석되지 않고, 완료상의 의미보다 소유의 의미로 해석된다. 다음의 예에서 문맥과 어순

은 동사 *měješe* 'had'가 완전히 어휘적인 소유 지시 동사의 기능을 가지고 있음을 나타낸다(Faßke und Michalk 1981: 232 참조).

(12) (고지) 소르비아어(Faßke und Michalk 1981: 232)

    Horbank   měješe   w   pincy hišc'e

    (H.   have.3.SG.PAST in   cellar still

    blešu   wina   schowanu.

    bottle.ACC wine   hide.PPP.ACC)

    "Horbank still had a bottle of wine hidden in the cellar."

    "Horbank는 아직 지하실에 숨겨둔 와인이 한 병 있다."

    우크라이나의 방언에서도 소유 완료상이 발견된다. 구문의 목적어가 생략될 수 있기 때문에 우리는 이것을 발달된 1단계로 분류하였다.

(13) 우크라이나 방언(Danylenko 2001: 21)

    u   nas   (pole)   vyorano.

    at   we.GEN   field.ACC.SG.N   plough.PPP.SG.N

    "We have ploughed (the field)."

    "우리는 (밭을) 갈았다."

    그러나 이것은 방언에서만 사용되는 예이다. 우크라이나의 다른 방언에 소유격으로 지배되는 [*u* 'at' + GEN + ACC + PPP]와 같은 구조가 존재하는데 이 구조에서는 동작 동사 분사의 동작주와 공지시 되는 소유주(구문의 주어)를 내포하지 않는다.

(14) 서부 우크라이나, 부코비아 방언(Natalia Bugay, p.c.)

U nas (pole) vyorano.
at we.GEN field.ACC.SG.N plough.PPP.SG.N
"We have a ploughed field"/"We have our field ploughed."
"우리에게는 갈아 놓은 밭이 있다"/"우리의 밭을 갈았다."

(15) 서부 우크라이나, 부코비아 방언(Natalia Bugay, p.c.)

U mene lekcija vidrukuvana na sin'omu paper'.
at I.GEN lecture.SG.F print.PPP.SG.F on blue paper
"I have the lecture printed out on blue paper."
"나는(*나에게는) 강연 내용을 청사진으로 출력했다."

우크라이나어의 과거 시제는 전체적으로 선행상의 의미를 가지는 것으로 보인다.

(16) 우크라이나어(Danylenko and Vakulenko 1995: 61)

Jakyj ty buv, takyj ty
what.NOM.M you.NOM be.PAST.M such.NOM.M you.NOM
zalyšyvsia.
remain.PAST.M

"You have remained as you were."
"너는 조금도 변하지 않았다."

피동형 선행상은 [ACC + PPP.SG.N]의 구조로 표시된다.

(17) 우크라이나어(Danylenko and Vakulenko 1995: 62)

My   pryjšly,   bo   nas   poklykano.
(we.NOM   come.PAST.PL   because   we.ACC   call.PPP.SG.N)
"We came because we had been called."
"우리는 (누군가가) (우리를) 불러서(불려) 왔다."

   Danylenko(2001: 21)에 따르면 벨라루스어의 방언에 (14)의 예에 나타난 우크라이나어와 대응되는 소유 완료상이 나타난다고 하였다. Isačen-ko(1974: 73)는 체코어에서 소유격으로부터 발전한 ['have' + accusative noun + perfective past participle] 구조가 강력한 생산성으로 구어의 변이들에서 빠르게 확산되고 있다고 지적했다. Breu(1994: 55)는 체코어에 소유 완료상이 존재한다고 인정하면서도 그것이 현저한 문법화의 단계까지는 이르지 못했다고 덧붙였다. (18)의 예에서 보는 것과 같이 체코어는 1단계로서 타동사가 사용되고 목적어와 PPP가 일치한다. Tommola(2000: 464)는 체코어의 소유 완료상에 대하여 더욱 자세한 예를 제시하기도 하였다.

(18) 체코어(Bybee & Dahl 1989: 70)

Maš   výčištěné   zuby?
have.you   cleaned.PL   teeth
"Have you brushed your teeth?"
"이를 닦았어요?"

   Vasilev(1968: 226)는 체코어의 이러한 소유 완료상이 독일어의 영향을 받은 것이라고 하였다. 이에 앞서 Garvin(1949: 84)은 체코어에 조동사 'to be'와 과거 분사가 결합하는 완료상이 이미 존재함에도 'have, own'와 피동 분사를 사용하여 독일어의 'have'-완료상을 복제하였다고 하였다. 그러나 새로 출현한 구조가 더 확실한 완료상의 특징을 가지고 있어서 기존의 구조와 "영어에서 '나는 이미 그것을 했다. I've got it done'와 '나는 그것을 했다. I've done it'와 같은 대조적인 차이를 보인다." 체코어의 상황은 슬로바키아어에도 대부분 적용된다. 슬로바키아어 역시 독일어의 영향으로 약한 문법화 정도를 보이는 1단계의 소유 완료상을 가지고 있다(Vasilev 1968: 226 참조). 다음은 슬로바키아어의 예이다.

(19) 슬로바키아어(Vasilev 1968: 219)

lóžu   už   máme   kúpenú.
(theatre.box   already   have.1.PL.PRES   buy.PPP)
"We have already bought a (theater) box."
"우리는 (극장의) 특석을 이미 예매했다."

Vasilev(1968: 218)는 슬로베니아어에서 PPP-동사가 목적어와 성과 수에서 일치하는 유형 3a단계의 타동 완료상을 발견했다.

(20) 슬로베니아어(Vasilev 1968: 219)

imam   pismo   že   napisano.
(have.1.SG.PRES letter.SG.NEUT already write.PPP.SG.NEUT)
"I have already written the letter."
"나는 편지를 다 썼다."

그러나 슬로베니아어는 일반적으로 소유를 나타내는 기능을 가진 결과상('I have a written book'과 같은; Jacob 1994: 47)이 존재하는 것으로 알려졌다. Breu(1994: 55)는 슬로베니아어의 소유 완료상이 두드러진 문법화 과정을 보여주지 않는다고 하였다.

세르비아어와 크로아티아어는 소유 기능과 밀접하게 관련된 1단계의 소유 완료상을 보여주고 있다(Jacob 1994: 47 참조). 따라서 Breu(1994: 55)는 세르비아어와 크로아티아어는 현저한 문법화 과정에 진입하지 않았다고 하였다. Vasilev(1968: 218)는 세르비아어와 크로아티아어에 PPP-동사와 목적어가 성수에 있어서 일치하는 유형 3a의 완료상을 가지고 있다고 하였다.

(21) 세르비아어, 벨그라드(Vasilev 1968: 218)[29]

　　imam　　　　　　　kupljene　　　cipele.
　　(have.1.SG.PRES　buy.PPP.PL　shoe.PL)
　　"I have bought shoes."
　　"나는 신을 샀다."

(22) 크로아티아어, 자그레브(Vasilev 1968: 218)

　　imamo　　　plaćen　　　　　račun.
　　(have.1.PL　pay.PPP.SG.M　bill.SG.M)
　　"We have paid a bill."
　　"나는 지불했다."

　소유 완료상의 발달은 지역적 영향이라는 요인을 더욱 확실하게 해준다. Vasilev(1968: 220)는 발달된 1단계의 소유 완료상이 부르겐란트에 거주하는 크로아티아인들에게서 발견된다고 하였다. 부르겐란트는 독일에 둘러싸인 곳이다. 이것은 Vasilev의 유형 3에 해당하는 예로서 PPP-동사가 목적어와 더 이상 일치를 보이지 않는다.

　불가리아어의 소유 완료상은 최근까지 지속적으로 발달하고 있는 통사 구조로 인식되고 있다(Vasilev 1968: 229 참조). 그리고는 이러한 상황을 '방언적 현상'이라고 지적한다. 일찍이 고대 불가리아어에서는 ['have' + direct object

---

29) 그러나 Elvira Veselinović(p.c.)는 이 예가 완료상이라기 보다 소유 구성으로 0단계를 보여주고 있다고 하였다.

+ PPP]와 같은 구조가 출현하는 것을 기록한 풍부한 문헌 자료가 존재한다. 이 때 PPP는 직접 목적어의 형용사적 수식어로 사용된다. 1단계의 소유 완료상은 19세기 말부터 등장하는데 이것은 마케도니아어에 소유 완료상이 발달한 지 2세기 후의 일이다. 현대 불가리아어는 발달된 1단계에 있는 언어이다. 예 (23a)는 0단계에서 소유의 의미를 나타내는 예이고 (23b)는 주어가 소유주와 동작주의 두 가지로 해석될 수 있는 중의성을 가진 전이 단계이다.

(23c)에서는 주어가 확실하게 동작주를 나타내고 분사는 주동사로 해석된다. 마지막으로 (23d)는 불가리아어가 1단계에 도달했음을 보여주는 예로 피동작주(목적어)가 생략될 수 있다.

(23) 불가리아어(Kuteva 2001: 40-2)

(a) Imam   tezi   lekcii.
     have.1.SG   these   lectures
     "I have these lectures (i.e. the materials for the lectures)."
     "나는 이 강의안(강의에 사용되는 교재 등)들을 가지고 있다."

(b) Imam   gi   napisani.
     have.1.SG   them   write.PPP.PL
     "I have them written."
     "나는 그것들을 썼다."

(c) Imam   napisani   tezi   lekcii.
     have.1.SG   write.PPP.PL   these   lectures
     "I have written these lectures."
     "나는 이 강의안들을 썼다."

(d) Imam   sgotveno.
     have.1.SG   cook.PPP.SG.N
     "I have cooked."
     "나는 요리를 했다."

그러나 불가리아어는 아직 2단계에 머물러 있다. 즉, 아직 자동사는 주동사로 사용되지 않는다(Kuteva 2001: 42).

불가리아어 소유 완료상에 대해서 어떤 학자들은 불가리아어 내적 변화의 결과라고 하기도 하고 학자들에 따라 서유럽 언어와의 접촉에 기인한 것이라고 하기도 한다. 그러나 마케도니아어와의 접촉이 불가리아어의 소유 완료상을 발전시키는 주요한 요인이 되었다고 가정하는 것이 더 자연스러운 것은 다음 두 가지의 이유 때문이다(Friedman 1976: 98-101 참조).

(i) 불가리아의 남동부 지역인 트라키아와 스트란자에서 볼 수 있는 소유 완료상은 타동사와 일치를 보이지 않는 중성 분사로 이루어지는데 이 지역 언어는 북 그리스어의 방언인 남동부 지역의 마케도니아어와 연속체를 이루고 있고 불가리아어와는 분리된 것으로 생각할 수 있다. 트라키아어는 북 그리스어의 마케도니아 방언의 동단과 맞닿아 있기 때문에(스트란자 방언은 트라키아의 북동부에 이어져있다) 이 방언들이 마케도니아어의 소유 완료상이 확장된 것이라고 볼 수 있다.

(ii) 마케도니아 북부와 바르다르강의 동부 지역은 인접하고 있는 불가리아와 세르비아 방언과 동일한 특성을 가진 소유 완료상을 가지고 있다. 남부 트라키아어에 대한 자료는 많지 않지만 Vasilev의 보고에 의하면(Vasilev 1968: 216-8) 적어도 크산티(Xanthi 서부 트라키아) 지역과 말카라(Malkara 동부 트라키아) 지역에서 보이는 구어체의 변이들에서는 2단계의 소유 완료상이 보편적으로 사용되고 있음을 알 수 있다. (24a)의 예는 타동사가 사용되고 주동사는 목적어와 일치하는(목적어는 피동작주이며 Vasilev의 3a단계 유형) 단계를 보여준다. (24b)의 예에서는 타동사가 사용되었으나 일치를 보이지 않는 (Vasilev의 3단계 유형) 1단계이며, (24c)는 자동사가 사용되는 2단계(Vasilev의 2단계 유형)를 보여준다.

(24) 남트라키아어(Vasilev 1968: 217)

   (a) tŭva pčela e imam   fatena   tva l'ato.

      (this bee.SG.F ACC.F have.1.SG.PRES catch.PPP.SG.F this summer)

      "This bee I've caught this summer."

      "이것은 내가 올여름에 잡은 벌이다."

   (b) mečka   n'amam   ubijenu.

      (bear.NOM   not.have.1.SG.PRES   kill.PPP.SG.N)

      "I've killed no bear."

      "나는 곰을 죽이지 않았다."

   (c) tugava ošte nemax   xodeno   na kasabata.

      (then   still   not.have.1.SG.PAST go.PPP.SG.N on town)

      "At that time I had not yet gone to town."

      "그 때 나는 아직 시내에 가지 않았다."

Vasilev(1968: 223-5)는 남트라키아어에 2단계가 나타나는 것이 그리스어의 영향을 받은 것이라고 보았다. 또 다른 문헌 자료에는 마케도니아어가 남트라키아어에 영향을 미쳤다고 보는 견해도 있다(Mladenov 1935 참조).

4.4.1.3 북부 러시아어

북부 러시아어는 표준 러시아어와 철저히 분리되어 2단계의 소유 완료상을 보이고 있다. 그러나 다른 슬라브 제어들과 달리 북 러시아어의 소유 완료상은 소유 행위 도식 [X has Y]을 기반으로 변화한 것이 아니다(Vasilev 1968; Timberlake 1976; Panzer 1984).[30] (25a)의 예는 북 러시아어의 소유 구조가 [Y is located at X]의 장소 도식으로 부호화되는 것을 보여준

---

30) 행위 도식과 장소 도식에 관해서는 Heine(1997a)참조.

다. (25b)는 1단계로 진입하는 예이며 표준 러시아어에서는 (25b,i)와 같이 소유의 의미로만 해석될 수 있고, 북 러시아어에서는 (25b,ii)와 같이 완료 상으로의 해석이 가능하다. 북 러시아어의 소유 완료상이 2단계에 도달했다 는 것은 (25c)의 예와 같이 자동사를 사용할 수 있다는 사실에서 알 수 있 다. 초기에 출현하는 전치사구는 잠재적인 동작주를 표시하는데 주어의 특 징을 획득하게 되면서 (25d)와 같이 규범적인 주어와 결합할 수 있도록 확 장되고 목적어가 생략된 절대격 구조에서 사용된다. 따라서 Vasilev(1968: 220)는 북 러시아어에 2유형(불변화사 분사, 자동사)과 3유형(불변화사 분 사, 타동사)의 소유격이 발견된다고 하였다. 또한 방언에 따라 동작주의 주 어적 특징이 주동사(분사)와 주어의 일치로 나타나는 경우도 있다 (Koptjevskaja-Tamm & Wälchli 2001: 690 참조). 그러나 북 러시아어의 소유 완료상은 3단계에 이르지 않은 것으로 보인다. 즉, 유정성을 비유하는 경우가 아니면 무정 명사를 사용할 수 없다(Timberlake 1976 참조).[31]

(25) 북부 러시아어(Vasilev 1968: 220-1; Timberlake 1976; Panzer 1984: 120)

  (a) U   menja   mašina.
      PREP   me.GEN   car.NOM
      "I have a car."
      "나는 차를 가지고 있다(나에게는 차가 있다)."

  (b) U   menja   postroen   dom.
      PREP   me.GEN   built   house.NOM
      (i) "I have/had a house built." (No necessary subject identity)
          "나는 지어진 집을 가지고 있다(나에게는 집이 있다)."
          (주어는 분사와 일치하지 않아도 된다)

---

31) 문어의 영향으로 북 러시아어의 소유 완료상이 약화되고 있다고 한다(Vasilev 1968: 229 참조).

(ii) "I have built a house."

"나는 집을 지었다"

(c) U   menja   odna zima   xožena.

PREP me.GEN one   winter.NOM.F.SG walked.PART.F.SG

"By me one winter was walked (to school)."[32]

"나는 겨울 내내 걸어서 (학교에) 갔다."

U   nego   v   gorod   uechano.

(PREP he.GEN PREP town   has.travelled)

"He has travelled into the town."

"그는 시내에 갔다."

U   nego   uechano.

(PREP he.GEN has.travelled)

"He has driven away."

"그는 차를 타고 떠났다."

(d) U   menja   zabyto,   a   Stepanida pomnit.

PREP me.GEN forgotten but St.   remembers

"By me it's been forgotten, but remembers."[33]

"나는 잊었지만 Stepanida는 기억한다."

북 러시아 외에 일부 서부와 중부 러시아 방언에도 이러한 장소 도식을 기초로 한 구조가 존재한다고 한다.

고대 러시아어에는 이러한 통사 구조가 존재하지 않았고(Danylenko 2001: 20 참조), 표준 러시아어에 완료상이 진화한 사실이 없는 반면 북 러시아어에 이러한 소유 완료상이 존재한다는 것은 북부 게르만어의 영향의 결과라는 것이다(Breu 1996: 31 참조). 스칸디나비아 제어와 북 러시아어는

---

32) 번역은 Timberlake(1976)를 인용하였다.
33) 번역은 Timberlake(1976)를 인용하였다.

뚜렷한 접촉의 역사를 가지고 있다. 특히 11세기에 러시아와 스칸디나비아의 가장 광범위하고 집중적인 접촉이 이루어졌는데(Lägreid 1984: 100 참조), 이 사실은 북 러시아어의 소유 완료상이 발달된 문법화를 이루게 된 원인에 대한 설명이 될 수 있을 것이다. 그러나 학자에 따라 핀우그리아어의 영향으로 북 러시아어에 소유 완료상이 발달했다고 보는 견해도 있다. 예를 들어 Vasilev(1968: 226)에 따르면 북 러시아어의 소유 완료상은 핀란드어의 영향을 받았다(Veenker 1967: 137ff 참조).

북 러시아어의 예는 좀 더 일반적인 의문을 불러일으킨다. 즉, 복제가 이루어지기 위해서는 모델어와 복제어가 어느 정도 얼마나 유사해야 하는가 하는 것이다. 환언하면 초기 사용자들이 실제로 북 러시아어의 장소 구조를 모델어의 'have'-구조에 대응되는 표현으로 사용하기 시작했는가를 밝혀야 하는 것이다.

우리는 이 의문에 대해 다음과 같은 이유로 긍정적으로 답하려고 한다. 첫째, 북 러시아어의 예는 이러한 복제의 유일한 예가 아니다. 유럽 언어에서 본질적으로 동일한 예가 켈트 제어에 존재하며 특히 브르타뉴어에 두드러진다(4.4.2 참조). 둘째, Heine and Kuteva(2005)에서 설명한 바 있듯 문법적 복제는 형태 통사적인 복제 과정이라기보다는 개념 복제의 과정이기 때문에 이 경우 소유 도식으로부터 동작상 도식으로의 개념 전이로 설명할 수 있다. 따라서 아직 해결되지 않은 의문들이 존재하고 북 러시아 사용자들이 어떻게 언어 접촉을 통해 소유 완료상을 획득했을지와 관계없이, 세계 각지에서 발견되는 증거들로 미루어 보아 문법 복제라고 하는 것은 언어 사용자들이 특정 통사 구조로 표현되는 개념을 서로 다른 언어의 서로 다른 통사 구조를 통하여 동일한 등가물로 간주하는 것이라고 하는 것이 타당할 것 같다.

4.4.1.4 마케도니아어: 지역적 분포

다른 슬라브 제어와 달리 마케도니아어는 로맨스어와 게르만어와 유사한 완전히 문법화된 3단계의 소유 완료상을 가지고 있는 것으로 관련 문헌에 자주 언급되어 왔다. Breu(1994: 54-5)의 분석에 의하면 마케도니아어는 다른 슬라브 제어와 달리 문어에도 소유 완료상이 나타난다. 그러나 마케도니아어의 실제 상황은 관련 문헌에 기술된 것보다 조금 더 복잡한 양상을 띠고 있다.

마케도니아어가 3단계에 도달했다는 것은 마케도니아어에 다음과 같은 특징이 존재하기 때문이다. (a) 통사 구조에 타동사와 자동사가 모두 사용된다(특히 마케도니아의 남서단 방언에서 그러하다). (b) 어떤 변이에서는 직접 목적어와 동사의 일치가 소실되고 PPP-동사가 불변하는 형태이다. 주어가 인간으로부터 무정 대상으로 확장된다(바르다르 강 서남부의 방언).

(26) 마케도니아어(Friedman 1976: 99)

 Nožov me ima   isečeno.
 (knife me have.3.SG.PRES cut.PPP.SG.N)
 "This here knife has cut me."
 "나는 이 칼에 베었다."

그러나 이 '마케도니아어'라는 명칭은 다양한 유형적 특징을 가진 다수의 변이들을 포함한다. 이러한 다양한 유형적 특징들은 또한 지역적 패턴을 확실히 반영하고 있다. [표 4-3]은 마케도니아어의 소유 완료상에 대한 두드러진 특징들을 지역별로 정리한 것이다.

[표 4-3] 마케도니아어 변이들에 나타나는 소유 완료상의 구조적 특징

단계	통사 구조	사용 지역
1	[*ima* + object] + PPP, PPP 동사는 목적어와 일치하고 형용사적 수식어와 주동사의 특성을 모두 가지고 있다	마케도니아 북동부, 세르비아, 불가리아 문어
2	타동사 외에 자동사도 사용할 수 있다	마케도니아 동단 지역, 불가리아 남동부의 스트란자와 트라키아 방언
3	분사는 더 이상 일치를 보이지 않고 인간 주어 대신 무정 주어의 사용이 가능하다	마케도니아의 바르다르 강 서남부의 방언 모두

출처: Friedman 1976; see also Drinka 2003a; 2003b).[34]

[표 4-3]의 내용은 다음과 같다. 첫째, 마케도니아어에 완전히 문법화된 소유 완료상이 존재한다는 주장은 다시 한 번 검증이 필요하다. 마케도니아어에는 다양한 변이가[35] 존재하며 어떤 변이들은 이러한 주장과 상황이 다르다. 예를 들어 북동부 지역이 마케도니아어의 상황은 남서부 지역과 상당히 다르다. 둘째, 마케도니아어의 소유 완료상이라는 언어 구조는 지역적 변수라는 관점에서 더 적절히 설명할 수 있다. 마케도니아어는 소유 완료상이 거의 문법화되지 않은 북동부 마케도니아어(=1단계)로부터 완전히 문법화된 남서부 마케도니아어(=3단계)까지 지리적 연속체를 이루고 있다. 셋째, 이러한 지역적 패턴은 통시적 변이와 관련이 있으므로 역사적 요인과 관련하여 설명하는 것이 가능하다. Friedman(1976)의 자료에 따르면 소유 완료상이 출현하는 혁신의 물결은 남서부 마케도니아어에서 시작되어 북동부 지역으로 단계적으로 확산되었다.

어떤 학자들은 마케도니아어의 소유 완료상이 언어 접촉에 의한 결과이며

---

34) 여기에서는 소유 도식만을 대상으로 한 것이다. 즉, Friedman(1976)와 Drinka(2003)에 의해 논의되었던 소유 완료상의 대체형인 'be'-구조는 포함하지 않는다.

35) 표준 마케도니아어는 서부와 중부 방언을 기반으로 한다(Victor Friedman, p.c.).

서남부 마케도니아어 사용자들이 다른 언어로부터 완료상 구조를 받아들여 다시 기타 마케도니아 변이로 확산하고 있다는 것에 동의한다. 그러나 그 다른 언어가 구체적으로 어떤 언어인 지 또한 어떠한 과정을 거쳐 복제되었는지는 아직 확실하지 않다. Vasilev(1968: 226)는 남서부 마케도니아어가 그리스어, 아로무니아어(Aromunian),[36] 알바니아어와 접촉하고 있는 것이 서남부 마케도니아어에서 슬라브어의 완료상이 '로맨스어의 완료상'으로 거의 완전히 대체된 사실과 관련이 있다고 하였다. 유사한 경우로 Breu(1994: 55) 아로무니아어와 알바니아어와의 접촉에 좀 더 주목했고[37] Panzer(1984: 118)는 마케도니아어의 완료상이 발칸 로맨스 기층어의 영향의 결과라고 보았다.

어떤 언어와 접촉했든지 그 접촉한 언어가 마케도니아어의 소유 완료상의 발전에 결정적인 역할을 했을 것이다. 그리고 한 가지 분명한 사실은, 마케도니아어의 선조 역할을 한 고대 교회 슬라브어(863-950 AD)에 소유 완료상이 존재하지 않았고 그 대신 결과 과거 분사(-l)를 사용하는 잘 발달된 완료상과 어형 변화형 대과거가 존재했다는 것이다. 고대 교회 슬라브어는 능동형과 피동형 모두에서 풍부한 분사 체계를 가지고 있다. 마케도니아어에서는 현재 능동 분사(-ki)가 동사 부사로 전환되었으며 현재 피동 분사(-m)와 과거 능동 분사(-(v)š)는 소실되었다. 이와 대조적으로 과거 피동 분사(-n/-t)는 세력을 확장하여 타동사로 사용되던 것이 자동사로만 사용되게 되었다. 이로써 -n/-t의 과거 피동 분사가 보편적인 분사 형태가 되었고 중립적인 태를 표시하게 되었다(Koneski 1965: 153 참

---

36) Gołab(1956)는 마케도니아어의 소유 완료상이 아로무니아어로 부터 기원했다는 것을 처음으로 상세히 논증하였다.

37) 실제로 혁신의 중심역인 마케도니아의 서남부 지역에서는 마케도니아어와 아로무니아어의 사용자들이 밀접한 접촉을 하고 있었다. 그러나 여기에서는 알바니아어와 아로무니아어의 접촉에 대해 좀 더 주목하는데 그 이유는 알바니아어가 have-완료상을 가지고 있기 때문이다 (Breu 1984: 55).

조). 또한 −n/−t형 분사는 동사 형용사로 바뀌어 일반 형용사와 같이 사용되게 되었다. 그로부터 1세기 후 마케도니아어의 소유 완료상이 문헌 자료에 첫 등장하는데(Friedman 1976: 97 참조), 그 최초의 예는 1706년 Krnino 수도원의 필사본에서 발견되었고(Koneski 1965: 171 참조) 타동사의 과거 분사가 목적어와 성수에서 일치를 보이고 있었다.

(27) 1706년의 마케도니아어(Koneski 1965: 171)

    [...] imamă   go   aforesană
    (have.1.SG.PRES he.ACC.SG.M excommunicate.PPP.SG.M
    i   prokletă [...].
    and   curse.PPP.SG.M)
    "I have excommunicated and cursed him"
    "[...] 나는 파문당했고 그를 저주했다 [...]."

즉, 최초의 마케도니아어 소유 완료상이라고 검증된 예시에서는 과거 분사가 형용사적 수식어와 주동사의 두 가지 특성을 지닌 초기 1단계의 구조를 보여주고 있다(Friedman 1976: 97 참조). 과거 분사(−n/−t)가 태에 대하여 '중립화'된 것은 마케도니아어의 초기 소유 완료상이 문법화 단계를 진행하는 데 매우 중요한 요소가 되었다고 볼 수 있다. 그 이유는 −n/−t 과거 분사가 자동사로 그 용법을 확장하면서 초기에 가지고 있었던 피동적 의미를 잃어버리기 시작하여 '능동성'으로 재해석할 수 있게 되었고, 따라서 과거 분사는 더 이상 외부 동작주에 의해 피동작주에게 가해진 동작이 아닌 잠재적인 주어가 행동한 것으로 부호화될 수 있다. 또한 이러한 −n/−t 과거 분사의 중립화가 자동사 문맥에서 소유 완료상의 사용을 촉진했을 것이다.

4.4.1.5 토론

1단계 또는 2단계를 보이고 있는 슬라브 제어들은 모두 언어 접촉의 상황에 놓여있다고 할 수 있다. 예를 들어 Breu는 다음과 같은 의견을 피력한다.

> "어떤 슬라브의 주변적 언어들에서는 접촉의 영향으로 분석적인 완료상이 발달했으나 해당 공여 언어의 발달 단계에는 이르지 못했다. 그러나 통사 구조의 모방은 이미 시작되었다(Breu 1996: 31)."

Vasilev(1968: 226)는 체코어, 폴란드어, 폴랍어(Polabian), 카슈비아어는 독일어의 영향을, 마케도니아어, 트라키아어는 그리스와의 접촉에 의해 영향을 받았다는 의견을 고수한다(Vasilev 1968: 224ff. 참조). Vasilev(1968: 221)에 의하면 슬라브 제어에서 보이는 1단계의 소유 완료상은 PPP-동사와 목적어의 성과 수가 일치하는데(=3유형) 이것은 과거 피동 분사가 명사의 한정사로 사용되고 명사의 성수와 일치를 보이며 문장의 주동사가 'have'인 특징을 지니고 있는 슬라브어의 내적 변이로 설명될 수 있다. 따라서 다음 불가리아어의 예는 슬라브어의 통사 규칙에 따라 두 가지로 해석이 가능하다.

(28) 불가리아어(Vasilev 1968: 221)

    včera   imaxme   varena   riba.
    (yesterday have.1.PL.PAST cook.PPP.SG.F fish.SG.F)
    "Yesterday we had cooked fish."
    "어제 우리에게는 요리된 생선이 있었다/생선을 요리했다."

실제로 슬라브 제어는 소유 완료상이 진화하기에 적절한 필요조건을 구조적으로 충족시키고 있다. 몇몇 학자들(Vasilev 1968; Panzer 1986 참조)에 의해 제기된 바와 같이 슬라브 제어에는 동작상 구조와 같은 구조가 이미 존재하고 있다. 예를 들어 14세기의 우크라이나어와 벨라루스어, 15세기의 폴란드어는 비인칭 능동 구조에서 중립적인 *n/t*-분사와 대격 목적어가 출현하고 동작주는 출현하지 않기 시작한다(Panzer 1984: 118 참조).[38]

이로써 슬라브 제어의 소유 완료상이 기존의 구조가 문법화된 결과라는 것은 논쟁의 여지가 없게 되었다. 그러나 다음과 같은 이유에서 언어 내적 변이만이 유일한 문법화의 요인이 되었다는 것보다는 언어 접촉을 원인으로 하여 문법화 과정이 나타났다고 보는 것이 좋을 것 같다.

(i) 대부분의 전문가들의 의견이 일치된 결론이기 때문이다(Maslov 1949; Vasilev 1968: 221 참조).

(ii) 가장 오래된 슬라브어인 고대 교회 슬라브어(863-950 AD)의 기록(텍스트나 필사본 등)은 9세기로 거슬러 올라갈 수 있는데, 보편적인 슬라브어를 대표할 수 있는 이 언어에는 완료상은 존재하나 그것이 소유격 유형은 아닌 것으로 나타났다. 그러나 같은 시기 슬라브어와 접촉 관계에 놓여 모든 언어에서는 소유 완료상이 존재하고 있었다.[39] 슬라브 제어는 모두 완전히 문법화된 소유 완료상을 가진, 또는 적어도 1단계에 이른 언어들과 긴 역사 기간 동안 접촉해 왔으나 지리적으로 인접하지 않은 러시아어는 그렇지 못했다.[40]

---

38) Ševelov(1991: 201)에 따르면 이러한 통사 구조는 폴란드에서 발생하여 다른 동 슬라브 제어로 전파되었다.

39) 우리는 실제로 접촉하고 있는 모든 언어에 대하여 정확한 조사를 하지는 못했지만 관련된 언어 변이에 대해서는 정확히 조사했기 때문에 이러한 결론을 내릴 수 있었다.

40) 예를 들어 Breu는 "우리는 HAVE 조동사를 사용하여 완료상을 구성하는 주변적 슬라브어를 더 발견할 수 있다(Daneben finden wir an der Peripherie des slavischen Sprachraums auch andere Perfektbildungen und zwar mit dem Hilfsverb HABEN)"라고 하였다(Breu 1984: 54).

교차 언어적 사실(비유럽 언어에서는 소유 완료상이 나타나지 않는 것)로 미루어 보아 서로 다른 다수의 언어에서 소유 완료상이 독립적으로 변이하는 것은 가능성이 적어 보인다. 또한 슬라브 제어에서 소유 완료상의 변이가 게르만어와 로맨스어의 변이 단계를 뛰어넘지 못하는 것은 놀랄 만한 사실이다. 마케도니아어의 예는 다음과 같은 내용을 시사한다.

(i) 접촉에 의한 문법화 과정은 단계적으로 이루어지며 서로 거리가 먼 언어나 방언보다 인접하고 있는 언어에 영향을 미친다.

(ii) 통사 범주는 전체적으로 전이되기보다 특정 문맥에 제한하여 사용 패턴의 형식으로 전이된다.[41]

(iii) 따라서 전이된 범주는 전체가 아닌 축소된 형태로 도입된다.

(iv) 이러한 축소 형태는 모델어의 통사 범주와 차이를 보이고 모델어보다 덜 문법화된 단계이다.

(v) 따라서 접촉에 의한 전이는 문법화 이론의 제약을 받는다. 즉, 모델어에서 어떤 통사 범주가 A > B > C와 같은 문법화 연쇄 과정을 보였다면 복제어에서는 A > B와 같이 축소된 문법화 과정을 보이며 절대 B > C와 같은 단계의 변화는 보이지 않는다.

마케도니아어의 소유 완료상의 확산에서 볼 수 있는 가장 확실한 특징은 아마도 접촉에 의한 문법화가 완전히 문법화된 통사 범주가 전이되는 것이 아닌 문법화 과정에 나타나는 형태를 단계적으로 전이하는 과정을 보여주는 것일 것이다.

---

41) 통사 범주를 대체하는 전이 과정이다(Friedman 1994 참조).

4.4.2 켈트 제어

초기 켈트 제어에서는 다른 유럽 언어에 나타나는 소유 완료상이 나타나지 않았다. [표 4-4]는 켈트어의 소유 완료상의 변이 상황과 현재 상황을 정리한 것이다.

중세 아일랜드어(11~17세기)와 고대로부터 현대까지의 웨일즈어에는 소유 완료상이 존재했던 증거가 없다. 17세기 초엽부터 현대 아일랜드어에서 전치사 *ag* 'at'을 사용하는 장소 도식 [Y is at X]이 먼저 소유 도식 [X has Y]으로 변이하고(29a), 다시 이를 기반으로 소유 완료상이 형성되었다.[42]

[표 4-4] 켈트 제어에 나타나는 소유 도식으로부터 완료상 도식으로의 형태 통사 변화

단계	통사 구조	언어
0	장소 구조가 서술적 소유만을 표시한다	고대 브리타뉴어, 중세 아일랜드어, 현대 웨일즈어
1	(a) 주동사로는 타동사만 인허된다. (b) 주동사는 피동작주의 수식어로 나타난다. (c) 주동사는 PPP의 구조를 가지고 있다. (d) 주동사가 상태의 의미 혹은 행위로 인한 결과적 상태의 의미 등으로 빈번하게 중의적으로 해석된다. (e) 주어 역시 동작주와 소유주로 해석될 수 있는 중의성을 가진다.	현대 아일랜드어
2	타동사와 더불어 자동사도 사용 가능하다.	현대 브리타뉴어
3	무정 동작주를 사용할 수 있다.	—

PPP=과거 분사 또는 그에 해당하는 성분이며, 각 언어들은 가장 발달된 문법화 단계 한 가지로만 표시된다.

---

42) Harris(1984)는 아일랜드어의 소유 완료상(그의 용어로는 'PII')은 "[...] 목적어의 보충어인 동사적 형용사를 포함하는 형식으로 실현된다(아일랜드어의 소유격은 'object-of-possession is at possessor'와 같이 전치사적인 형식으로 표시된다)"(Harris 1984: 319 참조).

이 과정에서 보이는 개념의 전이는 북 러시아어의 예와 놀랄 만큼 유사하나 북 러시아어와 다른 점은 아직 2단계에 도달하지 못했다는 것이다. (29b)는 아일랜드어에서 볼 수 있는 1단계 초기의 단계의 예로 중의성을 띠며 여러 가지로 해석될 수 있다. 여기에서 소유주/동작주는 수의적 성분으로 생략이 가능하며 어떤 경우(29c) 상태적 피동 기능을 표시한다.

(29) 현대 아일랜드어(Pietsch 2004a: 10)

    (a) Tá   litir   agam.
        is   letter   at.1.SG
        "I have a letter."
        "나는 편지를 가지고 있다."

    (b) Tá   an   litir   scríofa   agam.
        is   the   letter   to.write.PPP   at.1.SG
        (i) "I have the letter written."
            "나는 쓰인 편지를 가지고 있다."
        (ii) "I have written the letter."
            "나는 편지를 썼다."
        (iii) "The letter has been written by me."
            "편지가 나에 의해 쓰여졌다."

    (c) Tá   an   litir   scríofa.
        is   the   letter   to.write.PPP
        "The letter has been written."
        "편지가 쓰였다."

아일랜드어의 소유 완료상의 중심적 의미는 여전히 상태적 소유이다. 또한 상의 의미로는 비한정 과거의 용법인 선행상의 영역으로만 확장된다(참조 Pietsch 2004a: 11; Harris 1991: 205-6). 또한 이것은 1단계에 해당하기 때문에 타동사만이 사용될 수 있고 자동사와 무정 동작주는 허가되지 않으며 이중 구구조로 분석된다. Harris(1991: 205-6)는 (30)과 같은 구문을 '주절은 소유물을 지시하고 내포절은 목적어를 포함하고 있는 상태적 복문 구조, 즉 [She has [the boat sold]]와 같은 맥락으로' 분석된다고 하였다.

(30) 현대 아일랜드어(Harris 1991: 205)

Tá   an   bád   díolta   aici.
(is   the   boat   sold   at.3.SG.F)
"She has sold the boat."
"그녀는 배를 팔았다."

아일랜드어의 소유 완료상 역시 마케도니아어의 소유 완료상과 같이(4.4.1.4 참조) 문법화 정도를 반영하고 있는 지역적 연속체로 볼 수 있다.

개략적으로 말하면 아일랜드의 방언은 남쪽으로부터 북쪽 방향으로 연속체를 형성하고 있다. 먼스터(Munster, 남서부) 방언이 한 쪽 끝에 위치하고 카노트(Connacht) 방언이 중간 위치, 스코틀랜드의 게일어와 접경을 이루고 있는 도니골(Donegal, 얼스터 Ulster) 방언이 다른 쪽 끝에 위치하고 있다. (중략) 이러한 연속체 내부에서 남부 방언인 먼스터어는 문법화가 진행된 분사 완료상 구조를 보이고 있다(하략)(Pietsch 2004a: 12 참조).

얼스터어가 피동작주 목적어와 타동 PPP-동사로 제한된 구조를 가진 초기의 1단계를 보이고 있는 반면, 남부 방언은 자동사가 허용되는 2단계를 보이고 있다. 1단계로부터 2단계로의 전이는 두 가지 방식으로 진행된다. 즉, 통사적 주어 자리를 비워놓는 방식(31a)과 주어 자리에 동작주는 배치하는 방식(31b)이다(Pietsch 2004a: 12-3 참조).

(31) 현대 아일랜드어 남부 방언(Pietsch 2004a: 12-3)

   (a) Tá scríte   agam   chuige.
       is   written at.1.SG to.3.SG.M
       "I have written to him."
       "나는 그에게 썼다."

   (b) Tá an   coileach glaoite.
       is   the   cock   crowed
       "The cock has crowed."
       "수탉이 울었다."

아일랜드어에서 소유격으로부터 동작상적 의미로 문법화 하는 것은 영어에 존재하고 있는 개념을 전이하는 과정에 가깝다. 그러나 정확히 어떤 양태적 전이가 있었는 지에 대해서는 세부적으로 알 수 없다.

브르타뉴어는 1500년 경 영국 제도로부터 분리되어 프랑스어와 접촉하게 된다(Ternes 1998: 286 참조). 고대 브르타뉴어에 소유 완료상이 존재했다는 기록은 없지만 중세 브르타뉴어(11-17세기)는 목표 도식 [Y exists to/for X]를 기반으로 하는 이미 소유 완료상을 가지고 있었다. 이 목표 도식이 서술적 소유로 문법화되고(*am eus* ('is to me') 'I have'와 같이), 이것이 다시 소유 완료상으로 변이했다(*gwelet am eus* 'I have seen'; Vendryes 1937). 이 때 동사는 명사에 대한 수식어로부터 완료 분사로 부호화되고 주동사로 변이한다. 현대 브르타뉴어는 잘 발달된 2단계의 소유 완료상이 존재한다. (32a)는 소유 구조의 예이며 (32b)는 2단계의 완료상의 예이다. (32b)에서는 중의성이 없고 자동사가 사용되었다(Ternes 1979: 220 참조).

(32) 현대 브르타뉴어(Press 1986: 139; Elvira Veselinović, p.c.)

    (a) Ur   velo   c'hlas   am   eus.
       (a   bicycle   blue   have   1.SG)
      "I have a blue bicycle." (Lit. '[to] me is a blue bicycle.')
      "나는 파란 자전거를 가지고 있다."

    (b) Kousket   am   eus.
       sleep   have   1.SG
      "I have slept."
      "나는 잤다."

현대 브르타뉴어의 소유 완료상은 프랑스의 영향을 받은 것으로, 또는 심지어 프랑스어로부터 개념 복제 되었다고 묘사되거나 프랑스어의 완료상을 직역한 것이라고 추정되고 있다. 이러한 가설들은 브르타뉴어의 소유 완료상의 사용 패턴이 프랑스어의 소유 완료상의 사용 패턴과 유사하다는 사실에서 그 근거를 찾고 있다. 예를 들어, 두 언어는 (33a)에서는 'be'-완료상을 사용하고 있지만 (33b)에서는 소유 완료상을 사용하고 있다.[43]

(33) 현대 브르타뉴어(Elvira Veselinović, p.c.)

    (a) Aet   eo.   cf. French   Il   est   allé.
       go.PPP is   he   is   go.PPP
      "He has gone." "He has gone."
      "그는 갔다."

    (b) Me am   eus   komprenet. cf. French j' ai   compris.
       I   have 1.SG understand.PPP   I   have understand.PPP
      "I have understood." "I have understood."
      "나는 이해했다."

---

43) 그러나 이는 완전한 등가 관계가 아니다. 예를 들어 계사 'be'를 사용하여 브르타뉴어에서는 'be'-완료상을 구성하지만 프랑스어에서는 소유 완료상을 구성한다(Elmar Ternes, p.c 참조).

4.4.3 아일랜드 영어

아일랜드 영어(Irish English/Hiberno-English)에는 몇 가지 서로 다른 완료상 구조가 존재한다. 우리의 분류법에 따르면 아일랜드 영어를 소유 완료상을 가진 유럽의 주변적 언어로 정의할 수 있다. 이는 관련 문헌에서 'PII'로 불리는 것으로, (34)에서 확인할 수 있다.

(34) 아일랜드 영어의 소유 완료상(Harris 1984: 307)

　She's nearly her course finished.
　"그녀는 과정을 거의 마쳤다."

표준 영어는 완전히 문법화된 3단계의 소유 완료상을 가지고 있는 반면 아일랜드 영어에는 문법화가 많이 이루어지지 않은 1단계의 소유 완료상이 존재한다. 따라서 아일랜드 영어의 소유 완료상은 표준 영어의 소유 완료상과 다음의 몇 가지 특징에서 차이를 보인다.

(35) 아일랜드 영어의 PII의 특징(Harris 1984: 307, 311-2)

　(a) 타동 구문에만 나타난다.
　(b) 분사는 직접 목적어에 후치한다.
　(c) 용법이 동작 동사(*do, write, spend* 등등)에 국한되고 상태 동사(*know, recognize, resemble*)에는 허가되지 않는다.
　(d) 소유를 나타내는 'have'-구조와 유사하며, 주동사 *have*-구와 분사 보충절을 가진 복문으로 분석되는 것이 가장 이상적이다. 예를 들면 [I have [my dinner eaten]]와 같은 구문으로 실현된다.
　(e) 완료상(선행상)이 아닌 결과상 구조로 나타난다. 이 구조는 과거 사건으로 인하여 현재의 상태가 야기된 것이 아닌 상태에 초점이 맞추어져 있다. 따라서 선행상 사건에 초점을 둔 부사구는 배제된다.

(f) 부정의 범위는 구문 전체일 수도 있고(36a) 보충구로만 제한될 수
    도 있다(36b).

(36) 아일랜드 영어(Harris 1984: 312).
　　(a) I haven't even it made. "나는 만든 적이 없다."
　　(b) I've a loaf not touched. "나는 빵을 만지지 않았다."

아일랜드 영어는 (35)에 나타난 주요한 기준에 있어서 표준 영어와 뚜렷
한 대조를 보이는 반면 현대 아일랜드어와는 일치한다. 다음의 예는 각각 아
일랜드어 구문(37a), 아일랜드 영어로 번역한 구문(37b), 표준 영어로 번역
한 구문(37c)이다.

(37) 아일랜드어(Harris 1991: 205 = 1984: 319)
　　(a) Tá　　　　　　　　an bád díolta aici.
　　　　be.NON-PAST the boat sold　at.her
　　(b) "She has the boat sold."
　　　　"그녀는 배를 팔았다."
　　(c) "She has sold the boat."
　　　　"그녀는 배를 팔았다."

이러한 놀라운 유형적 일치는 어떻게 설명될 수 있을까? Harris(1984:
320)는 (35)에 열거된 아일랜드 영어의 특성이 초기 영국 영어(British
English)의 형태를 반영하고 있다고 주장한다. 즉, 아일랜드 영어에 나타
나는 구조는 통시적으로 보았을 때 영국 영어의 초기 형태를 보이고 있는
것이고, 더 정확히 말하면 고대 영어의 분열 완료상을 유지하고 있는 것
이다.

현대 영어의 완료상은 'have'와 EN-분사가 목적어 명사구에 후치하는 고대의 타동 분열 완료상에서 파생된 형태와 단계적으로 일치되는 과정을 보이고 있다. (중략) 이 구조는 완성의 상태('I had him in a state of being bound' (하략))를 나타내는 의미로 해석되기도 한다. 고대 완료상에서는 소유의 의미를 가진 완전한 어휘로, 분사는 목적어 명사구의 보충어로 인식된다. (하략) (Harris 1984: 321)

또 다른 가설에서는 아일랜드어와 아일랜드 영어의 소유 완료상에 나타나는 유형적 일치가 언어 접촉에 의한 것이라고 주장한다. 그러나 Harris(1984: 320)는 "기층어의 영향에 대한 증거는 적어도 중의적이라고 말할 수 있다."고 하였다. 만약 좀 더 상세한 정보가 부족하다면 아일랜드 영어의 소유 완료상이 영국 영어의 변이의 초기 단계를 반영하고 있다는 Harris의 입장을 받아들일 수 있을지 모른다.

통시적으로 보아 Harris의 이러한 입장이 타당하다면 다음과 같은 문제가 제기 된다: (a) 현대 영어의 다양한 변이들이 아닌 아일랜드 영어에서만 유일하게 3단계의 완료상이 나타나지 않는 이유는 무엇일까? (b) 왜 아일랜드 영어는 초기 구조를 유지하고 있을까? (c) 아일랜드 영어와 아일랜드어는 300년 이상의 강력한 접촉을 경험했고 Harris(1984; 1991)도 인정하는 바와 같이 아일랜드 영어에는 다수의 문법 복제의 예가 나타나는 것을 고려한다고 하면 왜 아일랜드어에는 본질적으로 동일한 2단계의 완료상이 발견될까?

이에 대하여 확실하고 유일한 답안이 있다면 그것은 아일랜드 영어의 소유 완료상 구조를 형성하는 데 있어서 아일랜드어와의 접촉이 어떤 역할을 했다는 것이다. 그리고 이 답안은 Harris의 가설과도 배치되지 않는 것으로 다른 언어 접촉의 상황과 같이 외적 영향과 언어 내적 변이가 서로 강화 작용을 갖는 것이다. Pietsch(2004a)는 18세기와 19세기 아일랜드 영어의 코퍼스 자료를 다량 분석한 결과, 소유 완료상의 초기 단계인 '결정적 완료상'

이 존재하고 있다고 하였다. 이 완료 구조에서는 1817년 자료인 (38b)와 같이 피동작주(=목적어)가 동작주(=주어)의 영향 하에 놓여 있고, 피동작주의 상태는 동작주를 통하여 나타난 것이며 결과적으로 동작주가 염원하고 달성한 것에 대하여 긍정적인 평가를 내린 상태를 서술한다. 이러한 구조는 아일랜드에 거주하는 영국인 이주자들의 변이에서 사용되었으며 이중 구구조로부터 점차 단일 구구조로 문법화되어 (38b)와 같이 소유 구조가 더 이상 동작주의 성취 등이 아닌 보편적인 완료상 패턴으로 변이되었다.

(38) 아일랜드 영어(Pietsch 2004a: 14, 16)

   (a) we **have** some good brick Houses **erected** and a Clever Brick meeting House for Friends.(WrightJ04, 1817)
      "우리는 좋은 벽돌집을 짓고, 친구들을 위한 클레버 브릭 회의장을 가지게 되었다."

   (b) they **have** 150 tons **sold** for the farmer Bailie, & not a pound made of it. (BrownW07,1821)
      "그들은 농부 Bailie에게 150톤을 팔고 돈을 하나도 벌지 못했다."

Pietsch(2004a)는 이것이 아일랜드어에 유사한 구조가 이미 존재했기 때문에 그 영향으로 문법화된 것이라고 설명한다. 아일랜드의 영어 학습자는 이미 잘 발달된 영어의 3단계의 완료상에 의거하여 영어의 '결정 완료상'을 선택하는 대신 더욱 직접적으로 얻을 수 있는 등가물인 아일랜드어의 분사 구조를 모델로 하여 문법 복제를 한 것이다. 이 가설은 아일랜드어와 영어의 이중 언어 환경을 가지고 있던 초기 이주자들의 문법화 과정에 나타난 사실로 더욱 뒷받침된다.

4.4.4 미국과 오스트레일리아의 이민자 독일어

독일어는 3단계의 소유 완료상이 발달했으나(앞의 내용 참조) 그 문법화 과정은 진정한 이론적인 종료점에 이르지 못했다. 즉, 문법화가 동사 전체로 확장되지 않은 것인데 (39)의 예와 같이 'be'-완료상의 경우 자동사인 *ge-schehen* 'to happen' 등이 사용되지만 소유 완료상에서는 사용되지 못한다. 펜실베이니아의 독일어 사용자들은 영어와의 접촉 결과로 'be'-완료상을 대신하여 타동사 전부와 대부분의 자동사를 동사로 하는 소유 완료상을 사용한다. 이러한 문법화는 문맥이 확장되는 과정에서(2.3 참조) 펜실베이니아의 독일어 사용자들이 영어의 동사와 독일어의 동사를 일치하여 사용하는 경향이 있었고 소유 완료상을 채용하는 과정에서도 영어의 동사와 관련이 있는 동사를 사용하면서 이루어지게 된다. 예를 들면 영어에서 *happened*와 같은 동사가 소유 완료상으로 사용되기 때문에 (40)의 예와 같이 독일어의 *geschehne* 'happened' 동사 역시 소유 완료상의 형태로 사용되게 되었다.

(39) 고지 독일어

Was　ist　geschehen?
what　is　happened
"What has happened?"
"무슨 일이 일어났어요?"

(40) 펜실베이니아 독일어(Enninger 1980: 344)

Nau　hoeret moll ihr　liewe Leute, was　geschehne hott
(now listen　once you dear　people what happened　has

zu　derre　Zeit.
at　that　time)

"Now listen, dear people, what has happened at that time."
"자, 여러분, 그때 무슨 일이 일어났는지 잘 들으세요."

위스콘신 소크 카운티에서 사용되는 저지 독일어의 문맥 확장 상황은 더욱 드라마틱하게 진행되어 'be'-완료상 구조는 'have'-완료상의 사용으로 완전히 사라졌다(Eichhoff 1971: 53 참조). 유사한 경우로 오스트레일리아에 거주하는 독일어 사용자들은 영어의 패턴대로 *haben* 'have' 동사를 완료상을 구성하는 조동사로 사용하고 있다(Clyne 1972: 76 참조). 이와 같이 독일어와 영어가 접촉한 상황에서 눈에 띄는 특징은 문법 복제가 통사 범주 그 자체를 복제하는 것이 아닌 어휘 범주(여기에서는 어휘 동사)와 관련된 특징을 복제하는 과정에서 생긴 부산물이라는 것이다. 또한 문법화 과정의 특성인 방향성은 이 경우에도 여전히 유효하여, 독일어의 변이에서 소유 완료상의 문법화가 진행될수록 타동사로부터 자동사로 동사를 선택하는 문맥이 확장된다.

4.4.5 기타 주변 언어

또 하나의 주목할 만한 소유 완료상의 예가 알바니아어에서 발견된다. 이것은 16세기 또는 그 이전의 예로 보인다(Demiraj 1985: 84 참조). 이 예는 2단계의 소유 완료상의 특징을(4.3.2 참조) 가지고 있는데 특히 토스크 알바니아어에서는 3단계의 특징까지 볼 수 있다(Victor Friedman, p.c .참조). 이것은 라틴어를 모델로 하여 변이된 것이라고 볼 수도 있으나 외부 언어를 모델로 하여 변이했다는 결정적인 근거가 부족한 상황이다. Haase(1992)에 따르면 바스크어는 접촉에 의한 문법화를 기제로 하여 *ukan* 'have' 동사와 타동 분사가 근접 완료상을 표시하는 보충어를 구성하는 라틴 로맨스어의 소유 완료상을 복제했다.

(41) 바스크어(Haase 1992: 92)

   ikus-   i   dut.

   see-   PTCP   PRES.3.SG⟨1.SG

   "I have seen." (Lit. "I have it seen")

   "나는 보았다."

바스크어의 소유 완료상은 동사의 사용이 타동사로 제한된다. 그러나 를 *izan* 'be' 완료상을 구성하는 조동사로 사용할 때는 자동사를 사용할 수 있다(Haase 1992: 92-3 참조). 핀란드어와 리투아니아어에서는 0단계와 1단계의 부차적 사용 패턴이 출현하기 시작하고 있다. 두 종류의 언어 모두 '소유 기능'과("I have a written book."과 같이) 강하게 관련되어 있으며 진정한 동작상의 범주를 구성하고 있는지는 아직 확실하지 않다(Vasilev 1968: 219; Jacob 1994: 47 참조). 그럼에도 불구하고 유사 완료상 구조가 문헌에 나타나고 있는데, (3)은 핀란드어, (42)는 리투아니아어의 예이다.

(42) 리투아니아어(Vasilev 1968: 219)[44]

   aš turiu užsakytas knigas.

   "I have ordered books."

   "나는 책을 주문했다."

---

44) 주석은 원저자로부터 제공되지 않았다.

4.5 결론

앞의 내용에서 우리는 소유 완료상의 기원과 진화에 대해 살펴보았다. 소유 완료상의 변이에는 세 가지 이론적인 가능성이 존재한다. 첫째, 소유 구조가 완료상을 표시하는 구조로 변이하는 것은 보편적으로 발생하는 것이며, 이는 언어 내적 현상이 아니다. 이 가설은 확실한 근거를 찾기 어려운 반면 반박할 수 있는 논리를 찾기는 어렵지 않다. 특히 유럽 외 지역에서는 소유 완료상 구조가 거의 발견되지 않는다는 사실이 이 가설을 받아들이기 어렵게 한다(Ramat 1998: 232-3 참조).

두 번째 이론적 가설은 현대 유럽어에 나타나는 소유 완료상이 단순하게 인도 유럽어에서 발생학적으로 유전된 구조를 반영한다는 것이다. 히타이트어, 고대 인도어, 고대 이란어, 고대 아르메니아어에 나타나는 소유 완료상은 이 가설을 뒷받침한다(Benveniste 1952; Jacob 1998: 106 참조). 그러나 이 가설에 대한 두 가지 반론이 제기된다. 첫째, 비인도 유럽어인 핀란드어와 바스크어는 문법화 정도가 약하지만 소유 완료상이 발달하였다. 두 번째 반론은 소유 완료상에 구조적 모형의 역할을 하는 패턴이 하나 이상 존재한다는 것이다(Drinka 2003a 참조). 따라서 유럽어의 소유 완료상이 *오로지(exclusively)* 발생학적이고 유전적인 이유만으로 출현한 것이라면, 아마도 [NOM + 'have' + ACC + PPP]와 같은 동일한 초기 구조가 존재하고 이것이 다시 소유 완료상으로 변이되었을 것이다. 그러나 실제로는 [NOM + 'have' + ACC + PPP]의 구조가 문법화한 것 외에 또 다른 구조인 [('at' + GEN) + NOM/ACC+ PPP]가 문법화하여 소유 완료상으로 변이되었다.[45)]

---

45) Andrii Danylenko(p.c.)는 소유 완료상 구조에 모형을 제공한 또 다른 구조가 있음을 지적했

세 번째 이론적 가설은 언어 접촉이 유럽어의 소유 완료상의 변이 과정에 어떤 역할을 했을 거라는 것이다. [NOM + 'have' + ACC + PPP] 〉 소유 완료상과 [('at' + GEN) + NOM/ACC + PPP] 〉 소유 완료상과 같은 서로 다른 문법화 과정을 보이는 지리적 분포는 이 가설을 뒷받침하고 있다. 이러한 과정은 지리적으로 인접한 언어들에서 발생하는데 슬라브 제어와 다른 비유럽어가 'have'를 조동사로 하여 완료상을 구성하는 언어와 접촉하게 되면 'have'-형 완료상 구조가 출현하는 경향이 있다(Drinka (2003a: 6 참조).

비교하여 말하자면 유럽 언어의 역사에 대해서는 풍부한 문헌 자료가 존재함에도 불구하고, 이 장에서 인용한 예시들이 부분적으로 정황적인 근거를 기초로 한 이유는 우리가 주목하는 현상에 대한 적절한 통시적 자료들이 부족하기 때문이다. 소유 완료상의 기원과 확산과 관계된 주요 쟁점들은 아직 밝혀지지 않았다. 전문적인 문헌에서 가장 많이 제안되는 가설은 유럽 언어의 소유 완료상은 라틴어, 또는 그리스어로부터 수평 변이했다는 것과 로맨스어의 영향으로 게르만어의 소유 완료상이 발전했다는 것이다. 그러나 언어학자들은 라틴어가 그리스어의 영향을 받았고 게르만어가 로맨스어의 영향을 받았다는 결정적인 근거에 대해서는 여전히 동의하지 않고 있다(Jacob 1994: 52, Drinka 2003a, 2003b 참조).

그럼에도 불구하고 우리의 가설이 더욱 타당하다고, 적어도 다른 가설들보다 더 타당하다고 생각되는 것은, 우리의 가설이 첫째, 통시적 자료들을 기반으로 하고 있고, 둘째, 언어 현상이 발견되는 지리적 분포가 검증되었고, 셋째, 문법화 이론의 틀 안에서 교차 언어적 일반화를 획득했기 때문이다(Heine & Kuteva 2002 참조).

다. 그것은 리투아니아어의 [GEN + invariable PPP]와 고대 교회 슬라브어의 ['at' + LOC + NP + invariable PPP] 구조이다. Karskij(1956: 317)는 16세기의 벨라루스어에도 ['at' + LOC + NP + invariable PPP]의 구조를 가진 소유 완료상이 발견된다고 하였다.

이러한 관찰들은 다음과 같은 내용으로 요약할 수 있다. 첫째, 언어 접촉이 소유 완료상의 확산에 가담한 것이 분명하며, 둘째, 우리가 그동안 검증했던 언어 접촉으로 인한 변화는 덜 문법화된 구조로부터 문법화가 심화되는 쪽으로 방향성을 가진다는 것이다. 우리는 이 방향성이 역방향으로 진행될 수도 있다는 가능성을 배제하는 것은 아니다. 그러나 역방향으로의 변이는 그 가능성이 상당히 낮으며 부가적인 설명을 필요로 한다.

또한 접촉에 의한 문법 복제는 문법화 원칙에 의해 엄격하게 제한된다. 즉, 첫째, 모델어 M으로부터 복제어 R로의 문법화 과정 전이는 대부분 완전하지 않기 때문에, 강력한 접촉의 과정을 경과하여 복제 구조가 모델 구조와 구분할 수 없는 단계에 도달하더라도 R에서는 M보다 덜 문법화된 단계를 보이는 경우가 많다.

우리의 관찰은 다른 상황의 통사적 변화를 재구성하는 데도 일조할 수 있을 것 같다. 예를 들어 두 종류의 언어 X와 Y에 동일한 접촉에 의한 문법화가 발생했을 때, X 언어가 Y 언어보다 더 발전된 단계를 보인다면 전이가 X 언어로부터 Y 언어의 방향으로 진행되었다고 가정할 수 있고 그 반대는 성립하기 어렵다. 그러나 만일 충분한 시간이 주어져서 R이 M과 같은 정도의 문법화를 이루었다면 이러한 가설은 적절하지 않다.

이장의 첫머리에서 언급했던 '언어 호환성' 가설에 따르면 언어 간의 구조적 유사성이 문법 복제에 어떤 역할을 한다는 것이다: 그래서 발생학적으로 가깝고 구조적으로 유사할수록 같은 종류의 소유 완료상을 가지게 된다. 동시에 언어 호환성은 이러한 확산에 확실한 제약을 보이는 것도 아니라고 할 수 있다. 브르타뉴어, 북 러시아어, 마케도니아어는 소유 완료상을 획득했고 켈트 제어와 슬라브 제어는 그렇지 못했다(적어도 그에 상당하는 확장에 이르지 못했다). 여기에 대해서는 좀 더 심도 깊은 고찰이 요구된다.

5

공동격에서
도구격으로[1)]

SAE 언어의 또 다른 특징은 공동격과 도구격을 나타내는 부치사 또는 격 형태를 구분하지 않는다는 것이다. 따라서 (1a)와 (1b)는 공통적으로 *with*에 의해 이끌리는 부사절이 나타나지만 (1a)에서는 *together with*와 같은 의미의 공동격으로 사용된 것이고 (1b)에서는 *with* 또는 *by means of*와 같은 의미의 도구격으로 사용된 것이다.

(1) 영어

    (a) She danced **with** her son. "그녀는 아들과 춤을 추었다."

    (b) She cut the bread **with** a knife. "그녀는 칼로 빵을 잘랐다."

---

1) 이장의 내용은 Thomas Stolz와 그의 동료 Cornelia Stroh, Aina Urdze에게 큰 도움을 받았다. 그 중 이미 출판된 내용도 있고 아직 미 출간된 내용(Stolz, Stroh & Urdze 원고)도 있다. 우리는 이들 동료들의 협조에 심심한 사의를 표한다.

우리는 이와 같은 예를 공동격과 도구격의 의미를 동시에 가지는 다의격 (case polysemy)라고 부르는데, 이는 이미 Stolz, Stroh, Urdze(원고) 등에서는 격 합병(case syncretism)으로 부르기도 한다. 그리고 이러한 다의격의 예는 주로 유럽 언어에서 발견되는데 주변적 언어를 단계적으로 유럽화하는 힘에 의해 공동격 표지가 도구격 표지로 문법화 하는 전략으로 사용되기도 한다. 그 결과 공동격 표지는 도구격 성분으로 그 사용이 확장되는데 우리는 이 장에서 이에 대해 논증해 보려고 한다.

5.1 유형론적 특성

공동격은 보편적으로 다음과 같은 구조적 특징을 가지고 있다(참조 Stassen 2000: 18; Stolz 1998a; 2001[2]).

(i) 공동격은 전형적으로 인간 동반자를 지시한다. 어떤 언어에서는 무정 지시물에 공동격 표지를 사용할 수 없다.

(ii) 공동격은 문장의 핵심 성분이 아닌 주변 성분이며 통사적으로 부사구로 처리된다.

(iii) 공동격은 부치사, 격 접사, 접어 등 다양한 결합 형태로 표지된다.[3]

(iv) 공동격은 모든 언어에 존재하는 보편적 통사 개념이며 공동격 성분을

---

2) Stolz(2001: 591)는 공동격을 다음과 같이 정의하였고 이는 공동격의 부가적인 특성을 말해준다. "공동격이라는 동사 서술에 참여하는 두 가지 성분은 동일한 매크로로역(macrorole)을 가지고 있다 해도 동사에 의해 서술되는 두 가지 성분이 상황에 참여하는 정도가 대칭적이지 않다. 동반의 관계에서 한 성분은 동반자(accompanee)를 나타내며 다른 성분은 수반자(companion)을 나타낸다."

3) 어떤 언어에서는 공동격 표지가 핵에 표지되어 서술어와 통합될 수 있다(Stassen 2000: 19).

표지하는 특정 구조를 가지고 있다. 이 특정 구조는 다른 기능을 부가적으로 가지는 경우도 있다(Stassen 2000: 21 참조).

도구격은 일반적으로 (i)을 제외한 (ii), (iii), (iv)의 특징을 공동격과 공유하며 다음과 같은 특징을 가지고 있다.

(v) 도구격은 무정적이며 조정 가능한 대상이다.
(vi) 도구격이 참여하는 원형 구문에는 도구는 사용하는 동작주, 도구, 피동작주 등의 세 가지 성분이 요구된다(Croft 1991: 178-9; Stolz 2001: 591 참조).

이 두 가지 기능은 개념적으로 형태 통사적으로 세계 주요 언어에서 공동격과 도구격이 서로 다른 통사 형태로 부호화 되었는지 이해하기에 충분한 근거를 제공한다. 그럼에도 불구하고 다수의 언어에서 공동격과 도구격은 동일한 표지를 사용하는 다의적인 특성을 보인다. 그러나 또한 Stolz (1996b), Stolz, Stroh and Urdze(원고)에 의하면 이것은 교차 언어적으로 보편적인 상황은 아니다. 이들은 세계 언어 중 비교적 균일한 분포를 보이는 323 종의 언어를 조사한 결과 공동격과 도구격을 표지하는 데 있어서 세 가지로 유형적 분류를 할 수 있다고 하였다(2).

(2) 공동격과 도구격 표지의 교차 언어적 유형(Stolz (1996b),
    Stolz, Stroh and Urdze(원고)

유형 A(비간섭성 type): 공동격과 도구격이 상이한 표지를 사용.
유형 B(간섭성 type): 공동격과 도구격이 동일한 표지를 사용.

유형 C(혼합 type): 한 언어에 두 가지 표지 유형이 동시에 존재하는 것. 격 합병을 채용하는 경우와 공동격과 도구격 표지를 모두 사용하는 경우로 나뉜다.

[표 5-1]은 앞의 내용을 정리한 것이다. 표에서 우리는 세계 언어의 1/4 가량이 다의격(유형 B)에 속하며, 2/3에 가까운 언어가 상이한 표지를 사용하는 것(유형 A)을 알 수 있다.

[표 5-1] 공동격과 도구격 표지 유형

유형	언어수	백분율
유형 B	79	24.5 %
유형 C	35	10.8 %
유형 A	209	64.7 %
합계	323	100 %

전 세계적으로 비교적 균일한 분포를 가지고 있는 323 종 언어로부터 추출한 표본.
출처: Stolz 1996b: 127.

그러나 유럽에서는 [표 5-2]와 같은 상반된 상황이 발견된다. 약 절반가량의 유럽어가 공동격과 도구격을 동일하게 표지하며(유형 B), 1/3 정도만이 두 가지 표지를 구분하여 사용하는 것(유형 A)이다.

유럽 내부의 상황은 좀 더 드라마틱하다고 할 수 있다. 주요 SAE 언어인 로맨스어(이탈리아어, 프랑스어, 스페인어, 가스코뉴어 등)과 게르만어(영어, 독일어, 덴마크어, 스웨덴어 등)은 대부분 유형-B의 다의격을 채용하고 있다. 한편 주변적 언어들은 이러한 공동격과 도구격의 동일 표지 사용이 주요 SAE 언어보다 적게 나타난다(5.3 참조).

[표 5-2] 유럽 언어의 공동격과 도구격 표지 사용 유형

유형	언어수	백분율
유형 B	25	49.0 %
유형 C	10	19.6 %
유형 A	16	31.4 %
합계	51	100 %

51 종 유럽 언어 표본.
출처: Stolz 1996b: 128.

Stolz와 그의 동료들은 이러한 유형 분류를 이용하여 세계 언어의 구조적 다양성에 대해 기술하는 한편, 공동격과 도구격 표지의 진화에 대한 통시적 시나리오를 제안했다. 그 시나리오를 간단히 정리하면 (3)과 같다.

(3) 공동격과 도구격 표지 진화 시나리오(Stolz, Stroh, Urdze 원고)

　　Type B 〉 type C 〉 type A 〉 type B

이 진화 가설은 (3)에서와 같이 유형 B에서 시작하여 C 〉 A를 거쳐 다시 유형 B로 돌아가는 순환 구조를 가지고 있으며 또한 일방향성을 가지고 있다. 특정 언어가 이 시나리오에 나타나는 단계와 부합하지 않을 가능성을 배제할 수 없지만 이 시나리오와 부합하는 통시적 근거도 다량 존재한다. 다음에 언급될 내용과 같이 이 시나리오는 유럽 언어의 통시적 유형과 직접적인 연관이 있다.

5.2 역사적 배경

인도 유럽 어족의 초기 상황을 재구해 보면 당시에는 굴절 도구격 (inflectional instrumental)이라고 불리는 다의격 접미사를 사용하는 type-B가 존재했다. 이 격 굴절이 점차 쇠퇴하면서 인도 유럽 어족의 언어들에 영향을 미치는 한편, type C로 향하는 과정도 시작되었다. 이 때 기존의 격 표지가 여전히 사용되는 가운데 주로 전치사로 표시되는 새로운 공동격 표지가 출현했다.

유럽의 고전 언어인 그리스어와 라틴어도 유사한 상황이 나타났다. 고대 그리스어에서는 도구격이 여격 형태로 표지되었고 이 옵션은 공동격에도 마찬가지로 적용되었다. 그러나 이러한 기능을 가진 전치사 *syn* 'with'은 부가적으로 사용되는 경향이 있었고 여격을 지배하는 전치사 *metá*가 공동격 표지로 사용되었다. 이 전치사가 도구격을 기능을 가지는 것으로 확장되었고 초기 비잔틴 시대인 6세기부터 11세기까지 *metá*(음운 탈락에 의해 *me*로 축약)은 그리스어에서 다의격 표지인 type-B의 기능을 담당하였다.

초기 라틴어에서는 도구격이 탈격 접미사로 부호화되었다. 공동격의 기능을 가진 *cum* 'with'이 가장 기본적인 형태이며 언어 역사의 전반에 걸쳐 발견되는 반면 도구격의 기능을 가진 *cum*은 고전 라틴어인 카툴루스 (Catullus)의 작품에서만 미미하게 발견될 뿐이다. 도구격을 표시하는 *cum*이 처음으로 보고된 예는 4세기 경 제국의 지방 작가들로부터이다. 이들은 통속적인 형태를 많이 사용했는데 이 형태가 후기 라틴어에서는 매우 성행했다(Michela Cennamo, p.c.).

(4) 고대 교회 슬라브어(863–950 AD; Mirčev 1963: 51)

sã   dr'zită t'n'koju   stæniceju.
REFL   hold   thin.INSTR   wall.DIM.INSTR
'holds itself by means of a thin little wall
(of each little cell -- of a honey-comb -- 'holding itself' to the
neighbouring cells)'.
"얇고 작은 벽으로 붙어있다--벌집의--하나하나의 작은 방은 서로 다
른 방과 '붙어있다'."

　　고대 교회 슬라브어에는 공동격 전치사 sã 'with'가 존재했는데 동반의 의
미인 'together with'를 표시하기 위해 도구격으로 표지된 명사와 함께 사
용되었다. 또한 전치사 sã 'with'는 여격으로 표지된 명사와도 사용될 수 있
었다. 그러나 Stolz, Stroh and Urdze(원고; (2) 참조)의 유형론적인 측면
에서 고대 교회 슬라브어의 도구격이 가끔 공동격으로 사용된다는 점에서
이를 type-C 언어로 분류할 것이다.

　　고대 아일랜드어와 고트어에서는 도구격을 단독으로 사용하는 것에는 이미
제한이 있었고 전치사구로 대체되고 있었다. 고대 노르웨이어와 고대 아이슬랜
드어, 고대 색슨어는 고대 고지 독일어와 유사한 상황이었는데 고대 고지 독일어
의 상황은 다음과 같다: 8세기부터 9세기까지 굴절적 도구격은 문어에서 높은
사용빈도를 보이고 있었으며 그 중 문헌 자료로 입증된 예는 남성과 중성 명사에
서만 나타났다. 초기에 전치사 mit 'with'는 '전치사적 지지' 역할로 사용되었다.
10세기에는 여격이 도구격을 대체했으나 명사의 도구격 굴절 형태가 11세기의
문헌에도 가끔 등장한다. 9세기에서 10세기로 경과하는 시점에 고대 고지 독일
어는 mit로써 공동격과 도구격 성분을 함께 표지하는 type-B의 다의격 패턴을
끝으로 (3)에서 보이는 순환 주기를 완성한다. 11세기에서 12세기로 경과하는
시점에서는 게르만어에서 type-B의 다의격 패턴이 형성된다.

그러나 게르만어에서 초기부터 안정적인 type-B의 다의격이 형성된 것은 아니다. 이러한 과정은 수세기 전 로맨스어에서 이미 출현했다. 라틴어의 격 체계가 무너지면서 탈격 접미사가 더 이상 도구격의 기능을 할 수 없게 되었을 때 type-B의 다의격이 출현했고 이것은 전 과정이 문헌 자료로 남아있다. 그리고 현대 로맨스어는 모두 이 다의격을 가지고 있다.

발칸의 언어들, 중세 그리스어, 초기 루마니아어의 다의격은 발칸 반도에서 사용되던 통속 라틴어를 기원으로 하고 있으며 슬라브어에 속하는 불가리아어와 마케도니아어보다 수세기 일찍 사용되어 불가리아어와 마케도니아어가 다의격을 형성하는 데 일조했을 것으로 추측된다. 이 과정에서 불가리아어와 마케도니아어가 어떤 방식으로든 굴절격 체계를 유실한 후 다의격을 형성했을 가능성도 존재한다.

Stolz와 동료들은 앞서 개관한 변이 과정에 기초하여, '중세 초기 유럽에서 B-type이 확산된 것은 로맨스어-그리스어-게르만어-켈트어의 접촉으로 촉발된 혁신의 물결'로 이해할 수 있다고 하였다(Stolz, Stroh & Urdze 원고: 414 참조). 이들은 또한 현재 우리가 알고 있는 지식과 가설들은 확정적인 것이 아니라고 덧붙였다.

5.3 주변 언어들

[표 5-3]은 유럽의 주변 언어들에서 공동격과 도구격을 어떻게 채용하는지 정리한 것이다. 1.2.7에서 슬라브어를 SAE 언어로 귀속시켰음에도 여기에서 주변 언어로 분류한 이유는 슬라브어가 주변 언어와 유사한 사용 패턴을 보이기 때문이다.

[표 5-3] 슬라브어와 유럽의 주변 언어의 공동격과 도구격 표지

어족/어파	언어	공동격	도구격
슬라브어	러시아어	*s* N-INSTR	N-INSTR
	벨라루스어	*z* N-INSTR	N-INSTR
	우크라이나어	*z* N-INSTR	N-INSTR
	폴란드어	*z* N-INSTR	N-INSTR
	불가리아어	*s* N	s N
	마케도니아어	*s* N	*s* N
	소르비아어	*z* N-INSTR	z N-INSTR
	크로아티아어	*s* N-INSTR	N-INSTR
	몰리세 크로아티아어	*s* N-INSTR	s N-INSTR
발트어	리투아니아어	*su* N-INSTR	(*su*) N-INSTR
	라트비아어	*ar* N-ACC.SG	*ar* N-ACC.SG
핀어	핀란드어	N-GEN *kanssa*	N-ADE
	에스토니아어	N-*ga/ka*	N-*ga/ka*
	리브어	N-*[kô]ks*	N-*[kô]ks*
	사미어	N-(*gu*)*in*	N-(*gu*)*in*
우그리아어	헝가리어	**N-**val	**N-**val
켈트어	웨일즈어	*â* N, *gyda*(*g*) N	*â* N
바스크어	바스크어	N-*ekilan*	N-(*e*)*z*

굴절 형태는 하이픈과 대시로 표시된다.
줄임말: ACC=대격, ADE=장소격, GEN=여격, INE=내재격, INSTR=도구격, N=명사, SG=단수.

슬라브 제어

러시아어는 일관되게 공동격과 도구격이 분리되어 존재했다. 공동격 성분은 도구격 접미사와 전치사 s로 부호화되고(5a), 도구격은 도구격 접미사로만 표지된다(5b).

(5) 러시아어

  (a) Ja pojdu v   kino   **s**   mamoj.
     I   go in   movies with mom.INSTR
     "I'll go to the movies with my mom."
     "나는 어머니와 영화관에 갈 것이다."

  (b) Ja narezal xleb   etim   nožem.
     I   cut   bread this.INSTR knife.INSTR
     "I cut the bread with this knife."
     "나는 이 칼로 빵을 잘랐다."

러시아어에서 초기 단계의 도구격은 도구격 접미사의 단일 형태로 표지되었다. 다음은 16세기 말의 러시아어의 예이다.

(6) 16세기 러시아어(Kabal'nye knigi 1594–1599, Feoktisova 1961: 203, Panzer 1984: 126)

  (a) [⋯] pleči   u   sebja   − skazalŭ − vŭ
     (shoulders at himself − said −   in)

     livomŭ   nožemŭ   koloto   [⋯].
     (left   knife.INS   stab.PPP.NEUT.SG)

     "[⋯] and his own shoulders – he said – stabbed on the left (shoulder) with the knife [⋯]."
     "[⋯] 그리고 그의 어깨는 – 그는 말했다 – 칼로 왼 쪽 (어깨를)을 찔렸다 [⋯]."

러시아어와 같이 벨라루스어도 공동격은 전치사, 즉, 음성 형식 z와 도구격 접미사로 부호화되고(7), 도구격 범주는 도구격 접미사로만 표시된다(8).

(7) 벨라루스어(Natalia Bugay, p.c.)

Jana   priexala   **z**   mamaj.
she   came   with   mother
"She came with her mom."
"그녀는 그녀의 어머니와 함께 왔다."

(8) 벨라루스어(Natalia Bugay, p.c.)

Ën   napisau   list   getim   aloukam.
he   wrote   letter   this.INS   pencil.INS
"He wrote the letter with this pencil."
"그는 이 연필로 편지를 썼다."

우크라이나어의 상황도 러시아어와 벨라루스어와 같다. 공동격 전치사 *z*
와 도구격 접미사로 공동격을 표지하고(9), 도구격은 도구격 접미사로 표시
한다(10).

(9) 우크라이나어(Natalia Bugay, p.c.)

Vona   priïxala   **z**   mamoju.
she   came   with   mother.INS
"She came with her mom."
"그녀는 그녀의 어머니와 함께 왔다."

(10) 우크라이나어(Natalia Bugay, p.c.)

Vin   napisav   lista   cim   olivcem.
he   wrote   letter   this.INS   pencil.INS
"He wrote the letter with this pencil."
"그는 이 연필로 편지를 썼다."

폴란드어도 마찬가지로 공동격과 도구격 표지가 일관되게 분리되어 있다. 따라서 공동격 성분은 이중 표지, 즉, 도구격 접미사와 전치사 *z*로(11a), 도구격은 도구격 접미사로만 표지된다(11b). 공동격과 도구격은 동일한 표지인 도구격 접미사를 사용하지만 공동격에는 전치사가 부가되는 점이 다르다.

(11) 폴란드어(Lötzsch 1996: 56)

(a) Ja mówię **z** przyjacielem.
 (I speak with friend.INSTR)
 "I speak with my friend."
 "나는 친구와 이야기한다."

(b) Ja pracuję ręką.
 (I work hand.INSTR)[4]
 "I work with my hand."
 "나는 손으로 일한다."

폴란드어의 상황은 러시아어, 우크라이나어, 벨라루스어와 본질적으로 같다. 이 네 가지 언어에서는 일관되게 공동격과 도구격 표지가 분리되어 있었고, 동일한 격 접미사를 사용하여 공동격과 도구격을 표지하며, 공동격에는 전치사가 부가되는 점만이 다르다고 할 수 있다.

한편 남 슬라브어에 속하는 불가리아어는 동일 형태의 전치사 *s* (*săs*)로 공동격과 도구격을 부호화한다(12).

(12) 불가리아어

(a) Tja dojde s brat si.
 she came with brother her

---

4) 주석은 원문에 제공되지 않았다.

"She came with her brother."
"그녀는 형제와 함께 왔다."

(b) Toj   otvori   vratata   s   tozi   ključ.
    he   opened   door.the   with   this   key
"He opened the door with this key."
"그는 열쇠로 문을 열었다."

　그러나 이와 같은 공동격, 도구격의 의미를 가진 다의격은 일종의 혁신이었다. 그리고 이것은 고대 불가리아어(고대 교회 슬라브어)에 공동(with)의 의미를 가진 전치사가 존재하지 않았던 것도 아니다. 현대 불가리아어의 *s* (*săs*)는 고대 불가리아어의 전치사 *să*에서 그 기원을 쉽게 찾을 수 있으나 고대 불가리아어의 전치사 *să* 'with'는 도구격을 표지하지 않았다. 고대 불가리아어에는 도구격을 포함한 정교한 격 체계가 존재하고 있었는데 이 격 체계는 14세기 말에 거의 대부분 유실된다. 따라서 러시아어, 우크라이나어, 벨라루스어, 폴란드어와 같이 도구격 접미사만으로 도구격을 표시하게 되었다. 공동격 전치사 *să*는 구체적인 실체와 '공존(togetherness)', '동일 장소(co-location)' 등의 의미를 표지한다. 고대 불가리아어의 자료에 의하면 공동격 전치사가 추상적인 실체와 공기하여 방식의 의미를 표시한 예가 있으나(13) 이러한 예는 모두 수의적인 용법으로 사용된 것이다(14).

(13) 고대 교회 슬라브어(Mirčev 1963: 183)
    I   pridoša   naprasno   **sŭ**   straxom   veliem
    and   came.they   all.of.a.sudden   with   intimidation   great

    mnjašte   ustrašiti ego,   xotjašte da bežit   ot   mjasto
    thinking   frighten him   wanting to force.out   from   place

    togo   stogo [⋯].
    this.ACC   sacred

"And they came all of a sudden with many threats, thinking that they will frighten him, because they wanted to force him to leave this/the sacred place [⋯]."

"그리고 그들은 갑자기 위협하며 다가왔다, 생각하기를 그들이 그를 이 성지를 떠나도록 강박하고 위협하려고 하는 것 같았다 [⋯]."

(14) 고대 교회 슬라브어(Codex Suprasliensis 441, 19-20; Kuteva 1998)

kyimŭ	li poušteniemŭ	stojati	xotěxǫ		za
what.INS	Q bravery.INS	stay.INF	want.3PL.P	AST	for

mrĭtvĭca [⋯].
dead.man

"with what bravery would they have taken sides with the dead man [⋯]."

"[⋯] 어떤 용기로 그들이 죽은 자의 편을 들게 하였는지 [⋯]"

공동격 표지인 전치사 *să*가 방식을 표지하는 기능으로 확장하는 것은 발생학적이고 지리적인 상황을 초월하여 원거리 언어 간에도 발견되는 문법화의 발전 과정이다(Heine and Kuteva 2002). 따라서 고대 불가리아어에서 이러한 현상이 보이는 것도 놀라운 일은 아니다. 그러나 고대 불가리아어에서는 보편적인 문법화 과정인 공동격 〉도구격의 변화는 적어도 우리가 아는 한 발견되지 않는다.

불가리아어와 같이 마케도니아어도 공동격(15)과 도구격(16)을 공동격 전치사 (*so*)로만 표지한다.

(15) 마케도니아어(Friedman 1977: 140-141)

Po	kratko	vreme	se	vrati	vo	Skopje [⋯]
after	short	time	REFL	returned	in	Skopje

so　eden　drugar, Zoran.

with　one　friend　Zoran

"After a short time, he returned to Skopje [⋯] with a friend, Zoran."

"잠시 후, 그는 친구 Zoran과 함께 [⋯] Skopje에게 돌아왔다."

(16) 마케도니아어(Friedman 1977: 140)

Pioneri patuvaat **so** voz.

pioneers travel with train

"The pioneers are traveling by train."

"개척자들은 기차로 이동하고 있다."

고지 소르비아어와 저지 소르비아어는 공동격, 도구격을 공통으로 표지하는 전치사 $z(e)$ 'with'를 사용하는 다의격 패턴을 보인다(17).

(17) 고지 소르비아어(Lötzsch 1996: 56)

(a) Ja rěču **z** prěćelom.

(I speak with friend.INSTR)

"I speak with my friend."

"나는 친구와 이야기한다."

(b) Ja dźělam **z** ruku.

(I work with hand.INSTR)

"I work with my hand."

"나는 손으로 일한다."

Lötzsch(1996: 56)는 소르비아어가 천년에 가까운 시간 동안 독일어와 강력한 접촉 상태에 놓여 있었고 그 결과 독일어의 다의격을 복제하여 공동격 전치사 $z(e)$를 도구격 표지로 문법화 했다고 하는 비교적 설득력 있는 주

장을 펼쳤다. 현재 소르비아어에서는 공동격(17a)과 도구격(17b) 성분에 필수적으로 이 전치사를 사용하여 표지하고 있다. 따라서 소르비아어는 공동격과 도구격 표지의 사용에 있어서 SAE 언어와 동일한 특징을 가지고 있다.

슬로베니아어 또한 독일어의 영향으로 공동격, 도구격을 표시하는 다의격이 발전했다고 일반적으로 알려져 있다(Stolz 2001: 601 참조).

크로아티아어는 (11)에서 보인 폴란드어의 예와 같이 공동격과 도구격을 전치사 s로 구분하여 표지하는 슬라브어의 패턴을 보이고 있다(18a). 그러나 크로아티아어의 한 변이에서는 소르비아어와 슬로베니아어와 같은 표지를 사용하고 있다. 그것은 몰리세어라고도 부르는 몰리세 크로아티아어의 예인데 크로아티아의 몰리세 소수 민족의 언어이자 남부 이탈리아어이기도 하다. 이 언어는 이탈리아어와 500년 간 접촉한 역시를 가지고 있다(Breu 1996: 26-8 참조). 소르비아어와 슬로베니아어와 마찬가지로 이 슬라브 소수어는 공동격 전치사 s를 도구격 성분도 표지하도록 그 사용 범위를 확장했다. 따라서 표준 크로아티아어의 도구격 구성은 (18a)와 같이 표지되고 몰리세어는 (18b), 이탈리아어는 (18c)와 같이 표지된다.

(18) 표준 크로아티아어, 몰리세 크로아티아어, 이탈리아어의 도구격 표지(Breu
    1996: 26).
    (a) 표준 크로아티아어   nožem 'with a knife'
                          (knife.INSTR)
    (b) 몰리세 크로아티아어 s nožem 'with a knife'
                    (with knife.INSTR)
    (c) 이탈리아어 con un coltello 'with a knife'
                 (with a knife)

이와 같이 몰리세어 사용자들은 소르비아어와 슬로베니아어의 사용자들과 같이 두 가지 의미에서 구조적 동형이음 성분을 확립하게 되었다. 여기에서 두 가지 의미란, 첫째, 모델어와 동일한 다의격을 도입했다; 둘째, 모델어에서 전치사를 사용하는 위치에 전치사를 도입했다는 것이다.

결론적으로 언어의 구조와 언어 접촉이라는 사회언어적인 요인은 직접적으로 관련되어 있다는 것이다. 소르비아어, 슬로베니아어, 몰리세어와 같은 슬라브 언어들은 독일어, 이탈리아어와 같은 언어와의 장기간에 걸친 접촉을 통하여 문법화된 공동격, 도구격의 다의격 표지를 획득하게 되었고, 이러한 접촉의 역사가 없었던 폴란드어, 우크라이나어, 벨라루스어, 러시아어 등은 슬라브 고유의 특징을 보유하게 되었다.

이러한 언어 현상들은 제3장에서 보았던 슬라브어와 그 변이 언어가 독일어와 이탈리아어의 관사를 복제한 것과 같은 상황으로 동일한 모델어로부터 다의격 표지 사용 패턴도 복제한 것이라고 할 수 있다.

발트 제어[5]

16세기의 리투아니아어 문헌 자료에서는 공동격과 도구격 표지가 어휘적으로 구분되어 나타난다(Stolz, Stroh & Urdze 원고: 417 참조). 현대 리투아니아어에서는 도구격이 도구격 굴절에 의해 표시된다(19a). 그러나 원형적인 도구격은 전치사 *su*와 도구격 굴절에 의해 표시되기도 한다(19b). (19b)에 나타난 구조는 일종의 혁신이지만 (19a)의 구조가 유실되면서 세력을 얻게 된 구조이기도 하다.

---

5) 다음은 Stolz(2001)와 Stolz et al.(2004)에서 상세하게 분석한 것을 간단히 정리한 것이다.

(19) 리투아니아어(Stolz 2001: 604)

(a) Seniau   rugius   piautuv-ais   piaudavom.
    formerly   rye.ACC.PL   sickle-INSTR.PL   cut.FREQ.1.PL
    "Formerly, we used to harvest rye with sickles."
    "과거에는 우리가 낫으로 호밀을 수확하였다."

(b) Nuě jo   arti   Jonelis   smilčių
    go.away.3.PRET   plough.INF   Jonelis.NOM   sand.GEN.PL
    su   savo   žagrel–   e.
    with   his   plough-INSTR
    "Jonelis went to plough sandy ground with his plough."
    "Jonelis은 그의 쟁기로 모래밭을 갈러 갔다."

Stolz(2001: 604)에 따르면 리투아니아어는 공동격으로부터 도구격으로 전이하는 첫 단계를 보여주고 있다. 이 때 공동격 전치사 *su*는 도구격 구성에 부가되는 추가 장치로서 사용되고 있다. 리투아니아어에서 [*su* + INST]와 같은 구조로 도구격을 표지하는 것은 공동격과 도구격이 더 이상 구분되지 않는 단계로 전이하는 혁신의 단계로 볼 수 있다.

라트비아어는 그 다음 단계를 보여주고 있다(Stolz 2001: 604 참조). 라트비아어에서는 전치사 *ar*가 다른 대체 세력이 없는 공동격과 도구격의 표지이며(Stolz 2001: 594-5 참조), 전치사가 단수일 때는 대격 접미사를 지배하고 복수일 때는 여격 접미사를 지배한다. 그러나 이러한 다의격 표지가 언제나 존재했던 것은 아니다. 고대 라트비아어에서는 도구격은 굴절에 의해 공동격은 전치사 *ar*에 의해 표지되어 공동격과 도구격이 구분되었다. 리투아니아어와 마찬가지로 초기에 전치사 *ar*는 어휘적 도구격에 부가되는 장치로 사용되었다. 그 이후 전치사 패턴은 어휘적 도구격의 자리를 대체하게 되었다(Stolz 2001: 600-1 참조). 전치사 *ar*가 보편적으로 도구격을 표지하게 되면서 기존의 어휘적 도구격 표지는 점점 비주류의 위치로 밀려나고 라트비아어의 명사와 대명사에 대한 격 변화에서 단계적으로 소실되었으며 현대의 문어와 고도로 어휘화된 단어에 그 흔적이 남아있다. 따라서 라트비아어에는 소르비아어, 슬로베니아어, 몰리세 크로아티아어의 유사한 진화가 발생한 것으로 보인다.

라트비아어의 현재 상황은 역사적으로 처음 발생한 것이 아니고 이전에도 다의격이 존재하는 유사한 상황이 발생한 적이 있는 것으로 보인다.

> [...] 전치사 *ar*의 도입은 인도 유럽 어족의 공동격과 도구격의 기능을 동시에 표시하는 어휘적 도구격으로부터 계승된 것이다. 이 어휘적 도구격은 새로운 공동격 표지가 기존의 도구격 영역의 기능을 모두 대체하기 전까지 전치사 공동격과 도구격 굴절의 두 가지 범주로 분리되어 있었다(Stolz 2001: 601).

핀우그리아어(Finno-Ugric languages)

핀란드어는 문헌 자료가 나타나기 시작하는 16세기부터 공동격과 도구격 표지가 분리되어 있었다(Stolz, Stroh & Urdze 원고: 417 참조). 핀란드어의 공동격은 (문자 그대로) 굴절적인 −ine−에 소유격 접미사가 필수적으로 후치하는 형식, 혹은 *kanssa*와 함께 후치사구로 표시된다(Stolz 2001: 603 참조). 원형적인 도구격은 소유격 및 장소 표시도 가능한 다기능적인 장소격 표지로 부호화된다(Stolz 2001: 602 참조). 한편 사미어는 다의격을 가지고 있다. 공동격 접미사 −in와 −guin를 사용하여 공동격과 도구격을 부호화한다(Stolz 2001: 599−600 참조). 이러한 다의격은 출현은 노르웨이어와 스웨덴어와의 접촉으로 인한 것일 가능성이 있으나[6] 이 가설을 실증할 만한

---

6) Stolz(2001: 609)는 사미어의 공동격과 도구격을 표시하는 다의격이 '스칸디나비아 북부 언어에서 부분적으로 문법화한' 결과라고 추측했다.

구체적인 근거가 부족하다(Stolz 2001: 604 참조).

에스토니아어는 type B에 속하는 언어로서 적어도 16세기부터 공동격 접미사인 -ga를 사용하여 공동격과 도구격을 표지했다(Stolz 2001: 599-600 참조).

에스토니아어의 -ga가 동계어cognate인 핀란드어의 kanssa와 달리 다의격으로 발전한 것은 '옛 리블란드 지역에 독일 상류층이 장기 거주한 것에서 그 원인을 찾는 것이 가장 설득력을 가지며(Stolz 2001: 603; Nau 1995: 136-7 참조)' 스웨덴어의 영향을 받았다고 볼 수도 있다. 이 에스토니아어의 다의격에 대한 최초의 문헌 자료를 보면, 16세기 무렵 부치사 kaas는 공동격과 도구격을 표지하는 기능을 가지고 있었으며 17세기와 18세기에 탈범주화와 음운 탈락을 거쳐 격 접미사인 -ga로 변화할 때까지 그 기능을 유지하였다.

Stolz, Stroh and Urdze(제13장)은 이 격 접미사가 명사로부터 기원하여 접사가 되었을 거라는 가설을 제기하고(20), 이 다의격 단계가 부치사 kaas 만으로 공동격을 표지하던 것에 뒤이어 16세기에 이미 출현했다고 하였다.

(20) 에스토니아어 격 접미사 -ga의 문법화(Stolz, Stroh & Urdze 제13장)
 kansa 'people, crowd' (noun) 〉 kaas 'with' (adposition) 〉 ka 〉
 -ga (suffix)

다의격의 증가와 관련하여 Stolz는:

우리는 공동격과 도구격의 특징이 국경을 초월하여 에스토니아어가 게르만화하였다는 것에 대해 긍정적으로 생각하고 있다. 에스토니아어와 함께 수세기 간 게르만를 상층어(superstrate)로 공유하고 있던 라트비아어 또한 기존의 일관성 없는 격 체계를 개조하게 되었다(Stolz 2001: 604).

형가리어는 12세기부터 다의격을 가지고 있었다. Stolz, Stroh, and Urdze(원고; fn. 320)에 따르면 12세기 말에 쓰인 조문에 첫 예가 나타나며 굴절 격 표지로 두 가지 기능을 표시했다. 현대 형가리어에도 다의격이 존재한다(21).

(21) 형가리어(John Haiman, p.c.)

  (a) A   fi-   á-   **val**   lakik.
      DEF son- 3.SG.POSS- with live.3.SG.PRES
      "She lives with her son."
      "그녀는 아들과 산다."

  (b) Egy ceruzá- **val**   ír.
      one pencil- with   write.3.SG.PRES
      "I am writing with a pencil."
      "나는 연필로 쓰고 있다."

형가리어가 오랜 기간 동안 독일어와 접촉하고 있었으나 이 다의격이 독일어와의 접촉에 의해 발생한 것이라는 구체적인 근거는 아직 명확하지 않다.

켈트 제어

유럽 동부에 위치한 주변어와 유럽 서부에 위치하고 있는 주변어의 상황은 매우 유사하다. 웨일즈어는 전치사 *â*(또는 *ag*)로[7] 공동격과 도구격의 기능을 표시하는 고유의 다의격을 가지고 있다. 그러나 웨일즈어에는 또한 16세기에 출현하여 공동격만을 표지하는 전치사 *gyda*(*g*)도 존재하는데 이것은 명사 *cyd* 'union, junction'와 전치사 *â*/*ag*가 결합된 형태이다. *gy-*

---

7) 전치사 *â*는 어원적으로 아일랜드어의 접속사 *ac* 'and'와 관련되어 있다.

da(*g*)는 *â* / *ag*를 대체하며 점점 세력을 얻게 되었다(Stolz 1998; Stolz, Stroh & Urdze 원고 참조).

바스크어

바스크어는 도구격 접미사 (−(*e*)*z*)와 공동격 접미사 (−*ekin*, −*ekilan*)를 가지고 있는데, 이 중 공동격 접미사는 도구격의 기능도 겸하여 표지하고 있다.

전통적으로 바스크어는 격을 구분하고 있었지만, 프랑스 남서부에서 사용되고 있는 바스크어에서는 로맨스어인 가스코뉴어와 프랑스어를 복제하여 공동격 접미사인 −*ekin*/−*ekilan*가 문법화 과정을 거쳐 도구격까지 표지하게 되면서 복제어도 모델어와 동일한 다의격을 가지게 되었다(Haase 1992 참조). 유사한 경우가 스페인어를 모델어로 하여 스페인에서 사용되는 바스크어의 변이들에서 발견되는데(Hurch 1989 참조), 이들 변이에서도 도구격 접미사인 −(*e*)*z*는 쇠퇴하고 있는 범주에 속한다. 그럼에도 불구하고 아직 도구격과 방식을 나타내는 접미사로 사용되고 있으나(22a), 많은 경우 공동격으로 대체되고 있는 추세인데(22b), 이것은 동일한 문맥에서 모델어인 스페인어가 다의격 전치사를 사용하고 있기 때문이다(23).

(22) 바스크어(Hurch 1989: 14)

   (a) kotxe-   **z**   'with a car'
       car-   INSTR

   (b) kotxe- a-   r-   **ekin** 'with the car'
       car-   the- *r*-   COM

(23) 스페인어(Hurch 1989: 15)

   con el   coche 'with the car'
   with the car

그러나 스페인어의 상황은 좀 더 복잡하여 도구격 성분을 표시하는 데 *por*, *con*와 특정 문맥에서 장소격 전치사인 *en* 등의 세 가지 서로 다른 전치사를 사용한다. 이 전치사들은 각각 바스크어의 격 접미사인 *-gatik*(원인, 스페인 어의 *por*), *-ekin*(공동격), *-an*(내재격)과 대응되며 바스크어의 격 접미사 는 스페인어 사용자들이 도구격 접미사를 어떤 문맥에 사용하는 지에 따라 거기에 대응되는 형태로 대체되는 경향을 보이고 있다. 즉, 스페인어에서 볼 수 있는 복잡한 도구격 표지의 사용 패턴을 복제하기 위하여 바스크어에서 세 가지 다른 격 범주를 적어도 특정 문맥에서 도구격의 기능을 표지하도록 발전시켰다고 볼 수 있다.[8] 따라서 도구격을 확실하게 표지하는 *-(e)z*가 쇠퇴 하고 도구격 기능을 표지하는 형태와 의미가 더 이상 일대일 대응을 하지 않는 문법화가 다의격 확산의 원인이 된다고 할 수 있다.

5.4 다의격의 증가

앞 절에서 우리는 슬라브어와 다수의 주변어에서 공동격과 도구격 표지 대신 공동격과 도구격을 동일한 표지로 표시하는 다의격을 사용하게 되는 과정을 살펴보았다. 이 과정은 적어도 어느 정도 SAE언어와의 접촉으로부 터 기인한 것이며 Stolz(2001: 604)는 이를 발트 주변어에서 발생한 '공동 격, 도구격의 게르만화'라고 칭하였다. 이들 언어의 공동격과 도구격 표지

---

8) 스페인어의 원인, 공동격, 장소격 표지 *por*, *con*, *en*이 전치 성분임에 반하여 그에 대응되는 바스크어의 *-gatik*, *-ekin*, *-an*은 후치 성분이다. 여기에 대하여 우리는 바스크어의 내적 조 직 체계와 관련된 '등가 공식'으로 설명할 수 있을 것이다. 즉, 바스크어 사용자들은 모델어인 스페인어의 전치사 체계를 바스크어에 이미 잘 발달되어 있는 원인, 공동격, 내재격을 표지하는 격 접미사를 사용하여 정립했다는 것이다.

는 다음과 같은 특징을 가지고 있다: 공동격 표지는 도구격 표지로 확장되며 결국 다의격의 격 기능을 가지게 된다. [표 5-4]에 나타난 진화 과정에는 다른 반증이 나타나지 않는다. [표 5-4]는 다의격의 변화 과정을 매우 간략하게 정리한 것이다(더 자세한 내용은 Stolz, Stroh and Urdze (원고)참조).

핀란드어의 상황에서 볼 수 있는 것과 마찬가지로 공동격 표지는 역사적으로 다른 개념으로부터 파생되었을 가능성이 크다. 사미어의 공동격 표지 *-(gu)in*는 현대 사미어의 *guoibmi* 'comrade'와 동일한 어원을 가지고 있는데 아마도 비교적 늦은 시기에 격 표지로 문법화되었기 때문에 *-(gu)in*은 아직 어휘 체계에 완전히 진입하지 못한 것으로 보인다(Stolz 2001: 599 참조). 핀란드어의 후치사 *kanssa*와 에스토니아어의 격 접미사 *-ga/ka*는 명사 *kansa(ssa)* '(in the) people/ethnos'가 먼저 공동격 후치사(핀란드어의 *kanssa*, 에스토니아어의 *kaas*)로 변이하고 다시 공동격 표지로, 마지막으로 공동격과 도구격을 표시하는 다의격 표지로(에스토니아어의 *-ga/ka*) 변이되었다. Stolz(2001: 600)는 "사미어의 *-guin* 과 에스토니아어의 *-ga*는 (사회 제도적) 인간을 지시하는 명사로 다시 회귀하였다"[9)고 하였다(이 문법화에 대한 자세한 근거는 Heine & Kuteva 2002: 91-2 참조).

---

9) Nau(1995: 133)에 의하면, 핀란드어의 공동격 후치사 *kanssa*는 재구성된 명사 **kansa* 'companion, comrade, compatriot'에서 비롯된 것이다. 기원적으로 보아 핀란드어의 *kansa*와 에스토니아어의 *-ga/ka*는 독일어에서 차용한 단어로부터 파생되어 핀란드어에서 *kansa*는 'people' 의 의미를, 에스토니아어에서는 'spouse'의 의미를 가지고 있다고 전해진다(Koptjevskaja-Tamm & Wälchli 2001: 681 참조).

[표 5-4] 슬라브어와 주변어의 공동격, 도구격 표지의 진화

단계	통사 구조	언어	Stolz, Stroh & Urdze (원고)의 유형 분류
0	공동격과 도구격이 서로 상이한 표지를 사용.	폴란드어, 우크라이나어, 벨라루스어, 러시아어, 핀란드어	Type A
1	공동격의 사용이 도구격 성분으로 확장됨. 강화, 강조의 단계.	리투아니아어, 웨일즈어, 바스크어	Type C
2	공동격 표지가 보편적으로 도구격을 표시함. 다의격 단계. 도구격 표지는 관용 표현과 민속 문학 등 특정 문맥에만 잔존.	소르비아어, 슬로베니아어, 몰리세 크로아티아어, 라트비아어, 에스토니아어, 사미어	Type B

출처: Stolz 1996b; Stolz, Stroh & Urdze 원고.

5.5 방향성의 증거

앞서 제시했던 내용들은 두 가지 결정적인 가설에 의거하여 추정한 것이다. 한 가지는 이 절에서 논의할 방향성에 관한 가설이고 다른 한 가지는 5.6의 주제인 언어 접촉이 통사 변화에 어떤 역할을 한다는 가설이다.

첫 번째 가설에 의하면 공동격 표지로부터 도구격으로 확장하는 방향성이 존재하는 것을 알 수 있다. 이 가설은 서로 독립적인 두 가지 연구로부터 제안되었다. 하나는 공시적인 인지언어학의 연구 결과를 기초로 한 것이고 (Lakoff & Johnson 1980 참조), 다른 하나는 문법화 연구에서 비롯된 교차 언어적 관찰을 기초로 한 것이다(Heine, Claudi & Hünnemeyer 1991 참조). 그러나 Nau(1995: 128)는 이 가설에 대해 이의를 제기하면서 공동격 표지가 통시적으로 도구격으로부터 파생될 수 있다고 하였다. 그러므로

Heine & Kuteva(2002: 86)는 공동격 표지로부터 도구격 표지로 변이하는 것이 일방향적이라는 것에 대하여 좀 더 많은 통시적 근거가 필요하다고 결론지었다. 또한 Nau가 제시한 예시 중 2/3 가량은 도구격 접미사와 다른 부가 형태소로 구성된 복합 공동격 표지로, 이것이 도구격으로부터 공동격 표지의 방향으로 변이됐다고 주장하고 있는 점에 주의할 필요가 있다. 우리가 5.3에서 이미 다루었듯이 도구격 표지는 단일 형태를 유지하는 것과 비교하여 고대의 공동격 표지(with)는 부가 표지('together with'의 의미를 가진)를 사용하여 강화되는 것이 일반적인 현상이었다. 그동안 공동격으로부터 도구격 표지로 진화하는 것이 일방향적이라는 것에 대한 증거가 나타나게 되었다. 이 증거는, 첫째로, 관련 언어의 역사적 사실과 관계된 것이다. 우리는 5.2에서 이미 언급했던 예를 다시 들어보기로 한다. 라틴어의 전치사 *cum* 'with'는 그 기원이 공동격 표지였으며 이는 역사 전반에 걸쳐 검증되고 있다. 이 공동격 표지가 고대 라틴어의 말기부터 도구격의 기능을 가지게 되었으며 그로부터 4세기 후에 확실하게 예시로 나타난다. 이와 유사한 경우로 소르비아어의 *z (e)*, 몰리세 크로아티아어의 *s*, 불가리아어의 *s*, 마케도니아어의 *s*, 리투아니아어의 *su*, 라트비아어의 *ar*, 에스토니아어의 *−ga*, 바스크어의 *−ekilan*의 등은 도구격 표지로 그 사용이 확장되기 전까지 모두 공동격으로 사용되었다. 최근에는 인도 유럽 어족의 언어들이 재구되면서 이 가설이 더욱 확증되었다(Luraghi 2001; Stolz 2001 참조).

둘째로, 공동격 표지로부터 도구격 표지로 일방향적으로 진화한 것은 격 표지에 대한 정황적 분석으로도 그 증거를 찾을 수 있다. 표지의 초기 단계는 주로 종속절, 고정(관용) 표현, 구전 문학 등의 특정한 문맥에 잔존하는 경향이 있다. 현대 라트비아어에는 공동격과 도구격을 표시하는 다의격이 존재하지만 이 다의격은 공동격 전치사 *ar*가 도구격 표지로 그 사용을 확장한 역사적 결과이다. 다의격 표지의 초기 상태가 보존되어 있는 라트비아의 민요(Dainas)에는 도구격이 순수하게 도구격으로만 부호화되어 공동격과 도구격을 구분하여 표지하고 있다(Koptjevskaja-Tamm & Wälchli 2001: 681 참조). 거꾸로 우리는 언어 접촉의 여부와 관계없이 역방향으로 도구격 표지가 공동격 표지로 변화하는 확실한 예는 아직 발견하지 못했다.

5.6 접촉의 증거

이 절에서는 두 번째 가설인 언어 접촉에 의하여 공동격이 도구격으로 문법화되었다는 것을 증명해 보려고 한다. 우리가 공동격과 도구격을 표지하는 다의격이 출현한 것에 대하여 언어 접촉에서 그 원인을 찾는 것은 다음의 관찰들을 기반으로 하고 있다(Heine & Kuteva 2005, 1.4 참조). 우선 언어 L_1에 S_1이라는 구조가 존재하고 그와 일치하는 구조 S_2가 언어 L_2에 존재한다고 가정하자. 다시 언어 L_1의 어떤 사용자들이 S_1 구조보다 L_2 언어의 S_2 구조를 사용하는 화자들과 더 긴밀한 접촉 상황에 놓여있다고 가정해 보자. 이러한 상황에서 우리는, 다른 조건이 동일하다는 가정 하에, S_2구조가 L_1 언어에 출현하는 것은 L_1 언어에 나타난 L_2 언어와의 접촉의 결과라는 가설을 세우는 것이다. 다음은 이 과정을 잘 보여주고 있는 리투아니아어의 예이다. 5.3에서 살펴본 바와 같이 리투아니아어의 전치사 *su*는 도구격 접미사와 결합하여 공동격을 부호화하는데 이 구조는 수의적으로 도구격을 표지하기도 한다. 러시아어와 폴란드어는 일관되게 공동격과 도구격을 구분하여 표지하는데 전치사 *s*(러시아어)와 *z*(폴란드어)로 공동격을 표지하고 도구격을 표지하는 전치사는 존재하지 않는다. 그러나 리투아니아에 거주자는 러시아어와 폴란드어의 방언 사용자들은 도구격을 표지하는 전치사(즉 러시아어의 *s*와 폴란드어의 *z*)를 자주 사용한다. 이들 슬라브어는 리투아니아어와 같이, 적어도 리투아니아에서는, 공동격 전치사를 도구격에도 수의적으로 사용하고 있는 것이다(Koptjevskaja- Tamm & Wälchli 2001: 681 참조). 따라서 우리는 러시아어와 폴란드어 사용자들이 리투아니아어의 다의격 구조를 복제했다는 가설을 세운 것이다.

Stolz, Stroh and Urdze(원고: 415)에 의하면, 슬라브어의 역사는 다의격 표지를 가진 언어들과 강력한 접촉 상황에 놓여있었고 그로 인해 공동격과 도구격을 동일하게 표지하는 다의격을 획득하게 되었다는 것을 말해주고 있다. 이러한 슬라브어에는 소르비아어, 슬로베니아어, 몰리세 크로아티아어가 속해 있고, 또한 type-B 유형인 발칸어역의 불가리아어, 마케도니아어 등 남슬라브어가 이에 속한다. 따라서 이러한 접촉의 역사를 갖고 있지 않은 러시아어, 벨라루스어, 우크라이나 등은 type-B 유형을 획득하지 못했다고 할 수 있다. 우리는 이 언어들에 대해 연구를 진행한 학자들의 가설들(Lötzsch 1996: 56; Breu 1996: 26-8 참조)도 수용하여 슬라브어에 나타나는 다의격이 언어 접촉에 의한 문법화를 원인으로 하는 것이라고 추론하고 있다.

이 가설을 수용할 수 있는 부가적인 요인으로는, 5.3에서 이미 밝힌 바 있듯이 이 슬라브어들이 독일어와 이탈리아어의 관사를 복제하는 과정과 동일한 과정으로 이 언어들을 모델로 한 다의격도 획득하게 되었으며 러시아어와 벨라루스어, 우크라이나어는 그렇지 못했다고 볼 수 있다.

공동격으로부터 도구격으로의 문법화는 교차 언어적으로 보편적인 현상이기 때문에 우리는 소르비아어와 슬로베니아어, 몰리세 크로아티어, 리투아니아에서 사용되고 있는 러시아어와 폴란드어 방언에서 자생적으로 이러한 문법화가 발생했으며 언어 접촉은 그것을 촉발한 것이라기보다 가속화하는 역할을 했을 뿐이라는 가능성을 배제할 수는 없다. 그러나 그렇다고 해도 언어 접촉이 한 언어의 격 범주에 통사 변화를 일으키는 데 기여하는 요인으로 작용했다는 가설을 무효화할 수는 없을 것이다.

발트 제어와 바스크어에는 이에 해당하는 상황이 존재하지 않기 때문에 어떤 평가를 내리는 것은 더욱 어려운 일이다. 여러 학자들이 지적한 바와 같이(Hurch 1989; Haase 1992; Stolz 2001 참조) 발트어는 독일어와 스웨덴어와, 바스크어는 스페인어, 가스코뉴어, 프랑스어와 오랜 기간 접촉한 역사를 가지고 있음에도 공동격이 도구격으로 확장되어 나타나지 않았다. 발트어인 라트비아어와 핀어인 에스토니아어에서 다의격(type B)이 증가한 것에 대해 Stolz는 다음과 같은 결론을 내렸다.

독일기사단 시대의 초기부터 상층어의 위치에 있던 게르만어를 통하여 라트비아어와 에스토니아어는 통일성을 가지게 되었다. 라트비아어와 에스토니아어는 서로 접촉함으로써 유사성을 가지게 된 것이 아니라 두 언어 모두 (중세) 저지 독일어, 독일어, 스웨덴어와 같은 권위어(prestige languages)에 간접적인 방식으로 노출됨으로써 그 유사성을 획득했다고 볼 수 있다 (Stolz 2001: 607).

따라서 우리는 이 학자들과 함께 이들 언어의 경우에도 언어 접촉에 의한 통사 변화를 가장 합리적인 가설이라는 것에 동의한다.

5.7 결론

우리의 분석은 Stolz(2001)가 제안한 에스토니아어(리브어 포함), 사미어, 라트비아어에서 공동격 표지가 도구격으로 확장된 것이 일방향적이고 언어 접촉에서 기인한 것이라는 가설을 확증하고 있다. 이 상황에 대해 Koptjevskaja-Tamm와 Wälchli는 다음과 같이 논평했다.

Stolz의 결론은 에스토니아어(리브어), 사미어, 라트비아어에서 도구격과 공동격 기능의 완전히 합병된 것이 라트비아어의 경우 언어 내적 요인으로 설명할 수 있다고 하더라도(라트비아어의 도구격 표지는 형태적으로 조금 다르다) 주로 게르만어의 영향을 받은 것이라고 하였다. 흥미로운 사실은 이러한 라트비아어의 합병이 독일어의 영향을 받았을 가능성이 매우 큰 슬로베니아어, 소르비아어와 같은 슬라브어와 평행하게 이루어졌다는 것이다 (Koptjevskaja-Tamm and Wälchli 2001: 681).

우리가 지속적으로 주장한 바와 같이 문법화에 있어서 언어 내적 동력과 언어 외적 동력은 상호 배타적인 것이 아니라 서로를 강화하는 경향을 보인다. 라트비아어의 공동격 전치사 *ar*가 도구격 성분으로 그 용법을 확장한 것은 언어 내적인 동력으로부터 기인했다고 보는 것도 타당할 것이다. 그러나 동시에 언어 접촉의 영향을 받았고 또 언어 접촉으로 촉발되었을 가능성도 매우 크게 존재한다.

이 장에서는 SAE 언어의 공동격과 도구격을 동일 표지하는 다의격이 다른 언어들에 모델을 제공했다는 것을 살펴보았다. 따라서 이러한 다의격이 나타나지 않던 어떤 주변어가 SAE 언어와 강력한 접촉의 상황에 놓이게 된다면 주변어가 SAE 언어의 특징을 가지게 되는 방향으로 변이하게 된다는 것을 예측할 수 있다. 이 때 주변어에서는 공동격 표지를 가지고 도구격 성분을 표시하는 사용 패턴이 형성되고 다수의 주변어들은 이러한 격 통합의 결과 그 사용 패턴이 필수 통사 범주로 자리 잡게 된다. 이전 장에서 살펴본 바와 같이 이러한 '유럽화' 과정은 일방향성과 같은 문법화 이론의 제약을 받는다.

6

의문문에서
종속절로

유럽 언어들이 단계적으로 통일성을 확보하는 데 견인적인 역할을 한 인지적 과정 중에서 유럽을 하나의 지역 단위로 규정하는 특성으로 가장 많이 언급되는 것이 있다. 그것은 어떤 성분이 의문을 표현하는 용법으로부터 절의 내부, 또는 절과 절 사이의 관계를 표지하는 용법으로 확장되는 것과 관련된 것이다. 이는 대인 기능(interpersonal functions)의 영역으로부터 화자와 청자의 상호 작용으로, 맥락적 기능의 영역으로부터 특히 명사성 성분과 기타 성분들의 관계를 담화 내부로 출현하게 하는 방식 등으로 맥락을 조직하는 기능으로 일종의 개념적 전이이다. 이 장에서 우리는 의문으로부터 통사로의 전략이라고 불리는 두 가지 대비되는 예를 다루려고 한다. 이 전략은 유럽 언어 내에서 새로운 종속절 형태를 출현하게 하는 한편(6.2-6.4 참조), 새로운 유형의 비교급 구조가 출현하는 데 일조했다(6.5 참조).

6.1 보충어절, 부사절, 관계절의 출현

유럽의 통사적 다의어를 둘러싼 수수께끼 중 하나는 유럽 언어의 대부분이 같은 형태로 어휘 의문문(1a), 종속절(1b), 관계절(1c)을 표시한다는 것이다.

(1) 영어

  (a) **Who** will come? "누가 올 거예요?"

  (b) We don't know **who** killed her. "우리는 누가 그녀를 죽였는지 모른다."

  (c) The man **who** killed her was not her husband. "그녀를 죽인 남자는 그녀의 남편이 아니다."

여기에서 우리는 (1)에서 볼 수 있는 *who*의 다양한 용법이 다의어인지, 즉 '서로 의미적으로 관련이 있는지', 혹은 동음이의어인지, 즉, '서로 의미적 관련이 없는지'에 대해서는 논의하지 않는다. 그러나 이러한 서로 다른 용법의 *who*를 같은 역사적 기원을 가지고 어원적으로 관련되어 있는 동원어(heterosemy)라는 것에 대해서는(Lichtenberk 1991 참조) 의심의 여지가 없다. 영어사적으로 보았을 때, (1a)와 같은 용법의 *who*는 종속절 (1b)와 제한적 관계절 (1c)에 비해 시기적으로 가장 먼저 나타났다(6.4.1 참조). 우리는 편의상 (1)의 경우를 모두 의문-종속 다의어라고 부르기로 하겠다.[1]

교차 언어적으로 보았을 때 이러한 다의어 패턴을 보이는 언어는 그다지 많지 않기 때문에 유럽 언어에서 이러한 다의어 패턴이 연쇄적으로 출현하

---

[1] 이 과정에서 우리는 (1)에 나타나는 다양한 용법들이, 다의어의 집합은 같은 통사 범주에 속해야 한다는 등의 다의어의 정의와 특징의 기준에 모두 부합하지는 않는 것을 발견했다.

는 것은 놀랄 만한 일이다. 이러한 다의어 패턴은 모든 로맨스어와 슬라브
제어, 일부 게르만어, 현대 그리스어, 헝가리어, 조지아어에 나타나기 때문
에 Haspelmath(1998: 281-2)는 이것을 SAE 언어의 특징이라고 하였다.
여기에 대해 우리가 주목해야 할 문제들은 다음과 같다.

   (i) 이러한 다의어가 출현한 원인은 무엇인가?
   (ii) 이러한 다의어의 출현이 역사적 요인에 의한 것이라면 발생학적인 유
      전의 결과로 나타난 것인가?
   (iii) 이러한 다의어는 왜 유럽 전역에 분포하며 다른 지역에서는 잘 나타
      나지 않는가?

   첫 번째 (a)에 대해서는 논란의 여지가 없는 것으로 이 다의어는 의문문을
이끄는 통사 표지가 그 용법을 종속절로 확장하는 문법화에 의해 출현한 것
이다. 우리는 이에 대해 6.4.1에서 자세히 논의할 것이다. 두 번째 문제인
(b)에 대한 답은 적어도 부분적으로라도 부정적일 수밖에 없다. 그 이유는
이 다의어가 유럽 내의 발생학적으로 관련이 없는 인도-유럽어족과 헝가리
어, 조지아어 등에서 나타나기 때문이다. 따라서 발생학적 요인이 이 다의어
를 출현, 확산하게 한 유일하거나 결정적인 요소라는 가능성은 배제되어야
한다. 마지막으로 (c)에 대한 확실한 답을 알아보자. 이 다의어가 유럽 전역
에 걸쳐 발견되고 비유럽 지역에서는 발견되지 않는다는 사실은(그러나
Nadkarni(1975)는 이 다의어가 인도에서도 발견된다고 하였다) 이것이 언
어 접촉, 더 정확하게는 접촉에 의한 문법화의 결과라는 가설을 세울 수 있
다. 이 가설은 핵심 SAE 언어역이 아닌 SAE 언어와 접촉한 역사를 가지고
있는 언어의 상황을 고찰해 봄으로써 증명할 수 있다. 이들 언어들은 이러한
다의어와 유사한 다의어를 가지고 있으며 몇몇 언어들에서는 이 다의어의

발생 과정을 상세하게 재구해 볼 수 있기 때문이다.

그 첫 번째 언어는 바스크어이다(6.3 참조) 바스크어에서 한정적 관계절은 핵에 선행하며 관계대명사는 사용하지 않으나 동사의 접미사로 종속절임이 표지된다. 그러나 스페인어의 영향 하에 있는 바스크어 사용 지역에서 새로 출현한 관계화 전략은 바스크어의 의문표지 *zein* 'which?'(어떤 경우 'who?'로 해석)를 스페인어의 의문대명사 *zein* 이 관계절 표지로 문법화된 것과 동일한 용법으로 사용하는 것이다(Trask 1998: 320 참조). *zein*에 의해 이끌리는 관계절에 관한 문헌 자료는 17세기부터 나타나지만 초기에는 번역문에서만 그 예가 나타났다(Hurch 1989: 21 참조). 이 새로운 형태는 초기부터 기존의 통사 구조를 대체하지는 않았으며 기존의 관계절 구조에 *zein*이 부가되는 형식으로 사용되었다.[2]

앞서 제기한 문제에 대한 답은 바로, 바스크어의 *zein*이 다의성을 가지게 된 것은 의문 표지로부터 종속절 표지로 그 사용이 확장되었기 때문이다. 여기에서 발생학적인 요인은 개입하지 않았다고 볼 수 있으며 여러 가지 근거로 보았을 때(Hurch 1989; Haase 1992참조) 이것은 로맨스어의 표지가 문법 복제된 결과라고 할 수 있다.

바스크어가 의문 표지와 관계절 표지를 공유하는 유럽 전략을 복제한 유일한 비유럽어는 아니다.

발칸 반도에서 사용되는 터키어도 같은 상황으로 접촉에 의하여 의문 표지로부터 종속 표지로 문법화한 경우이다(Matras 1998: 94-6 참조). 표준 터키어 부동사의 기능 중 하나는 다른 언어에서 한정사 구조가 명사 핵에 선행하는 관계절 표현과 동일하다. 최근 발칸 터키어에서 이러한 기존의 관계절은 의문사 *ne* 'what?'가 문법화하여 이루어진 한정절 구조가 명사에 후치

---

2) Trask(1998: 320)의 이론 참조.

하는 구조로 대체되고 있다. 예를 들어 마케도니아에서 사용되는 서부 루멜리아 터키 방언에서는 의문사 *ne* 'what?'가 마케도니아어의 *što* 원문을 모델로 하여 관계절 표지로 문법화되었다. 유사한 경우로 터키어의 *ne zaman* 'when?' 역시 마케도니아어의 *koga*와 알바니아어의 *kur* 'when'를 모델로 하여 관계절 표지로 문법화하였으며 부동사 구조는 사라지고 있다. 또한 터키어의 *niçin* 'why'도 마케도니아 구어의 *zošto/zašto* 와 알바니아 구어의 *pse* 등을 복제하여 원인 표지인 'because'로 사용되는 것으로 그 영역이 확장되었다(Friedman 2003: 64-5 참조).

의문 표지로부터 종속 표지로의 문법 복제 과정이 O 형태에서 시작하는 것이 아니라 부차적 사용 패턴으로부터 주요 사용 패턴으로 전이하는 경우도 있다(2.2 참조). 오스만 튀르크어의 사용자들은 (2)의 예와 같이 의문 표지를 적어도 보문절 표지로 사용했던 것으로 보인다. (2)에서 *nekim*은 목적어 종속절을 이끌고 있고 이 패턴은 현대의 표준 터키어에도 존재한다.

(2) 오스만 튀르크어(Matras 1998: 96)

nekim　　　　siz　　　　dilersenüz　　　　edevüz.
what.CONJ　2.PL.NOM　wish.COND.2.PL　do.OPT.1.PL
"We shall do whatever you wish."
"우리는 당신이 원하는 것은 무엇이든 할 거예요."

발칸 터키어에서 이러한 부차적 사용 패턴이 주요 사용 패턴으로 전이된 것은 다음과 같은 변화를 함의하고 있다. 첫째, 다의어의 사용 패턴은 (3)의 경우와 같이 주절에 추가 사고에 해당하는 새로운 관계절 구조를 부가하는 것이다. 따라서 초기에 이 새로운 사용 패턴은 종속절 구조가 아닌 화용적 표지 구조로부터 시작되었다. 둘째, 발칸 터키어에서 의문 표지에 의거한 관계절 사용 패턴은 기존의 동명사나 부동사의 관계절 구조를 완전히 대체했다. 셋째, 이 사용 패턴은 각각의 의문 표지들과 동일한 의미적 한정어로 사용되는 터키어 부사절의 부동사도 대체했다(4). 넷째, 이 사용 패턴은 발칸 제어와 마찬가지로 종속절이 비한정구조로부터 한정구조로 변화한다. 다섯째, 이 사용 패턴은 핵 관계절의 표지로 사용되는 것으로도 문법화되었다 (3).

(3) 발칸 터키어(Matras 1998: 94)

eski   konuşma   **ne**   onlar   konuşurlar.
old   speech   REL   3.PL.NOM   speak.HAB.3.PL
"It is an old language that they speak."
"그들이 말하는 것은 고대어였다."

(4) Balkan Turkish(Matras 1998: 95)

ben   ne   kadar   **ne**   bilirim   birinci geldi   Yahudi.
1.SG.   REL   much   REL   know.   first   come.   Jew
NOM   HAB.1.SG   PAST.3.SG
"As far as I know the Jews came first."
"내가 알기로는 유태인들이 가장 먼저 왔다."

이러한 새로운 사용 패턴이 출현한 것이 언어 접촉에 의한 것임에는 의심의 여지가 없지만 발칸 제어 중 정확히 어떤 언어가 모델을 제공했는지에 대한 정보는 아직 부족하다(Friedman 2003: 64-5 참조). 그러나 인접하고 있는 슬라브어와 같은 인도-유럽어족에 속하는 발칸 제어는 의문 표지로부터 종속 표지 전략의 모델을 가지고 있고 발칸 터키어의 사용 패턴은 그들과 본질적으로 동일한 기능을 보이고 있다.

또한 발칸 터키어의 변이들 중에는 인접한 발칸 인도-유럽어족의 영향뿐 아니라 적어도 부분적으로 페르시아어의 영향을 받아 관계절을 구성한 언어들도 존재하고 있는 것으로 보인다. 고스티바르 지역과 마케도니아어에서 사용되는 발칸 터키어의 특정 변이에 대한 면밀한 연구(Tufan 원고)에서 이 변이는 마케도니아어의 모델과 거의 동일한 접근성 층위(Keenan & Comrie 1977)를 보여주고 있다. 그러나 접근성 층위 요소 중 하나인 간접 목적어의 경우 표준 터키어나 마케도니아어의 관계절 구조가 아닌 수세기 동안 표준 터키어와 접촉했던 페르시아어의 모델을 따르고 있다. 페르시아어가 표준 터키어의 관계종속절에 영향을 주었다는 것은 새로운 사실이 아니다(Adamović 1985: 260, Matras 1998: 94에서 재인용). 여기에서 우리가 새로 인식하게 된 사실은 다른 한편으로 주로 고스티바르 마케도니아어라는 슬라브어 변이의 영향을 받고 있던 고스티바르 마케도니아 터키어의 변이에 페르시아어가 고도의 접촉이 있었던 흔적을 남겼다는 것이다.

그럼에도 불구하고 발칸 터키어의 *ne*-구조는 인접 인도-유럽어족의 언어들과 차이를 보이는데 는 이를 '발달된, 사전 계획된 하위배열'의 결핍이라고 칭하였다(Matras 1998: 95 참조). 이러한 사실은 놀랍다기보다 이미 예견되었던 것에 가까운데 그 이유는 문법화의 초기 과정에서 통사 구조는 일반적으로 그 기원이 되었던 화용적 동력의 특징을 보유하고 있고 종속과 같은 통사적 제약은 결여되는 경우가 많다. 또한 제2장에서 이미 살펴본 바와 같이 통사 범주가 복제될 때 적어도 그 초기 단계에서는 모델어보다 복제어의 문법화 정도가 약한 경향을 보인다.

의문 표지로부터 종속 표지로의 복제는 대부분의 경우 기존의 구조가 소실되고 새로운 구조로 대체되는 과정을 거치지 않는데 발칸 터키어의 경우는 이 원칙이 적용되지 않는다. 앞에서 언급한 바와 같이 의문 표지를 기반으로 한 관계절 패턴은 터키어의 기존 동명사와 부동사 관계 구조와 부사절의 부동사까지 모두 대체했다.

6.2 문법화의 4단계 시나리오

우리는 이제 아주 시험적으로 WH-관계화에 관하여 우리가 수집할 수 있는 모든 자료와 부합하는 가설을 공식화해 보려고 한다. 우리가 사용하는 의문표지(interrogative marker IM)라는 용어는 언어학적으로 전형적인 의문 형태를 의미하며 [표 6-1]에서 분류한 본질적 범주 의미들에만 한정되지 않을 것이다. 그러나 우리는 양적 의미(*how many/how much?*)와 원인(*why?*) 등의 기타 본질적 범주 의미는 채용하지 않을 것인데 그 이유는 이러한 의미들이 일반적으로 복합적인 어휘 표현으로 사용되는 경우가 많기 때문이다.

[표 6-1] 주요 의문 범주(IMs)

본질적 범주 의미	영어 예시
인간	*who?*
무정물	*what?*
공간	*where?*
시간	*when?*
방법	*how?*
한정	*which?*

의문 표지로부터 종속절 표지로 문법화하는 주요 단계에 관해서는 교차 언어적 근거를 기초로 하여 다음 4단계로 가정해 볼 수 있다.

(i) 1단계: IM이 어휘적 의문 표지로 사용되는 단계(5a). 다른 단계에서는 모두 접속문이 요구되는 반면 1단계 단계에서는 단문이 사용된다.

(ii) 2단계: IM이 부정칭 종속절을 이끄는 기능으로 확장된 단계(5b). 각 IM이 가진 본질적 범주 의미에 따라 보충어나 부사절의 형식으로 나타난다. 즉, 인간('who?')이나 무정물('what?')은 일반적으로 보충어로 문법화되고 기타 범주들은 부정칭 부사절 표지로 문법화되는 경향이 있다.

(iii) 3단계: 비한정적 부정칭 종속에 더하여 IM이 한정적 종속 (보충어 또는 부사)절을 이끄는 기능으로 확장된 단계로 무핵 관계절로 해석될 수도 있다(5c). 그러나 핵 관계절로는 사용되지 않는다.

(iv) 4단계: 한정적 무핵 관계절에 더하여 IM이 핵 관계절을 이끄는 단계(5d).

(5) 영어

　(a) **Who** came?

　(b) I don't know **who** came.

　(c) You also know **who** came.

　(d) Do you know the woman **who** came?

[표 6-2]에서는 각 단계들을 정리하였다.

[표 6-2] 의문 표지로부터 관계절 표지로의 진화 단계

단계	의문 표지의 기능
1	어휘 의문 표지
2	부정칭 보충어/부사절 도입
3	한정적 보충어/부사절 도입
4	핵 관계절 도입

[표 6-2]에 나타난 각 단계들은 서로 분리된 것이 아니며 이전 단계와 그 다음 단계의 두 가지로 해석이 가능한 중간 단계가 존재한다. 이 중간 단계는 이전 단계에서 그 다음 단계로 연결되는 결정적인 역할을 한다. (6)의 예에서 (6a)와 같이 2단계로 해석되기도 하고 (6b)와 같이 3단계로 해석되기도 하는 것이다.

(6) 영어

What he wrote was not of much help to us.

    (a) "Whatever he wrote, it was not of much help to us."
        "그가 무엇을 썼던 지, 그것은 우리에게 큰 도움이 되지 않았다."
    (b) "(The letter) he wrote was not of much help to us."
        "그가 쓴 (편지는)/것은, 우리에게 큰 도움이 되지 않았다."

앞서 우리는 각 IM들의 다양한 본질적인 범주 의미는 고려하지 않을 것이라고 밝혔고 그렇게 하는 것이 이 책의 목적에 맞을 것이다. 그러나 좀 더 완성도 있는 분석을 하기 위해서는 그 과정이 지나치게 단순하다는 것을 인정하지 않을 수 없다. 문법화는 어떤 특정한 문맥에서 출발하여 단계적이고 지속적으로 그 문맥을 확장해 가는 과정이다. [표 6-1]에서 분류한 각각의 본질적 범주 의미는 서로 다른 문맥을 구성하고 또 다양한 문법화 반응을 나타낸다고 볼 수 있다.

이와 같은 상황은 독일어의 예를 보면 잘 알 수 있다. [표 6-1]에 따르면 독일어는 4단계를 제외한 모든 단계가 나타나는 언어로 분류될 수 있을 것이다. 즉, 독일어에서는 종속절 표지가 인간(*wer* 'who?'), 무정물(*was* 'what?'), 시간(*wann* 'when?') 등을 나타내는 핵 관계절의 표지로는 사용되지 않는 것이다. 따라서 (7a)의 문장은 적어도 고지 독일어 변이(문법화가 더 진행된 남부 독일 방언은 포함하지 않는)에서는 비문으로 보고 있다. 그러나 방법을 나타내는 IM(*wie* 'how?')에서는 관계절 표지로 사용할 수 있다(7b).

(7) 독일어

   (a) *Der Mann, **wer** gestern   gestorben ist, war sein Vater
       the   man   who yesterday died   is   was his   father
       "The man who died yesterday was his father."
       "어제 죽은 남자는 그의 아버지였다."

   (b) Ich mag nicht die Art,   **wie** du deine Frau behandelst.
       I   like not   the manner how you your wife treat
       "I don't like the way you treat your wife."
       "나는 당신이 당신의 아내를 대하는 태도를 좋아하지 않아요."

  공간을 표시하는 IM (*wo* 'where?')의 상황은 더욱 복잡하여 어떤 사용자들은 이와 같은 문장을 문법적이라고 생각하고 다른 사용자들은 비문이라고 보고 있다. 따라서 고지 독일어의 모어 화자들도 다음의 예에 대해서는 의견이 일치되지 않는다.

(8) 독일어

  ?Ich   kenne   nicht   die   Straße, **wo**   du   wohnst.
  I   know   not   the   street   where you   live
  "I don't know the street where you live."
  "나는 당신이 살고 있는 거리를 몰라요."

  이것은 문법화가 서로 다른 IM들에 다양한 방식으로 영향을 미쳤다는 것을 의미한다. 즉, 인간, 무정물, 시간의 IM은 3단계에 머물러 있는 반면, 공간의 IM은 3단계와 4단계의 중간 단계에, 방법의 IM은 이미 마지막 단계인 4단계에 이르렀다는 것이다.

개관

6.1에서 우리는 유럽의 주변어에서 SAE 언어를 모델로 하여 의문 표지로부터 종속 표지로의 문법화 과정을 복제하고 결국 두 가지 표지가 합병되는 '유럽화' 과정이 나타난 두 가지 예를 제시했다. 이 절에서 우리는 유럽 주변어 중 몇 가지의 예를 선택하여 이 과정을 더 상세하게 살펴보기로 하겠다.

바스크어

6.1에서 간단히 논의한 바와 같이 바스크어의 의문표지 *non* 'who?', *zer* 'what?', *nun* 'where?', *nola* 'how?', *zein/zoin* 'which?'는 모두 종속절 표지로 확장되어 완전히 문법화되었다. 따라서 바스크어의 의문 표지는 1단계부터 4단계까지를 모두 보이며 다음 예는 1단계와 2, 4단계를 나타내고 있다.

(9) 바스크어(Haase 1992: 123, 149, 152) (1단계)

   (a) **Zer**   ari   da?
       what PROG PRS.3.SG
       "What is he doing?"
       "그는 무엇을 하고 있어요?"

   (b) Ba-   dakizü,   **zer** de-   n? (2단계)
       ENZ- know.PRS.3.SG⟨2.SG what PRS.3.SG- SR
       'Do you know what he/she/it is?'
       '그/그녀가/그것이 누구인/뭔지 아세요?'

   (c) Hiri bat ba-   zen,   **zoin**- tan (4단계)
       town one ENZ-   PRT.3.SG which- TRN.INE
       ez   bait- zen   eliza-   rik.
       NEG SR- PRT.3.SG church-   PART
       "There was a town where there was no church."
       "교회가 없는 마을이 있었다."

6.1에서 보았듯이 의문 구조를 종속절 구조로 사용하는 것은 새로운 일이 아니다. 1782년에 이미 *nun* 'where?', *nola* 'how?', and *çoinh*(=*zoin*) 'which?' 등이 부사절과 관계절 표지로 사용된 예가 나타난다(Haase 1992: 151-2 참조). 이것이 의심의 여지없이 로맨스어의 표지 패턴, 즉 언어학자들이 부르는 용어로 '로맨스어의 종속절 유형(Romance subordination type)'을 복제한 것이다. 따라서 현대 바스크어 사용자들이 이 구조를 그다지 즐겨 사용하지 않는 것은 놀라운 일이 아니다.

In der heutigen Sprache ist der Gebrauch solcher Konstruktionen zur-ückgegangen; auch in geschriebener Sprache werden sie ver-mieden, da sie zu romanisch erscheinen. "최근 이 구조의 사용이 감소했다. 그것은 문어에서도 마찬가지로 너무 로맨스어적이기 때문에 이 구조의 사용이 회피되고 있는 추세이다(Haase 1992: 153)."

이러한 이유로 프랑스에 거주하며 Haase의 연구 기간 동안 정보를 제공했던 바스크어 사용자들은 이러한 '로맨스 종속절 유형'의 사용을 거부했다.

롬어(로마니/로마네스의 블라키어 방언).

발칸어의 영향 하에 있는 로마니 지역의 블라키어 방언에 속하는 켈데라스/로바리(Kelderaš/Lovari) 변이는 모두 인도-아리아어파로부터 계승된 의문 표지 *k*-와 *s*-를 관계절 표지로 문법화 하여 기존의 관계절 표지를 대체했다(Matras 1996: 65-6 참조). Matras(1994; 1998: 97-8)는 롬어의 '발칸화(Balkanization)'를 연구하면서 현대 롬어의 관계절 표지와 부사절 접속사가 역사적으로 의문사로부터 파생되어, 인도-아리아어에 속하는 롬어의 초기 역사 단계에 나타난 좌분지 외치를 특성으로 하는 관계절을 대체한 것을 발견했다. 롬어는 의문사인 *kon* 'who?', *so* 'what?', *kaj* 'where?', *kana* 'when?', and *sar* 'how?'가 문법화의 전과정을 모두 거쳐 종속절, 부사절, 관계절로 문법화되었다. 다음은 각 단계의 예이다.

(10) 롬어(로마네스어, 블라키어 방언(Romanes, Vlach dialect); Matras 1996: 66ff., 73)

(a) [...] **sar** te phenav, [...]? (1단계)
     how COMP say.1.SG
     '[...] how shall I say [...]?'
     '[...] 내가 어떻게 말해야 하죠 [...]?'

(b) Tu žanes **kon** sas kodo kaj tu mardan les? (2단계)
     you know.2.SG who was this where you beat.2.SG him.ACC
     "Do you know who it was whom you hit?"
     "당신이 때린 사람이 누구인지 알아요?"

(c) Mukhlas štare šavoren **kana** voj mulas.(3단계)
     left.3.SG four.OBL childen.ACC.PL when she died.3.SG
     "he left four children behind when she died."
     "그녀는 네 명의 자녀를 남기고 죽었다."

(d) Si jekh gažo **kaj** žutil ame. (4단계)
     is one man who help.3.SG us
     "There is a man who helps us."
     "우리를 도와 준 남자가 있어요."

유럽 외 지역

유럽의 언어가 세계 각지로 전파되면서 의문-종속 표지의 복제도 아메리카 등 다른 대륙으로 그 범위를 확장했다. 브라질 북서부의 북 아라와크(Arawak) 언어인 타리아나어(Tariana)는 브라질의 공용어인 포르투갈어와의 밀접한 접촉으로 다양한 방식으로 영향을 받았으며(Aikhenvald 2001; 2002 참조), 그 중 바스크어와 롬어의 예와 놀랄 만한 유사성을 가지고 있는 예가 존재한다. 즉, 타리아나어의 혁신적인 청년 세대들은 포르투갈어의 의문대명사가 관계절 표지로도 사용되는 것을 인식하고 이를 모델로 하여 자신들의 의문 대명사를 사용하여 종속절의 표지로 사용하는 패턴을 보인다. 이것은 바스크어의 사용자들과 마찬가지로 기존의 관계절 구조를 유지한 상태로 기존의 의문대명사(*kwana* 'who?'와 같은)를 부가하는 과정이다. 따라서 전통적인 사용자들이 (11)의 문형을 사용하는 대신 청년 세대들은 (12)의 예를 사용하고 있다.

(11) 타리아나어(북 아라와크; Aikhenvald 2002: 183)

ka-yeka-kani   hĭ,   kayu-na   na-sape.
REL-know-PAST.   DEM: ANIM   thus-REM.P.VIS   3.PL-speak
REL.PL
"Those who knew used to talk like this."
"아는 사람들은 이렇게 말하곤 했다."

(12) 청년 타리아나어 사용자(북 아라와크; Aikhenvald 2002: 183)

kwana   ka-yeka-kani   hĭ,   kayu-na   na-sape.
who   REL-know-PAST.   DEM: ANIM   thus-REM.   3.PL-speak
REL.PL   P.VIS
"Those who knew used to talk like this."
"아는 사람들은 이렇게 말하곤 했다."

  (12)의 예는 3단계를 보여주고 있으며 타리아나어에 3단계 이상으로 진행된 문법화의 근거는 찾아볼 수 없는데, 다음 이디시어의 예는 언어 접촉의 영향으로 3단계를 넘어 3단계에서 4단계로 문법화될 수 있음을 보여주고 있

다. 미국에서 영어와 이디시어를 함께 사용하는 이중 화자 사이에 언어와 같이 의문대명사를 핵 관계절 표지로 사용하는 예가 나타나고 있다. 이 이중 화자들은 영어의 인간을 지시하는 의문대명사 *who*와 대응되는 이디시어의 의문대명사 *ver* 'who?'를 관계절 표지로 사용하고 있다(13).

(13) 이디시어와 영어의 이중 화자(Weinreich [1953] 1964: 30)

  der mentš **ver** is do.
  (the person who is here)
  "The man who is here."
  "여기 있는 남자."

언어 접촉의 영향으로 3단계에서 4단계로 확장되는 또 다른 예는 미국의 독일 이민자들의 언어에서 찾아볼 수 있다. 앞서 보았듯이 고지 독일어는 *wer* 'who?'와 같은 의문 표지가 핵 관계절에까지 사용되는 4단계까지는 이르지 못했다. 그러나 미국의 독일 이민자들은 독일어의 의문대명사 *wer* 'who?'를 관계대명사로 확장하여 사용하는 경향이 있다. 이는 고지 독일어에는 나타나지 않는 현상이다. 다음은 텍사스의 길레스피 카운티와 인디애나의 드보아 카운티에 거주하는 이중 화자 독일 이민자가 *wer*를 사용하여 핵 관계절을 도입하는 예이다.

(14) 텍사스와 인디아나 지역의 독일어, 영어 이중 화자(Salmons 1990: 459)

  [...] verheirat mit en» somebody mit einer, **wer** kein deutsch,
  eng ..., gesprochen hat, [...].
  "[...] married to one ... somebody with one, that didn't speak
  any German, [...]."
  "[...] 전혀 독일어를 하지 못하는 누군가와 결혼하고 [...]"

의문-종속 표지 전략의 복제는 기존의 통사 구조를 모두 대체할 필요가 없다는 것은 앞에서 이미 언급한 바 있다. 엘살바도르에서 사용되는 아즈텍 언어인 피필어는 이에 대한 예가 될 수 있다. 피필어는 관계화를 표현하는 다양한 통사 구조를 가지고 있었다고 한다(Campbell 1987: 258-60 참조). 그것은 첫째, 종속 접속이 아닌 대등 접속의 기제를 채용할 수 있었다. 둘째, '포괄적인' 종속절 표지(즉, 현대 피필어에서는 종속절 표지가 *ne*이지만 원나우아어(Proto-Nahua)에서는 *in*)를 사용하였다. 셋째, 유정 지시 대상은 *a[:]kin*을 표지로 하고 무정 지시 대상은 *tlein*을 표지로 하여 모문동사의 논항이자 무핵 관계절을 도입하는 명사핵을 구성하였다. 이러한 구조는 대등접속문을 제외하고 피필어에서 여전히 발견되고 있으나 스페인어와의 접촉을 통하여 새로운 통사 구조가 출현했다. 그 중 하나는 스페인어의 관계절 표지인 *que*를 차용하여 *ke*의 형태를 사용하는 것이고 다른 하나는 문법화 복제(replica grammaticalization)이다. (15b)와 비교할 때, (15a)에 나타난 피필어 의문사 *ka(h)* 'who, what?'은 관계절 표지로 문법화된 것이다. 비슷한 예로 피필어의 의문사 *tay/ta:* 'what?'는 스페인어의 *que/lo que* 'that, that which'와 정확히 동일한 방식으로 보문 표지로 문법화하여 종속절을 구성하게 되었다(15c).

(15) 피필어(아즈텍어, 우토-아즈텍어족(Uto-Aztecan); Campbell 1985: 114-6; 1987: 259-60)

(a) **ka:** uni.
"Who is it?"
"누구예요?"

(b) ni- ki- miktih ne mistun **ka** ki- kwah ne tu:tu- t.
I- it- killed the cat   that it- ate   the bird- ABSOL
"I killed the cat which ate the bird."

"나는 새를 잡아먹은 고양이를 죽였다."

(c) k- ita **ta:** ki- chiwa nemi ne i- siwa:- w.
    it- see what it- do   is   the his- wife- POSS
    "(He) sees what his wife is doing."
    "(그는) 아내가 하고 있는 것을 본다."

유사한 상황이 같은 아즈텍어의 친족어이자 SAE 언어가 팽창하는 데 또 다른 '희생양'이 된 나와틀어(Nahuatl)에서 발견된다(Langacker 1975; Karttunen 1976; Hill & Hill 1986: 276-88 참조). 나와틀어에서는 주절의 부정대명사로 사용된 의문사가 '스페인어에서 의문대명사를 관계대명사로 사용하는 것과 동일하게 종속절로 재분석되고 있는' 것으로 나타났다(Karttunen 1976: 151 참조). 같은 방법으로 나와틀어의 의문사 *tlen* 'which', *aquin* 'who', and *canin* 'where'는 각각 스페인어의 대명사 *que, que,* and *donde*와 대응되는 용법으로 사용되고 있다. (16)의 나와틀어의 예는 그와 대응되는 (17)의 스페인어의 영향을 받은 것이다.[3]

(16) 나와틀어(Karttunen 1976: 151)

In cizhuanton **aquin** ocualhuicac atl omocuep ichan.
the girl   who it.brought water returned her.home
"The girl who brought (us) water went home."
"(우리에게) 물을 가져다 준 소녀는 집에 갔다."

---

3) 그러나 이러한 재구에 대해 이견이 없는 것은 아니다. 혹자는 이에 대해 보편적인 또는 언어 내적인 변화라고 하기도 하고, 혹자는 언어 접촉을 그 원인이라고 고수하는 입장을 보이기도 한다(Karttunen 1976: 152참조).

(17) 스페인어(Karttunen 1976: 151)

La muchacha **que** nos trajo agua volvió a casa.

"The girl who brought us water went home."

"우리에게 물을 가져다 준 소녀는 집에 갔다."

이 두 가지 아즈텍어에서는 핵 관계절 표지로까지 문법화된 최종적인 4단계까지 나타난다. 그러나 피필어와 나와틀어에서는 스페인어의 관계절 구조가 복제되면서 초기의 구조를 대체한 것이 아니라 "초기의 Na.[나와틀어; a.n.] 관계절 구조가 유지된 채 스페인어 관계절 유형이 추가된 것이다." (Karttunen 1976: 153)

아메리카 대륙에서 포르투갈어와 스페인어의 영향이 확산된 것과 함께 또 다른 SAE 언어의 의문-종속 전략이 확산된 예가 있는데 그것은 러시아어의 의문-종속 표지가 구소련의 언어들로 전파된 것이다. Comrie는 이에 대해 다음과 같이 요약했다.

> (전략) 최근 구소련의 언어들은 러시아어로부터 직접 차용하거나 또는 러시아어의 접속사를 번역 차용하여 종속접속사를 이미 발전시켰거나 발전시키고 있는 중이다 (중략) 예를 들어 러시아어의 *kogda* 'when', 영어의 *when*이 의문문과 시간절을 도입할 수 있는 것과 같이 의문대명사를 사용하여 관계절이나 시간절을 도입하는 것이 그것이다(Comrie 1981: 12-3, 85).

Comrie가 기술한 러시아어를 모델로 한 복제는 포르투갈어, 스페인어를 모델로 하는 라틴 아메리카의 타리아나어, 피필어, 나와틀어의 상황과 본질적으로 동일하다. 첫째, 복제 과정에 의문 형태의 차용과 문법 복제라는 두 가지 경쟁 관계에 있는 전략이 개입했다. 이 중 문법 복제는 복제어에 존재하고 있던 통사 방식을 이용하여 모델어의 범주와 대응하는 새로운 범주를 생산하는 것이다. 둘째, Comrie가 언급한 '번역 차용(calquing)'은 아메리카의 문법화 복제와 동일한 장치라고 볼 수 있다. 셋째, 이 복제 과정은 관계절, 무핵 관계절, 부사절 등과 관련된다.

앞서 언급한 언어 접촉에 의한 의문-종속 구조의 변화와 변이들은 모두 문법화 과정이 개입되어 있다. [표 6-3]은 그동안의 자료들을 종합하여 주요 진화 단계들을 정리한 것이다.

[표 6-3] 주변어에 나타나는 의문-종속 표지의 진화 단계

단계	구 통사 범주의 지위	신 통사 범주의 지위	언어
A	구 통사 범주만이 유일하게 인허되는 단계	문법화의 초기 단계: 접촉에 의해 나타난 새로운 사용 패턴이 특정 그룹에서 제한적으로 사용되며 전통적인 사용자들은 그것을 '좋지 않은 언어(bad language)'라고 인식하는 단계	타리아나어
B		구 통사 범주와 함께 신 통사 범주가 단계적으로 인허되는 단계	바스크어, 피필어, 나와틀어
C	구 통사 범주가 쇠퇴하는 단계	신 통사 범주가 선호되고 구 통사 범주보다 더욱 빈번하게 더욱 넓은 범위의 문맥에서 사용되는 단계	발칸 터키어, 발칸 롬어
D	구 사용 패턴이 소멸되고 관용 표현에만 남아있는 단계	신 통사 범주만이 유일하게 인허되는 단계	켈데라스/로바리어, 롬어

발칸의 문법화역

이 절의 마지막 부분에서 우리는 유럽에서 의문 구조로부터 종속 구조로 문법화 하는 과정이 지역적으로 규정되는 것에 주목하려고 한다. 예를 들어 유럽 언어의 부사 종속절만을 다룬 논문에서 Kortmann(1998b: 498-500)은 발칸어역의 언어들에서는 모두 의문 수량사인 'how much?'와

정도('이므로, 하는 한 inasmuch as, insofaras')의 의미를 독점적이거나 기본적 의미로 표시하는 부사 종속절 표지를 통합하여 사용하는 것을 발견했다. 이 의문 수량사는 각각 알바니아어의 *me sa* ('with how.much'), 불가리아어의 *do-kolko-to* ('until/up.to-how.much-REL'), 루마니아어의 *după cît*('according.tohow.much') 등이다. 그 외에 발칸어역으로 구분되는 세르비아/크로아티아어, 헝가리어, 이탈리아어, 폴란드어, 러시아어, 라트비아어, 우드무르트어, 아르메니아어에서도 같은 구조가 발견된다.

우리는 다음과 같은 근거로 이러한 현상을 문법화역(area of grammaticalization)으로[4] 규정할 것을 제안하려고 한다. 이러한 지리적 분포는 특정한 통사적 특징이 확산되는 데 언어 접촉이 개입했음을 의미한다. 그리고 의문대명사가 종속절 표지, 관계절 표지 등으로 문법화 하는 예는 또 하나의 문법화 과정을 보여준다. 전형적으로 부치사나 다른 성분과 공기하는 의문 수량사의 경우, 비교급 종속절 표지의 기능을 함의하고 있을 가능성이 있으며 이러한 의문-종속의 개념 전이가 유럽의 특정 지역에 나타나 전파되고 있다. 그러나 발칸어역에 나타나는 다른 문법화역과 마찬가지로 이 또한 발칸 제어에만 국한되지는 않는다(Heine & Kuteva 2005 참조).

6.3 역사적 배경

SAE 언어의 특성을 잘 나타내는 의문-종속의 다의어는 유럽에서 긴 역사를 가지고 있다. 이 다의어는 라틴어에서 이미 완전히 문법화되었으며 의문

---

4) 문법화역이란 지리적으로 인접한 언어들이 언어 접촉의 결과로 동일한 문법화 과정을 거치는 언어역을 가리킨다(Heine & Kuteva 2005, 5.2 참조).

표지로 부정칭 종속절(18a), 한정적 종속절(18b), 핵 관계절(18c)을 모두 표시할 수 있었다.

(18) 라틴어(플라우투스 Plautus)

  (a) Miser est **qui** amat. (2단계)
     poor is who loves
     "Someone who is in love is to be deplored."
     "사랑에 빠진 자는 후회하게 된다."

  (b) **Quod** credidisti reddo. (3단계)
     what you.have.lent I.return
     "What you have lent (me) I return (it to you)."
     "당신이 (내게) 빌려준 것을 나는 (당신에게) 돌려준다."

  (c) (Eae) litterae **quas** mihi scripsisti mihi jucundissimae fuerunt.

                                       (4단계)
     these letters which me you. wrote me most. pleasant. were
                                ones
     "The letter that you wrote me was very pleasant to me."
     "당신이 내게 써 준 편지는 나를 매우 기쁘게 했다."

현대 로맨스어는 모두 완전히 문법화된 이 다의어를 가지고 있는데, 이는 라틴어의 직접적인 계승으로 발생학적인 관계에서 기인한 것이며 지역적 확산에 대해서는 아직 명확한 근거가 발견되지 않았다. 고전 라틴어에서 의문사와 그에 해당하는 관계절 표지는 거의 구분되지 않았다. 그러나 프랑스어와 다른 로맨스어들의 역사의 초기 단계에서는 차이가 조금씩 커진다 (Harris & Campbell 1995: 309 참조).

게르만어

로맨스어에서 이 다의어는 2000년이 넘는 역사를 가지고 있지만 게르만어의 역사는 짧은 편이다. 게르만어는 로맨스어와의 접촉의 결과로 이 다의어를 가지게 된 것으로 보인다. 이에 대해 Thomason과 Kaufman은 다음과 같이 논평하였다.

게르만어에서 기원적으로 의문과 부정칭에만 사용되던 **who/which/what** 등의 어휘를 관계절에 제한적으로 사용한 것이 몇몇 게르만어의 예에서 나타난다. 그러나 이것은 제한적이고 정식적인 사용에 그치고 있으며, 이는 프랑스어 또는 라틴어의 사용을 모델로 한 것이 확실하다(Thomason and Kaufman 1988: 320).

영어의 의문사가 사회언어적인 변이들의 경계를 초월하여 완전한 4단계로 문법화한 것과 같이 게르만어의 경우에도 공식적인 사용과 같은 특정한 사회 언어적 범주에만 제한되어 사용된 것은 아니다. 그러나 이 경우도 문법 복제의 일반화 이론을 따라(Heine & Kuteva 2005, 제3장 참조) 게르만어의 문법화 정도는 로맨스어의 문법화 정도를 넘어서지 못한다. 예를 들어 게르만어의 대부분은 로맨스어와 같은 4단계에 이르지 못하고 있다.

원게르만어(Proto-Germanic)에는 이러한 의문-종속 다의어가 존재하지 않았던 것으로 보이는데, 3단계인 한정적 종속절 표지는 적어도 고대 고지 독일어5) 고대 영어의 문어 자료에는 이미 나타난다(19). 이러한 초기 용법은 라틴어를 번역하는 과정에서 나타나는 것이기 때문에 라틴어와의 접촉

---

5) 9세기 경 고대 고지 독일어에서는 의문사 *hwer* 'who'와 *hwelih* 'which'는 *sô*에 선행하거나 후행하여 단계와 단계의 종속절 표지를 구성하는 경향이 있었다. 그러나 이후 *sô*는 *s*로 축약되었고 14세기에는 완전히 소멸되었다(Lockwood 1968: 246-7 참조).

에 의한 것일 가능성이 있다(Lockwood 1968: 246 참조).

(19) (a) 고대 고지 독일어: inu ni lârut ir **hwaz** David teta.
   (b) 고대 영어: ne rædde ge þæt **hwQt** David dyde.
   (c) 라틴어: non legistis quid fecerit David.
        "Have ye not read what David did?"
        "David이 한 일을 아직 읽지 않으셨나요?"
        (Lockwood 1968: 245-6)

고대 고지 독일어에서 의문대명사가 관계절 표지와 근접한 용법으로 사용된 예가 몇 가지 있는데 이는 모두 라틴어의 번역에서 나타난다. 예를 들면, *hwer* 'who'와 *hwelîh* 'which' 원문과 같은 의문사들은 2단계와 3단계의 용법에만 제한적으로 사용되고 있고 지시사와 지시부사인 *dâr* 'there'는 관계절 표지로 완전히 문법화되었다.

이로부터 수세기 후 의문대명사가 단독으로 관계대명사의 형태로 출현하게 되는데(Lockwood 1968: 246 참조), 독일어의 장소 의문사인 *wo* 'where'이 기존의 관계절 표지인 *da*의 영역을 침범한 것이다. 이 두 가지 표지는 4세기 동안 경쟁 관계에 놓여 있다가 1800년 경 *wo*가 표준어로 채택되었다. 유사한 경우로 중성 의문사인 *was* 'what'는 기존의 지시사에서 유래한 관계사 *das*를 다수의 문맥에서 대체했는데 특히 부정칭 선행사를 가진 문맥에서 두드러지게 나타났으며(Romaine 1984: 450 참조), 독일 여러 지역의 구어에서는 *was*가 모든 문맥에 나타나는 것으로 확장되었다. 기원적으로 사격과 같은 부속 성분을 도입하는 역할에 제한되었던 *wo*는 알레만어와 같은 독일어의 방언에서 핵심 성분을 표지하는 것으로 그 사용이 확장되었다. 이들 방언에서는 *wo*가 관계절의 4단계로 완전히 문법화되었다 (20). 19세기 초 *was*는 *das*의 마지막 영역까지 침범하게 되었다. 그 결과 부가어를 도입하여 절 전체를 대용 지시하게 되었다(Fleischer 2004: 233-4 참조).

(20) 바젤의 저지 알레만어(Low Alemannic of Basle Fleischer 2004: 225)

Dä Ma, **wo**ni im s Mässer gä ha
the man REL.I him the knife given have
"the man to whom I have given the knife"
"내가 칼을 준 남자."

한편, 15세기 초에는 의문 형용사 *welch* 'which'가 관계절 표지로 나타났다.

이것은 기존의 고대 독일어에서 볼 수 없었던 새로운 통사 구조였다. 이 새로운 통사 구조는 프랑스어의 *lequel*이나 라틴어의 *qui*를 모방한 법조문 스타일로서 13세기 말 네덜란드어에서 그 기원을 찾을 수 있다(Lockwood 1968: 248 참조).

*wo*와 *was*와 달리 *welch*는 의문 표지였던 1단계로부터 바로 마지막 단계인 단계로 4단계 문법화되었다. 19세기에 *welch*는 지시사에서 유래한 관계절 표지 *der*를 대부분의 문어에서 대체하였다(Lockwood 1968: 247-9 참조). 유사한 상황이 영어에서도 발견된다. 고대 영어에서 굴절적인 지시사 *þæt* (중성형), 비굴절적 지시 불변화사 *þe*, 장소 부사 *þær* 'there'는 관계절 표지로 사용되었다. 중세 영어에서는 *þe*가 점차 *þat*(< *þæt*)에 의해 대체되는 동시에 *who, which* 등의 원형에 해당하는 의문대명사가 관계절 표지로 출현하였고 *þat*는 제한적인 관계절에만 사용되게 되었다.
Romaine는 이에 대해 "의문으로부터 관계대명사로의 전이는 대명사의

의문사적 특성이 약한 간접의문문에서 시작되어 일반적인 관계사로 사용되게 되었다"(Romaine 1984: 449)고 관찰하고 있다. (21)의 예는 초기 중세 영어의 예이며 2단계를 나타내고 있다. 이 때 새로운 의문사는 여전히 'whoever', 'whatever', 'whichever' 등의 의미를 가지고 있으며 초기에는 포괄적인 개념의 관계절로 사용된다. *wh*-로 시작되는 이 새로운 관계대명사는 먼저 간접 목적어와 소유격을 관계화하는 것으로 시작하여 주어로 확산되었다(Hopper & Traugott 2003: 203 참조). 대명사 *whose*와 *whom*이 중세 초기부터 사용되었던 것과 달리 *who*는 가장 늦게 관계대명사가 되었는데 15세기 전반부터 편지의 마무리 문장에서 매우 격식적인 용법으로 제한되어 사용되었다"고 하였다(Romaine 1982: 62 참조). 마지막 의문사 *which*는 15세기에 동일 어원계인 독일어의 *welch* 'which'와 함께 관계절 표지로 변이되었다(Lockwood 1968: 248 참조).

(21) 중세 초엽의 영어(Wooing of Lord 275; Mustanoja 1960: 192; Romaine 1982: 61)

Hwam mai he luve treweliche **hwa** ne luves his bro þer.

"Whom may he love truly, who (-ever) does not love his brother."

"자신의 동생조차 사랑하지 않는 이는 진정한 사랑을 할 수 없다."

스코틀랜드 영어에서는 중세 영어와 같은 의문-종속의 문법화와 유사한 상황이 출현했다. 1375년부터 1500년경의 중세 스코틀랜드 구어에서는, *quh*-형태(*quhilk*)가 통합형으로 나타나지 않았다. 그러나 그 이후 이 형태는 영어의 *wh*-형태를 대체하고 관계사인 *that*(또는 *at*)의 영역을 침범했고 이러한 침범은 운문보다 산문에서 더욱 두드러졌다. 16세기 후반까지 *that*는 제한적 기능을 가진 관계절 표지로, 의문사에서 파생한 *quhilk*는 제한적이지 않은 관계절 표지로 주로 사용되었다. 중세 스코틀랜드어의 주격형인 *quha*는 이에 대응하는 영어의 *who*와 마찬가지로 의문-종속 변이의 초기에는 나타나지 않는다(Romaine 1982: 70-2 참조).

이러한 의문-종속의 진화에 대해서, 결정적인 증거는 없지만 일반적으로 라틴어의 영향을 받아 촉발되었고(Bergs & Stein 2001 참조), 중세 영어에서 프랑스어의 영향으로 더욱 강화되었다고 보고 있다(Mustanoja 1960: 191; Romaine 1982: 61 참조).

네덜란드의 경우에도 거의 유사한 구조를 보이고 있다. 고대 네덜란드어에서는 지시대명사를 관계사로 사용했는데 중세 네덜란드어에서 의문대명사인 *wiens*와 *wier*가 지시사와 결합하여 관계사로 사용되기 시작하였다. 그러나 영어와 독일어와 달리 네덜란드어의 의문사는 아직 소유격과 사격만을 관계화 하는 단계에 머물러있다(Romaine 1984: 451 참조).

결론적으로 지난 10세기 간 독일어에서 의문-종속 전략은 지시사와 장소격 형태를 대체하며 종속절 표지로 사용되었다. 이 과정에서 다른 요인이 개입되었다 하더라도, 라틴어와 프랑스어가 모델어의 역할을 한 것은 여러 가지 증거로 밝혀진 사실이다.

슬라브 제어

이 다의어의 두 번째 확산의 근거지는 동유럽일 것이다. 고대 불가리아어, 즉 고대 교회 슬라브어에는 몇 가지 관계절 표지 방식이 존재했다. 첫째, 고대 불가리아어에는 고대 관계 대명사인 *iže, jaže, ježe*가 존재했고 이들은 재귀적 **yo*-대명사와 강조사 *že*가 결합한 형태이다(21).

(21) 고대 불가리아어(Mirčev 1963: 168)[6]

oče našŭ **ježe** jesi na n[e]be[se]x' [⋯].
(father.VOC our REL be.2.SG.PRES on skies)
'You, our father, who are in heaven [⋯].'
'하늘에 계신 우리 아버지, 당신 [⋯].'

이들은 고대 불가리아어에서 이미 소멸되었고, 두 번째로 관형적인 분사 구성이 관계사의 기능을 하는 형태가 나타나게 되었다(22).

(22) 고대 불가리아어(Mirčev 1963: 236)

ljubjai d[u]šǫ svoju pogoubitŭ ja.
(love.PRES.PART soul POSS.REFL destroy.3.SG.PRES it)
"He who loves his soul will destroy it."
"그의/자신의 영혼을 사랑하는 사람은 그것을 파괴할 것이다."

세 번째로 의문사들이 4단계의 관계사로 사용되는 단계이다(Mirčev 1963; Večerka 1993 참조). 이 중 두 가지는 시간을 나타내는 의문부사인 *jegda* 'when'이고 다른 하나는 장소 의문부사인 *k'de* 'where'이다(23).

(23) 고대 불가리아어(Mirčev 1963: 235-6)
'documents which were brought'
(a) vŭ to že vremja, **jegda** svjatyja maŭčaaxa,
(in this PTCL time when saints torture.3PL.PAST
běaše studen' velika.
be.3SG.IMPF cold great)
"At that time when they were torturing the saints it was very cold."
"그들이 성자들을 고문하고 있을 때는 매우 추웠다."

---

6) 원문에서 예문 번호 (21)을 두 번 사용하였는데, 지시나 인용 등의 경우를 고려하여 원문 번호를 그대로 따랐다.

(b) vedy   mesto,   **k'de**   živetŭ   svjatyi
(knowing   place   where   live.3SG.PRES   saint)
"knowing the place where the saint lives"
"성자들이 살고 있는 곳을 알고 있다."

다른 의문사들은 속성을 나타내는 형용 의문사 *jakă/kakă, jaka/kaka,
jako/kako* 'what kind of '로 *jako/kako*의 형태를 이루어 방법을 묻는 의
문 부사('how')의 기능으로 사용된다. 이들은 강조사 *-že*와 결합하여 사용
되기도 하였는데 아마도 고대 관계사를 모델로 한 영향으로 보이며(24), 단
독으로 사용되기도 하였다(25).

(24) 고대 불가리아어(Mirčev 1963: 235)

bŭdetŭ   bo   togda   skrŭb'   velie,   ja**kŭ**-že
(be.3SG.FUT   PTCL   then   sadness great   what.kind.of-PTCL

nestŭ   otŭ   načęla   v'sego   mira.
be.3SG.PRES   from   beginning whole   world)

"Because then there will be a great sadness, such as there has
never been in the whole world."
"그렇기 때문에 세상에서 볼 수 없었던 큰 슬픔이 있을 것이다."

(25) 고대 불가리아어(Mirčev 1963: 235)

rizy   ego   l'štę štę   sę   běly
(shirt.PL his   became.gleaming   REFL   white.PL

sělo ěko sněgă, **ěcěxŭ**   ne   možetŭ
very how snow   what.kind.of.PL   NEG   be.able.SG.PRES

gnafei   na   zemi   tako   uběliti.
bleacher   on   earth   so   bleach.INF)

'His clothes became gleaming, very white, such that no bleach-
er on earth could ever bleach them.'

'그의 옷은 빛나기 시작했다, 매우 희게, 세상의 어떤 표백제로도 표백할 수 없었던 것처럼.'

실체를 지시하는 의문대명사 'who?'와 'what?'도 고대 불가리아어에 관계사로 나타난다. 중세 불가리아어에서 의문대명사가 관계사로 변이된 것이다. 그 중 일부는 강조사 -že와 결합하여 사용되거나(26), 단독으로 사용되기도 하였다(27).

(26) 중세 불가리아어, 1342(Mirčev 1963: 169)

xrisovuli **koi-** že prinesošǫ sę
(documents who- PTCP having.moved REFL)
'documents which were brought'
'가져온 문서'

(27) 중세 불가리아어, 1277(Mirčev 1963: 169)

drom, **koi**
(road who)
'road which'
'어느 길/~한 길'

14세기에는 의문대명사가 고대의 관계대명사 iže와 결합하여 관계절 표지로 사용한 예가 나타난다.

(28) 중세 불가리아어(Mirčev 1963: 169)

něs rodivyi sę **kto**
(carry.3.SG.PRET the.new-born REFL who
iže možet obnaxoditi silǫ b[o]žjo.
REL can.3.SG.PRES find.INF power God's)
'carried the new-born one who can find God's power.'

'신의 힘을 찾을 수 있는 신생아를 수행하고'

그러나 이 의문대명사는 역사적으로 지시대명사 *tŭ* (M), *ta* (F), *to* (N)에서 파생된 불변화사 *-to*와 결합하는 용법으로 변이하기 시작했다. 이후 현대 불가리아어에는 중성 단수 형태인 *to*가 다른 두 형태를 대체하여 실체를 표시하는 의문대명사에 부가되었다(29).

(29) 현대 불가리아어

(a) mŭžŭt,   **koj–**   to   dojde, beše [⋯].
man.the   who.M- DEM.N came was
'the man who came was [⋯].'
'온 남자는 [⋯].'

(b) ženata,   **koja–**   to   dojde, beše [⋯].
woman.the who.F- DEM.N came was
'the woman who came was [⋯].'
'온 여자는 [⋯].'

(c) deteto,   **koe–**   to   dojde, beše [⋯].
child.the which.N- DEM.N came was
'the child which came was [⋯].'
'온 아이는 [⋯].'

이러한 의문대명사와 중성 단수 지시사 *to*가 결합하여 관계대명사를 이루는 패턴은 현대 불가리아어에서 모든 의문 범주(장소, 시간, 속성, 방법 등을 나타내는)로 확산되었다. 그러나 불가리아어의 어떤 방언에서는 여전히 불변화사 *to*를 사용하지 않고 의문사만으로 관계대명사를 표시한다. 의문-종속 다의어는 현대 슬라브 제어에서 매우 일반적으로 나타나는 현상이다. 다음은 모두 의문 표지가 핵 관계절 표지로 사용되는 4단계만을 선별한 예이다.

(30) 슬라브 제어에서 의문 표지가 종속 표지로 파생하는 예

   (a) 체코어

      Dum, **wekterym** bydlím […].
      house in which.LOC live.1.SG.PRES
      'The house in which I am living […].'
      '내가 살고 있는 집 […].'

   (b) 저지 소르비아어

      Muž **kótarego-** zh viźiš, jo moj brat.
      man who.ACC- zh see.2.SG.PRES is my brother
      "The man whom you see is my brother."
      "당신이 본 남자는 내 형제이다."

   (c) 고지 소르비아어

      Knihu **kotru-** zh čitam, napisa Gogol.
      book.ACC which- zh read.1.SG.PRES wrote Gogol
      "The book that I am reading is written by Gogol."
      "내가 읽고 있는 책은 Gogol이 쓴 것이다."

   (d) 폴란드어

      Boga **który** nie przemówi.
      God.GEN who NEG say
      "God, who is not going to talk."
      "신은 말하지 않는 분이시다."

   (e) 러시아어

      Kniga, **kotor-** uju ja tol'ko što pročla,
      book which- SG.F.ACC 1.SG just read

      okazalos' interesnoj.
      turned.out interesting

      "The book which I just read turned out to be interesting."
      "내가 방금 읽은 책은 재미있었다."

(f) 세르비아어/크로아티아어

Žena **koja** čeka [⋯].
woman who wait
'The woman who is waiting [⋯].'
'기다리고 있는 여인 [⋯].'

(g) 슬로바키아어

Videl otca, **ktorého** uzh niekol'ko dni
see.3.SG.PAST father.ACC who.ACC already several days

nebolo doma.
wasn't home

"He saw (the) father who hadn't been at home for several days."
"그는 며칠간 집에 있지 않았던 아버지를 보았다."

(h) 슬로베니아어

Človek, **katerega** vidiš, je star.
man who.ACC see.2.SG.PRES is old
"The man whom you see is old."
"당신이 보고 있는 남자는 노인이에요."

결론적으로 유럽에는 의문-종속 다의어의 혁신과 관련된 적어도 둘 이상의 중심지가 존재한다는 것이다. 그 중심지는 바로 로맨스어역과 슬라브어역이다. 그리고 이 두 가지 중심지에서 출발하여 다의어의 접촉으로 인한 문법화가 게르만어와 같은 SAE 언어로, 바스크어, 롬어, 발칸 터키어와 같은 주변어로 확산되었을 것으로 보인다.

독일어의 방언 지역은 이 두 중심지 사이에 위치하여 이 둘 모두로부터 영향을 받았다. 고지 독일어를 대표로 하는 서부 방언은 라틴어와 프랑스어가 모델이 되었으며 동부 방언은 슬라브어에 노출된 역사를 가지고 있다. 이에 대해 Fleischer는 이디시어와 독일의 루비카(Lubica, 라이비츠 Leibitz) 방언에서 사용하는 의문 표지로부터 파생한 종속절 표지 *was* 'what'를 북동 방향으로 250 킬로미터 떨어진 슬로바키아의 수도 브라티슬라바(Bratislava)에서도 사용하고 있는 것을 예로 들었다.

그러나 특수한 하위 형태인 *was* + 회생 인칭 대명사가 이디시어 내부에 위치한 루비카 언어섬과 슬라브어에 나타난다. (중략) 이 하위 형태가 나타나는 슬로바키아 언어역에 위치한 루비카 언어섬은 이디시어와 슬라브어가 접촉한 것을 의미한다. 따라서 나는 이러한 비굴절적인 접속사와 회생 인칭 대명사와 결합한 하위 형태가 언어의 접촉으로부터 기인한 것이라고 생각한다(Fleischer 2004: 235).

6.4 토론

6.4.1 방향성의 증거

우리가 다루고 있는 의문-종속 표지의 변이는 전자로부터 후자로 일방향적으로 문법화된 결과이며, 이미 개별 학자들에 의해 제기되었던 변이 과정이다(Lehmann 1984; Thomason & Kaufman 1988: 320; Matras 1996: 64; Kortmann 1998b: 554; Le Goffic 2001; Heine & Kuteva 2002 참조). 그리고 우리는 이전 내용에서 이러한 현상이 유럽에서 보편적으로 발생하고 있는 것을 시사한 바 있다. 그러나 우리가 알고 있는 한 이러한 현상은 증명된 적이 없다. 따라서 이 절에서 우리는 의문 표지로부터 종속절 표지로 변이하는 것이 일방향적이라는 구체적인 근거에 대해 논의하기로 하겠다.

즉, 의문-종속 표지의 변이는 일방향적이며 종속절 표지나 관계절 표지가 의문 표지로 변이하는 역방향적인 현상은 거의 발견되지 않는다는 것이다.

첫 번째 근거는 이 표지의 형태 통사적 구조와 관련된 것이다. 다수의 언어에서 종속절 표지는 의문형에 부가 성분을 추가하여 구성되는 형식으로 사용되어 유표적인 반면, 의문사는 기본형으로 사용되며 따라서 형태적으로 무표성을 가진다. 예를 들어 조지아어의 의문사 *ros* 'when?'는 *ca* 'and, also, even'와 결합하여 시간을 표시하는 종속절 표지 *roca* 'when'가 되었다(Kortmann 1998b: 555-6 참조). 유사한 경우로 불가리아어에서는 기본형 표지는 의문을 표시하고(31a), 지시접미사 *-to*가 부가되면 종속절 표지로 사용된다(31b).

(31) 불가리아어

   (a) **Koj**   šte   dojde?
      who   will   come
      "Who will come?"
      "누가 올 거예요?"

   (b) Štastliv e **koj-** to ima pari.
      happy is who- *to* has money
      "He who has money is happy."
      "돈을 가진 남자/그는 행복하다."

두 번째 근거는 이 표지가 의문사로 사용될 경우 단문에서 나타나나 종속절 표지로 사용되는 경우 그 이름에서도 알 수 있듯이 그 사용이 복문에 제한된다. 문법화 경로에는 다음과 같은 일반성이 존재한다. 그것은 부사, 전치사구, 지시사와 같은 언어 표현이 처음에는 단문에서 사용된다는 것이다. 그 이후 복문인 종속절의 표지로 변이하는데(Heine & Kuteva 2002 등 참조), 역방향의 변이는 거의 나타나지 않는다. 따라서 종속절 표지는 역사적으로 의문사로부터 파생된 것이며 다른 가능성은 적다고 할 수 있다.

세 번째는, 다수의 언어에서 의문사가 종속절 표지보다 더 본질적 범주 의미에 가까운 특징을 함의한다. 예를 들어 [표 6-4]에서 보이는 것과 같이 영어의 의문사는 의문 표지로 사용될 때, 인간(*who*), 무정물(*what*), 공간(*where*), 시간(*when*), 방법(*how*), 사물(*which*) 등의 6 가지 본질적 범주 의미를 어휘적으로 구분할 있으나 종속절 표지로 사용할 때는 그 중 4 가지밖에 구분하지 못한다. 이것은 다량의 경쟁 구조로부터 소수의 특정 통사 구조가 선택적으로 제한되는 문법화의 일반적 특성에 부합하는 것이다.

[표 6-4] 영어의 의문사와 관계절 구조의 본질적 범주 의미 차이

본질적 범주 의미	영어 예시	의문사	관계절 표지
인간	*who?*	+	+
무정물	*what?*	+	−
공간	*where?*	+	+
시간	*when?*	+	+
방법	*how?*	+	−
사물	*which?*	+	+

네 번째는, 종속절 표지에서는 대응되는 의문사보다 본질적 범주 의미와 마찬가지로 성, 유정성, 수, 격에 있어서도 그 차이가 감소하는 것으로 나타났다(Fleischer 2004 참조). 문법화 이론의 용어로 이러한 현상을 특화(specialization)라고 한다(Hopper 1991 참조). 특화에 관계되는 문법 형식은 그 의미의 범위가 좁아지고 더 일반적인(통사적인) 의미를 함의하게 된다. 또한 종속절 표지는 탈범주화(1.5.1 참조)를 일으켜 대응되는 의문사보

다 형태적 특징이 감소된다.

마지막으로 두 가지의 통시적인 근거가 존재한다. 첫째, 앞서 보았던 게르만어의 예와 같이 역사적 재구성이 발생하며(Lehmann 1984: 389-93 참조), 유럽의 주변어에서도 유사한 예를 찾아볼 수 있다. 롬어의 종속절, 부사절, 관계절 표지들은 절과 절을 결합하기 위한 목적으로 문법화하기 전에는 의문 표지(*kon* 'who?', *so* 'what?', *kaj* 'where?', *kana* 'when?', *sar* 'how?')였으며 이것은 인도-아리아어족의 의문사 어간인 **kand*, **s-*에서 유래한 것이다. 롬어와 같이 의문 표지를 종속절 표지로 사용하는 것은 전발칸어(pre-Balkanic)의 역사에서는 나타나지 않는 현상이므로 이것은 발칸어역과의 접촉의 결과라고 할 수 있다(Matras 1996: 65 참조).

둘째, 이러한 일방향적인 언어 변화가 검증되는 예가 존재하는데 그것은 영어, 네덜란드어, 독일어 등의 게르만어이다. 이 언어들에는 어떤 표지가 종속절 표지로 그 사용이 확장되기 전 의문사로 사용되었던 역사적 근거가 존재한다(6.3 참조). 또 다른 예는 바스크어인데 바스크어의 *zer* 'what', *zoin* (또는 *zein*) 'which'와 같은 표지는 종속절 기능을 함의하기 전에 의문사로 사용되었다(Trask 1998: 320; Hurch 1989: 21 참조). 세 번째 예는 비유럽어인 브라질 북서부의 북 아라와크어인 타리아나어이다. 6.2에서 살펴보았듯이 타리아나어에서는 공용어인 포르투갈어를 모델로 하여 혁신적인 청년 세대에 의해 기존의 의문대명사를 관계절 표지로 사용하는 과정이 진행 중에 있다(Aikhenvald 2002: 183 참조).

결론적으로 의문사로부터 종속절 표지로의 일방향적인 변이에 관해서는 충분한 예시들이 존재하지만 역방향의 예시는 존재하지 않기 때문에 변이의 일방향성이 검증될 수 있다는 것이다.[7] 이러한 관찰들에 기초하여 우리는

---

7) 그러나 이 원칙은 대등 접속 표지에는 적용되지 않는다. 선택 접속사(or)의 경우 선택(yes-no) 의문문의 표지로 변이할 수 있는 가능성이 있다(Heine & Kuteva 2002: 226-7 참조).

의문-종속의 다의어가 어떤 방향성을 가진 변이와는 관계없이 그 자체로 존재하고 있었다는 가설을 반박할 수 있을 것 같다.

6.4.2 접촉의 증거

앞서 논의했던 관찰들은 또한 이 책의 주요 연구 대상이자 가장 중요한 문제에 대한 해석을 제시할 수 있다. 그것은 언어 접촉이 의문-종속 다의어의 변이 과정에서 어떤 역할을 했는지에 대한 문제이다. 이 문제에 대해서 다음과 같은 질문이 제기된다.

(32) 언어 접촉과 관련된 질문
    (a) 이 다의어는 어떻게 발생했는가?
    (b) 이 다의어는 어떻게 언어의 경계를 넘어 확산되었는가?
    (c) 이 확산에 언어 접촉이 개입했는가?

이 세 가지 문제는 모두 우리의 논의 대상이지만 그 중 (32c)가 가장 본질적인 문제이다. (32a)의 질문에 대해서는 대답하기가 쉽지 않다. 지금까지 발견된 근거들로 미루어 보아 이 다의어는 인도-유럽 어족과 인도-아리아 어족의 다양한 어파와 지파에서 발견되기는 하지만 고대 유럽어나 인도-유럽 조어로 재구되기가 어렵다. 우리는 이 문제에 대해 6.4.3에서 다시 다루기로 하겠다. (32b)의 질문인 이 다의어의 확산에는 발생학적 관계가 일정 부분 역할을 한 것으로 보인다. 예를 들어 로맨스어에 이 구조가 존재하는 것은 어떤 의미로든 고대 라틴어로부터 비롯된 발생학적 유전적 요인과 관계가 있다.

(32c)의 질문에 대해서는 완벽하게 만족할 만한 답변이 존재하지 않는다.

그러나 앞서 논의한 내용을 근거로 하여, 이 다의어의 출현에 언어 접촉이 어떤 요인으로서 기여했다고 볼 수 있다. 특히 바스크어, 마케도니아의 서부 루멜리안 터키 방언, 발칸 롬어, 피필어, 나와틀어, 타리아나어에 나타나는 다의어의 예는 발생학적인 요인으로는 설명하기 어렵고, SAE 언어가 모델어로 작용하여 의문-종속 기능으로 문법화 복제가 이루어졌다고 밖에 설명할 수 없다.

로맨스어에서는 이러한 다의어가 2000년이 넘는 역사를 가지고 있지만 게르만어에서 이 다의어가 변이한 것에 관해서는 아직 명확하지 않은 부분이 많다. 그러나 Thomason과 Kaufman (1988: 320)의 가설에 의하면 문법 복제가 이 과정에서 결정적인 역할을 했을 것이라고 한다. 이들의 가설은 매우 적절해 보이는데 그 이유는, 첫째, 게르만어에서 의문 표지를 사용하여 종속절 기능을 표지하는 문법화 단계는 로맨스어의 문법화 단계보다 덜 진행되어 있다는 것이고, 둘째, 이 다의어는 로맨스 조어와 라틴어로 재구될 수 있으나 게르만 조어로의 재구 가능성에 대해서는 확실한 근거가 없다는 것이다.

6.4.3 의문 표지에서 종속절 표지로의 전이

의문 표지가 종속 표지로 변이하는 것은 오랜 시간 언어학자들이 풀어야 할 수수께끼였다. 이 문제에 대해 Schwartz는 이렇게 말했다.

어떤 경우 관계대명사가 의문대명사로부터 그 형태를 취했다는 것은 잘 알려진 사실이다. 그러나 어떤 특정한 관계절에서만 이러한 전이가 이루어진 원인은 명확하지 않으며 이러한 전이가 발생한 원인에 대해서는 더욱 불명확하다(Schwartz 1971: 141 참조).

이 절에서 우리는 앞서 제기한 두 가지 문제 (32a)와 (32b)에 대해 차례대로 다루어 보기로 하겠다.

다의어의 출현

관계절 표지가 의문 표지와 형태적으로 관련이 있다면 이 관계절 표지는 의문문으로부터 문법화된 결과일 것이라는 논의는 이미 있어왔다. 예를 들어 Hopper & Traugott(1993: 96)는 (33a)과 같은 관계 구문은 "특별한 변화를 요구하지 않고도 (33b)와 같이 담화의 두 부분으로 나누어질 수 있다"는 것을 인정하였다.

(33) 영어(Hopper & Traugott 1993: 196)

    (a) The sheep which he stole was Squire's prize ram.
       "그가 훔친 양은 지주 Trelawney의 보물 같은 양이었다."

    (b) Which sheep did he steal? – The sheep was Squire Trelawney's prize ram.
       "그가 어느 양을 훔쳤나요?" – "그 양은 지주 Trelawney의 보물/상을 받은 양이었어요."

그러나 이러한 학자들도 "관계절이 의문문으로부터 직접적으로 파생되었다는 근거는 거의 찾아볼 수 없다"고 지적하였다(ibid.: 196). Harris & Campbell(1995: 284)은 '표지/구조의 오류(marker/structure fallacy)'에 주목했다. 즉, 종속절 구조에 종속절 표지가 나타난다고 해서 종속절 구조가 역사적으로 종속절 표지로부터 형성된 것은 아니므로 종속절 표지의 기원으로부터 항상 종속절 구조의 기원을 밝힐 수 있는 것은 아니다.

그러나 우리가 관찰한 바로는 언어 접촉의 상황이라고 검증된 다수의 예에서 한 언어가 기존의 종속절 구조를 유지한 채 모델어에서 복제한 적절한 종속절 표지만을 추가하여 사용하고 있다(Heine & Kuteva 2003; 2005 참조). 그러나 Harris & Campbell이 제시한 주요한 논점에서는 적어도 영어 사에서는 표지 부여 구조 가설에 관한 역사적 근거가 존재하지 않는다는 것이다.

만일 관계절에서 사용하는 관계절 표지가 개별 의문 구조에서 변이된 의문 어휘(Q-words)로부터 파생되었다면 이러한 파생 과정에서 영어의 의문 구조 형태가 발견될 것이다. 그러나 의문 구조가 이 파생 과정에 개입했다는 근거는 존재하지 않으며 오히려 의문 어휘가 기존의 관계절 구조의 지시사와 불변화사들을 대체하기 시작했다고 생각된다[…] (Harris & Campbell 1995: 284-5).

그러나 이와 다른 견해도 존재한다. Lehmann(1984: 252, 385)은 관계 대명사와 의문대명사의 형태적 유사성이 좀 더 포괄적인 관계를 가지고 있으며 이에 대하여 확인이 필요하다고 주장하였다. 그는 또한 관계사의 변이가 의문사(유럽어에서는 모두 인도-유럽어족의 *kwi-의 성분으로 재구되는)와 형태적으로 관련되어 있는 것은 (34)의 예시와 같은 유형의 관련 구조(*das korrelative Diptychon*)가 개입하고 있기 때문이라고 제안했다.

(34) 독일어

Wer das weiss, **der** bekommt einen Preis.
who that knows he gets a prize
"Whoever knows that will get a prize."
"아시는 분께 상을 드립니다."

Lehmann은 라틴어와 같은 언어에 *kwi-관계구문을 출현하게 한 관련 구조에 관한 가설을 제시했다. 라틴어 등에서 이 관련 구조는 *kwi- 성분을 가진 절에 선행하고 *kwi-절에 위치한 핵심 성분을 대용 지시하는 성분을 가진 절에 후행한다. 또한 그는 선행절에 위치한 *kwi- 성분은 일반적으로 비한정적인 성분이 아닌 의문 성분이라고 하였다. 이후 비한정적 성분인 *kwi-가 관계절 표지로 문법화되며 이때부터 한정적 핵심 성분을 가진 관계절에도 사용할 수 있게 된다. *kwi- 성분이 관계절 표지로 문법화되고 *kwi-관계절은 관련 구조의 두 번째 자리에 위치하게 되며 따라서 후행하는, 즉, 명사에 후치하는 관계절이 된다. Lehmann은 앞서 언급한 것과 같이 *kwi-절이 전치 구조로부터 후치 구조로 변화하는 것에 주목했다(Lehmann 1984: 372 참조). 더 정확하게 말하면 Lehmann은 과거 관계구문의 명사후치 변이가 존재하지 않았다는 이유로 후치 관계구문이 전치 관계구문으로부터 변이되었다는 것을 증명할 수 없다는 것을 지적한 것이다.

다음은 전치하는 WH-절로부터 그에 상당하는 명사 후치 관계절로 파생되는 문제와 관련한 교차 언어적 현상의 예이다. 현존하는 언어에서 전치하는 관계절 내부에 WH-형태의 관계절 표지가 나타나는 예는 찾아볼 수 없다. 따라서 Schwartz(1971: 155)는 다음과 같은 배열은 자연 언어에서 발견되지 않는다고 보고하였다.

(35) Schwartz의 교차 언어적으로 발견되지 않는 통사 구조
    (1971: 155; where N = noun, S = sentence)

  (a) *[…WH…] N
       S
  (b) *[…WH] N
       S
  (c) *[WH…] N
       S

바꾸어 말하면, 현존하는 세계 언어는 관계절의 첫자리와 끝자리, 그리고 중간 자리에 WH-관계절 표지를 허용하지 않는다는 것이다. 이 사실은 전치하는 WH-관계절로부터 명사 후치 관계절이 파생했다는 논의와 상반된다.

앞서 논의했던 내용들에 비추어 보면 의문 구조로부터 종속절 구조로 변이하는 과정을 둘러싼 많은 문제가 아직 해결되지 않았음을 알 수 있다. 그러나 의문 어휘가 이 변이의 초기 단계를 나타내고 있는 것은 의심의 여지가 없고 이 변이 과정은 몇 가지 방식으로 진행되었을 가능성이 있다. 그 중 한 가지 방식은 의문 어휘로부터 종속절 표지로 문법화한 것이고 또 다른 방식은 의문으로부터 종속 명제로 변이한 과정과 관련된 것이다. 그 중 후자는 6.2에서 보았던 문법화의 4단계 시나리오에서 이미 논의한 바 있다. 이 4단계는 모두 공시적으로 검증된 것이고 따라서 관계절의 진화 과정에 어떤 역할을 담당했을 것으로 생각된다.

후자의 시나리오에 따르면 의문 표지로부터 종속 표지로의 진화는 의문을 나타낼 때 사용하는 재귀적 대인 의사소통 구조를 절과 절의 관계를 표시하는 개념 모형으로 사용하는 전략으로부터 발생한다([표 6-2] 참조).

1단계의 의문 구조(36a)는 주절과 종속절의 관계를 표시하는 모형을 제공하며(36b), 이 때 *who*는 목적 종속절 표지의 기능을 한다(2단계). (36b)에서는 *who*가 부정칭 종속절을 도입하는 반면, (36c)에서는 무핵 관계절로도 해석이 가능한 한정적 종속절을 도입한다(3단계). 마지막 4단계에서는 기존의 의문 구조가 명사구에 의해 도입될 수 있다(36d).

(36) 영어

    (a) I don't know: **who** came?

    (b) I don't know **who** came.

    (c) You also know **who** came.

    (d) Do you know the woman **who** came?

이러한 시나리오는 Matras(1996: 66)가 제기했던, 의문 구조의 의문-답변 도식에서 화행을 연결하는 표지로부터 복합 화행에서 동일한 발화의 명제 성분들을 연결하는 접속사로의 격상(*Beförderung*)과도 부합한다. 유사한 경우로 Mustanoja(1960: 191)는 중세 영어에서 의문사로부터 관계대명사로의 전이는 의문대명사가 관계절 표지로 변화하기 전 의문의 특성이 약화되는 간접 의문으로부터 시작되었다고 하였다.

이 시나리오에 대한 통시적 근거는 독일어와 영어와 같은 게르만어로부터 찾을 수 있는데, 이 때 의문사는 핵 관계절 표지로 사용되기 전에 종속절을 도입하는 역할을 한다(6.3 참조). 그리고 또 다른 인도-유럽어족의 언어에서도 의문 구조로부터 종속절 구조로 변화한 통시적 근거를 찾아볼 수 있다. 예를 들어 라틴어의 의문사인 *quāre* 'why?' 원문는 프랑스어의 접속사 *car* 'because, for'로 변이되었고, 이 때 문법화 과정은 다음과 같다. 구어에서 언어 사용자들은 수사 의문문을 사용하는데 이 때 일반적으로 질문하자마자 스스로 대답하는 자문자답의 형식을 취한다. 예를 들어 "He left. Why? His father died(그는 떠났어. 왜? 아버지께서 돌아가셨어)"라는 발화는 "He left because his father died(그는 아버지께서 돌아가셔서 떠났다)"와 같이 재해석되는 것이다. 이 때 의문사는 원인을 표시하는 접속사로 재해석되고, 종속절이 되는 두 번째 문장의 일부로 재분석된다(Hermann 1943: 4 참조). 그러나 의문사(또는 부정칭)으로부터 종속절 표지로의 전이에 대해서는 좀 더 면밀한 연구가 요구된다.

확산(Diffusion)

우리가 두 번째로 답변해야 할 질문은 이 다의어 패턴이 한 언어로부터 다른 언어로 전이하는 방식, 즉, 바스크어, 피필어, 나와틀어와 같은 주변어들이 SAE 언어의 다의어 패턴을 복제할 때, 의문사와 관계/종속절 표지가 동형으로 사용되는 어휘를 복제하는 것인지, 아니면 그 표지의 단계적인 문법화 과정을 복제하는 것인지에 관한 것이다. 표면적으로 우리가 관찰한 모든 언어에서 전자의 과정이 발생한 것처럼 보인다. 그러나 앞서 보인 4단계의 시나리오와 같이 의문사와 종속절 표지의 두 가지로 해석되는 점진적인 단계를 나타내는 경우도 있다. 따라서 우리는 이러한 변이 과정이 인지적, 지각적, 그리고/혹은 발화 동사를 주절의 서술어로 하는 구문으로부터 시작되었다고 가정한다. 특히 이 동사들이 부정을 표시할 때 더욱 그 변이의 가능성이 커진다. 이러한 동사들이 직접 화법의 절에서 종속절로 재해석될 때 문법화가 영향을 미치게 된다.

아일랜드 영어(Anglo-Irish)는 이에 대한 실례를 제공한다. 영어의 변이인 아일랜드 영어는 일반적으로 켈트어에 속하는 아일랜드어(또는 게일어)의 영향을 깊게 받았으며, 아일랜드 영어의 많은 통사 구조는 아일랜드어를 모델로 하여 언어 접촉을 원인으로 하는 문법화 과정을 겪었다고 알려져 왔다(Heine & Kuteva 2005; Pietsch 2004a; 2004b 참조). 그 중 하나는 모델어인 아일랜드어의 보문절로부터 진화되었다고 보이는 종속절과 관련이 있다. Van Hamel(1912: 280)은 아일랜드어의 패턴에서 인지적, 지각적, 발화 동사 뒤에서 종속절은 (37)의 예와 같이 의문절로 나타난다고 하였다.

(37) 아일랜드 영어(van Hamel 1912: 280)

I don't know is it here she is coming?
(그녀가 여기로 올지 모르겠다.)
Do you think could she be the widow Casey?
(그녀가 과부 Casey일 가능성이 있다고 생각해요?)
Wait till you see is he the lad I think him to be.
(그 남자가 내가 생각한 사람인 지 보세요.)

직접 화법 절이 의문 어휘를 포함할 때, 그 의문 어휘는 종속절이나 무핵 관계절 표지로 재해석된다. 브라질의 네그루강 상류 지역에서 사용되는 아라와크어에서는 의문대명사가 Aikhenvald(2002: 166)의 용어로 간접 또는 사격 의문문으로 확장되었다. 다음은 바니와어(Baniwa)의 사용 패턴이다.

(38) 바니와어(Baniwa 북아라와크어; Aikhenvald 2002: 166)

wasa	wa-	kapa	**kwaka**	khedza- ʒi	i-	aʒa- kawa.
let's.go	1.PL-	see	who	quick- REL	INDF-	fly- INTR

"Le'ts go and see who is quick in flying." (i.e. who flies quicker)
"가서 누가 빨리 나는 지 보자."

Aikhenvald (2002: 166)는 이러한 사용 패턴이 브라질 포르투갈어 (Língua Geral)와의 접촉에 의한 투피-과라니어족(Tupí-Guaraní family) 의 크레올 변이라고 하였다. 브라질 포르투갈어는 최근까지 고지 리우 네그루/네그루강 상류 지역의 공통어(lingua franca)로 사용되었던 언어이다. 다음은 드라비다어에 속하는 칸나다어의 예로 이 언어에서는 의문-종속 전략이 과다 사용되고 있는 경우이다. 이 언어의 사용자들은 WH-의문사와 선택(yes-no) 의문사의 두 가지를 모두 사용하여 관계절 구조를 형성하고 있다(상세한 내용은 Nadkarni 1975 참조).[8] 전자는 *yāva* 'which?'와 같은 의문사를 이용하고(39a), 후자의 경우는 문말 성분인 *ō*을 사용하여 관계절을 구성하는 것인데(39b), 이 두 가지 구조가 결합하여 관계절을 구성한다 (39c).

---

[8] 칸나다어에는 또 다른 관계절이 존재하는데 여기에서는 다루지 않았다(Nadkarni 1975: 674 참조).

(39) 칸나다어(드라비다어; Nadkarni 1975: 674, 676)

(a) yāva   mudukanu   pēpar   ōdutta   iddāne.
    (which   old.man   paper   reading   is)
    "Which old man is reading a newspaper?"
    "노인 분 중에 어느 분이 신문을 읽고 계시죠?"

(b) mudukanu   pēpar   ōdutta   iddān-   ō.
    (old.man   paper   reading   is   Q)
    "Is the old man reading a newspaper?"
    "노인이 신문을 읽고 있어요?"

(c) [yāva mudukanu pēpar ōdutta iddān- ō] avanu ḍākṭaranu iddāne.
    which old.man   paper reading is   **Q** that doctor   is
    "The old man who is reading a newspaper is a doctor."
    "신문을 읽고 있는 노인은 의사예요."

이러한 의문사가 결합한 형태로 관계절로 문법화한 예는 적어도 4세기가 넘는 언어 접촉의 과정에서 인도-아리아어파의 콘카니어에 속하는 사라스와티 브라민(Saraswat Brahmins) 방언으로 복제되었다. 이로써 두 언어에서 관계절의 통사 구조는 완전한 동형을 이루었는데, 실제로는 이 두 가지 언어는 발생학적으로 전혀 관련이 없다(Nadkarni 1975참조).

언어 접촉을 원인으로 하는 의문사로부터 종속절 표지로의 전이는 다음의 예와 같이 의문사(who?)가 의문 기능이 배경화되고 동시에 부정대명사(whoever?)를 지시하는 문맥에서 사용되는 중간 단계를 나타내게 된다. 아즈텍의 나와틀어 사용자들은 주절에서 부정대명사로 사용되는 나와틀어의 의문사를 스페인어의 의문사와 동형인 관계대명사와 동일시하여 결과적으로 의문사를 종속절 표지로 재해석한다(Karttunen 1976: 151 참조). 이러한 과정에는 다음의 1554년에 쓰인 나와틀어의 서신에 나타나는 예와 같이 어휘 항목이 부정대명사와 무핵 관계절 표지 또는 종속절 표지의 두 가지로 해석되는 중간 단계가 나타나게 된다. 이 문장에 나타나는 *in tlen*에 대해서 Langacker(1975)는 주절의 부정대명사로(40a), Rosenthal(1972)은 관계대명사로 해석하였다(40b).

(40) 나와틀어, AD 1554 (Karttunen 1976: 150에서 인용)
 Huel topan quichihuazque in tlen quinequi.
 (a) [well us.on it.do.will.PL ART thing] [it.want.PL]
 Langacker (1975)
 (b) [well our.on they.it.will.do] [the what they.it.want]
 Rosenthal (1972)
 "Well for us they will do what they want."
 "그들이 하고 싶은 일을 하는 것이 우리에게 좋다."

또 다른 예는 브라질 북서부의 비유럽 언어의 상황이다. 북아라와크어인 타리아나어는 동투카노어(East Tucanoan)로부터 다수의 통사 구조를 복제하였다(Aikhenvald 2002 참조). 다음의 예에서 타리아나어의 사용자들은 기존의 의문대명사 *kani* 'where?'를 이용하여 'wherever'의 의미를 표시하는데 이것은 확실하게 동투카노어를 모델로 한 것이다. 따라서 이러한 종류의 문장은 *kani*와 투카노어의 의문사 n*ó*ó(where, wherever)의 차이만 있을 뿐 투카노어와 타리아나어의 통사 구조가 동일하다.

(41) 타리아나어(북 아라와크어; Aikhenvald 2002: 165)
 kani nuha nu- a- mi nuha- nuku
 where I 1.SG- go- NOMIN.LOC I- TOP.NON.A/S
 di- pinita- naka.
 3.SG.nf- follow- PRES.VIS
 "He follows me wherever I go." (Lit. "where my going he follows me.")
 "그는 내가 어디에 가든 나를 따른다."

Aikhenvald는 의문사로부터 부정대명사로 다시 종속절 표지로 전이하는 과정을 다음과 같이 정리하였다.

영어의 'whoever'와 유사한 타리아나어의 부정칭 의미를 가진 관계절에서 의문대명사를 사용하는 것은 동투카노어의 영향을 받은 것임을 의미한다 (Aikhenvald 2002: 165).

6.5 격 표지: 동격 구문 표지와 유사 구문 표지의 출현

의문 표지로부터 담화를 조직하는 표지로 전이하는 것과 본질적으로 동일한 인지적 전이 과정은 유럽 언어의 또 다른 통사 구조에 영향을 주었다. 이 절에서 우리는 그 중 한 가지 통사 구조에 대해 논의해 보려고 한다. 이 통사 구조는 비교를 개념화하는 방식이며, 더 정확하게는 비교되는 항목 간의 동일성과 유사성과 관계된 비교이다. 이에 대한 논의는 Haspelmath & Buchholz(1998)의 영향력이 있는 연구를 기초로 한다. 이들 학자들을 따라 우리는 동등 비교 구문(equative construction/equatives, 42a)과 유사 구문(similative construction/ similatives, 42b)을 구분할 것이다.

(42) 영어(Haspelmath & Buchholz 1998: 278)
  (a) Robert is **as** tall **as** Maria. Robert는 Maria와 키가 같다.
  (b) He sings **like** a nightingale. 그는 nightingale같이 노래한다.

또한 이들 학자들이 제안한 대로, *Robert*와 *He*를 비교 대상으로, 첫 번째 *as*를 변수 표지(정도 표지), *tall*과 *sings*을 변수(비교속성), 두 번째 *as*와

*like*를 기준 표지, *Maria*와 *nightingale*는 비교 기준 등으로 규정한 용어들도 사용할 것이다. 여기에서 우리의 관심은 비교 기준이 표현되는 방식에 국한될 것이며, 변수 표지를 다루지 않는 이유는 다음과 같다. 비교 구문과 유사 구문의 전체적인 통사 구조를 연구한 Haspelmath & Buchholz(1998)와 달리, 우리는 유럽 언어에서 비교 기준 표지와 같은 기능적 범주의 개념적 속성을 재구조화하는 것에 주목하려고 한다.

변수 표지는 다음 몇 가지 방식으로 제한되어 출현한다. 첫째, 변수 표지는 유사 구문에는 나타나지 않는다.[9] 둘째, 비교 기준 표지가 동등 비교 구문의 필수 요소인 반면, 변수 표지는 그렇지 않다. (43)의 예와 같이 알바니아어, 불가리아어, 현대 그리스어, 세르비아어, 크로아티아어, 이탈리아어 등 다수의 유럽 언어와 비유럽 언어는 동등 비교 구문에서 변수 표지를 사용하지 않는다(Haspelmath & Buchholz 1998: 292 참조).[10] 셋째, 영어, 독일어, 네덜란드어, 이디시어, 포르투갈어, 스페인어, 카탈루냐어, 프리울리어, 러시아어, 슬로바키아어, 슬로베니아어, 체코어, 리투아니아어에서는, (44)의 예와 같이 비교 기준이 총칭 명사일 때 변수 표지가 수의적으로 사용되거나 그 사용이 인허되지 않는다(Haspelmath & Buchholz 1998: 310 참조).

(43) 이탈리아어(Haspelmath & Buchholz 1998: 279)

Mia sorella è alta **come** me.
my sister is tall how I
"My sister is as tall as I."
"내 누이는 나와 키가 같다."

---

9) Haspelmath & Buchholz(1998: 314)는 헝가리어에서는 예외적으로 유사 비교 구문에서 변수 표지를 사용한다고 하였다.

10) Haspelmath & Buchholz(1998: 291)는 변수 표지를 사용하지 않는 이 언어들의 분포가 확실한 지역적 패턴을 가지고 있다는 점을 지적하였다.

(44) 독일어

Er ist (so) dumm **wie** ein Ochs.
he is   so   stupid like   an   ox
"(He is as stupid as an ox." *or* "He is stupid like an ox."
"그는 소처럼 우둔하다."

Haspelmath & Buchholz(1998: 278, 313)는 동등 비교 구문을 유사 구
문과 구분하여 사용했는데, 동등 비교 구문은 정도 또는 양적 동일성을 표시
하는 반면에, 유사 구문은 방법 또는 질적인 동일성을 표시하는 점에서 다르
다고 주장했다. 그러나 동등 비교 구문이 방법 또는 질적인 동일성을 표시하
는 경우도 있다. 따라서 우리는 동등 비교 구문은 전형적으로 크기, 분량,
방법 등과 관련된 '형용사적'인 자질을 가진 비교 구문으로 사용되는 반면,
유사 구문은 비교 기준의 행위적 특성을 나타내는 비교 구문으로 사용된다
는 것을 그 구분 기준의 대안으로 제시하려고 한다. 이에 따라 동등 비교 구
문인 (45a)는 형용사적 자질인 *schlecht* 'bad(ly)'와 관련되어 있고, (45b)
는 비교 기준의 행위인 *tanzen* 'dance'와 관련되어 있다. 그러나 이것은 우
리의 논점과 그다지 큰 관계가 없는 문제이다.

(45) 독일어

(a) Paul tanzt so schlecht **wie** sein Bruder.
    Paul dances so badly   as   his   brother
    "Paul dances as badly as his brother."
    "Paul은 그의 형제만큼 춤을 못 춘다."

(b) Paul tanzt **wie** sein Bruder.
    Paul dances like his   brother
    "Paul dances like his brother."
    "Paul은 그의 형제처럼 춤을 춘다."

비교 기준의 개념적 기원이 되는 방법을 묻는 의문사는, 독일어의 *wie* 'how?'와 같이 단일 형태소로 이루어져 있을 가능성이 크다. 그러나 이러한 의문사들은 '(in) which way/manner/kind?'의 의미를 가진 방법을 나타내는 부사구로 재구될 가능성도 가지고 있다. 조지아어의 비교 기준 표지 *rogorc* 는 'manner'의 의미를 가진 단어인 *ra gvar(a)-c(a)* 'what kind'로부터 파생되었으며, 로맨스어에 속하는 라틴어의 비교 기준 표지 *quam* 'how?'는 *quo modo* 'in what way?'라는 구로 대체되어, 이후 개별 언어에서 *comme* (프랑스어), *come* (이탈리아어), *como* (스페인어, 포르투갈어) 등으로 축약되었다(Haspelmath & Buchholz 1998: 331, 292-3 참조).

6.5.1 비교 기준 표지의 개념적 기원

Haspelmath & Buchholz는 문법화의 관점에서 유럽 언어의 동등 비교 구문과 유사 구문의 구조적 특성을 설명하였다. 이들은 SAE 언어의 비교 기준 표지는 관계절 표지에 기반하고 있다고 하였다.

> 의미적으로, 관계절에서 동등 비교 구조가 파생되었다고 하는 것은 매우 타당하다. (중략) 동등 비교 구조와 관계 구조의 유일한 통사적 차이는 관계절에서는 비교 기준이 생략되는 것뿐이다(Haspelmath & Buchholz 1998: 288).

따라서 이들은 관계절로부터 기준 구조로 일종의 '박탈(stripping)' 과정이 존재했다고 가정했다. 앞의 인용문에서 '기반하고' 있다는 것은 통시적인 파생 과정이 있었음을 암시한다. 그렇다면 이러한 비교 기준 표지의 기원이 되는 관계절 표지는 또 의문사를 기반으로 하게 되므로(ibid.: 326), 다음과 같은 시나리오로 정리될 수 있다(46).

(46) 의문대명사 > 관계절 표지 > 비교 기준 표지

이 시나리오를 지지하는 근거는 다음과 같다. 이들은 그리스어(*pos* 'how?' vs. *ópos* 'how(relative)')와 불가리아어(*kak* 'how?' vs. *kak-to 〉 kato* 'how(relative)') 등 일부 언어들에서 관계대명사와 의문대명사를 구분하고 있기 때문에 의문 표지로부터 (비교) 기준 표지로의 직접적인 전이는 불가능하다고 하였다(Haspelmath & Buchholz 1998: 331 참조). 그리고 스칸디나비아어인 스웨덴어, 노르웨이어, 덴마크어의 기준 표지 *som*은 관계사로 사용되기도 한다. 또한 이들은 "모든 사건에서 관계절은 통시적으로 특정 유형의 비교급 구문의 기원이 된다(ibid.: 288)."라고 주장하였다.

그러나 (46)의 가설에는 다음과 같은 의문점이 있다.

(i) 만일 다수의 유럽 언어에서 관계절 표지가 기준 표지의 기원이 되었다면, 왜 의문사로부터 파생된 관계 표지만 이 경우에 해당되는가? 즉, 왜 지시사 파생 관계 표지(*that* 등) 등과 같이 지시한정사와 같은 유럽 언어에서 볼 수 있는 일반적인 기원으로부터 파생된 관계절 표지는 이 가설에 나타나지 않는가?

(ii) 왜 방법을 묻는 의문사('how?') 만이[11] 동등 비교 구문과 유사 구문의 기준 표지가 되었는가? 즉, 왜 영어의 *what, which, where, when, why* 등과 같은 다른 종류의 의문사는 관계절 표지로 문법화되어 기준 표지의 출현을 야기시키지 못했는가?

기준 표지의 출현에 대해서는 또 다른 가설이 존재한다. 이 가설에 의하면

---

11) 그러나 프랑스어와 같은 소수의 예외가 존재한다. 프랑스어에서 의문사에서 파생한 gue는 동등 비교 구문에서 기준 표지 (그러나 유사 구문에서는 사용되지 않는다)와 관계대명사로 사용된다(Haspelmath & Buchholz(1998: 293) 참조).

동등 비교 구문과 유사 구문의 기준 표지는 형용사와 부사에 의해 한정된 방법을 묻는 의문사로부터 직접 파생되었다(47).

(47) 의문 표지 > (a) 관계절 표지
　　　　　　 > (b) 기준 표지

(47)에 대한 근거는 한편으로 바로 앞에서 제기했던 문제들에 대한 해답에서 찾을 수 있다. (a) 만일 기준 표지가 관계절 표지로부터 파생되었다해도, 지시사에서 파생된 관계사가 기준 표지가 되지 못하는 원인은 여전히 불명확하다. (b) 왜 방법을 묻는 의문사만이 기준 표지로 전이되는지도 여전히 불명확하다.

방법 의문사로부터 기준 표지가 파생되었다는 것은 다음과 같은 관찰로부터 제안되었다. 방법 의문사는 형용사와 동사로 표현되는 자질을 지시하는 가장 직접적인 대명사 템플릿으로 사용된다(48).

(48) 영어

How tall is he? 그는 얼마나 커요?
How does he sing? 그의 노래하는 것은 어때요?

따라서 방법 의문문에 대한 답변인, 동등 비교(49a)와 유사 명제(49b)에서, 기준을 제시할 때 방법 표지를 사용하는 것은 가장 우선적인 선택항이다.

(49) 독일어

(a) **Wie** dumm ist er? (Er ist dumm) **Wie** ein Ochs.
　　 how stupid is he he is stupid how an ox
　　 "How stupid is he?" "(He is stupid) Like an ox."
　　 "그는 어떻게 우둔해요?" "(그는) 소같이 (우둔해요)."

(b) **Wie** arbeitet er? (Er arbeitet) **Wie** ein Roboter.
how works he he works how a robot
"How does he work?" "(He works) Like a robot."
"그는 어떻게 일해요?" "(그는) 로봇같이 (일해요)."

유사한 경우로 방법 의문사는 다음의 예와 같이 방법을 나타내는 종속절 표지로도 우선적으로 사용된다.

(50) English

I don't know **how** he sings.

마지막으로, 만일 (46)의 가설을 선택한다면, 왜 동등 비교 구문이나 유사 구문의 비교 기준이 관계절 구조를 가진 언어는 없는가라는 의문이 발생한 다. 문법화 이론에 비추어 보면, 관계절로부터 기준 표지로의 변이에서, 새 로운 기능을 표현하기에 부적절한 모든 성분들은 소멸하는 경향이 있다는 것을 예측할 수 있다(Haspelmath & Buchholz(1998: 288) 참조). 또한 이 러한 전이가 이루어지고 있다고 보이는 다수의 유럽 언어는 초기 단계의 구 조를 어느 정도라도 보유하고 있을 것이라고 기대할 수 있다.

우리는 이 가설 중 어떤 것이 옳다고 결정하지 않으려고 한다. 그러나 기 준 표지가, 관계절 표지로 사용된 중간 단계가 존재하든 그렇지 않든, 역사 적으로 방법 의문사로부터 파생되었다는 것은 의심의 여지가 없다.

지역적 패턴

비교 기준 표지가 방법 의문사로부터 파생된 것은 대부분의 슬라브어와 로맨스어, 발칸 제어, 스칸디나비아어를 제외한 게르만어, 헝가리어, 롬어, 조지아어 등에서 발견된다. 따라서 이들은 [지도 6-1]과 같이 지역적 단위를

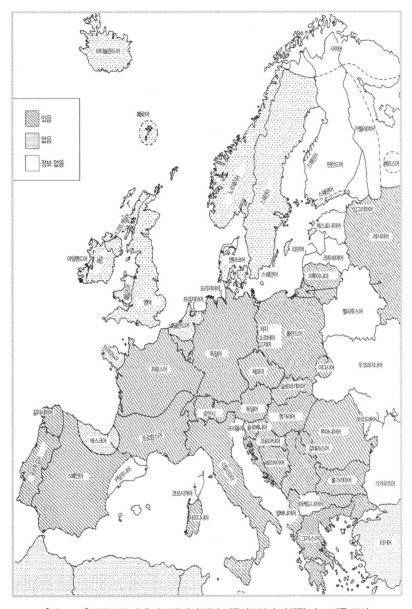

[지도 6-1] 동등 구문과 유사 구문에서 방법 의문사로부터 파생된 비교 기준 표지

출처: Haspelmath & Buchholz 1998.

형성한다. 따라서 Haspelmath & Buchholz는 다음과 같이 결론지었다.

우리가 알고 있는 한, 비유럽 언어에서는 이 통사 구조가 전혀 확산되지 않았다. 따라서 이는 유럽 언어역, 유럽적 특성, SAE를 정의하는 특성임에 틀림없다(Haspelmath & Buchholz 1998: 290).

이들 학자들이 이러한 통사 구조를 가졌다고 하는 유일한 비유럽어의 예 역시 인도-아리아어파에 속하는 펀자브어였다(Haspelmath & Buchholz 1998: 286 참조).

이 근거들에 의거하여, 우리는 방법을 묻는 의문대명사가 동등 비교 구문과 유사 구문에서 비교 기준을 도입하는 격 표지로 문법화하는, 의문 영역으로부터 통사 관계 영역으로의 개념 전이의 가설을 세우려고 한다. 나아가서 이러한 문법화 과정을 거친 언어들의 지역적 분포에 기초하여, 이러한 전이 과정이 언어 접촉을 원인으로 한다는 가설도 세우려고 한다.

현재의 의문은, 이 확산의 중심이 어디인가 하는 것이다. Ramat(1998: 231)는 "규범적인 언어의 동등 비교 구문은 인도-유럽어족을 기원으로 한다"고 하였다. 이것은 이미 라틴어를 통하여 검증된 사실이다.

(51) 라틴어(Ramat 1998: 231)

Soror mea **tam** pulchra est **quam** tu.
sister my so pretty is as you
"My sister is as pretty as you."
"내 누이는 당신만큼 예뻐요."

구체적인 역사적 근거는 부족하지만, 이러한 의문문으로부터 종속절로의 문법화의 경우(6.2 참조), 이 의문문에 기반을 둔 동등 비교 구문과 유사 구문의 확산에 라틴어와 로맨스어가 적어도 하나 이상의 주요한 모델로 작용했을 것이라는 가설을 세우게 된다.

6.6 결론

이 장에서 우리는 매우 극적인 인지적 과정을 다루었다. 이 과정은 대인 기능 중 특히 의문의 영역으로부터 출발하여 통사 관계라는 담화 기능의 영역으로 전이하는 과정이다. 우리는 유럽의 대부분의 언어에서 의문표지 (52a)가 종속절(52b)과 명사구(52c)를 도입하는 표지 개념 전환이 이루어졌다고 주장한다.

(52) 독일어

    (a) **Wie** tanzt Paul?
        how dances Paul
        "How does Paul dance?"
        "Paul은 어떻게 춤을 춰요?"

    (b) Ich weiß nicht, **wie** Paul tanzt.
        I know not how Paul dances
        "I don't know how Paul dances."
        "나는 Paul이 어떻게 춤을 추는지 모른다."

    (c) Paul tanzt **wie** sein Bruder.
        Paul dances like his brother
        "Paul dances like his brother."
        "Paul은 그의 형제만큼 춤을 춘다."

이러한 과정은 유럽 외 언어에서 전혀 발견되지 않는 것은 아니지만, 유럽 내 언어들에서는 연쇄적으로 발견되고 이는 다른 비유럽 지역에서는 드문 현상이다. 유럽 내에서 이러한 통사 구조가 확산되는 것은 부분적으로 발생학적인 관계에서 비롯된 것이나, Ramat(1998: 236)에 의하면 상당 부분 언어 접촉에 의해 지역적으로 확산되었을 가능성이 높다.

앞서 논의했듯이 여기에는 몇 가지 서로 다른 문법화 경로가 존재한다. 첫째, 의문 표지가 종속절의 통사적 표지로 전이할 때는 인간('who?'), (무정)목적어('what?'), 공간('where?'), 시간('when?'), 방법('how?') 등의 의문의 본질적 의미 범주의 범위가 모두 개입하는 반면, 기준 표지의 진화에는 방법 의문사만이 개입된다. 둘째, 이 문법화 과정은 새로운 종류의 절과 명사구의 출현과 관련되어 있다.

의문문에서 종속절의 통사 구조로 진화하는 것은 복잡한 과정이며, 이 진화 과정의 기저에 존재하고 있는 개념 패턴을 재구조화하는 것에 대하여는 좀 더 구체적인 연구가 필요하다. 통시적인 근거를 기초로 했을 때, 개별적인 언어 내적 변이, 발생학적 관계, 평행 변이 등의 요소들이 이 진화 과정에 어떤 역할을 담당했을 것이라고 가정할 수 있다. 그러나 이 장에서 관찰한 바에 의하면, 이 진화와 관련된 다수의 상황이 언어 접촉에 의해 촉발되었음을 보여준다. 즉, 특히 로맨스어와 슬라브 제어는 모델어가 되어 게르만어와 같은 다른 SAE 언어와 다수의 주변어에 언어 접촉에 의한 복제의 기회를 제공했다.

7

유럽의
주변 언어들

7.1 서론

유럽은 지리적으로 단일하게 밀집되어 있는 지역이다. 그러나 언어 접촉이라는 관점에서 보면, 유럽은 좀 더 큰 규모의, 분산된 실체를 구성하고 있다고할 수 있다. 유럽 언어들이 비유럽 지역으로 확산된 결과 지난 5세기 동안지리적으로 유럽과 멀리 떨어진 지역에서 사용되는 언어에도 영향을 미쳐 교차 언어적으로 매우 특이한 상황이 발생하게 되었다. 이러한 언어 접촉을 통하여 사실상 전 대륙에 새로운 언어의 지역적 관계 패턴과 새로운 유형적 특성이출현하고 그 중 특정한 패턴과 특성은 유럽어와 비유럽어를 단일화하는 데기여하고 있다. 이장의 주제는 바로 이러한 패턴에 관한 것이다.

이 장에서는 두 가지 서로 다른 상황을 다룬다. 하나는 SAE 언어의 영향을 받아 그 결과 유형적 특성이 변화된 언어에 대해 다루려고 한다. 이것은 $L_2 > L_1$-전이인데, SAE 언어가 주변어인 L_1-사용자들에게 복제의 모델을 제공하는 경우이다. 우리는 이에 대해 7.2에서 다룰 예정인데, 거기에서 우리는 SAE 언어의 어떤 통사적 개념이 다른 언어로 복제되는 특별히 흡인력 있는 모형이 되는지의 문제에 특히 관심을 기울일 것이다. 그 내용은 SAE 언어의 어떤 통사적 개념이 다른 언어에 매력적인 모델로서 복제되는 지에 대한 해답이다

다른 하나는 $L_1 \rangle L_2$-전이에 관한 것이다. 특히 SAE 언어가 다른 언어 L_1의 복제의 모델인 목표어로 사용되는 과정에서 SAE 언어 L_2 자체에 새로운 유형적 특성을 요구하는 경우를 말한다. 좀 더 상세한 내용은 피진과 크레올에 관한 문헌을 참고하라. 피진과 크레올에는 일반적으로 '기층어의 영향'이라고 칭하는 이러한 전이가 많이 나타나고 있다. 우리는 SAE 언어가 다른 언어로부터 어떤 통사적 개념을 복제할 가능성이 높은 지에 대하여 7.3에서 집중적으로 논의하기로 한다.

앞으로 '유형적 특성의 변화'라는 술어는 다음과 같은 기술적인 용어로 사용될 것이다. 이 책의 주제와 관련하여, 우리는 이 용어로 문법 복제의 결과로 이전과 확실히 다른 다수의 통사 구조를 가지게 된 언어의 상황을 지칭할 것이다. 일반적으로 이러한 변화들은 모델어로의 변화를 말한다. 따라서 언어 접촉에 의하여 두 종류의 언어를 구조적으로 더욱 동일하게 만드는 과정을 '수렴/융합'이라고 한다. 그러나 이것이 모든 경우에 해당하는 것은 아니며 이에 대해 다시 논의할 기회가 있을 것이다.

7.2 유럽 언어의 유형론적 분석

이 책의 주제는 언어 접촉이 어떤 방식으로 한 언어의 유형적 성향에 대해 영향을 미치는가에 관한 것이다. 앞의 내용에서 우리는 언어 접촉이

광범위한 유럽 언어와 개별적인 특징에 영향을 미친 것을 살펴보았다. 이 절에서는 특정한 언어에서 '유럽화'란 무엇인지에 대한 질문에 대하여 다루어 보기로 하겠다.

이를 위하여 우리는 주변 지역에 위치하고 있고 유형적으로 SAE 지역의 언어와 상반되는 언어들에 대하여 논의할 것이다.

이 중 첫 번째 언어는 인도-유럽어족의 언어와 1000년이 넘는 기간 동안 접촉한 역사를 가지고 있는 바스크어이며, 게르만어의 영향을 받은 슬라브계 소수어가 그 두 번째, 유럽어와 상대적으로 짧은 접촉의 역사를 가지고 있음 비유럽어에 속하는 산살바도르의 피필어가 세 번째 언어의 예이다. 이 중 피필어는 비유럽 언어이지만 유럽어의 확산 지역 중 주변부에 속한다고 간주할 수 있다.

우리는 7.3.1에서, 특정 언어가 동시에 모델어와 복제어가 되는 예를 제시하여, 일반적인 지역적 확산과 특정한 문법 복제가 꼭 일방통행일 필요는 없다는 사실을 확인할 것이다.

7.2.1 바스크어

최근 이루어진 다양한 유럽 언어의 분류에서 바스크어는 모든 SAE 언어와 발생학적으로 통사적으로 상반되는 매우 주변적인 언어에 속해 있다. 따라서 Haspelmath(2001: 1493)는 바스크어를 유럽적 특징을 거의 가지고 있지 않은 유럽의 경계어로 분류했고, 같은 이유로 Kortmann(1998a; 1998b: 507ff.)은 바스크어를 유럽 언어의 주변부 언어라고 하였다. 이러한 분류들이 견고한 언어학적 근거를 기초로 한 매우 타당한 분류법에는 틀림이 없으나, 우리는 이 절에서 그럼에도 불구하고 바스크어가 상당히 SAE 언어의 방향으로 이동하고 있고, 그 과정에서 언어 접촉에 의한 문법화가 주요한 요인 중 하나라는 것을 검증해 보려고 한다. 주지하는 바와 같이 바스크어 사용자들은 스페인어와 강력히 접촉하고 있다. 그러나 우리는 프랑스의 남서부 지역에서 사용되는 바스크어의 변이에 한정하여 논의해 보려고 한다. 그 이유는 이 변이에 대해 이미 구체적으로 분석한 자료가 있기 때문이다(Haase 1992 참조).

수세기에 걸쳐, 이 바스크어의 변이는, 가스코뉴어와 프랑스어의 두 종류의 로맨스어로부터 영향을 받고 있었다. 그 결과 현재 의미적, 형태 통사적으로 광범위한 통사적 동형과 일치를 나타내고 있다. 따라서 Ross(2001: 146)는 이것을 메타티피의 한 예로 보고 있다.[1] 우리는 접촉으로 인한 문법화가 어떻게 언어 간의 일치를 증가시키는 지에 관한 몇 가지 예를 살펴보기로 하겠다. 더 자세한 내용은 Haase(1992)를 참조하라.

명사 구조

바스크어에서 부정관사가 출현한 예는 가스코뉴어와 프랑스어와의 수세기에 걸친 접촉의 결과로 소개되었다(1.3, 3.3.3참조). 이 과정에서 바스크어의 수사가 부정관사로 변이한다.[2] 수사 *bat*가 가끔 한정적 표지로 사용된 예는 1782년에 발견된다. 그보다 앞선 1545년에는 *bat*가 비한정적 표지의 초기 단계로 사용된 예가 발견되는데, 이러한 비한정적 표지로의 문법화는 바스크어에서 최근에 이루어진 일이다. 바스크어의 관사는 상당한 정도로

---

[1] 메타티피란, 언어 접촉에 의하여 한 언어의 의미적, 통사적 구조 전체가 재구성되는 것을 말한다. 메타티피를 통하여 복제어(replica language)에서는 새로운 유형적 특성을 형성하게 되고, 모델어(model language)와 복제어 사이에 상호 번역성(intertranslatability)을 높이는 효과가 있게 된다(Ross 1996: 182).

[2] Haase는 이 과정을 "환언하면, *bat*와 프랑스어/가스코뉴어의 *un*은 모두 수사로서, 상호 번역하는 과정에서 부정관사의 기능까지 포함한 모델어의 *un*의 기능을 모두 복제하게 된 것"이라고 기술했다(Haase 1992: 59).

문법화가 진행된 상태이지만, 모델어인 로맨스어보다는 덜 문법화되어있다. 바스크어의 한정 표지에 대해서는 1.3의 내용을 참조하라.

명사구의 형태적 요소와 관련된 또 다른 예는 세 가지 로맨스 언어를 모델로 하여 출현한 공동격과 도구격을 표시하는 다의격을 들 수 있다. 우리는 이에 대해 5.3에서 이미 살펴보았다. 바스크어는 공동격과 도구격 체계를 포함하여 적어도 14종의 격 접미사를 보유한 풍부한 격 굴절을 가진 언어인 반면, 바스크어와 접촉하고 있는 스페인어(*con*), 가스코뉴어(*dab*), 프랑스어(*dambe*)는 다른 대부분의 유럽 언어와 같이(Stolz 1996 참조) 공동격-도구격의 다의격을 가지고 있는 언어이다.

이러한 접촉의 결과로 바스크어는 이 두 가지 격을 차이를 포기하는 과정을 밟게 된다. 이 과정에서 바스크어는 모델어들이[3] 공동격-도구격의 다의격 전치사를 사용하여 도구격 성분을 표시하는 곳에 공동격 접미사 *-ekin* (또는 *-ekilan*) (= My)을 사용하여 표시한다. 바스크어의 도구격 접미사 *-(e)z*는 여전히 도구나 방법을 표시하는 데 사용되고 있으나, 모델어인 스페인어에서 다의격 전치사를 사용하는 곳과 같은 문맥에서는 공동격 접미사로 대체되는 경향을 보인다. 환언하면 이 바스크어의 변이에서 도구격은 단계적으로 공동격 접미사로 대체되고 있다. 즉, 모델어와 동일성을 형성하기 위하여, 모델어의 다의격은 공동격이 도구격 성분을 표시하는 것으로 문법화 과정을 통하여 바스크어로 복제된 것이다.

그러나 이러한 의미 복제가 바스크어의 격 체계에 형태 통사적인 영향도 미치는 것으로 나타났다. 로맨스어의 전치사 체계를 모델로 하여 바스크어는 관계명사(relational noun)를 문법화 하여 후치사 체계를 발달시켰다. 따라서 *buru* 'head' or *baita* 'interior'와 같은 관계명사의 문법화를 통하

---

3) 가스코뉴어가 바스크어에 영향을 준 것은 일방향적인(unilateral) 것이 아니고, 바스크어 역시 가스코뉴어에 대하여 모델어의 역할을 한 점이 있다(Haase 1997 참조).

여 바스크어는 로맨스어의 복합 전치사 체계를 모델로 하는 복합 후치사 체계를 수립하였다. 예를 들어, 바스크어의 후치사 −ri/−ra(t) buru−z (DAT/DIR head-INSTR) 'in the direction of'는 가스코뉴어의 전치사 (de) cap a ((from) head at) 'in the direction of'를 모델로 하여(Haase 1992: 73−5참조),[4] 가스코뉴어의 복합 부치사와 동일하게 복제한 것이다 (1992: 80 참조).

로맨스어와의 접촉에 기인한 문법화는 (자립적) 인칭 대명사의 체계에도 영향을 주었다. 첫째, 새로운 인칭 대명사를 생산함으로써 지시 체계의 공백을 매웠다. 즉, 가스코뉴와 프랑스어에는 3인칭 대명사(가스코뉴어의 eth 'he', era 'she'; 프랑스어의 lui 'he', elle 'she')가 존재하고 있었는데 바스크어에는 3인칭 대명사의 범주가 존재하지 않았다. 모델어와 유사한 체계인 3인칭 대명사를 발달시키기 위하여, 바스크어는 기존의 동일성 대명사인[5] ber- 'same, -self'를 3인칭 대명사로 문법화하고 있다(Haase 1992: 135−7 참조).[6]

둘째, 언어 접촉이 바스크어에 인칭대명사에 영향을 주었다는 것은 조금 특이한 현상이다. 그것은 이 과정에서 동일한 관계를 설정하는 대신 오히려 반대의 예가 나타나고 있기 때문이다(Haase 1992: 134 참조). 초기 단계에 바스크어는 hi를 2인칭 단수 대명사로, zu를 2인칭 복수 대명사로 사용하고 있었다. 로마 시대부터 로맨스어들은 2인칭을 비격식/친밀형(라틴어의 tu에서 기원한)과 격식/존대형(vos)으로 구분하여 사용하고 있었는데, 이 중 격

---

4) Haase(1992: 81)는 이를 차용 번역을 통하여 번역의 일치를 이루는 과정이라고 하였다(2.6 참조).
5) '동일성 대명사(identity pronoun)'는 König and Siemund (2000)의 용어로 강조사(intensifier) 인 것 같다.
6) 이 문법화 과정의 근거는, 첫째, 일방향성에 관한 것이다. 즉, 교차 언어적으로 다수의 언어에서 강조사('-self')와 동일성 형태('the same')가 인칭대명사로 변이하는 예가 존재하지만 그 반대의 예는 존재하지 않는다. 둘째, 이 과정은 특정한 강조사나 동일성의 의미가 탈색되고 3인칭 대명사의 의미 기능만이 잔류하는 탈의미화로 설명될 수 있다(2.3 참조).

식형은 2인칭 복수 대명사(*vos*)가 그 사용을 2인칭 단수의 격식/존대형으로 확장한 결과이다. 초기 단계에서 바스크어의 사용자들은 이러한 구분을 복제하여 2인칭 복수 대명사인 *zu*를 이용하여 2인칭 단수 명사를 존대하는 용법(새로운 복수 대명사 *zu-ek*는 기존의 형태에 복수 표지 −*ek*를 추가하여 사용하였다.)으로 사용하였다. 그러나 이후 바스크어에서는 로맨스어와의 동일성을 유지하지 않고, *hi*는 매우 친밀한 2인칭 지시로, *zu*는 일반적인 2인칭 대명사로 그 의미가 변화하였다. 이로써 *hi*도 현대 로맨스어의 *tu*와 완전히 일치하지 않고, *zu* 역시 *tu* 또는 *vos*와 동일하지 않으며 많은 문맥에서 두 가지 모두의 의미로 사용될 수 있다.

이것은 사용자들이 모델어와 동일한 통사 구조를 정립하려던 목표가 반대로 달성되었음을 의미한다. 즉, 두 언어 간에 일대일로 대응되는 통사 구조를 새로 만드는 대신, 언어 접촉 이전에 사용하던 것보다 거의 호환되지 않는 통사 범주 체계를 가지게 된 상태로 상황이 종료될 수 있다는 것이다.

이것은 다음에서 기술할 예시들로부터 예외적인 경우가 아니다.

우리가 관찰한 바와 같이, 바스크어는 공동격 접미사인 −*ekin/-ekilan*이 도구격까지 표시하는 방향으로 문법화하여 가스코뉴어와 프랑스어로부터 공동격−도구격의 다의격을 복제했다. 이에 따라 복제어는 모델어와 동일한 다의격을 가지게 되었다(Haase 1992 참조) 이와 유사한 경우가 스페인에서 사용되고 스페인어를 모델로 하는 바스크어의 변이에서도 발생하였다 (Hurch 1989: 14ff. 참조). 이 변이에서 도구격 접미사 −(*e*)*z*는 쇠퇴하고 있는 범주에 속한다. 그러나 스페인의 상황은 조금 더 복잡하다. 그 이유는 이 변이에서 나타나는 문법화에서는 도구격의 기능을 표지할 때 더 이상 형태와 의미 사이에 일대일 대응이 성립하지 않기 때문이다(5.2 참조).

동사 구조

명사 구조와 동일한 종류의 복제가 동사 체계 내에서도 발견되는데, Haase(1992: 158)는 이러한 복제를 유발하는 통사 구조를 '로맨스어의 TAM 체계'라고 하였다. 가스코뉴어에서는 장소 도식 [X is at doing Y]을 기초로 하여 진행상을 문법화하였다(1). 바스크어 사용자들은 명사화 표지 (*-tze*)를 사용하여 가스코뉴어의 부정사 표지의 패턴을 동일하게 복제하였고, 나아가서 진행상과 미완료상의 표지로 문법화하였다(Haase 1992: 93 참조)(2).

(1) 가스코뉴어(로맨스어; Haase 1992: 93)

    èste   a   her   quaucòm
    be   at   do.INF   something
    'be in the process of doing something'
    '무엇을 하는 과정에서'

(2) 바스크어(Haase 1992: 93)

    kanta- tze-   n   dut.
    sing- NOMIN- INE   PRES.3.SG⟨1.SG
    "I sing."
    "나는 노래한다."

바스크어는 또한 언어 접촉을 원인으로 하는 문법화 과정을 거쳐 라틴-로맨스어의 소유 완료상을 복제하기도 하였는데, 이 때 동사 *ukan* 'have'와 타동 분사를 보충어로 하여 완료상을 형성하였다(Haase 1992: 92-3; 4.4.5참조). 바스크어에 나타나는 또 다른 동사 파생은, 바스크어에서 가스코뉴어의 *har* +부정사, 또는 프랑스어의 *faire* +부정사의 통사 구조를 모

델로 하여, 동사 *egin* 'to do'를 분사 형태로 사용하여 사역 표지로 문법화
한 것이다.

(3) 바스크어(Haase 1992: 125-6)
    [...] ber- e-   k   lei[h]o bat- eta- (r)at jautz-
        IDN- ART.P- ERG window one- TRN- DIR   descend-
        i   [eg]in   eta [...]
        PTCP do.PTCP and
    '[...] they must take them (down) to a window and [...]'
    '[...] 그들은 그들을 필히 창쪽으로 데리고 가서 [...]'

이러한 접촉에 의한 문법화는 다음의 예와 같이, 미묘한 의미의 차이와 문
맥의 일반화를 야기할 수도 있다(Bybee, Perkins & Pagliuca 1994 참조).
바스크어는 9종의 '양태 기능어'를 가지고 있으며, 그 중 두 가지인 *ahal* 'be
able to'와 *ezin* 'not to be able to'는 능력이나 가능성을 표현한다(Haase
1992: 111 참조). 모델어에서 *ahal*과 의미적으로 대응되는 형태는 가스코뉴
어의 양태 동사 *poder*와 프랑스어의 양태 동사 *pouvoir*이며, *ezin*에 대응
되는 형태는 이들 양태 동사에 부정표지를 더한 가스코뉴어의 *poder pas*와
프랑스어의 *ne pas pouvoir*로 [NEG + 'be able to']의 구조이다. 그러나
모델어의 상황을 복제하기 위하여, 바스크어에서는 능력에 대한 긍정과 부
정을 표시할 때, *ahal*과 *ahal*에 부정 표지 *ez*를 첨가하여 사용하기 시작했
다. 이것은 바스크어 사용자들이 부정문에서 *ahal*과 *ezin*이 대체되는 제약
을 포기했다는 것을 의미한다. 그 결과, *ezin*은 점차 *ez ahal* (NEG 'be
able to')로 대체되어 모델어와 동일성을 확보하게 되고 바스크어는 양태 기
능어 중 하나를 잃게 된다.
이 과정은 여러 가지 다른 방식으로 해석될 수 있다. 예를 들어, 이 과정

은 '분리(unpacking)'의 예시로 이해될 수 있다. 즉, 종합적 표현인 *ezin*이 분석적 표현인 *ez ahal*로 대체되는 것이다. 우리는 이 문법화 과정에서 이 두 가지 서로 밀접한 관련이 있는 문법화 과정을 거쳤다는 것을 발견했다. 첫째는 *ezin*이 사용되는 문맥으로 그 사용이 확장(또는 문맥의 일반화)되는 것이고, 둘째는 부분적으로 특징적인 의미의 차이를 잃고 탈의미화 하여 좀 더 일반적인 의미를 획득하여 부정 표지를 사용하는 구조와 호환할 수 있게 된다. 일반적인 문법화와 마찬가지로, *ezin*의 사용은 특정 문맥인 명사화 종속절에서만 잔류하게 되었다(Haase 1992: 121 참조).

이러한 특수한 재구조화는 바스크어의 부정명령문에 영향을 미쳤다. 모델어인 가스코뉴어에서 부정명령문은 가정법으로 표시는데 이 때 가정법의 사용은 종속절로 제한된다. 바스크어에서 가정법(SB)은 주절에도 나타나는데, 그때마다 가스코뉴어의 명령법과 관련된다.

이러한 가스코뉴어와 바스크어의 가정법의 통사적 차이 때문에, 바스크어 사용자들은 부정명령문을 표지할 때, 종속절 표지(SR)를 첨가한다(4).

(4) 바스크어(Haase 1992: 106)

Haurr- a- k, etzizte- la jin!
child- ART- PL NEG.SB.2.PL.PRS- SR come
"Children, don't come!"
"아이들은, 오지 말아라!"

문장 구조

바스크어 동사 체계의 변화는 문장 성분을 표지하는 것에도 영향을 미친다. 전통적인 바스크어에는 피동 범주가 존재하지 않았다. 그러나 가스코뉴어와 프랑스어의 피동 구조를 복제하기 위하여, 결과상 구조에 자동사의 분사형인 *izan*을 첨가하는 방식으로 문법화를 진행 중이다(이 때 동작주는 생략된다).

(5) 바스크어(예문 출처: 주간 *Herria*(국가); Haase 1992: 102)

Adolfo Villoslada … libra- tu- a izan da.
Adolfo Villoslada … free- PTCP- ART be.PTCP PRES.3.SG
"Adolfo Villoslada (a kidnapped industrialist) has been freed."
"Adolfo Villoslada(납치된 기업가)가 풀려났다."

그리고 바스크어에서는 로맨스 유형 피동구조를 복제하기 위한 다음 단계가 진행된다. 그것은 전치사 *de*와 *per*를 사용하여 동작주를 도입하는 가스코뉴어를 모델로 하여, 탈격-부분격 접미사인 −*(r)ik*를 사용하여 동작주를 도입하는 것이다.

(6) 바스크어(Haase 1992: 132)

A(b)antxü xakür bat- eta- (r)ik ausiki izan
almost dog one- TRN- ABL/PART bite.PTCP be.PTCP
tzün.
PRT.3.SG.2.AL
"He was almost bitten by a dog."
"그는 개에게 물릴 뻔 했다."

의문대명사로부터 관계사와 종속절 표지로의 문법화를 통한 문장 접속 방식이 언어와 접촉한 다수의 언어에서 발견되었다(제6장 참조). 그리고 스페인에서 발생한 언어 접촉도 관계절 표지에 영향을 미치고 있었다. 바스크어에서 한정적 관계절은 핵에 선행하고 관계대명사는 나타나지 않으며 그 대신 동사가 접미사를 취함으로써 종속절임을 표지한다. 그러나 현재 새로운 관계화 전략이 스페인어의 영향 하에 있는 일부 바스크어에서 사용되고 있다. 그것은 의문표지 *zein* 'which?'/'who?'를 스페인어의 의문대명사와 동일하게 사용하는 것과 *zein*이 관계절 표지로 문법화한 것이다(Trask 1998: 320 참조). 이와 같이 문법화된 *zein*에 관해서는 17세기의 문헌에 이미 나타나지만 그것은 번역문에 제한된다(Hurch 1989: 21 참조). 이 새로운 형태는 기존의 구조를 대체한 것이 아니라 기존의 관계절 구조에 *zein*이 첨가되는 방식으로 이루어졌다(Trask 1998: 320 참조). 그 결과 현재는 명사 후치 관계절에 *zein*이 첨가되는 이중 표지의 형식으로 관계절을 표시한다.

바스크어(적어도 프랑스 남서부 지역에서 사용되는 바스크어)는 모델어와 같이 매우 생산성이 높은 유형으로 발달을 진행한 것 같다. 따라서 다음 예에 나타나는 문어의 통사 구조는 다수의 SAE 언어와 주요한 특징을 공유하고 있다. 즉, 관계절 구조가 명사에 후치하고 굴절적인 관계대명사가 관계절을 도입하며, 이 때 이 관계대명사는 관계절 내에서 핵이 담당하고 있는 역할을 표시하는 요약 관계대명사이다(Haspelmath 1998: 1494-5 참조).

(7) 바스크어(Haase 1992: 152)

Hiri   bat   ba-   zen,   zoin-   tan   ez   bait-
town   one   ENZ-   PRT.3.SG   which-   TRN.INE   NEG   SR-
zen   eliza-   rik.
PRT.3.SG   church-   PART
"There was a town where there was no church."
"교회가 없는 마을이 있었다."

제6장에서 언급했듯이, '로맨스어의 종속절 유형'은 관계절만이 아니다. 그것은 의문사로부터 종속절 표지로 문법화한 경우도 포함하는데, 프랑스에서 사용되는 바스크어는 *non* 'who?', *zer* 'what?', *nun* 'where?', *nola* 'how?', *zoin* 'which?'와 같은 일련의 의문 어휘를 이용하여 가스코뉴어와 프랑스어의 종속절과 부사절을 복제했다(8).

(8) 바스크어(Haase 1992: 149)

Ba-   dakizü,   zer   de-   n?
ENZ-   know.PRS.3.SG⟨2.SG   what PRS.3.SG- SR
'Do you know what he/she/it is?'
'그가/그녀가/그게 누구인/뭔지 알아요?'

앞서 살펴본 다양한 혁신들은 동시에 바스크어에 출현한 것이 아니라 수세기에 걸쳐 분산되어 나타났다. [표 7-1]은 이에 대한 연대의 개요를 표시한 것이다. 이 표에서는 주요한 복제가 출현한 시기가 두 번 나타나는데, 첫 번째는 1600년 이전의 시기이고 두 번째는 20세기의 현대 바스크어 시기이다.

[표 7-1] 바스크어의 복제 연대표

복제의 종류	원바스크어	16세기	18세기	20세기
'Do' 〉 사역표지	−	−	−	+
공동격 〉 도구격	−	−	−	+
피동구조의 출현	−	−	−	+
3인칭 대명사의 출현	−	−	−	+
동사 서법 기능어 상태	−	−	−	+
복합 후치사	(−)	(+)	(+)	+
부정관사의 출현	(−)	(+)	(+)	+
로맨스어의 TAM 체계	(−)	(+)	+	+
의문표지 〉 종속절 표지	(−)	+	+	+

출처: Haase(1992: 158).

결론적으로 언어 접촉에 의한 문법화는, 복제어인 바스크어와 모델어인 로맨스어의 상호 번역성을 높이는 주요한 요인 중 하나라는 것이다. 이들 모델어를 통하여 바스크어는 모든 통사 범주는 아니더라도 다수의 SAE적인 특징을 획득했다.[7]

7.2.2 중앙 유럽의 슬라브계 소수어

언어들의 '유럽화'에는 두 가지 주요한 사회 언어적 환경이 나타난다. 한 가지는 국제공통어가 고등교육의 매체로 사용되어 문어를 통해 모델어로서 전파되는 것이다. 전형적인 예는 라틴어이고 그리스어도 그러한 경우이다. 이 경우 지리적 상황보다는 특정 영역인 종교와 교육 등을 통하여 이 언어들이 전파된다. 다른 한 가지는 지리적으로 연접한 담화공동체 간의 접촉이 복제를 촉발하는 것이다. 정식적인 교육이나 종교적인 지도의 역할 외에, 인접하고 있는 지역의 언어 사용자들 간에 일상적으로 이루어지는 구어를 통한 상호작용이 언어 접촉에 개입하는 것이다.

두 번째 종류의 예시들은, 게르만어와 독일 동부에서 사용되고 있거나 독일어 사용 지역에 인접해 있는 슬라브계 소수어와의 언어 접촉에서 나타난다. 이러한 소수어들은 독일 동부의 루사티아(Lusatia) 지역의 고지와 저지에서 사용되는 고지 소르비아어와 저지 소르비아어, 폴란드의 비슬라강(Vistula) 하류의 왼쪽 기슭에서 사용되는 카슈비아어, 폴란드의 북동부인 쉬몰신(Schmolsin)과 그로스가드(Grossgarde) 지역에서 20세기 중반까지 사용되다가 현재는 사멸한 언어인 슬로빈시아어(Slovincian) 등이다. 이 슬

---

7) 우리가 논의했던 부정관사, 'have'-완료상, 대명사를 가진 관계절 등은 Haspelmath(2001)가 제안한 언어를 진단하는 기준인데, 바스크어에는 존재하지 않는 특성이다.

라브계 소수어는 독일어의 영향을 다량으로 받았고, 이 접촉의 과정에서 문법화가 비중 있는 역할을 하게 된다.

독일어의 유형적 특징 중에는, 다수의 유사 피동 구조를 가졌다는 것이 포함된다. 유사 피동 구조는 주동사가 과거 완료 분사형(PPP)으로 나타나고, *bekommen, kriegen, erhalten*(모두 'to get, receive'의 의미), *will haben* 'wants to have', *gehören* 'to belong to', *sich lassen* 'to let oneself' 등의 동사가 조동사의 역할을 하는 것이다(9), (10).

(9) 표준 독일어

  (a) Klaus   bekommt   heute   die   Haare   geschnitten.
       Klaus   gets   today   the   hair   cut
       "Klaus has his hair cut today."
       "Klaus는 오늘 머리를 잘랐다."

  (b) Klaus   will   heute   die   Haare   geschnitten   haben.
       Klaus   wants   today   the   hair   cut   have
       "Klaus wants his hair to be cut today."
       "Klaus는 오늘 머리를 자르려고 한다."

Lötzsch (1969; Nau 1995: 96ff. 참조)가 제공한 근거에 의하면 이 구조들은 인접한 슬라브어로 복제되었고 , 이 과정에서 차용의 기제도 가담하였다. 차용 과정은 소르비아의 구어 변이 전부가 *krynuś* (또는 *krynuć kry (d)nyć*)의 형태로 독일어 동사 *kriegen* 'get, receive'을 차용하였고 슬로빈시아어에서는 *krëgac* 의 형태로 차용되었다. 고지와 저지 소르비아어는 독일어의 여격, 간접, 또는 수령자 피동으로 알려진, 동사 *bekommen, kriegen, erhalten* 'get, receive'가 조동사로, 과거 완료 분사형의 주동사와 결합하는 피동구조를 복제했는데, 1814년의 자료에서 소르비아어의 동사

*krynuś*를 사용한 피동구조가 처음 나타난다.

그러나 Nau(1995: 107)는 소르비아어의 사용자들이 *krynuś*를 피동 조동사가 아닌 어휘적으로 차용한 후 독일어의 *kriegen*과 유사한 문법화 과정을 거친 것이라고 주장했다. (10)의 예는 소르비아어에 통사적으로 대응되는 독일어 번역과(10a), 영어의 번역이다(10b).

(10) 고지 소르비아어(Lötzsch 1969: 105)

   Pón ...   jo   krynył   ten   młun   zapisany.

   (then...   is   gotten   the   mill   registered)

   (a) "Dann ... hat er die Mühle eingetragen gekriegt."

   (b) "Then ... he's got the mill registered."

      "그래서 ⋯ 그는 방앗간을 등록했다."

(10)과 같은 예는 차용된 어휘 항목이 복제 문법화(replica grammaticalization)를 거친 것이다. 그리고 동일한 복제 과정이 소르비아어의 동사에도 나타난다. 예를 들어 고지 소르비아어의 동사 *dóstać* 또는 *dostaš* 'get'은 *krynuś*와 같은 시기에 여격 피동의 조동사로 문법화되고, 1811년 자료에 처음 나타난다(참조).

(11) 1811년의 고지 소르비아어(Lötzsch 1969: 105)

   Ta   holca   [⋯] hłowu   wotćatu   dósta.

   (the   girl   head.FEM.ACC.SG cut.off.FEM.ACC.SG got)

   (a) "Das Mädchen ... bekam den Kopf abgeschnitten."

   (b) "The girl ... had her head cut off."

      "소녀는 ... 목이 잘렸다."

현대 소르비아어 문어에서 소르비아어의 동사 *dóstać* 또는 *dostaš* 'get'는 피동조동사 *krynuś* 로 대체되었다. 초기 단계에서 소르비아어의 통사 구조는 독일어의 간접 피동 구조와 일치하는 문법화 단계를 보여준다. 그러나 독일어에서는 주동사의 과거 완료 분사 형태가 목적어와 일치를 보이지 않는데 반하여, 소르비아어에서는 (*-n-, -t-*) 분사가 목적어와 성, 격, 수에서 일치한다.

슬로빈시아어에서도 여격피동이 어휘 동사인 *krëgac* 'get'이 문법화되어 분사형 주동사와 결합하는 독일어의 사용 패턴을 복제하는 동일한 과정이 발생한다(Lötzsch 1969: 108 참조). 그리고 카슈비아어에서도 독일어의 여격피동이 유사 피동 사용 패턴으로 사용되는 유사한 상황이 나타난다고 보고되고 있다. 그러나 이 때 문법화되는 어휘 동사는 차용되지 않고 슬라브계 동사인 *dostac* 'get'를 사용한다(Lötzsch 1969: 108 참조).

이들 슬라브 제어에서는 독일어를 모델로 하여 유사 피동법의 사용 패턴을 도입하는 문법화 과정이 발생했다. (9b)는 독일어의 약한 문법화 패턴을 보여주는데, 양태 조동사 *wollen* 'want'가 과거 완료 분사형 주동사와 결합하고 *haben* 'have'이 2차 조동사로 'want to have something done'의 의미를 표시하는 예이다. 이러한 독일어의 예와 본질적으로 동일한 양태 피동 구조가 소르비아어에 나타난다(12). 앞의 예와 같이 (12a)는 독일어, (12b)는 영어 번역이다.

(12) 소르비아어(Lötzsch 1969: 107)

Što   ceš   měč   nowe   kupjene [⋯]?
(what   want.2.SG.PRES   have   new   bought)
(a) 'Was willst du Neues gekauft haben [⋯]?'
(b) "What new (things) do you want to have bought [⋯]?"
    "뭘 새로 사려고 했어요 [⋯]?"

독일어의 유사 피동법과 유사한 사용 패턴이 슬로빈시아어에서 발견된
다(13).

(13) 슬로빈시아어(Lötzsch 1969: 108)

　[…] na-ca　　mjìęc　　kùọkǫš　vụ　vařuǫnē.
　(she-wanted　have.INF　chicken　?　cooked)
　(a) '[…] sie wollte ein Huhn gekocht haben.'
　(b) '[…] she wanted to have a chicken cooked.'
　　'[…] 그녀는 닭을 요리하고 싶었다.'

슬라브 제어는 독일어의 합성어와 관련된 또 다른 사용 패턴을 발전시켰
다. 예를 들어 독일어의 생산성을 가진 합성 패턴 중에는, *Staubwischen*
(dust.to.wipe) 'dusting'과 같이 목적어 명사가 부정사와 결합하는 구조가
존재한다.[8] 슬라브 제어에는 이에 직접적으로 대응되는 통사 구조가 존재하
지 않는데, Hinze(1969)는 슬로빈시아어의 사용자들이 슬로빈시아어 고유
의 통사 방식과 독일어의 어순을 조합하여 독일어의 사용 패턴을 복제했다
고 주장했다. 이 사용 패턴은 1856년부터 문헌 자료로 나타난다(14). 이 때
슬로빈시아어의 구조는 독일어의 역문과 그대로 대응된다(14a). 이 때 슬로
빈시아어의 전치사 *do*가 독일어의 전치사 *zum* ('to the')와 거의 일치하며
이러한 예는 주로 목적절에 나타난다.

---

8) Hinze(1969: 64)는 이를 독일어의 *Kompositionstyp Substantiv + Verbal abstraktum* 으로
　지칭한다.

(14) 슬로빈시아어(Hinze 1969: 64)

```
Ga      te      tåfle     na  sǫ  f'in zrivǫne  tei   to    je
(when   the   potatoes   are      fine  grated  then  this  is
                                                dó  xleba pječeńå.
                                                for  bread baking)
```

(a) "Wenn die Kartoffeln fein gerieben sind, dann ist das *zum Brotbacken.* "

(b) "When the potatoes are delicately grated then that is for baking bread."

"감자를 얇게 저미면 빵으로 구울 수 있다."

결론적으로 독일어의 영향 하에 위치한 슬라브계 소수어의 사용자들은, (그 중에는 천년이 넘는 기간 동안 독일어와 접촉해 온 언어도 존재한다) 독일어와 직접적으로 대응되는 슬라브어의 표현들을 발전시켰다. 이 복제 과정은 언어 간 접촉의 결과이며 특히 독일어의 유사 피동 구조와 명사와 동사의 합성형 구조에 나타난다. 그러나 이들 슬라브 제어에서는 좀 더 세계 언어의 보편적인 복제 과정이자 일반적인 유럽화 과정에 가까운 변화가 나타나고 있다.

그 중 한 가지는 관사의 문법화와 관련된 과정이다. 고지와 저지 소르비아어에서 독일어의 관사와 같은 정관사와 부정관사를 생성한 것에 관한 대략의 증거가 존재하며(제3장 참조), 카슈비아어에서 지시사 *ten*과 *nen*이 한정 표지로 사용되고 수사 *jeden* 'one'이 부정관사의 기능을 하는 예가 발견된다. 그러나 슬로빈시아어에 대한 정보는 부족하다(Nau 1995: 114 참조).

또한 소유 완료상도 동일한 경로를 통하여 독일어로부터 복제된 것으로 보인다. 제4장의 내용에서 살펴보았듯이, 고지와 저지 소르비아어는 'have' 동사를 이용하여 유사 완료상의 초기 범주 단계를 나타내고 있다. 이러한 소르비아어의 관사나 소유 완료상은 일반적인 경우 문법화의 진도가 모델어보다 복제어에서 덜 진행되는 것과 마찬가지로 독일어의 예보다 덜 문법화된 상태이다.

7.2.3 피필어

이장의 서론에서 언급한 바대로 유럽어의 영향은 유럽 대륙의 지리적 경계를 뛰어넘는 것이다. 예를 들어 엘살바도르의 우토-아즈텍어족과 아즈텍어의 하위 그룹에 속하는 나후아어에 속하는 피필어는 아메리카 대륙의 예시이다. 이 언어는 현재 사멸 직전에 처해 있으며, 몇 백 명의 사용자 역시 모두 스페인어를 우세어로 하는 피필-스페인어의 이중 언어 화자들이다. 따라서 피필어의 최근 역사는 모두 SAE 언어인 스페인어와의 상호 작용에 의해 형성된 것이다. 피필어가 사멸해가는 언어이지만 Campbell(1987: 254)은 다음에 논의될 변화가 언어의 사멸과 관련된 과정에서 기인하는 것이 아니라고 주장했고, 우리는 이 가설을 확증할 수 있었다. 다음의 내용은 주로 Campbell(1987)과 Harris & Campbell(1995)의 연구 결과를 기초로 한 것이다.

명사 구조

유럽의 언어와 문화와 접촉하기 전에 피필어의 사용자들은 명사에 대한 정관사와 부정관사의 표지 장치를 가지고 있지 않았다. 이후의 관사의 변이에 대하여 Campbell은 다음과 같이 정리했다.

> 최근 피필어의 명사는 스페인어와 매우 평행하게 정관사(*ne*)와 부정관사(*se:*)와 함께 출현한다. 신대륙 발견 전 시기에는 이러한 구조가 존재하지 않았기 때문에, 정관사는 지시사에 가까웠고('that [one]'과 같이), 부정관사는 전혀 존재하지 않았거나 수사 'one'에 가까웠다. (중략) 관사의 사용은 스페인어의 관사의 사용과 거의 일치한다(Campbell 1987: 272).

이와 같은 관찰은 다음과 같은 내용을 시사한다. 첫째, 피필어의 사용자들은 그들의 지시 표지를 발전시키는 데 있어서, 정관사는 반드시 지시한정사로부터 파생되고, 부정관사는 거의 수사 'one'으로부터 문법화하는 언어 보편적인 전략을 사용하였다(Heine & Kuteva 2002 참조). 둘째, 피필어에 나타난 두 가지 관사의 문법화 현상은 적어도 일정 부분 스페인어와의 접촉에 의한 영향을 받은 것이다. 셋째, 언어의 접촉이 이 두 가지 지시 표지의 진화에 기여한 정도는 차이가 있다. 부정관사 *se:* 는 피필-스페인어의 접촉 기간 중 소설 작품으로 나타난 반면, 정관사 *ne*의 문법화는 이 접촉이 일어나기 전부터 시작되었다고 할 수 있다. 즉, 복제가 정관사의 발생부터 관여한 것이 아니라 초기 범주 단계를 좀 더 발전시키는 단계에서 개입했다는 것이다. 마지막으로, 이 과정의 결과는 Campbell이 정리한 바와 같이 피필어가 모델어인 스페인어와 고도의 동일성과 상호번역성을 가지게 된 것이다.

전치사

신대륙 발견 이전 시기에 피필어에는 전치사와 후치사가 없이 관계 명사로 그 기능을 대신하였다. 그러나 최근 이들 관계명사가 스페인어와 전치사 체계로 변이되었다. 즉, 스페인어의 영향 하에 피필어의 관계 명사 중 일부가 형식과 기능 면에서 스페인어 유형의 전치사로 변화하였다(Harris & Campbell 1995: 126). [표 7-2]는 이 과정을 요약한 것이다.

Harris & Campbell은 언어 접촉이 피필어의 통사 구조에 미친 영향을 다음과 같이 정리하였다.

차용 범주인 '전치사'는 기존의 '언어 체계(단지 규범만이 아닌)' 조화될 수 없는 것이었으며, 언어 유형적로도 '구조적으로 경쟁력이 있는' 것이 아니었다(Harris & Campbell 1995: 127).

다음에 다시 언급하겠지만 피필어의 전치사 *wan*은 스페인어를 모델로 하여 더욱 문법화를 심화시켜갔다.

그러나 복제과정은 점점 심화되어 [표 7-2]에 열거된 전치사 중 하나인 *pal*은 스페인어의 *de* 'of'와 대응되는 통사적 소유격으로 문법화되었다. 다음은 그 사용 패턴의 예이다.

(15) 피필어(아즈텍어, 우토-아즈텍어족; Harris & Campbell 1995: 126)

Kinekit	kikwat	ne	nakat,	ne	ihyak	nakat	**pal**
they.want	they.eat	the	meat	the	stinking	meat	of

ne	masa:t.
the	deer

"They want to eat the meat, the stinking meat of the deer."

"그들은 고기를 먹고 싶어 한다, 냄새가 고약한 사슴 고기를."

[표 7-2] 피필어의 관계명사로부터 전치사로의 문법화

관계명사		전치사	
-(i)hpak	'on, upon, over, on top of'	pak	'on'
-pal	'possession'	pal	'of'
-wan	'with'	wan	'with'

출처: Harris & Campbell(1995: 126-7).

동사로부터 형용사로의 사용 패턴

피필어에는 동사 구조에서만 형식적인 기능을 가지고 있고, *-tuk*로 표지되는 과거분사 형태가 존재한다(16a). 이것은 명백하게 피필어의 사용자들이 스페인어의 분사와 범주 간 대응을 형성한 것이다. 스페인어의 분사는 동사 형태(*ha roto* 'has broken')와 형용사(*el vidrio roto* 'the broken glass')에 관한

기능을 모두 가지고 있다. 스페인어에 의해 제공된 모델에 기초하면, 피필어의 과거분사 형태는 새로운 문맥으로 그 사용이 확장되는데 이는 형용사적 기능을 부가적으로 포함한다(PERF은 Campbell 1987: 265의 주석이다)(16b).

(16) 피필어(Aztecan, Uto-Aztecan; Campbell 1987: 265)

   (a) ki-   chiw-   tuk.
        it-   do-   PAST.PARTICIPIAL
       "S/he has done it."
       "그/녀는 일을 마쳤다."

   (b) kabál uksi-   tuk   ne   wahkal.
       exact ripe-   PERF the   gourd
       "The gourd was just ripe."
       "박이 잘 익었다."

동사 구조

Campbell(1987: 272)에 의하면 언어 접촉은 모델어인 스페인어에 나타나는 소유 완료상의 출현하는 데도 기여한다.

피필어는 *nemi* 'to be' + finite verb의 형태로 '진행상'을 나타내는 동사 구조를 가지고 있으며(예를 들어, *nemi ni-ta-kwa* [is I-OBJ-eat] 'I am eating'), 나후아어의 변이 전체에서 이러한 진행상은 유일하게 피필어에서만 발견된다. (중략) 'to be' (영어의 'I *am* eating'나 스페인어의 *estoy comiendo*와 같이)의 의미를 가진 동사로 이루어진 진행상 구조는 피필어에서 독립적으로 발전한 것일 수도 있으나, 스페인어의 '진행상'과 완전하게 일치하는 점과 그 사용빈도로 보았을 때 스페인어의 영향을 받은 것이 확실하다(Campbell 1987: 272).

이 장에서 논의한 다른 예와는 달리, 이 진행상의 경우는 언어 접촉이라는 요소가 절대적으로 신빙성 있는 가설이 되지 못한다. 그 이유는, 첫째, Campbell이 인정한 바와 같이 이러한 방식으로 진행상이 문법화되는 것은 광범위한 언어에서 찾아볼 수 있으며, 이 때 언어 접촉은 필수 요소가 아니다. 둘째, 피필어의 통사 구조는 모델어와 본질적인 면에서 다른 점이 존재한다. 그것은 스페인어의 주동사가 비정형 형태로 나타나는데 반하여 피필어는 그렇지 않다는 것이다. 그럼에도 불구하고 Campbell이 제안한 가설을 적어도 부분적으로라도 받아들일 수 있는 것은 언어 접촉이 통사 구조의 동형성과 사용빈도에 영향을 주었다는 것이 인정되기 때문이다.

동사 구조에 나타나는 또 다른 예는 상의 영역인, 탈향격 미래의 출현과 관련된 것이다. Campbell (1987: 267-8; Harris & Campbell 1995: 148-9 참조)은 피필어의 사용자들이 'go-to'-미래형을 사용하는 경향이 있는 것을 발견하고, 이것이 현지 스페인어의 탈향격 미래의 영향을 받은 것이라고 하였다(*lo voy a hacer* 'I'm going to do it'). 탈향격의 미래형의 예 또한 언어 보편적인 문법화 복제가 언어 접촉의 영향을 받아 나타난 것이라고 해석할 수 있다. 앞서 관찰한 진행상의 경우와 마찬가지로, 미래형도 구조적 동형성을 보이지 않는다. 즉, 미래형을 표시할 때, 주동사의 형태에서 스페인어는 비정형동사를 피필어에서는 정형동사를 취한다. 따라서 이것은 형태-통사적인 과정이 아니라 피필어 사용자들이 개념 도식을 복제한 좀 더 일반적인 과정에 속하며, 이 때 복제어에 나타나는 문법화 과정에서는 장소역 또는 행위 도식이 상 범주로 전환된다.

문장 구조

전통적으로 피필어는 대등접속문을 나타내는 형태가 존재하지 않았다. 그것은 절의 접속('and')이 형태적으로 표지되지 않았다는 것이다. 피필어의

'관계명사' *−wan*은 소유격 대명사 접두사를 수식어로 요구하여 소유 대상 명사와 유사한 형태로 나타난다(Campbell 1987: 256). 스페인어의 영향으로 명사절과 절 접속 구조의 변이 과정에서도 SAE 언어의 특징이 나타나게 되는데([표 7-2] 참조), 피필어의 사용자들은 관계명사 *−wan* 'with'를 전치사 *wan* 'with'로 문법화 하여 *wan*은 명사구를 접속하는 'and'의 기능으로, 다시 절을 접속하는 대등접속사 'and'의 기능을 가지는 것으로 발달한다. 따라서 5세기가 못되는 기간에 피필어는 진정한 대등접속사가 존재하지 않는 제한적인 대등접속문과 종속접속문을 가진 언어로부터, 여러 방면에서 스페인어의 통사 구조와 유사한 언어로 변화하였다(Campbell 1987: 258).

관계절

피필어는 스페인어와의 접촉의 결과로 새로운 종속절 구조를 발전시켰다. 이 때 문법화 과정은 다음과 같은 영향을 가져오게 된다. 피필어의 의문 어휘인 *ka(h)* 'who, what?'는 관계절 표지로 문법화되고 *tay/ta:* 'what?'는 종속절 표지로 문법화되는데 이것은 스페인어의 *que/lo que* 'that, that which'가 종속절 표지로 문법화된 것과 정확하게 일치하는 것이다(6.2 참조).

목적절

새로운 문장 접속 형태는 관계명사 *−pal* 'possession'이 목적 종속절 접속사(*pal* 'in order to, so that')로 변이한 것에서도 나타난다([표 7-2] 참조).

(17) 피필어(Aztecan, Uto-Aztecan; Campbell 1987: 264)

ni-	mu-	kets-	ki	ni-	k-	tatia	ti-	t	**pal**
I-	REFL-	arise-	PRET	I-	it-	burn	fire-	ABSOL	so

ni-   mu-   tutuːnia.

I-   REFL-   heat

"I got up to light (the) fire in order to warm myself."

"나는 따뜻하게 하려고 일어나서 불을 지폈다."

이와 같이, 명사가 부치사로 다시 접속사로 문법화하는 것은 교차 언어적으로 일반적인 과정으로서(상세한 예는 Heine & Kuteva 2002참조), 앞서 관찰한 바와 같이 아즈텍 언어에서도 관계명사 *-wan* 'with'가 부치사로 다시 대등접속사로 문법화하여 절접속사로 사용되었다. 이에 대해 Campbell(1987: 263-4)은 *-wan*의 경우와 같이 *-pal*의 문법화도 의심의 여지없이 스페인어를 모델로 하여 복제한 것이라고 하였다. 이 두 가지는 모두 탈범주화되어 소유격 대명사 접두사를 취하는 능력을 읽어버리게 된다. 이 중 *-pal*이 더욱 특수한 경우인데, *-pal*에는 문법화와 함께 음운의 유사성도 나타나고 있다는 것이다. *-pal*의 문법화 과정에서 스페인어의 *para* 'for, in order to'는 개념에 대한 모델뿐 아니라 *r/l*을 구분하지 않는 피필어에 음운 모델도 제공하고 있다.

Campbell(1987: 264)은 피필어에서 음운 요소가 접촉에 의한 문법화에 기여했다는 또 다른 예를 제시하였다. 그것은 피필어에서 스페인어의 *sólo* 'alone, only'를 모델로 하여 관계 명사 *-seː l* 'alone'를 부사 *seː l* 'alone, only'로 문법화한 것이다. 이 때 두 어휘의 음운적 유사성이 문법화의 요인이 되었을 것으로 보인다. 이 때 관계명사와 함께 사용되던 소유격 접두사는 탈범주화의 영향으로 더 이상 부사와 함께 사용되지 않게 되었고, 탈범주화는 탈의미화와 함께 나타났다. 피필어의 *-seː l*은 'alone'으로부터 'only'로 광범위한 의미 변화 과정을 거침으로써(Heine & Kuteva 2002: 41-3 참조) 스페인어의 다의어를 복제하게 되었다.

스페인어의 가정법

Campbell(1987: 266-7)은 스페인어에는 '가정법'의 통사적 범주가 존재하고 피필어에는 이 범주가 존재하지 않았다고 한다. 그러나 피필어의 사용자들은 스페인어의 통사 범주를 복제하기 위하여 조건법(-skiya)과 명령법 (x(i)-, 2.SG, ma:)의 두 가지 기존의 범주를 사용한다. 스페인어의 가정법은 의무양태와 인식양태의 두 가지로 표시되는 반면에, Campbell이 제공한 피필어의 예는 모두 의무양태를 나타내고 있다. 따라서 자료를 근거로 피필어 사용자들이 복제에 성공했는지는 알 수 없다. 그러나 이 사용자들이 스페인어의 범주와 동일성을 이루기 위한 시도를 한 것은 알 수 있다.

비인칭(Impersonal)

피필어는 과거 몇 가지의 피동 접미사를 가지고 있었고 현재는 동사 어간에 그 흔적이 남아있다. 현대 피필어의 피동문은 비인칭 구조로 나타나는데, 이때 주어는 3인칭 복수 대명사(-t)의 문법화된 형태 외에는 명시되지 않는다.

(18) 피필어(아즈텍어, 우토-아즈텍어족; Campbell 1987: 272)

nech-	tawilih-	ke-	t	ne	pe:lu.
me-	give-	PRET-	PL	the	dog

(a) "They gave me the dog."
   "그들은 내게 개를 주었다."
(b) "I was given the dog."
   "나는 개를 받았다."

이와 같은 통사 구조와 이 구조의 통시적 상황에 대하여 Campbell은 다음과 같이 기술하였다.

3인칭 복수 형태를 비인칭 지시로 광범위하게 사용하여 기존의 피동 구조를 완전히 대체한 것은 스페인어에서 3인칭 복수 형태로 비인칭을 표시하는 것(*Comen pescado en Japón* 'they eat fish in Japan', 'fish are eaten in Japan')으로부터 촉발된 것이다. 그럼에도 불구하고 이것은 전통 나와틀어(CN [Classical Nahuatl; a.n.])에서 극히 드물기는 하지만 유사한 예가 보고되지 않은 것은 아니다. 따라서 이러한 통사구조가 스페인어로부터 피필어로 전이한 것인지(CN이 독자적으로 발전한 것과 병행하여), 또는 피필어가 CN과 같이 스페인어와 유사한 구조를 가지고 피동과 비인칭 구조를 대체한 것인지는 확실하지 않다(Campbell 1987: 273).

이것은 3인칭 복수 대명사가 비인칭 구조로 문법화되는 것이 교차 언어적으로 일반적인 과정임을 의미하며(Heine & Kuteva 2002 참조), 반드시 언어 접촉으로 유발될 필요는 없다. 그러나 이 과정에서도 언어 접촉이 역할을 했을 것이라고 보인다. 어쨌든 문법화는 여전히 그 기원적 의미가 완전히 사라지지 않은 초기 단계에 머물고 있기 때문이다.

끝으로 우리는 피필어에서 문법 복제가 형태음운적인 면에도 영향을 주었음을 밝히려고 한다. 문법화의 마지막 단계는 통사 형태가 탈의미화하고 유의미한 단위로서 존재하지 못하고 결국 소실되는 것이다. 그리고 다른 형태와 함께 출현하여 이 다른 형태와 분리될 수 없는 부가 요소가 되기도 한다. Campbell(1987: 274)은 피필어에 이 단계가 나타난다고 하였다. 피필어의 '절대격' 접미사 -*ti*(모음 뒤에서는 -*t*)는 명사에 다른 접사가 부가되지 않았을 때 언제나 나타나고, 접사가 부가된/소유 대상 명사에는 나타나지 않는다. 몇 가지 기원을 가진, 이 절대격 접미사는 본연의 통사적 지위를 잃고 명사 어근에 대한 부가성분으로 변화하게 되었다. 예를 들면, *-a:pan-ti* > *a: panti* 'irrigated field'와 같은 것이다. Campbell은 이에 대하여 다음과 같이 설명했다.

현지 스페인어는 피필어의 절대격 형태를 차용했다. 이러한 차용형태는 다시 피필어의 어휘에 영향을 주어 스페인식과 좀 더 유사한 어근을 형성하게 된다. 예를 들어 *-awa-t* ['bud'; a.n.]는 스페인어의 *aguate*이고, *-kaltsun-ti* ['beam, roof pole'; a.n.]는 *calsonte*이다. 따라서 이러한 예에서 나타난 경계의 소실은 스페인어의 영향인 것으로 보인다(Campbell 1987: 274).

이러한 구분되는 단위로서의 절대격 접미사의 소실은, 언어 접촉으로 인한 복제를 통한 기존 형태에 대한 재해석과 차용 등 좀 더 복잡한 과정으로 나타난다.

7.2.4 토론

7.1에서 지적한 바대로, 이전 내용에서 가장 중심이 되는 문제는, SAE 언어의 어떤 통사적 개념이 다른 언어들에 매력적인 모델로 작용하여 복제가 이루어지는가에 관한 것이다. 로맨스어로부터 비유럽어 주변어인 바스크어(7.2.1)와 피필어(7.2.3)로, 게르만어로부터 슬라브계 소수어들(7.2.2)로 전이된 결과를 보면 이러한 개념이 매력적인 모델로 작용하여 언어를 향한 놀랄 만큼 유사한 과정을 촉발하고 한 언어의 모든 주요한 영역에 영향을 주었다고 할 수 있다.

통사 개념 중 세 가지 유형의 언어에 모두 복제된 것은 관사이다. 모든 언어가 새로운 관사를 생성했다. 바스크어는 유일하게 부정관사만을 복제하고 정관사는 복제하지 않았다. 그러나 바스크어의 전통적인 접미사 −a는 바스크학자들에 의해 정관사로 기술되었다. 사실 −a는 정관사가 아닌 Haase(1992: 54)의 용어로 개별화 표지이지만 그 기능은 정관사와 중복되는 면이 있다(1.3 참조). 이것은 바스크어에 소르비아어와 카슈비아어와 다른 결과가 나타나고 피필어는 로맨스어의 두 가지 관사를 복제하지 않은 이유라고 생각할 수 있다.

SAE 언어의 부치사 구조도 접촉에 의한 문법화에 있어서 매력적인 모델로서 나타난다. 이 경우 바스크어와 피필어는 기존의 구조를 SAE 언어의 방향으로 전환하였다. 유사한 방법으로 동사구 역시 진행상이나 소유 완료상 등 상을 표현하는 새로운 통사 구조로 변화했다. 복제는 구문 구조로까지 확장하여, SAE언어의 피동구조가 모델의 역할을 하는 것으로 나타났다. 마지막으로 SAE 언어에서 의문사를 사용하여 종속절을 표지하는 전략도 두 종류의 언어의 복제 과정에서 기여한 역할이 있다.

끝으로 언어 접촉은 새로운 지시 추적, 절 내부에 성분을 도입하는 것, 사건의 상 윤곽을 기술하는 것, 절 접속, 등에 관한 새로운 방법을 형성한다. 그리고 본질적으로 모든 언어에 적용되는 전략인 구체적인 의미를 가진 형태와 구조로부터 추상적인 통사적 사용 패턴과 범주로 변이하는 것과 같이 7.2.1, 7.2.2, 7.2.3에서 논의한 대부분의 예시는 통사 변이의 언어 보편적인 전략에 기초한 문법화 과정과 관련되어 있다.[9] 이것은 문법화 과정이 언어 접촉 없이도 발생할 수 있다는 것을 의미한다. 이 과정에서 언어 접촉의 역할은 통사 변화를 유발하거나 추진하는 것, 혹은 둘 다이다.

일반적으로 그렇듯이 우리도 여기에 단 한가지의 설명적 변수만을 적용하

---

9) 관련 문헌에는 언어 형태가 전이되는 차용에 관한 예가 등장하지만, 이 책의 주제와 맞지 않아 고려 대상에서 제외되었다.

겠다. 그러나 그것이 다른 요인이 존재하지 않는다는 뜻은 아니다. 그 중 한 가지 요인은 앞서 언급한 음운의 유사성이다. 음운의 유사성은 스페인어의 *para* 'for, in order to'를 모델로 하여 피필어의 관계명사 *-pal* 'possession'이 목적 종속절 접속사로 문법화한 것과 스페인어의 다의어 *sólo* 'alone, only'를 모델로 하여 피필어의 관계명사 *-se: l* 'alone'이 부사 *se: l* 'alone, only'로 문법화는 데 기여한 요인이다. 또 다른 요인으로는 Campbell(1987: 277-8)이 논의했던 '공백 충전' 등이 있다.

끝으로 바스크어, 소르비아어, 피필어 등에서는 7.1에서 규정한 바와 같이 유형적 특성의 변화를 야기하는 단계적인 '유럽화'가 발생했다고 할 수 있다. 그러나 이 중 어떤 언어도 언어 접촉 이전과 완전히 구분되고 모델어와 유형적으로 유사한 새로운 유형의 언어로 변화한 예는 나타나지 않는다. 따라서 Trask(1998: 319)는 사실상 인도-유럽어족의 형태적 특성이 바스크어로 전이되는 주목할 만한 전이는 관찰되지 않는다는 의견을 고수했다. 또한 Comrie는 다음과 같이 말했다.

바스크어는 사실 로맨스어로부터 다수의 의존 형태소를 차용한 것으로 보이지 않는다. 또한 주요한 형태적 유형도 변화하지 않은 것으로 보인다(바스크어는 풍부한 명사 형태와 동사 형태를 유지했으나 조동사는 사실상 거의 유지하지 못했다). 명사 체계는 접촉으로 인하여 형태적으로 변이한 부분이 있었고, 동사에서는 다량의 통사 구조가 변이되었다(Bernard Comrie, p.c.).

Campbel(1987: 276)은 피필어와 관련하여, 스페인어의 영향을 받았음에도 불구하고, "언어의 기본 패턴은 변하지 않고 유지되고 있고, 극히 적은 수의 통사적 현상만이 완전히 소실되거나 대체되었다"라고 하였다. Campbel(1987: 271)의 말을 빌리자면, 모델 언어의 규범을 따르기 위한 '정신'의 변화가 일어났고, 이 '정신'은 특별한 종류의 것이다. 그것은 전통적인 통사 구조를 모델어의 범주로 대체하는 것이 아니라, 복제어의 사용자들이 경계적 사용 패턴(marginal pattern)을 활성화하거나 모델어와 일치할 수 있도록 해석되는 새로운 패턴을 발전시키는 것이다. 그리고 이러한 패턴들을 좀 더 빈번하게, 좀 더 확장된 문맥에서 사용하여 모델어의 범주와 의미 표현 형식을 적용하는 것이다.

7.3 비유럽 언어의 유형론 서설

7.2에서는 $L_2 > L_1$ 전이와 관련하여 논의해 보았다. 이 전이는 주변어들이 SAE 언어와 접촉하여 단계적으로 '유럽화' 하는 것을 말한다. 이 절에서는 이것과 반대 방향의 전이 과정이 있는 것을 설명하려고 한다. 그것은 $L_1 >$ L_2 전이인데, 특히 SAE 언어가 모어 화자의 그룹이 부족할 때 발생한다. 이에 대해 우리는 유럽 내부에도 이와 관련한 예가 존재하지만(7.3.1 참조), SAE 언어와 유럽 외 지역의 언어와의 접촉에 근거하여 살펴볼 것이다. 7.3.2와 7.3.3에서 우리는 '탈유럽화(de-Europeanization)'와 관련된 두 가지 예시를 다룬다. 이 때 두 가지 경우 모두 영어가 가담한다. 그러나 우리는 이 전이 과정을 모두 설명하지는 않을 것이며 이 전이에 관한 두 가지의 근거를 찾는 것으로 만족하려고 한다. 그것은 첫째, 새로운 유형적 특성을 향한 변화가 발생하고 있는 것이고, 둘째, 다른 요소와 함께 접촉에 의한 문법화가 이 변화에 가담하고 있는 것이다.

7.3.1 서론

앞서 우리는 전형적으로 화용적인 우세어(Matras 1998a: 285), 또는 우세 코드(Johanson 1992; 2002a)로부터 열세 코드로의 일방통행적인 전이 과정에 대해 살펴보았다. 그러나 이것이 모든 경우에 적용되는 것은 아니다. 특히 사용자들이 그들의 L_1을 L_2로 전이할 때, 열세 코드로부터 우세 코드로의 전이도 드물지 않게 나타난다. 몇 가지 경우 문법 복제는 양방향으로 나타나기도 한다. 예를 들어, 티각어(Tigak)와 같은 오스트로네시아어족(Austronesian)의 언어는 공통어인 톡 피진(Tok Pisin)에 복제의 모델을 제공하는 한편, 톡 피진으로부터 모델을 제공받기도 한다(Jenkins 2002 참조). 튀르크어와 이란어 또한 동시에 모델어와 복제어의 역할을 하기도 한다(Soper 1987 참조).

다음에서 우리는 이런 상호적인 복제에 대해 알아보기로 하겠다. 먼저 주변적, 열세 언어와 그 사용자들이 그들의 L_1을 이용하여 L_2를 형성하는 과정을 알아보기로 하자. 그러나 이 절에서 더 중요한 것은 SAE 언어가 적절한 사회언어학적 환경에서 주변어의 구조를 형성하는 과정이다. 여기에서 우리는 유럽 대륙에 위치한 주변어와 함께, 유럽 외 지역에서 다량의 자료들을 취하려고 한다. 유럽 외 지역에서 SAE 언어는 교차 문화적, 교차 언어적 상호작용의 수단으로 전파되었으며, 그 결과 현지 모델어의 방향으로 그들의 유형적 특성이 변화되었다.

ㄴ 모델어로서의 바스크어

7.2.1에서는 바스크어가 어떤 방식으로 인접한 로맨스어의 영향을 받는 지 살펴보았다. 그러나 일반적이거나 통사적인 복제의 전이 과정은 완전히 일방통행적인 것만은 아니다. 바스크어는 스페인어, 프랑스어, 가스코뉴어에 대하여 복제어로서 제공되었지만(Hurch 1989; Haase 1992; 1997 참조), 바스크

지역에서 스페인어에 대한 모델어로서의 역할도 담당하였다. 이 절에서는 이에 대한 몇 가지 예를 살펴보기로 한다. 더 상세한 내용은 Cárdenas(1995)를 참조하라.

지시대명사가 인칭대명사로 변이하는 과정은 보편적인 문법화 과정에 속한다(Heine & Kuteva 2002 참조). 바스크어에는 3인칭 대명사가 존재하지 않았으나, 7.2.1에서 살펴본 바와 같이 프랑스 남서부 지역에 거주하는 바스크어 사용자들은 기존의 동일성 대명사 *ber-* 'same, -self'를 3인칭 대명사로 발전시켰다. Cárdenas(1995: 245)에 의하면 스페인의 바스크어 사용자들은 지시사를 3인칭 대명사의 기능으로 사용한다. 바스크 지역의 스페인어 사용자들은 기존의 근칭지시사를 바스크어 사용자들이 지시대명사를 사용하는 곳에 사용하여 이 문법화 전략을 복제하였다. 따라서 예 (19)에서 스페인어 사용자들은 표준 스페인어의 인칭대명사 *el* 'he' 대신 지시사 *este* 'this'를 바스크어의 *honek*과 같이 사용하였다.

(19) 바스크 지역의 스페인어(Cárdenas 1995: 245)

    (a) 바스크어: *Honek* kontrakoa uste du.
                                        (Lit.: '*This* thinks the opposite.')
    (b) 바스크어의 영향을 받은 스페인어: *Este* opina lo contrario.
    (c) 표준 스페인어: *El* opina lo contrario.
          의미: "*He* thinks the opposite."
                                        "그는 반대로 생각한다."

또 다른 예는 바스크어의 목적어 일치와 관계된 것이다. Cárdenas(1995: 248-9)는 이 통사 구조를 복제하기 위하여 바스크어 지역의 스페인어 사용자들은 표면 구조의 직접 목적어 명사구가 인간을 지시하거나 한정성을 가지고 있을 때 무강세 대명사를 이용하여 공지시하며, 이 때 대명사는 여격의 형태를 취한다

(단수 *le*, 복수 *les*). 따라서 이 스페인어 사용자들은 모델어인 바스크어(20a)와 같이 목적어 대명사를 사용하며(20b), 표준 스페인어에서는 목적어 대명사를 사용하지 않는다(20c).[10]

(20) 바스크 지역의 스페인어(Cárdenas 1995: 248)

   (a) 바스크어: *Jon* parkean ikusten $d_i$ut.

   (b) 바스크어의 영향을 받은 스페인어: Le_i veo *a Juan$_i$* en el parque.

   (c) 표준 스페인어: Veo *a Juan$_i$* en el parque.

   의미: "I see John at the park."

                                    "나는 공원에서 John을 본다."

이러한 인칭대명사는 새로운 문맥으로 그 사용을 확장하여, 인칭의 일치를 나타내기도 한다. 이러한 문맥의 확장은 언어 접촉의 상황에서 매우 일반적으로 나타나는 확장의 예이다(2.3 참조).

L₁ 모델어로서의 아마존 제어

아메리카 대륙에서 인디안어가 SAE 언어에 영향을 준 예에서, 또 다른 유형의 상황이 나타난다. 스페인어가 어떻게 피필어의 영향을 받았는지에 관한 정보는 없으나 아메리카 대륙의 다른 로맨스 언어에 관한 자료가 존재한다. 브라질 북서부의 바우패스(Vaupés) 지역에서는 투카노어와 타리아나어(L₁)와 같은 현지 인디안어의 모델어이자 복제의 목표어인 L₂ 포르투갈어가 공통어의 역할을 하며 새로운 문법의 사용 패턴을 출현시키고 있었다. 이에 대해 Aikhenvald는 다음과 같은 의견을 피력했다.

---

10) 스페인어와 나와틀어의 접촉 상황의 예시를 보려면 2.2 참조.

포르투갈어로 자연스럽게 형성되는 담화의 주요한 특성은 바우패스어에 존재하는 통사적 차이와 가장 일치하는 표현을 포르투갈에서 찾는 시도라는 것이다. 이러한 노력은 인디안 포르투갈어를 표준어보다 좀 더 풍부하게 만든다(하략)(Aikhenvald 2002: 313).

이러한 효과에 영향을 준 것은 투카노어와 아라와크어의 화자들이 사용하는 유럽어의 변이에서 새로운 사용 패턴과 기능 범주가 출현했다는 것이다. 여기에서 충분한 예를 제시하겠지만 자세한 내용은 Aikhenvald(2002: 314-8)의 연구를 참조하라.

아마존 북서부의 북아라와크어인 타리아나어는 가시적 증거, 비가시적 증거, 추측성 증거, 보고성 증거 등 시제와 증거성을 표지하는 네 가지 필수적 접어 체계를 가지고 있다. 타리아나어의 화자들은 브라질의 공용어이자 중요 공통어인 포르투갈어도 사용하는데, 포르투갈어에는 증거성을 표지하는 문법화된 범주가 존재하지 않는다. 타리아나어의 화자들은 포르투갈어를 사용하면서 포르투갈어의 어휘를 이용하여 타리아나어의 증거성 체계를 복제하는 경향을 보인다. 이러한 현상은 표준 포르투갈어에는 나타나지 않지만 타리아나의 포르투갈어에서 사용빈도가 좀 더 높아지면서 문법 초기 범주로 발전하게 된다(Aikhenvald 2002: 117-27, 315-6 참조). 따라서 타리아나어의 화자들은 포르투갈어의 표현, *eu vi* 'I saw', *eu tenho prova* 'I have proof', *eu tenha experiência* 'I have experience'를 가시적 증거성으로, *eu escutei* 'I heard' and *eu senti* 'I felt'를 비가시적 증거성으로, *parece* 'it appears, it seems'를 추측 증거성으로, *diz que* 'it is said that'을 보고 증거성으로 문법화하는 경향이 있다.

또 다른 유형의 복제는, 서 있는 동안 또는 앉아 있는 동안 진행되는 행위를 구분하는 등의 지시대상의 자세를 특정 하는 태도 동사가 개입되는 것이다. 이 점에서 타리아나어의 화자는 포르투갈어의 표현을 이용하여 표준 포르투갈어와 브라질 지역 포르투갈어에는 일반적이지 않은 사용 패턴을 창출하였다. 따라서 바우패스 포르투갈어 화자들은 특정한 행위를 할 때의 자세에 대한 특정한 표현 방식이 존재하며(21), 그것은 표준 포르투갈어와 브라질 지역 포르투갈어와는 차이를 보인다(22).

(21) 브라질 북서부 타리아나 지역에서 사용되는 포르투갈어
     (Aikhenvald 2002: 316-7)

Tava	urinando	em	pé.
be.PAST.3.SG	peeing	in	foot

"(He) was peeing standing."
"(그는) 서서 소변을 보고 있었다."

(22) 표준 포르투갈어

Estava	urinando.
be.PAST.3.SG	peeing

"(He) was peeing."
"(그는) 소변을 보고 있었다."

포르투갈어가 바우패스 지역의 아마존어를 모델로 하여 재구조화를 이루는 마지막 예는 동사의 결합가와 관련한 것이다. Aikhenvald(2002: 317)는 브라질 북서부 바우패스 지역의 화자들이 사용하는 포르투갈어 변이에서 다수의 자동사를 타동사로 사용하는 방식으로 바우패스어의 동사 구조를 복제하는 경향이 있다고 보고하였다. 따라서 이 포르투갈어 변이에서는 동사 *cahir*가 'fall'와 'fell'의 두 가지의 의미를 모두 가지며, 동사 *arder*는 'burn (intr.)'와 'cause to burn'의 두 가지 의미를 나타낸다.

결론적으로 스페인어, 포르투갈어, 영어, 프랑스어와 같은 유럽의 표면적인 우세어가 언어 접촉의 상황에서 '공여자'의 역할을 하지만, 그들은 '수신

자'가 되기도 한다는 것이다. 다음 절에서 우리는 L₁ 〉 L₂ 복제의 좀 더 극적인 몇 가지 예를 알아보기로 하겠다. 이와 관련하여 우리는 유럽 대륙을 벗어난 두 지역에서 SAE 언어인 영어의 운명에 대해 살펴보려고 한다. 이 지역은 서남 아시아(7.3.2)와 서아프리카(7.3.3)이며 두 지역들은 새로운 명사 구조와 새로운 절의 유형이 출현한 것으로 주목받고 있다. 우리의 논의는 문법 복제에 제한된다. 그것은 통사적 변화에 기여한 피진화, 크레올화 등의 다른 요소들에 대해서는 간과할 것이라는 뜻이다.

7.3.2 싱글리시(Singlish, 싱가포르식 영어)

1819년, 영국의 첫 번째 무역 교역소가 말레이인이 주로 거주하고 있던 싱가포르에 설립되었다. 현재 영어는 말레이어, 북경 관화, 타밀어와 함께 싱가포르의 공용어이며, 말레이어와 영어는 종족과 인종을 초월한 의사 소통의 도구이다. 중국인이 싱가포르 인구의 80%를 조금 웃돌지만,[11] 70%가 넘는 아동 세대들은 영어를 모어로 하는 화자들이다(Gupta 1994: 27 참조). 싱가포르식 영어 구어의 약어(또는 싱가포르식 구어 영어)인 싱글리시 (Singlish)는 영어의 하층 방언(basilectal)이자 지위가 낮은 변이이다(Platt 1975 참조). 이 싱글리시는 상당수의 모어 화자가 있음에도 주로 L₂로 사용된다. 공식적인 싱가포르 영어가 표준 영국 영어와 미국 영어(이하 표준 영어)와 매우 유사하지만 싱글리시는 그렇지 않다.

---

11) Debra Ziegeler(p.c.)에 의하면 이것은 가장 높게 계산한 수치이다. 현재 중국계 인구는 감소하는 반면 말레이인의 인구가 증가하고 있는 추세이다.

싱글리시는 아시아 언어의 특성을 많이 가지고 있으며 특히 싱가포르에서 사용되는 여러 가지 언어의 특성을 공유하고 있는데, 그 언어들은 광동어, 조주어(Teochew), 객가어(Hokkien) 등의 중국어 기반 언어와 싱가포르어, 말레이 크레올어(Bazaar Malay) 등이다. 음운적으로 싱글리시는 영어의 음절이 대폭 축소된 음절 단위의 언어이며 어휘 성조가 존재하여 싱가포르에 처음 온 사람은 이것을 듣고 중국어로 착각하기도 한다(Gil 2003: 469).

다음의 내용은 싱글리시의 명사구에 한정된 것이다(Gil 2003; Ziegeler 2003 참조). 당시의 표준 영국 영어의 변이가 현재의 싱글리시로 변화하는 것에는 두 가지 주요한 과정이 개입했다고 가정할 수 있다. 하나는 피진화와 관계된 과정으로 여기에서 깊이 토론하지 않는다.[12) 싱글리시의 형태적 특징은 표준 영어의 굴절형이 수의적이거나 생략된다(Gil 2003: 469 참조). 그러나 싱글리시에서는 피진화가 완전히 진행되지 않았기 때문에 표준 영어에 나타나는 다수의 문법 표지가 수의적으로 잔류하여 새로 출현하는 기능 범주와 함께 공존하기도 한다(Gil 2003 참조).

또한 영어와 직접적으로 대응되는 문법 표지를 가지고 있지 않은 언어들이 싱글리시의 출현에 기여한 바가 있고, 피진화는 이러한 언어로부터 더욱 강화되었다고 가정할 수 있다. 예를 들어, 싱글리시의 명사에서 영어의 명사구에 대한 필수 표지를 소실한 것은, 광동어, 객가어, 북경 관화, 말레이어와 같이 명사의 수와 한정성을 표지하지 않는 동아시아어와 유사한 명사 구조를 가지게 되었기 때문이다. 따라서 명사 *apple*은(24a) 단수, 복수, 다량의 실체, 한정적, 비한정적으로 모두 해석될 수 있다.

또 다른 변화의 과정은 싱글리시에서 새로운 기능 범주의 목록을 생성한

---

12) 피진화(pidginization)라는 용어는 한 언어가 접촉을 통해 다량의 어휘, 대부분의 굴절적, 파생적 형태, 음운 요소가 유실되고, 언어가 인간의 상호작용의 제한된 영역에서만 사용되는 과정을 말한다.

방식인 접촉에 의한 문법화이다. 이 새로운 범주 중 하나는 관사이다. 싱글리시에서 기존의 관사인 *the*와 *a(n)*는 소실되지 않고 수의적 표지로 잔류하는 한편, 싱글리시 화자들은 언어 보편적 전략에 따라 수사 *one*을 부정칭 표지로 원칭지시사 *that*를 한정 표지로 문법화 하였다(Gil 2003: 474; 제3장 참조). 따라서 비한정성은 (23b)와 (23c)와 같이 표시되고, 한정성은 (23d)와 (23e)와 같이 표시된다. 이것은 문법화의 초기 단계로 보이며, 따라서 아직 필수적으로 표지되지 않는다. 또한 이들은 초기의 의미를 아직 보유하고 있기 때문에 문법화되지 않은 수사와 지시사인지 문법화된 관사를 의미하는지 확실하지 않은 경우가 많다.

(23) 싱글리시(Gil 2003: 472-4)[13]

    (a) Geraint eat apple.   "Geraint ate an/the apple(s)."
    (b) Geraint eat an apple.   "Geraint ate an apple."
    (c) Geraint eat one apple. "Geraint ate an apple."
    (d) Geraint eat the apple.   "Geraint ate the apple."
    (e) Geraint eat that apple. "Geraint ate the apple."
    (f) Geraint eat that apples. "Geraint ate the apples."
    "Geraint는 (그) 사과(들)을 먹었다."

새로운 부정 표지 *one*의 출현은 싱글리시와 접촉 상황에 놓여있는 모든 언어들(광동어, 객가어, 북경 관화, 싱가포르어, 표준 말레이어)이 그들의 수사 'one'을 부정표지로 사용하기 때문에, 사실상 복제의 문법화에 대한 예가 될 수 있다(Gil 2003: 502 참조). 접촉에 의해 탄생한 정관사 *that*의 속성은 명확하지 않다. 그러나 이 정관사가 어떤 문맥에서 완전히 문법화되었

---

13) Gil은 싱글리시 예문에 대한 역문을 제공하지 않았다. 따라서 역문은 우리가 가진 정보에 기초하여 번역한 것이다.

다는 것은 확실하다. 예를 들어 (24)는 지시사 범주의 사용을 인허하지 않는 구조이기 때문에 *this*는 사용할 수 없지만(24a) 정관사인 *the*와(24b) *that*는(24c) 사용할 수 있다.

(24) 싱글리시(Gil 2003: 486)

   (a) *Ah Chew buy the house this expensive one.
   (b) Ah Chew buy the house that expensive one. "Ah, Chew bought the expensive house."
   (c) Ah Chew buy the house the expensive one. "Ah, Chew bought the expensive house."
      "Chew는 (이/그)비싼 집을 샀다."

표면적으로는 새로운 관사가 기능적으로 영어와 일치하는 것으로 보이지만 실제로는 그렇지 않다. 새로운 부정관사 *one*은 실제로 영어와 같이 단수를 지칭하는 것이나(23c), 신생 정관사 *that*는 통용 수사로, (23f)와 같이 복수 명사 핵과 공기할 수 있다. 그러나 앞의 예에서 나타난 것과 같이 단수 명사핵과 결합할 때는 수의 일치를 보이지 않는다. 즉, (23e)의 *that apple*은 단수와 다량의 개념만을 표시하며 복수의 개념은 표시하지 않는다.

Gil(2003: 474-5)은 이러한 한정사의 비 복수 효과(determiner non-plurality effect)가 매우 드문 경우라고 하였으나 같은 예가 싱가포르 말레이어에서 나타난다(표준 말레이어에서는 나타나지 않는다). 예를 들어 명사 *epal* 'apple'과 원칭지시사이자 통용 수사 *itu* 'that'가 결합하면 통용 수사가 아닌 비복수를 표시한다. 즉, *epal itu*는 단수 또는 다량의 개념만을 지시할 수 있다. 싱글리시에서 복수는 명사를 중복하는 방식을 통해 표시한다.

(25) 싱가포르 말레이어(Gil 2003: 475)

epal-　　　epal　　　itu
apple-　　　apple　　　that
'the/those apples'
'그 사과/들'

　따라서 싱가포르 말레이어는 싱글리시와 동일한 통사 구조를 가지고 있으며 이것은 싱글리시가 싱가포르 말레이어의 한정사의 비 복수 효과를 복제했다는 사실을 뒷받침한다.

　이것과 사뭇 다른 복제 과정은 싱글리시에서 새로운 사용 패턴이 새로운 문맥으로 확장되는 문맥 확장의 문법화의 변수가 나타난 것과 관련된 것이다(2.3 참조). 표준 영어에서 수사 *one*은 대명사화하여 *this one, the big one*과 같이 지시사와 형용사와 같은 명사 수식어의 수식을 받을 수 있다. 이 패턴은 싱글리시에서 문법화가 더욱 심화되어 문맥의 범위가 확장된 결과 어떤 성분들에 대한 논항으로 제공될 수 없게 되었다.

　Gil은 동원어인 표준 영어와 달리 싱글리시의 *one*은 대용형이 아닌 구체화 표지(reifier)라고 주장했으며, 따라서 싱글리시의 *one*은 형용사(26a), 소유격 명사구(26b), 장소역 부사구(26c), 절(26d)의 목적어 보충어가 될 수 없다.[14] 싱글리시의 일반적인 유형 체계와 같이 *one*은 한정성을 표지하지 않으며, 통용 수사의 역할을 하여,[15] 단수, 다량, 복수, 한정성, 비한정성을 모두 지시할 수 있다.

---

14) 비교의 편의를 위하여, 우리는 부분적인 Gil(2003)의 기술적인 용어를 일반적인 술어로 바꾸었다. 예를 들어 Gil은 '명사'를 '물체 어휘(thing words)', '형용사'를 '속성 어휘(property words)'라고 하였다.

15) Debra Ziegeler(p.c.)은 한정성에 대하여 '(in)definiteness' 대신 'specificity'를 제안하였다.

(26) 싱글리시(Gil 2003: 480)

(a) Ah[16] Chew buy expensive one.

"Ah, Chew bought an/the expensive one."

"Chew는 비싼 것을 샀다."

(b) Ah Chew buy Jamil one.

"Ah, Chew bought (the) one of Jamil."

"Chew는 Jamil의 것을 샀다."

(c) Ah Chew buy in Jurong one.

"Ah, Chew bought (the) one in Jurong)."

"Chew는 Jurong에 있는 것을 샀다."

(d) Ah Chew buy yesterday Lisa choose one.

"Ah, Chew bought (the) one that Lisa chose yesterday."

"Chew는 Lisa가 어제 고른 것을 샀다."

이러한 *one*의 사용 방식은 Gil이 지칭한 싱가포르 기층어(Singaporean substratum language)인 광동어의 *ge*^{33}, 객가어의 *e*^{24}, 북경 관화의 *de*, 싱가포르 말레이어의 *yang*, 말레이 크레올의 *mia* 등의 불변화사를 복제한 것으로 보인다. 이들 불변화사는 부분적인 차이가 있지만, 싱글리시의 *one* 과 같이 통용 수사이자 대용형이 아닌 구체화표지이다.

또한 이 구체화표지 *one*은 문법화가 좀 더 진행되어 적절한 문맥에서 화용적 불변화사로 변이되었다. 이 불변화사의 정확한 기능에 대해서는 확실히 연구된 바가 없다. 다음의 예는 '나는 당신에게 질문한 사람이다(I am the one who asked you)'라는 의미이다(Gil 2003: 481 참조).

---

16) 불변화사 *ah*는 잠정적인 태도나 담화의 휴지를 위한 삽입 표지 또는 수의적 의문소 등으로 기술되어왔다(Gil 2003: 482 참조).

(27) 싱글리시(Gil 2003: 481)

I ask you one.

"I am the one who asked you."

"나는 당신에게 질문한 사람이다."

싱글리시의 *one*은 기층어인 광동어의 *ge*[33], 객가어의 *e*[24], 말레이 크레올의 *mia* 등의 구체화 표지와 완전히 평행하므로 이들로부터 문법 복제된 것으로 보인다.

한정성을 표지하지 않는 통용 수사 구체화 표지 외에 싱글리시 화자들은 두 번째 구체화 표지인 *that one*을 생성했다. *that one*은 *one*과 달리 한정성에 대한 표지이다. 따라서 *one*은 한정적 지시대상과 비한정적 지시대상 모두에 표지될 수 있는 반면(26d) *that one*은 한정적 지시대상에만 표지된다.

(28) 싱글리시(Gil 2003: 480)

Ah Chew buy yesterday Lisa choose that one.

"Ah, Chew bought the one that Lisa chose yesterday."

"Chew는 어제 Lisa가 고른 그것을 샀다."

언어 형태인 *that one*은 중간에 다른 성분이 위치할 수 없고 *that*을 *this*로 대체할 수 없는 관용 통사 표지로 변이되었다. 따라서 *one*-구조는 표준 영어 패턴의 확장이라고 해석할 수 있으나 *that one*-구조는 표준 영어에 유사 구조가 존재하지 않으며, 이것은 대명사화된 지시사로부터 명사 수식어가 논항, 즉, 한정적 목적어 보충어로 변환되는 표지로 문법화한 것이다. 따라서 이것은 다음과 같은 관찰에 의하여 문법 복제의 또 다른 예로 간주된다.

표준 영어에는 존재하지 않는 싱글리시의 *that one*은 객가어의 원칭 지시사 *hit*[4]와 구체화표지 *e*[24]가 결합한 *hit4 e*[24] 구조를 번역 차용한 것으로 보인다. *that one*과 같이 객가어의 *hit4 e*[24] 구조는 수에 대한 표지가 아닌 한정성에 대한 표지이며, 성조 연성 법칙(rules of tone sandhi)에 따라 하나의 성조를 가지는 긴밀하게 결합된 성분이다. (하략)(Gil 2003: 483)

이러한 싱글리시의 *one*(비한정)과 *that one*(한정)은 논항 표지의 지위로 변이하여 절 구성의 후치 수식어인 관계절에 영향을 미치게 된다. 다음은 모두 절 수식어이며, (28)의 예와 비한정적 *one*의 사용(29a), 한정적 *that one*의 사용(29b)의 예이다.

(29) 싱글리시(Gil 2003: 484)

(a) Ah Chew buy house yesterday Lisa choose one.
"Ah, Chew bought a house that Lisa chose yesterday."
(b) Ah Chew buy house yesterday Lisa choose that one.
"Ah, Chew bought the house that Lisa chose yesterday."
"Chew는 어제 Lisa가 고른 (그) 집을 샀다."

이 역시 표준 영어에는 대응되는 패턴이 없으나, 싱글리시에 모델을 제공한 것으로 보이는 싱가포르 기층어에는 이러한 절 구체화 수식어에 해당하는 구조가 존재한다. 그것은 광동어의 *ge*[33], 객가어의 *e*[24], 북경 관화의 *de*, 싱가포르 말레이어의 *yang*, 말레이 크레올의 *mia*로, 이 중 싱가포르 말레이어만 싱글리시와 같이 명사에 후치한다(Gil 2003: 484-5 참조). Alsagoff & Lick(1998: 129)는[17] 싱글리시와 표준 영어, 기층어들에 나타나는 관계절의 예를 제공했다.

---

17) Gil(2003)과 달리 Alsagoff & Lick(1998)는 싱글리시의 *one*이 명사화(구체화)와 대명사화(재귀화)의 기능을 모두 가지고 있다고 하였다.

(30) 싱글리시(Alsagoff & Lick 1998: 129)

That boy pinch my mother one very naughty.
"That boy who pinched my mother is very naughty."
"우리 어머니를 꼬집은 소년은 아주 말썽꾸러기이다."

(31) 말레이어(Alsagoff & Lick 1998: 129)

Budak itu yang mencubit ibu   saya sangat jahat.
child the *yang* pinch   mother my   very   naughty
"That boy who pinched my mother is very naughty."

(32) 북경 관화(Alsagoff & Lick 1998: 129)

Nie   wode mama   de neige nanhaizi hen huaidan.
pinch my   mother *de* that   child   very naughty
"That boy who pinched my mother is very naughty."

(33) 객가어(Alsagoff & Lick 1998: 129)

Ngiap wa-e laubu   e hi-le tabo gina jin pai.
pinch my   mother *e* that   boy   child very naughty
"That boy who pinched my mother is very naughty."

(34) 광동어(Alsagoff & Lick 1998: 129)

Mit   ngo mama   ge go-go namzai ho   kuai.
pinch my   mother *ge* that   boy   very naughty
"That boy who pinched my mother is very naughty."

그리고 Alsagoff & Lick(1998)는 싱글리시의 관계절이 상층어인 영어의 새로운 변이에서 간략화한 것과 상반되는 극히 정교한 통사 구조라고 하였다. 따라서 표준 영어의 관계절 *The man who sells ice-kachang has* *gone home already*에 대응되는 싱글리시의 관계절은 세 가지 표현 방법이 존재한다. 그 중 하나는 WH-어휘를 관계대명사로 사용하는 표준 영어의 관계화 전략과 일치한다.

(35) 싱글리시(Alsagoff & Lick 1998: 131)

The man [who sell ice-kachang] gone home already.
"팥빙수를 파는 남자는 이미 집으로 돌아갔다."

두 번째는 기층어의 영향을 보이는 것으로 필수적 형태인 *one*을 사용한다.

(36) 싱글리시(Alsagoff & Lick 1998: 131)

The man [sell ice-kachang one] gone home already.

기층어의 영향은 싱글리시에서 *one*이 관계절에 사용될 때 기층어와 유사한 통사적 위치를 가지게 한다. 예를 들어, 싱글리시와 북경 관화에서는 관계 구조 표지(싱글리시의 *one*, 북경 관화의 *de*)가 관계절에 후치하며, 이것은 표준 영어와는 다른 방식이다.

(37) 싱글리시(Alsagoff & Lick 1998: 134)

The fruit [they grow] ONE very sweet.
"그들이 키운 과일은 아주 달다."

(38) 북경 관화(Alsagoff & Lick 1998: 134)

[Tamen zhong] DE shuiguo hen tian.
they grow *de* fruit very sweet
"The fruit that they grow is very sweet."

(39) 표준 영어

The fruit THAT [they grow] is very sweet.

싱글리시의 세 번째 관계화 전략은, 표준 영어의 WH-관계대명사와 기층어의
영향을 받은 형태인 *one*으로 관계절 구조에 이중 표지를 하는 것이다.

(40) 싱글리시(Alsagoff & Lick 1998: 131)

The man WHO [sell ice-kachang] ONE gone home already.

싱글리시에 이러한 이중 표지가 존재하는 것은 L1과 L2의 구조가 결합한
것으로 그 결과 고도의 유표성을 가진 복문이 탄생한다.

결론적으로 Gil(2003: 470)의 표현을 빌면 '유럽 언어의 특성'이 '동아시아
어의 전형과 동일하게' 변화한 것이다. 환언하면, 싱글리시는 접촉을 통하여
새로운 한장어(Sino-Tibetan language)의 유형적 특성을 획득하게 된 것이
다(Debra Ziegeler(p.c.) 참조). 이러한 문법 복제를 통하여 영어를 기초로
한 변이와 싱가포르에서 사용되는 한장어, 오스트로네시아어, 다른 기타 언어
와의 구조적 동일성을 증가시키기도 한 반면, 다른 한 편으로 비등가적인 구조
를 생성하기도 한다. 예를 들어 Gil(2003)과 Alsagoff &Lick(1998)의 기술에
의하면, 기존의 수의적인 영어의 형태 요소와 동아시아 언어를 모델로 한 새로
운 기능 범주의 결합으로 혼합된 형태의 고도의 복합 표지가 출현하고, 기존의
언어 유형도 교차 언어적으로 일반적이지 않은 구조를 나타내고 있다. 그리고
이것은 싱글리시가 유형적으로 표준 영어와 아시아 모델어를 모두 위배하고
있는 사실도 설명될 수 있다.

유럽의 SAE 언어가 비유럽 지역에서 L1〉L2-복제의 상황을 나타내는 것
은 싱글리시가 유일한 예가 아니다. 유럽어를 특정 하는 통사 범주 모형은
다른 모델 범주의 노출에 취약한 것으로 나타났다. 이장의 내용에서 살펴본

것과 같이, SAE 언어에서 엄격하게 단수와 복수를 구분하는 유형적 특징은 현지어인 L_1에서 상반되는 수 표지 방식을 가지고 있을 때 모두 포기된다. 또 다른 예는 샌프란시스코로부터 북쪽으로 100마일 떨어진 캘리포니아의 중앙 포모 지역에서 사용되는 포모어이다. 이 인디언 언어에서는 비인간 (non-human) 명사 범주에 대한 수를 표지하지 않기 때문에, 포모어 화자들은 그들의 수에 대한 개념을 L_2인 영어로 전이하여 영어의 복수 굴절형을 생략한다(Mithun 1992: 106 참조).

7.3.3 나이지리아 피진 영어

다음은 문법 복제의 중요성을 통해 SAE 언어가 언어 접촉에 노출되었을 때 어떤 운명에 처하게 되는지 알아보기로 한다. 그 중 한 가지 예는 서아프리카 해안을 따라 분포하는 영어의 운명이다.[18]

영국이 처음으로 서아프리카 해안과 교역한 것은 1553년으로 거슬러 올라가야 하지만, 좀 더 강한 접촉은 17세기에 이루어졌다. 1680년 경 황금해안에서는 영어 어휘에 기반을 둔 접촉어가 존재했고, 19세기에는 서아프리카 해안을 따라 몇 가지 피진화된 영어 변이가 출현했다(Huber 1999 참조). 우리는 요루바어(Yoruba), 폰어(Fon), 에웨어(Ewe), 아칸어(Akan)와 같이 니제르 콩고 어족과 크와 어파와 베누에-콩고 어파에 속하는 가나와 나이지리아 사이의 해안 지역에서 사용되는 변이에 주목한다.

이곳에서 2세기가 넘는 접촉의 과정 동안, 영어는 매우 급격한 변화를 겪으며 복제된 서아프리카 피진 영어를 탄생시켰으며, 이는 영어에서 파생되

---

18) 영어의 어떤 변이(들)이 개입되어 있는 지에 대해서는 여러 가지 토론이 있으나 이 책의 목적과는 관계가 없다.

어19) 주로 쌍방이 서로 이해할 수 있는 다양한 변이들로 구성되어 있다. 이러한 변화에는 몇 가지 과정이 개입되어 있지만 가장 일반적으로 기술되는 것은 피진화다. 그러나 이 절에서는 이 책의 주제와 관련된 접촉에 의한 문법화만을 다루고, 따라서 다른 종류의 과정은 고려하지 않으려고 한다. 특히 피진화와 크레올화는20) 다른 과정들보다 훨씬 쉽고 명확하게 구분될 수 있지만 여기에서는 다루지 않는다. 우리는 서아프리카의 화자들이 싱가포르나 다른 지역의 화자들이 사용한 방식과 같이, 모어(L_1)를 모델어로 하여 L_2인 영어에서 새로운 통사 범주를 생성하는 것과 같은 유형의 전략을 사용하는 것에21) 한정된 예를 보이려고 한다.

다음 내용에서 주로 설명할 언어는 나이지리아 피진 영어(Nigerian Pidgin English. 약칭, 나이지리아 피진)으로 불리는 서부 나이지리아에서 사용되는 변이이다. 이 변이는 서아프리카 피진 변이 중 가장 중요한 위치를 차지하고 있으며, 약 4천만의 인구가 L_2로 백 만의 인구가 L_1로 사용하고 있고 구체적인 문법이 존재한다(Faraclas 1996 참조). 여기에서는 저자들에게 비교적 익숙한 에웨어를 중심으로, 서아프리카의 가나와 카메룬 사이의 해안 지역에 나타나는 피진 영어의 변이 과정과 함께 설명하게 될 것이다(Huber 1996, 1999 참조). 여기에서 접촉에 의한 복제의 근거로는, 표준 영어와 다른 대부분의 영어의 변이에서는 나타나지 않고 나이지리아 피진과 그와 관계된 변이에서 광범위하게 나타나는 언어 특징에 주로 기초하여 판

---

19) '(발생학적으로) 파생된'이라는 용어는 논란의 여지가 없지 않다. 크레올 언어학의 문헌에는 '영어-어휘' 또는 '영어-어휘화된(English-lexified)'라는 용어가 대신 사용된다. 이것은 서아프리카 피진 변이에서 주요하게 사용되는 기본 어휘와 통사적 기능을 표시하는 표지들이 어원적으로 영어에서 파생되었다는 것을 의미하며, 일상적으로 이루어지는 상호작용과 서술체 담화에서 사용되는 주요 어순이 영어의 형태와 구조와 관련이 있다는 것이다.

20) 피진과 크레올의 관련 문헌에서는 이러한 변이들을 '영어-어휘화 피진과 크레올(English-lexifier pidgins and creoles)'이라고 지칭하는 경우가 많다.

21) 관련 문헌에서는 이러한 현상을 '기층어의 영향(substratum influence)'이라고 기술하는 경우가 많다(Lefebvre 1998 참조).

단하였다.

대부분의 아프리카어는 연쇄동사를 가지고 있으며 아프리카어와 접촉하는 과정에서 영어의 변이는 이러한 통사 조직을 복제하게 되었다. 따라서 Faraclas는 나이지리아 피진과 나이지리아 피진의 출현과 확산의 영향을 받아 같은 복제 과정을 나타내고 있는 다수의 아프리카 언어(L_1)에 대해 다음과 같이 기술했다.

연쇄동사 구조에서는 동사구가 연이어 나타난다. 연쇄동사 구조에서 동사들은 동일한 문장 주어를 가지며 주어는 연쇄동사 중 첫 번째 동사에 전치하며 이후 중복 출현하지 않는다. 연쇄동사의 각각의 동사들은 개별적으로 목적어(들), 부사절들, 표의음들을 가질 수 있다(Faraclas 1996: 75).

나이지리아의 영어 화자들은 이러한 영어의 통사 양식을 받아들이면서 기존의 언어 L_1을 모델로 한 문법화 과정을 복제했다.

그 첫 번째 예는 구 성분을 표지하는 것과 관련된 것이다. 다른 언어들이 격 굴절이나 부치사를 통하여 절의 통사 성분을 도입하는 반면, 서아프리카 언어들에서는 연쇄동사를 이용하여 격 관계를 부호화한다. 그리고 나이지리아 영어 화자들은 이러한 격 표지 전략을 복제하여, 다수의 동사들이 현지어인 요루바어, 폰어, 에웨어, 아칸어 등과 같이 격 표지로 문법화되었다. 따라서 나이지리아 피진 화자들은 *tek* 'take' (< *take*) 동사로 도구격(41a)과, 시간(41b) 등의 기타 성분을, *giv* 'give' (< *give*) 동사로 수혜격 성분(41c)을, 동작 동사인 *go* 'go' (< *go*)와 *kom* 'come' (< *come*)으로 방향성을 가진 동작(41d)을 표지한다.

(41) 나이지리아 피진(Faraclas 1996: 76 - 79, 171)

  (a) A   tek   nayf   kɔt   dì   nyam.
      (I take.FACT knife   cut   the yam)
      "I cut the yam with a knife."
      "나는 칼로 얌을 잘랐다."

  (b) A   tek   nayt   kɔt   dì   nyam.
      (I   take.FACT night cut   the   yam)
      "I cut the yam at night." (Lit. "I took the night cut the yam.")
      "나는 밤에 얌을 잘랐다."

  (c) A   bay   nyam   giv   yù.
      (I   buy.FACT yam   give   you)
      "I bought you the yam."
      "나는 너에게 얌을 사주었다."

  (d) A   gò   tek   dì   chudren   go   makɛt.
      (I   FUT   take   the children go   market)
      "I will take the children to the market."
      "나는 아이들을 시장에 데리고 갈 것이다."

  (42)는 (41)의 예와 대응되는 다른 서아프리카 언어의 통사 구조이다. 여기에서는 이전에 동사였던 *tsɔ́*. 'take' 원문, *ná* 'give', *yi* 'go' 등이 그와 상응하는 기능을 가진 격 표지로 사용되었다.

(42) 에웨어(크와, 니제르-콩고; Westermann 1930: 131, 134; 저자의 데이터)

  (a) wó-   tsɔ-   a   agblenú   ŋlɔ-   a   agble.
      (they- take- HAB   hoe   hoe-   HAB   field
      "One hoes a farm with a hoe." (Lit. "They take a hoe, hoe field.")
      "어떤 사람이 괭이를 가지고 밭을 갈았다."

(b) é-   tsɔ   dɔme   ɣeɣí   yi   aʃé.
    (s/he take   belly   empty   go   home)
    "He went home without eating." (Lit. "S/he took empty belly went home.")
    "그/녀는 주린 배를 가지고 귀가했다."

(c) Me   ʃle   te   ná   wo.
    (I   buy   yam   give you)
    "I bought you yam."
    "나는 너에게 얌을 사주었다."

(d) Wó-   tsɔ-   n-   ɛ̀   yi   Kéta.
    (they- take- HAB- him   go   Keta)
    "One carries him to Keta."
    "어떤 사람이 그를 데리고 케타에 가곤 한다."

표준 영어에서 차등비교는 형용사의 굴절형인 -er (예를 들어, *Jennifer runs faster than Eloise*), 또는 불변화사 *more* (*Jennifer is more beautiful than Eloise*)에 비교 기준 표지 *than*을 결합하여 표현한다. 아프리카에서 차등비교를 표현하는 주요한 수단은 행위도식이다(Heine 1997b; Heine & Kuteva 2002: 123-6 참조). 즉, 차등비교는 '초과하다(exceed, surpass)', '넘어서다(pass)' 등을 나타내는 어휘 동사를 사용하여 표현되기 때문에, 영어의 *Jennifer runs faster than Eloise*의 구문은 'Jennifer runs fast exceeds/surpasses/passes Eloise'로 표현되는 것이다. 이러한 개념 모형은 아프리카어에서는 보편적인 것이지만 아프리카 외 지역에서는 차등비교를 나타내는 주요한 도식으로 거의 나타나지 않는다. 그러나 나이지리아 피진 영어에서는 이러한 아프리카 도식이 차등비교를 표현하는 가장 주요한 방식이 되고 있다(43).

(43) 나이지리아 피진(Faraclas 1996: 110)

A   big   pas   yu.
(I   be:big   pass   you)
"I am bigger than you."
"나는 너보다 크다."

이것은 영어의 변이가 서아프리카어와 동일한 방식으로 비교급 개념을 표시하는 예는 또 있다. 영어의 최상급 표현인 *John is the biggest*는 교차 언어적으로 여러 가지 개념 지시 방식이 존재하는데, 아프리카어에서는 'John is big, surpasses all'와 같은 형식을 지배적으로 사용하며(Heine 1997b: 124ff. 참조), 이것은 나이지리아 영어의 표현과 정확히 일치한다(44).

(44) 나이지리아 피진(Faraclas 1996: 110)

Audu   big   pas   ol.
(Audu   be:big   pass   all)
"Audu is (the) biggest of all."
"Audu가 가장 크다."

다음의 서아프리카어 예에서는 (43)과 동일한 표현이 발견된다. (45a)는 (43)에 대응되고 (45b)는 (44)에 대응되는 것이다.

(45) 에웨어(크와, 니제르-콩고; 저자의 데이터)

(a) Me   lolo   wú   wo.
(I   be:big   surpass you)
"I am bigger than you."
"나는 너보다 크다."

(b) Kofí   lolo   wú   wó   kátã
    (Kofi be:big   surpass   them   all)
    "Kofi is the biggest of all."
    "Kofi가 가장 크다."

*John is as big as you*와 같은 동등비교 구문도 교차 언어적으로 다양한
방식을 보이는데(Haspelmath & Buchholz 1998 참조), 서아프리카어에서는
'reach'의 의미를 가진 동사를 동등비교 표지로 문법화하여 그 기능을 표현하
는 것이다. 따라서 서아프리카어의 'John reaches you in bigness'는 'John
is as big as you'를 의미한다. 예를 들어 크와 어파의 에웨어에서는 동사구인
de nu 'reach the end'가 동등비교 표지로 문법화되었다(46). 그리고 나이지
리아 피진에서도 이러한 문법화가 복제되어, *rich* 'arrive' (〈 reach)를 사용
하여 동등비교 구문을 구성한다(47).

(46) 에웨어(크와, 니제르-콩고; Westermann 1930: 141)
    alégèlia   ḍé- wo lolo   de-   a   núkpui   nu.
    (rat   some- PL be.big reach- HAB bristly.rat end)
    "A few rats are as large as the bristly rat."
    "몇몇 쥐들이 브리스틀리 쥐만큼 크다."

(47) 나이지리아 피진(Faraclas 1996: 78, 112)
    A   gò   big   rich   yu.
    (I   FUT   be.big   reach   you)
    "I will be as big as you."
    "내가 너보다 클 것이다."

결론적으로 표준 영어에서 비교 개념을 표현하는 장치들은 영어 기반 나

이지리아 피진어에서 서아프리카어의 전략인 동사 개념('defeat', 'pass', 'reach' 등)이 비교 표지로 문법화하는 방식으로 대체되었다.

연쇄동사 구조는 또한 동사의 동작상 표지 체계에 영향을 주어, 동사 *want*가 근접 미래의 표지로 나타난다('be about to', Faraclas의 용어로 긴박상(imminence))(48). 이것은 서아프리카의 크와 어파에 나타나는 문법화와 매우 유사하며, (49)는 그 중 에웨어의 예이다.

(48) 나이지리아 피진(Faraclas 1996: 78, 205)

   A   want   wọsh   plet.

   (I   want.FACT wash   dish)

   "I am about to wash (the) dishes."

   "나는 접시를 닦으려고 한다."

(49) 에웨어(크와, 니제르-콩고; Heine & Kuteva 2002: 312)

   tsi   dí   bé   ye-   a   dza.

   water want that LOG-   IRR   fall

   "It is about to rain." (Lit.: "Water wants to fall.")

   "비가 오려고 한다."

또한 동사 *finish*는 완성 표지(50)로 변이하였는데 이것도 서아프리카어를 모델로 한 것으로 보인다(51). 이 두 가지의 예를 보면 나이지리아 피진의 문법화된 동사가, 'want'는 주동사에 전치하며 'finish'는 후치하는 서아프리카어의 동사와 동일하게 위치함을 알 수 있다.

(50) 나이지리아 피진(Faraclas 1996: 78)

   Wi   chọp   dì   nyam   bèlèfûl   finish kpakpa.

   (we   eat.FACT the   yam   be.full   finish IDEO)

"We ate up all the yams until we were full."
"우리는 배가 부를 때까지 얌을 모두 먹었다."

(51) 에웨어(크와, 니제르-콩고; Westermann 1930: 133)

me-   du-   i   vɔ.
(I-   eat-   it   finish)
"I have eaten it up."
"나는 그것을 먹어버렸다."

서아프리카 해안 지역의 아프리카어의 구조를 복제한 이러한 구조에는 동시에 재구조화와 문법화 등의 두 가지 다른 과정이 개입하고 있다. 재구조화 (2.4 참조)는 문법화가 개입되지 않는 접촉에 의한 통사 변화를 반대방향으로 규정하는 것이다. 재구조화 과정에서는 기존의 구조가 다른 구조로 재구성되거나 대체되는데, 앞서 언급한 영어의 변이에서는 언어의 통사 조직이 동사연쇄라는 새로운 양식으로 대체되었다. 그러나 이 과정에 일련의 문법화도 개입되어 어휘 구조가 새로운 기능 범주를 생성하게 되었다.

7.3.1에서 살펴본 바와 같이, Gil(2003: 470)은 싱글리시의 변이를 '유럽 언어의 특성'이 '동아시아 언어의 전형과 동일하게' 변화했다고 하였다. 그것과 유사하게 우리는 서아프리카의 예를 '서아프리카어의 전형과 동일하게' 변화한 결과라고 결론지을 수 있다. 접촉의 결과로 나이지리아 피진 영어는 표준 영어와 상반되는 서아프리카 언어 구조인 연쇄동사의 특성을 반영하는 새로운 유형적 특성을 획득하였고, 이 때 형태적인 특성은 포함되지 않으며 싱글리시의 경우와 같이 기능 범주의 문법화 과정에서 어휘는 기본적으로 모두 영어로부터 파생되었다. 이러한 새로운 유형적 특성 역시 언어보편적인 문법화 과정과 서아프리카 해안 지역의 특수한 언어 환경으로부터 기인한 것이다. 서아프리카의 특수한 언어 환경은 분석적-고립적인(analytic-isolating) 형태 통사적

특성과 연쇄동사가 담화를 구성하는 중요한 방식이라는 것이다. 따라서 언어 보편적인 문법화의 옵션 중에서 나이지리아 피진 영어는 원래의 L_1로부터 그 모델을 선택하여 연쇄동사와 그를 통한 통사 관계와 문법 기능을 표지하게 된 것이라고 할 수 있다. 다수의 경우 이러한 새로운 구조는 SAE 언어의 구조를 대체하는데, 어떤 경우 나이지리아 영어와 싱글리시의 경우와 같이 두 가지 구조가 공존하기도 하는데 이 경우는 상황이 매우 복잡하다.

7.3.4 결론

이 장에서는 SAE 언어가 '공여자'와 '수신자'가 모두 될 수 있다는 것을 알아보았다. 7.2에서는 주로 '공여자'의 역할에 대해, 7.3에서는 '수신자'에 대해 초점을 맞추었다. 7.3에서의 주된 관심은 언어 접촉의 상황에서 어떤 통사 개념이 SAE 언어로 복제되는가에 관한 문제였다. 이에 대하여 우리는 몇 가지 한정된 자료의 범위 내에서 해답을 찾으려 했다. 그 중 명사 구조에 관해서는 싱가포르에서 사용되는 영어를 예시로 들었다. 싱가포르 영어에서는 수와 한정성을 필수적으로 표지하는 SAE 언어의 특성은 포기되고 동아시아 언어의 경제적이고 화용적인 특징을 가진 방식으로 대체되어 수와 한정성 같은 통사 정보가 수의적으로 부호화된다. 서아프리카어에서도 동일한 예가 발견되었다. 그것은 서아프리카에서 사용되는 SAE 언어가 절 내부의 통사 관계를 조직하는 새로운 구조를 획득하게 된 것이다.

이 장에서 살펴본 바와 같이 유럽의 주변어는 유럽 대륙이라는 지리적 한계를 훨씬 뛰어넘는 것이었다. 영어, 스페인어, 포르투갈어, 프랑스어 등과 같은 유럽어의 팽창의 결과로 유럽의 주변어는 세계의 범위 전체를 포함하게 되었다. 따라서 우리는 유럽 내부의 언어 접촉에 국한하지 않고 비유럽 언어에서 문법 복제로 인한 교차 언어적 단일화 과정이 발생하는 것에 대해 다루었다.

이 장에서 논의한 내용은 다음과 같다. 첫째, 접촉에 의한 문법화는 새로운 유형적 특성이 출현하는 것에 중요한 역할을 담당한다. 둘째, 이러한 언어적 장치는 이종 언어들이 접촉하는 것과 같은 지역적 요소에 의해 형성되며, 셋째, 유럽어들이 세계의 다른 지역의 언어와 강력한 접촉 상황에 놓여 L_2로 사용될 때, 현지어와의 상호작용을 통해서 SAE 언어 고유의 특성을 잃어버리고 새로운 유형적 특성을 획득하게 될 수도 있다는 것이다.

이 책에서는 일관되게 언어의 변화와 변이가 언어보편적인 문법화와 언어접촉이라는 개별 언어가 가진 특수한 상황으로부터 촉발된다는 것에 대해 설명하였다.

8

결론

이 책의 중심 주제는 유럽을 언어적 단위로 규정하는 것이다. 책의 서두에서 우리는 Haspelmath(2001)가 제시한 근거들을 기반으로 지리적으로 규정된 언어역이 실제로 존재할 수 있다는 것에 주목했다. 이러한 언어역에는 스페인어와 영어를 포함하고 바스크어와 아일랜드어는 배재되는 예가 있었고, 또한 헝가리어는 포함되지만 같은 핀우그리아 어족에 속하는 핀란드어는 배제되는 예도 존재했다(1.2 참조). 동시에 우리는 과거 유럽의 지역적 분류법의 문제점에 대해서도 주목했다. 우리의 주된 관심은 어떤 특징을 가진 개별적인 지역 유형을 분류하는 것보다, 유럽에서 사용되는 언어들이 어떤 과정을 거쳐 단계적으로 '유럽화'하는 것에 있었다. 우리는 언어적으로나 지리적으로 주변적인 언어들이 단계적으로 프랑스어, 독일어, 영어, 이탈리아어와 같은 언어들을 모델로 하여 새로운 사용 패턴과 통사 범주를 획득하는 것과, 이 과정에서 언어 내적 변이와 언어 외적인 접촉이 동시에 가담하는 것을 볼 수 있었다. 이 변이 과정에는 여러 가지 다양한 문법 영역이 관련되어 있었다. 이 문법 영역에는 지시(제3장), 상(제4장), 격(제5장), 문장 접속

(제6장) 등이 포함되며, 이 문법 영역에서 해당 언어의 새로운 유형적 성향이 탄생하게 되었다. 유럽 언어의 통사 변화와 그 과정에서 언어 접촉이 어떤 역할을 했는지에 관해서는 광범위한 가설과 논의가 생산되었다. 그 중 특히 중심이 되는 이분법적 논의들은 다음과 같다. 이러한 변화는 언어 내적으로 촉발된 것인가? 아니면 언어 외적인 것인가? 여기에 언어보편적인 힘이 가담했는가? 아니면 어떤 특별한 역사적 사건의 결과인가? 이러한 과정은 전통적인 역사언어학적 방법으로 기술될 수 있는가? 아니면 언어 접촉의 상황에 놓인 인간의 행위로 특정되는 특수한 조건과 관계된 대체 방법으로 기술해야 하는가?

이 책에서는 이러한 의문에 대해 직접적인 답을 제시하지는 않았다. 우리가 논의했던 변화 과정들은 모두 언어 내적인 요소와 언어 외적인 원동력을 포함하고 있으며 이들이 상호작용을 거쳐 언어 보편적이고도 특수한 변이를 야기한다. 그리고 비교언어학과 같은 역사언어학적인 방법이나 제2언어 습득 등 최근 발전한 이론적인 개념 등은 유럽 언어가 왜 이러한 과정을 거쳤는지에 대한 해답을 제시할 수 없었다. 여기에서 언어 내적인 변화의 원동력이란, 언어 소재의 차용을 제외한 내적 문법화를, 언어 외적인 원동력이란, 하나 이상의 외부 언어를 모델로 문법화 과정을 유발시키고 가속화하는 것을 의미한다.

문법화라는 것이 언어 보편적으로 규정되는 과정이기 때문에 여기에는 언어보편적인 요소가 개입되어 있다. 동시에 개별 언어의 특수한 요소도 개입될 수 있다. 대다수의 경우, 화자들은 복제어에 존재하는 다양한 사용 패턴으로부터 문법화하기에 가장 적절한 패턴을 선택하게 된다. 그러나 이러한 선택은 극히 제한적이기도 하다. 예를 들어 부정관사의 문법화에서는 일반적으로 유일하게 수사 'one'이 한정사의 기능으로 문법화된다. 이러한 문법화는 본질적으로 일방향적인 과정이기 때문에 주변어들의 단계적인 '유럽화'

를 향한 과정은 어느 정도 예측이 가능하다. 예를 들어, 모델어인 SAE 언어와 장기간 강력한 접촉에 노출된 언어는 새로운 유형적 성향을 획득할 가능성이 높아진다. 만약 SAE 언어의 현제한 특징을 가지고 있지 않는 언어라면, 우리는 그 언어가 다음과 같은 방향성을 가진 과정을 거칠 것이라고 예상할 수 있다.

(i) 지시한정사나 수사 'one'이 각각 정관사와 부정관사로 문법화할 것이다(제3장);

(ii) 서술적 소유의 표현을 기반으로 한 완료 상 범주를 발전시킬 것이다(제4장);

(iii) 공동격 표지를 사용하여 도구격까지 표현하는 공동격-도구격을 동시에 표시하는 다의격이 발달될 것이다(제5장);

(iv) 의문사가 종속절 표지의 범위로 그 사용이 확장될 것이다(제6장).

이러한 과정들의 결과는 매우 극적이지 않을 수도 있다. 단지 새로운 부차적 사용 패턴이나 그에 기반을 둔 주요 사용 패턴이 나타날 수도 있고(2.2 참조), 기존의 통사 범주 구조는 변하지 않을 수도 있다. 그럼에도 불구하고 새로운 유형적 특성이 탄생했다고 할 수 있는 이유는, 문법 기능이 더 이상 접촉 이전 그대로 표현되지 않으며, 언어 접촉의 결과로 기존의 통사 개념 표현 양식은 단계적으로 새로운 양식으로 대체되기 때문이다. 그리고 어떤 경우 매우 극적인 결과로 마케도니아어와 북러시아어의 경우와 같이 소유 완료상이라는 새로운 기능 범주가 출현하기도 한다.

이 책의 본문의 모든 내용을 관통하는 하나의 의문은, 언어 접촉이 어떻게 해당 언어의 구조에 영향을 미치는 지에 관한 것이었다. 우리는 이에 대해 제7장에서 다루었고, 그 내용은 유럽어가 공통어로서 작용하여 서남 아시아어나 서아프리카어와 같은 비유럽 언어와 상호작용을 하는 것이었다. 한편, 유럽 내부에서는 이러한 구조적 변환이 대체적으로 미미하게 나타난다. 예를 들어, 바스크어 화자들은 로맨스어를 모델로 하여 몇 가지 새로운 사용 패턴과 범주를 형성했으나 표면적으로 대부분의 언어 접촉 이전의 통사 구조를 보류하고 있다.

그럼에도 불구하고, SAE 언어와 주변어의 접촉 과정에서 어떤 영향이 발생하여 주변어의 통사 구조가 변화했다는 것은 확실하다. 예를 들어, 슬라브 제어들은 관사를 가지고 있지 않고 한정성과 비한정성을 구분하는 문법기제가 결핍된 언어라고 특정되지만, 제3장에서 관찰한 바에 의하면 슬라브 언어역의 서단에서 사용되는 몇몇 슬라브어에서는 이러한 상황이 변화하고 있다. 특히 고지 소르비아어나 저지 소르비아어는 동일 어족에 속하는 동쪽의 슬라브 제어와 분리되고 게르만어나 로맨스어와 연합할 수 있는 유형적 특징을 획득하게 되었다. 문법화 이론으로 예측할 수 있는 바와 같이, 이들 슬라브어에 출현한 관사 범주는 모델어인 게르만어의 문법화 정도에 미치지 못한다. 그럼에도 불구하고 이러한 예들은 언어 접촉으로 통사 구조의 영역에서 일어나는 혁신을 설명할 수 있다는 것을 제시한다.

이러한 접촉으로 인한 언어의 변화는 '융합'이나 구조적 동일성의 획득이라는 용어로 기술되곤 한다. 본문의 내용에서 살펴본 바와 같이 이러한 시각에 전혀 문제가 없는 것은 아니다. 복제와 구조적 동일성은 다음과 같은 이유로 필요충분조건이 아니기 때문이다.

첫째, 문법 복제는 화자들이 모델어로부터 완전히 일치하는 개념 도식을 채용하는 것을 함의하지 않는다. 예를 들어 제4장에서 논의했던 소유 완료상의 경우, 북러시아어나 브르타뉴어의 화자들은 소유 개념(*He has blue eyes*)을 사용하여 동사의 동작상 범주(*He has eaten*)로 발전시키는 SAE 언어의 전략을 복제하는 과정에서, 특정한 통사 구조를 사용하였다. 그로 인하여 북러시아어의 완료상의 형태 통사 구조는 SAE 언어와 차이를 보이는데, 완료 구조의 동작주가 장소역 성분을 가지고 있고 피동작주(피동자)는 문장 주어로 나타난다. 따라서 기능 범주에 대한 개념 복제는, 복제어에 출현한 새로운 형태 통사적 구조가 모델어에는 존재하지 않는 예상치 않은 결과를 가져올 수도 있다.

둘째, 문법화의 특성상, 복제된 통사 범주는 일반적으로(필수적이 아닌) 모델어의 범주보다 문법화가 덜 진행되어 있다. 이것은 모델어에서는 주로 완전히 문법화된 기능 범주가 필수적으로 사용되는 반면, 복제어에는 덜 문법화된 범주가 수의적으로 사용되거나 규범을 중시하는 문법학자들로부터 비문법적이라고 판단되기도 한다. 제3장의 몇 가지 예에서 보았듯이 관사의 진화에서 소르비아어, 체코어, 슬로베니아어에서는 관사의 사용이 완전히 수의적이며, 관사가 아직 일반적인 통사 범주로 인식되지 않고 있다. 이 점에 있어서 이들 언어와 관사를 필수적으로 사용하고 일반적인 통사 체계로 구분하고 있는 모델어인 게르만어와 차이를 보인다. 제4장에서는 다수의 복제어에서 소유 완료상이 모델어보다 문법화가 덜 진행된 예를 볼 수 있었다. 이것은 복제어의 통사 구조가 모델어의 통사 구조와 상이한 속성을 가지고 있다는 것을 의미한다.

셋째, 표면적으로 '융합'으로 보이는 변이도 반대로 '비-융합'을 초래할 수 있기 때문이다. 바스크어(7.2.1)는 로맨스어를 모델로 하여 대명사의 단수형을 비격식/친밀형으로 대명사의 복수형을 격식/존경형으로 구분하여 복제하는 과정에서 모델어의 복잡한 사회적 관계 표지 체계를 일대일로 복제하지 않고 새로운 통사 범주 체계를 생성하여 모델어와 복제어 사이에는 언어 접촉 전과 후 모두 대응되는 통사 범주가 존재하지 않게 되었다.

또 다른 특징을 가진 예가 7.3.2에서 살펴본 싱가포르 구어 영어(싱글리시)에서 발견된다. 이 SAE 언어의 변이는 한장어, 오스트로네시아어 등 싱가포르에서 사용되는 언어와 접촉하여 '전형적인 동아시아어의 특징'을(Gil 2003: 470 참조) 가진 언어로 변화하였다. 이 때 문법 복제는 영어의 형태적 요소와 동아시아어를 모델로 한 기능 범주가 공존하여 복합 표지를 하는 혼합형을 출현시켰으며 그 결과 교차 언어적으로 일반적이지 않은 구조를 가진 유형의 언어가 탄생했다. 따라서 싱글리시는 동형 구조나 '융합'이 아닌 표준 영어와도 차이를 보이고 동아시아어와도 다른 유형의 언어로 변화하였다.

넷째, 그동안 살펴보았던 근거들에 의하면 '융합'은 접촉의 상황에서 이중 언어 화자의 특성을 규정하는 가장 주요한 원동력이 아닐 수도 있다. 우세어에 강력하게 노출된 소수어 화자들은 우세어에 대하여 특별히 방어적인 대응을 보이는 경우가 있다.

제6장에서 현대 바스크어 화자들은 이미 적어도 2세기 동안 사용해 온 '로맨스어 종속절 유형'을 제거하기 위한 시도를 했다(Haase 1992: 151-3 참조). 또한 독일어와 가장 강하게 접촉했던 두 가지 슬라브어인 소르비아어와 슬로베니아어는 특히 보수적인 언어로 유일하게 원슬라브어의 이중 범주를 보존하고 있으며 독일어와 대응되는 구조는 가지고 있지 않다(Breu 1994: 43, 63 참조).

언어 접촉에 관한 문헌들에서는 접촉에 의한 번역 차용에 대해 기술하곤 한다. 실제로 번역 차용은 어휘 복제에 있어서 매우 유효한 전략이다. 고층 건물을 뜻하는 영어의 어휘 *skyscraper*는 독일어로 *Wolkenkratzer*, 프랑스어로 *gratte-ciel*, 스페인어로 *rascacielos*, 러시아어로 *nebo skrjób*로 번역된다. 그러나 본문의 내용에서 우리가 논의했던 바와 같이 문법 복제의 상황은 이와 같지 않다. 게르만어와 로맨스어와 접촉하고 있는 슬라브 제어의 화자들은 관사 체계와 소유 완료상을 채용하는 과정에서 모델어와 동일하게 완전히 문법화된 범주가 아닌 문법화가 진행 중인 새로운 범주를 창조하는 방식으로 받아들인다. 다수의 경우 복제된 범주는 문법화의 초기 단계를 넘어서지 못하고 있다. 이것은 어휘 복제와 문법 복제의 기저에 존재하는 동력은 같을 수 있으나 문법 복제를 위한 장치는 어휘 복제보다 좀 더 복잡하다는 것을 의미한다.

본문 내용에서 우리가 끊임없이 직면했던 문제는, 언어의 구조적 동일성이 지역적 관계로부터 기인한 것이 아니라, 발생학적으로 유전된 결과나 발생학적인 요인으로 인한 평행 변이(수평 변이, Sapir 1921; LaPolla 1994 참조)일 수도 있다는 것이다. 결국, 유럽은 주요하게 인도-유럽어족의 영토라고 할 수 있다. 인도-유럽어족의 언어를 모어로 하는 화자는 유럽 인구의 거의 19/20에 해당하며, 유럽언어사는 유럽의 인도-유럽어화라고도 할 수 있다. 그러나 다수의 경우 이 질문에 대하여 결정적인 대답을 할 수 없는데, 예를 들어 의문사로부터 종속절 표지로 변이하는 것은 라틴어를 그 기원으로 한다(제6장 참조). 따라서 로맨스어에서 볼 수 있는 이 의문-종속의 다의어는 어느 정도 발생학적인 요인의 결과라고 할 수 있다. 그 소유 완료상도 마찬가지이다(제4장 참조).

그러나 다른 경우 발생학적인 관계는 본질적으로 배제될 수 있다. 제3장의 내용과 현대 로맨스어는 모두 완전히 문법화를 마친 관사를 가지고 있으며 이것은 로맨스의 공통적인 기원어로부터 이어져 내려온 특징이라고 말할 수도 있다. 그러나 이 가설에 도전하는 현상들이 관찰되고 있다. 예를 들어, 로맨스어는 전치적인 관사를 가지고 있고 루마니아어는 후치적인 관사를 가지고 있다. 루마니아어는 발칸 언어역에 속하며 후치적인 관사는 발칸 언어역의 뚜렷한 특징이기도 하다. 따라서 루마니아어가 로맨스어와 관사의 위치를 통해 분기되는 현상은 발생학적인 관계 외에 다른 요인으로 설명할 수 있다.[1]

---

1) 그것은 Stolz, Stroh & Urdze(2003)가 텍스트 분석을 통하여 발생학적, 지역적, 유형적인 요인에 의한 유사성을 구분하는 것이 가능하다는 것이다(제5장 참조).

통사 변화에 영향을 미칠 수 있는 다양한 요인들에 직면하게 됨으로써 이 책의 목표는 좀 더 복잡해졌다. 우리가 직면한 가장 주요한 문제는 언어보편적인 과정인 문법화와 관계된 것일 것이다. 지시한정사로부터 정관사로, 수사 'one'으로부터 부정관사로, 공동격으로부터 도구격으로 변이하는 것은 전 세계적으로 발견되는 현상이다. 그렇다면 우리는 유럽 내부에서 발생한 이러한 변이를 접촉으로 인한 것이라고 주장할 수 있을까? 우리는 그동안 우리가 제시했던 근거들이, 유럽 언어에서 언어 접촉을 통하여 이러한 현상들이 추진되고 가속화되었다는 사실을 증명하기에 충분했기를 희망한다. 예를 들어 슬라브어에 속하는 러시아어에서는 이러한 변이가 이루어지지 않았으나, 같은 슬라브어인 고지와 저지 소르비아어에서는 이러한 발전이 진행되었다는 것은, 이 지역이 1000년이 넘는 역사를 거치면서 독일어와 강력하게 접촉했고 러시아어는 그렇지 않았다는 사실로 설명될 수 있다.

찾아보기